日新文库

直觉与理由

实验语言哲学的批判性研究

梅剑华 _ 著

商务印书馆
The Commercial Press

图书在版编目(CIP)数据

直觉与理由:实验语言哲学的批判性研究/梅剑华
著.—北京:商务印书馆,2023
(日新文库)
ISBN 978-7-100-22311-9

Ⅰ.①直…　Ⅱ.①梅…　Ⅲ.①语言哲学—实验研究
Ⅳ.①H0-33

中国国家版本馆 CIP 数据核字(2023)第 063778 号

日新文库
直觉与理由
实验语言哲学的批判性研究
梅剑华　著

商 务 印 书 馆 出 版
(北京王府井大街36号　邮政编码100710)
商 务 印 书 馆 发 行
北京艺辉伊航图文有限公司印刷
ISBN 978-7-100-22311-9

2023 年 7 月第 1 版　　　开本 880×1240　1/32
2023 年 7 月北京第 1 次印刷　印张 15¾　插页 2
定价:96.00 元

日新文库

出 版 说 明

近年来，我馆一直筹划出版一套青年学者的学术研究丛书。其中的考虑，大致有三。一是当今世界正处于"百年未有之大变局"，当代中国正处于民族复兴之关键期，新时代面临新挑战，新需求催生新学术。青年学者最是得风气先、引领潮流的生力军。二是当下中国学界，一大批经过海内外严格学术训练、具备国际视野的学界新锐，积学有年，进取有心，正是潜龙跃渊、雏凤清声之时。三是花甲重开的商务，以引领学术为己任，以海纳新知求变革，初心不改，百岁新步。我馆先贤有言："日新无已，望如朝曙。"因命名为"日新文库"。

"日新文库"，首重创新。当代中国集合了全世界规模最大的青年学术群体，拥有最具成长性的学术生态环境。新设丛书，就要让这里成为新课题的讨论会，新材料的集散地，新方法的试验场，新思想的争鸣园；让各学科、各领域的青年才俊崭露头角，竞相涌现。

"日新文库"，最重专精。学术研究，自有规范与渊源，端赖脚踏实地，实事求是。薄发源于厚积，新见始自深思。我们邀请各学科、各领域的硕学方家组成专业学术委员会，评审论证，擘画裁夺，择取精良，宁缺毋滥。

"日新文库"，尤重开放。研究领域，鼓励"跨界"；研究课题，乐见"破圈"。后学新锐，不问门第出身，唯才是举；学术成果，不图面面俱到，唯新是求。

我们热烈欢迎海内外青年学者踊跃投稿，学界友朋诚意绍介。经学术委员会论证，每年推出新著若干种。假以时日，必将集水为流，蔚为大观，嘉惠学林。

是所望焉！

商务印书馆编辑部

2022 年 6 月

目　　录

第三编 反思实验哲学方法

前　　言

　　写作本书的核心动力是想探究一种使哲学理论为真的根据。近代以来，科学成为一种主导的思维范式，人们在哲学研究中会非常自然地产生这样的问题：哲学理论是否需要科学方法、科学证据来为之提供辩护？广义来说，写作此书是想解决我关于哲学和科学之复杂关系的困惑。

　　在当代分析哲学领域中，人们经常会发现很多彼此对立的理论，如实在论与反实在论、内在论与外在论、物理主义与二元论等等，双方的争论反驳，基本构成了某一学科的历史。但究竟一个理论为真的最终标准是什么，众说纷纭。当代一些分析哲学家认为很多理论最终并非诉诸科学和逻辑，而是诉诸直觉，因此直觉就变成了最后的辩护标准。实验哲学就是想通过经验方法来研究这种直觉，从而建立或者摧毁某一哲学理论的真之基础。无论如何，实验哲学试图提供一种统一的办法来解决这一根本问题。因此，我想借由实验哲学方法，来理解哲学理论为真的根据。

　　实验哲学是 21 世纪初期兴起的一种哲学科学化的思潮。从哲学传统看，实验哲学属于经验主义传统，主张哲学研究要从概念分析方法转向心理学调查方法，并在哲学的各个分支领域应用这一方法，相继产生了实验语言哲学、实验心灵哲学、实验形而上学、实验认识论、实验伦理学、实验美学、实验行动哲学等新的研究领域。这一方法论变革在学界引起了极为热烈的讨论。国内学界的研究主要集中在一般的方法论（直觉作为证据）、实验知识论以及实验伦理学领域，对实验语言哲学的研究也才刚刚起步。

在本书中，我们主要选择了语言哲学中最具有代表性的理论，克里普克的因果历史理论作为考察对象。在克里普克理论兴起之前，描述理论占据了主导地位，但克里普克运用哥德尔等案例，有力地说明了因果历史理论的正确性。在《命名与必然性》一书中，克里普克比较明确地把他论证的最后根据诉诸直觉内容。这也是我为什么选择因果历史理论作为研究对象的原因之一。当然，有一些哲学家并不把直觉作为证据，虽然也许他们实际上使用了直觉资源来为自己的哲学主张做辩护。但更为重要的是，因果历史理论本身的地位和一般的哲学理论的地位非常不同，它是一个基础理论，不仅在语言哲学中具有重要的影响，而且也覆盖到其他哲学分支领域。例如，因果历史理论所蕴含的客观性、实在性等与库恩的不可通约的范式理论是直接冲突的；例如，弗兰克·杰克逊（Frank Jackson）强调心理状态理论是以某种语义学理论为基础的；例如，语义学外在论和物理主义之间也具有一种内在的关系。因果历史理论成为了解释其他理论立场的基本理论资源，它既是关于语言现象的语义学理论，又是其他哲学理论的元理论。因果历史理论以一种隐含的方式建立了语言和世界的关系，成为了我们理解世界的基本框架。在这个意义上来说，选取因果历史理论来进行实验调查，具有重要的哲学意义。

从整体内容而言，本书对实验语言哲学的研究包括三个部分。

　　第一部分主要是关于名字指称问题的实验研究。[①] 其内容包含：专名、自然类词、空名、摹状词、指示词、定冠词的实验研究；如何区分说话者指称和语义学指称的经验研究，以及将上述研究拓展到不同文化群体、不同年龄群体、不同职业群体的实验研究。这一方面的研究以爱德华·麦希瑞（Edouard Machery）等人 2004 年发表的《语义学与跨文化风格》[②] 为代表，截至目前的引用率为 751/2023.1.13。该文选取了《命名与必然性》中的哥德尔案例，并对其做了系统的经验测试，产生了一些重要的结论，从而开启了实验语义学的新领域。

　　第二部分主要是对一些语言哲学的核心议题所进行的经验研究。其内容包含：断言、约定、隐喻、分析性、语词之争、翻译不确定论题、信念之谜等语义学和语用学问题的实验研究。这属于对第一大类研究的拓展，反映了语言哲学的一个特性，即：语言哲学和语言学之间的密切联系可能要比形而上学与物理学、知识论与认知科学、伦理学与道德心理学的联系更为紧密，更容易取得跨学科之间的共识。对语言学直觉的调查正好处在语言哲学和语言学的交界处。这一方面的研究以 2013 年图里（John Turri）关于断言规范的经验研究为代表，该类研究介于语义学与语用学、语言哲学与语言学、语言哲学与知识论之间。[③]

---

① 经验研究和实验研究有所区别，宽泛来说经验研究包含实验研究，实验研究是一种特定的经验研究。内省、观察，使用科学证据都是一种经验研究，但实验研究强调哲学研究者要像科学研究者一样做实验，而不仅仅是使用科学的理论和实验结论，这是实验哲学和以往经验哲学的根本区别。

② Machery, E., Mallon, R., Nichols, S. & Stich, S., "Semantics, cross-cultural style", *Cognition,* Vol. 92, No. 3, 2004, pp. 1–12.

③ Turri, J., "The test of truth: An experimental investigation of the norm of assertion", *Cognition,* Vol. 129, No. 2, 2013, pp. 279–291.

第三部分主要是优先考虑语言分析的实验哲学研究。如果接受达米特关于语言哲学是第一哲学的基本主张，那么实验语言哲学在这个意义上也就比其他分支的实验哲学更为基本。例如塞拉斯、罗蒂、塞尔等哲学家认为语言问题要优先于心灵问题，心灵哲学属于语言哲学的一个分支。同样，实验语言哲学也扮演类似的角色，不过实验语言哲学优先于其他实验哲学分支的理由有所不同：在实验哲学中，我们只能通过参与者对文本的阅读和答案的选择来进行经验调查，任何一种文本都离不开特定术语和概念。因此，对实验设计中用语的高度敏感和反思应该成为实验哲学研究的第一步，而这种反思首先应该是在语言哲学层面进行的。在对一些非常具体的实验设计中，实验语言哲学扮演着核心的角色。在这个意义上实验语言哲学是第一实验哲学。

上述对实验哲学的三个部分的描述实际上对既有的实验哲学既做了外延式的扩大，又做了内涵式的扩大。既有的实验语言哲学主要包括第一个部分。第二部分是把所有的语言哲学议题都置于实验哲学视角之下，从实验哲学的角度重新研究语言哲学，这可以算作是对实验哲学的研究内容做了一种外延式的扩充。第三个部分是认为所有的实验哲学都离不开对问卷和数据的分析，这些分析归根到底离不开对语言的分析、对概念的分析，所有的实验哲学都以语言哲学研究为基础。这可以算做是对实验哲学的研究做了一种内涵式的扩充，也是笔者提出来的一种比较新的观点。

接下来，我将对本书的内容做一个初步导引，同时对本书形成的具有比较特色的观点进行简要介绍。就本书的整体结构而言，也分为三个部分：

第一部分是对实验哲学的一个背景介绍。第一章将传统哲学与实验哲学对照，将实验哲学的定义、问题、方法以及面对的批评一一加以分析。

第二部分是对实验语言哲学的系统研究，其中第二章概述指称论的发展，并重点讨论指称论为什么重要以及语言哲学和实验哲学之间的密切关联。第三章讨论语义学中有关指称的实验测试，包括专名、自然类词和跨文化问题；第四章讨论在实验哲学视野中如何处理传统语言哲学的论题，包括言语行为断言的规范、分析性、翻译不确定性、信念之谜。

第三部分是基于实验语言哲学的方法论讨论，其中第五章是对概念的方法论反思，主要探讨直觉作为证据的问题，这是实验哲学方法论讨论的一个热点。第六章是对实验的方法论反思，主要考察实验设计的一些具体问题，比如如何避免重复危机，如何在实验中引入质性研究等等。第七章是以实验语言哲学为主题反思哲学方法论，提出经验探索和概念分析并重的实验哲学二重证据法。第八章是进一步系统反思实验哲学方法论，将经验探索方法分为量化分析方法和质性分析方法，将概念分析方法分为苏格拉底对话法和概念论证方法，从而把二重证据法扩充为四重证据法，并与历史学-考古学领域中的四重证据法做一比较。

从上述主题内容介绍可以看到，本书分为三个部分是经过慎重考虑的。第一个部分主要是对实验哲学的介绍；第二个部分主要是讨论实验语言哲学的具体问题，这里面既包括了已有实验语言哲学的问题，又拓展了实验语言哲学的研究范围；第三个部分是实验哲学方法论的反思，从分析哲学的方法，到实验哲学的方法。本书的特色体现在以下几点：

第一，在讨论如何理解实验哲学时，强调实验哲学的跨学科特征，同时强调实验哲学是对传统哲学的一种回归，不去有意区分哲学与科学。结合古今中西的哲学资源，把实验哲学定位为一种广义的认知科学，即人类认识世界所产生的系统性学问。在这个意义上，实验哲学注重文化传统、性别特征、职业身份等等对哲学观的影响，从而与文化心理学、社会心理学等学科密切关联。但由于它主要处理哲学传统中留下来的问题，因此其哲学性、系统性和其他学科不同。这使得我们可以把实验哲学看成是一种哲学化的科学或科学化的哲学。

第二，在讨论如何理解指称论时，强调指称论的"实用价值"，在解决心理状态、科学实在论、物理主义和自由意志等基本争论时，哲学家都无意识地预设了一种特定的语义学理论，这是经常被忽略的一个事实。通过对指称论的应用考察，让我们认识到指称论的真正价值。

第三，自克里普克发表因果历史理论以来，很多语言哲学学者都认同专名的因果历史理论是一个普遍的理论。但2004年的实验测试表明，不同文化传统的人具有不同的因果历史直觉，因此并不支持克里普克因果历史理论的普遍性。我在研究中发现，仅仅诉诸大众的直觉的东西方差异来否定克里普克理论的普遍性是不够的。人们是有能力的语言使用者，他们对使用名字去指称，会有一种素朴的理由。而这些理由要比直觉更为可靠，因此应该把对使用某个语言表述背后的理由发掘出来。我的后续工作就是从直觉转向理由，而这种理由与哲学家进行论证时所给出的理由的差距缩小了。从这个角度看，我的初衷就是在拉近实验哲学和主流分析哲学之间的距离，从而产生实质对话。这就让我不限于当前实验语言哲学的工作，而是从实验的角度去重新看待传统语言哲学论题。已经有学者就断言进行了大量的实验分析，我在本书中进行了介绍。但是更多的传统语言哲学话题并没有得到重视，例如断言、分析性、翻译的不确定性和信念之谜这些问题。本书对此并没有进行实验测试，而是尝试提出，我们可以从实验的角度重新理解这些传统语言哲学论题。这是目前实验哲学没有着手的工作。

第四，本书虽然主张应该从理由角度从事实验哲学研究，并且通过理由来建构理论。但是没有放弃对直觉作为证据的考虑。而是从认识论出发，寻找直觉与知觉的类比关系，从而为直觉具有证据作用提供了一种新的论证。如果知觉可以为我们认识某个对象提供经验辩护，那么直觉也可以为我们认识某个理智对象提供理智辩护。因此，本书对直觉的处理是具有二维特征的，一方面强调直觉的基础辩护作用，另一方面把直觉和理由结合起来，形成对某一哲学立场的辩护。

第五，本书通过对因果历史理论的实验研究，提出来要从探究直觉走向探究理由的方法。进一步，我们把理由区分为描述性的理由和规范性的理由，分别对应于科学中的质性研究和哲学中的苏格拉底对话。一开始，我提出了经验探索和概念分析的二重证据法，所谓的经验探索指实验哲学的量化分析，概念分析指分析哲学运用论证和分析的方法。在后续的研究中，我将科学方法区分为量化分析和质性分析，前者探究直觉等因素，后者探究描述性的理由等因素。我将哲学方法区分为苏格拉底对话方法和概念分析方法，前者探究规范性的理由，后者探究既有的哲学文本、实验文本等。从实验语言哲学出发形成的实验哲学的四重证据法属于作者一个比较系统的想法，具有一定的新颖性。

总之，对于实验哲学研究而言，我们可以模仿康德的著名说法：概念分析无经验调查则空；经验调查无概念分析则盲。一方面，概念分析需要得到具体的经验支持，不同的经验证据帮助我们修正、限制概念分析的结论；另一方面经验调查需要得到概念分析的引导，调查的数据需要得到合理的区分和解释。数据脱离了理论，就仅仅是一组数字而已。概念分析与经验探索并重是实验哲学的二重证据法。在实验哲学的理论和实践探究中，我们应始终贯彻一般性的二重证据法，尤为重要的是，在理论建构中重视经验调查，在实践操作中重视概念分析。概念分析与经验研究是实验哲学研究的两面，缺一不可，合则双利，分则双失。而且，我将二重证据法系统发展为四重证据法：量化分析、质性分析、苏格拉底对话和概念分析方法相结合的多元方法论，这是当代分析哲学中概念分析方法和自然科学方法相结合的一种新的尝试，整合了经验主义和理性主义的优势，从而使得在经验主义传统之下的自然主义哲学在实验哲学的研究中得到进一步实质的丰富和提升。

第一编

实验哲学的兴起与发展

第一章

实验哲学与哲学传统

第一节　实验哲学的兴起

实验哲学是做哲学的一种新方式，运用通常与科学相联系的方法去研究哲学问题。具体来说，实验哲学家运用通常与心理学相联系的方法[①]去研究通常与哲学相联系的问题。实验哲学是21世纪哲学和科学交叉研究的范例，本章通过实验哲学所关注的问题与方法来理解实验哲学与传统哲学、哲学与科学的种种联系与区别。

从20世纪80年代以来，自然主义越来越成为英美分析哲学的一种较为主要的思潮，实验哲学也开始萌芽，其中美国罗格斯大学的斯蒂芬·斯蒂奇（Stephen Stich）先后发表《理性的碎片》[②]、《解构心智》[③]两部专著，把认知科学方法尤其是心理学方

[①] 社会心理学、文化心理学多运用设计实验（问卷）、调查统计的办法，与神经科学相联系的心理学多运用脑电仪、功能核磁共振等仪器。

[②] Stich, S., *The Fragmentation of Reason: Preface to a Pragmatic Theory of Cognitive Evaluation.* Cambridge, MA: MIT Press, 1990.

[③] Stich, S., *Deconstructing the Mind.* Oxford: Oxford University Press, 1996.

法引入到当代分析哲学的讨论之中，可以视为实验哲学的前身。
21 世纪初期，温伯格（Jonathan Weinberg）等人发表了关于知识
论的经验研究[①]、诺布（Joshua Knobe）发表了关于意图行动的经
验研究[②]、麦希瑞等人发表了关于专名指称的经验研究[③]，这些研
究可以视作实验哲学的开端。

从宏观的角度来讲，实验哲学的兴起首先受到了文化心理
学[④]的影响。21 世纪初，一些文化心理学的研究表明不同文化群
体的人在认知世界时会产生系统性的差异。用心理学调查手段去
研究这些差异的特征和形成原因，对于认识文化对认知的影响有
重要作用。

回想 100 年前，新儒家代表人物梁漱溟先生阐释东西文化差
异：西洋哲学的中心在知识，中国哲学的中心在人生。西方哲学
重理性，中国哲学重直觉等等。这些都是哲人基于自身经验的反
思，未必整全。100 年后，这些东西文化比较的论断或可通过文
化心理学、实验哲学研究方法落到实处。

在哲学内部，实验哲学的兴起受到斯蒂奇的重要影响。在
《理性的碎片》一书中，斯蒂奇就已经指出了哲学的可能方向，

① Weinberg, J., Nichols, S. & Stich, S. "Normativity and epistemic intuitions", *Philosophical Topics*, Vol. 29, No. 1&2, 2001, pp. 429–460.

② Knobe, J., "Intentional Action and Side Effects in Ordinary Language", *Analysis*, Vol. 63, 2003, pp. 190–193.

③ Machery, E., Mallon, R., Nichols, S. & Stich, S., "Semantics, Cross-Cultural Style", *Cognition*, Vol. 92, No. 3, 2004, pp. 1–12.

④ 斯蒂奇的研究就受到了心理学家理查德·尼斯贝特（Richard E. Nisbett）研究的影响，尼斯贝特获得过美国心理学杰出贡献奖，是第一个当选美国科学院院士的社会科学家。斯蒂奇和尼斯贝特早年同在密歇根大学任教，学术交往甚密。尼斯贝特还是清华大学心理学彭凯平教授的博士导师。彭凯平在国内展开了实验伦理学研究，发表了"实验伦理学：研究、贡献与挑战"。彭凯平、喻丰、柏阳："实验伦理学：研究、贡献与挑战"，《中国社会科学》2011 年 06 期。

运用经验的办法去探究由人类理性产生的哲学观。如其书名所示，斯蒂奇认为理性是支离破碎的而非系统完整的，使得理性成为碎片的就是芸芸众生的文化、种族、阶级、身份、性别等种种差异。

实验哲学的古老源头可以追溯到古希腊时期，哲学家用经验办法理解人类、社会和自然的关系，如亚里士多德对动物的系统研究。在《尼格马可伦理学》（1098b, 9-10）中，他认为做哲学的最好办法就是不仅通过逻辑推论也通过人们关于生活实践的看法来平衡不同的哲学观点①。近现代哲学中，经验的要素并未和哲学分离。笛卡尔对公牛眼睛的解剖帮助了他建立了视觉理论，对动物大脑的解剖是他心身二元论的重要证据；牛顿的颜色理论来自于他用棱镜进行反射、折射的实验观察。斯宾诺莎的《伦理学》大部分不是在考虑形而上学的思辨，而是在关注有关人类实际心理的事实。休谟《人性论》的副标题是"在精神科学中采用实验推理方法的一个尝试。"概而言之，这些研究我们不能简单地将其称为科学或者哲学，而是哲学-科学。学科的分化是西方学问演进的大势，但在古希腊是哲学-科学。随着天文学、物理学、化学、心理学、计算机科学不断从哲学中分离出来，哲学的范围越来越小，科学的范围越来越大。演进的过程中，并不存在哲学和科学的严格区分。直到 20 世纪的语言转向第一次给哲学划定了界限：哲学是概念研究，科学是事质研究。

在古希腊，哲学就是一切学问的总和，哲学和科学不仅没有区分，实际上是统一的，不妨叫作哲学-科学。亚里士多德对

---

① 〔古希腊〕亚里士多德：《尼各马可伦理学》，廖申白译，商务印书馆 2006 年版。

学科有一个分类：理智学科、实践学科、制作学科。理智学科包括形而上学、物理学等等，实践学科包括伦理学、政治学等，制作学科包括艺术、医学等等。亚里士多德本人是一个百科全书式的哲学家，他撰写了逻辑学、物理学、生物学、心理学、形而上学、伦理学、政治学、美学的大量著作①这些著作除了主题内容有差别，大都采用了逻辑分析方法、概念反思方法、经验观察方法。随着科学的不断专业化／分工，天文学、物理学、化学、生物学、心理学、计算机科学不断从传统所理解的哲学-科学中分化出来，哲学变得越来越狭窄，越来越具有思辨气息。如果回归哲学传统，哲学除了思辨还应具有经验的要素，这是哲学家保持一种健全实在感（罗素语）的关键。

同样，中国古代的学问也包罗万象。《周易·系辞下》云："古者包牺氏之王天下也。仰则观象于天，俯则观法于地。观鸟兽之文，与地之宜。近取诸身，远取诸物。于是始作八卦，以通神明之德，以类万物之情"。按张文江先生解释，这是中国人第一次对整体知识的分类：观象于天是天文学；观法于地是地理学；观鸟兽之文是动物学；与地之宜是植物学、物学；近取诸身是医学、生理学；远取诸物是物理学②。在先秦，百家之学是世间学问的总和。魏晋已降，经史子集的分类，清末民初国学的提出，一直到现代学科的分类——文史哲理工农医。哲学变得越来越窄。但在先秦和古希腊，追索人和世界的种种关联是哲学的应有之义。实验哲学呼应了这一古老的哲学传统，它和心理学、认

① 聂敏里：《西方思想的起源——古希腊哲学史论》，中国人民大学出版社 2017 年版，第 148 页。
② 张文江：《中国古典学术讲要》，华东师范大学出版社 2005 年版，第 45 页。

知科学联系紧密，探究人类实际的存在境遇。

实验哲学是对语言转向的反动／超越，要求回到古老的哲学-科学传统 [①]。在《实验哲学宣言》一文中，诺布指出："哲学关注人类在生存中所遇到的问题，哲学家思考人类以及他们的心智实际上是如何运作的，哲学家关注万物如何相互关联在一起。[②] 按照这种理解，哲学和其他学科如心理学、历史学、政治科学的区分就不显得那么重要了，当然与生物学、化学、物理学的区分也不显得重要了。哲学在最根本的层面上考虑万物如何关联，这一问题不属于某一个特定的学科，却又和某个特定的领域有着密不可分的联系。塞拉斯在《哲学与人的科学映象》一文中指出：哲学的特征并不在于它是一个特殊的专门学科，但是要一般性地知道事物如何关联，需要参照每一个专门学科的内容。[③] 就好比，我们要在整体上了解高速公路系统，至少要知道那些具体的道路系统。

在当代哲学中，哲学变成无数个子类：Philosophy of X，X可以指代任何事物：语言、心智、科学、逻辑、数学、物理学、生物学、电影、历史、艺术、音乐、法、人工智能、意识、爱情等等。讨论最一般问题的哲学领域是形而上学和认识论，在最一般意义上探索世界的基本构造，以及人类如何认识世界的问题。如果用道和术来区分哲学和其他分类的话，哲学是在道的层面关

---

① 陈嘉映：《哲学 科学 常识》，中信出版社 2018 年版。

② Knobe, J. & Nichols, S. (eds.), *Experimental Philosophy*, Oxford: Oxford University Press, 2008. p. 3.

③ Sellars, W., "Philosophy and the Scientific Image of Man", *Frontiers of Science and Philosophy*, edited by Robert Colodny (Pittsburgh: University of Pittsburgh Press), 1962, pp. 35–78.

注万物如何关联在一起，具体学问则是在术的层面关注万物如何关联在一起。

第二节 实验哲学与哲学传统

20世纪初期兴起的分析哲学具有很多广为人知的特征，其中注重逻辑分析和自然科学是其最主要的两个特征。20世纪二三十年代在维也纳兴起的逻辑经验主义学派就是注重逻辑分析和自然科学的典范。卡尔纳普《世界的逻辑构造》[1]是充分体现如上两大特征的重要著作。蒯因在20世纪50年代对逻辑经验主义的两个教条展开了批评：第一，在分析命题和综合命题之间不存在严格的区分；第二，不能将所有的命题都翻译成或还原为关于直接经验的陈述[2]。如今很少有人坚持逻辑经验主义一些具体主张。但新一代分析哲学还是保留了逻辑经验主义的基本精神：形而上学和语言哲学注重逻辑分析、概念分析；心智哲学、知识论注重认知科学、神经科学。以至于在国内学界，有人称注重概念分析方法的分析哲学为"概帮"，注重自然科学方法的分析哲学为"自然门"。

分析哲学还有第三个容易被忽视的特征，即注重常识、注重日常直觉。分析哲学在构建或反驳某个哲学理论的时候，除了要符合逻辑规则、不违背自然科学之外，还要与日常直觉保持一致。

---

① 〔德〕鲁道夫·卡尔纳普：《世界的逻辑构造》，陈启伟译，上海译文出版社1998年版。

② 参见蒯因《经验论的两个教条》，此文收录自蒯因的论文集《从逻辑的观点看》。见〔美〕威拉德·范·奥曼·蒯因：《从逻辑的观点看》，陈启伟等译，中国人民大学出版社2007年版。

　　我们可以用逻辑推理来检验哲学论证，用自然科学来约束一个理论的解释限度，但我们对哲学理论真假的评估似乎最终依赖于直觉。能够解释并且辩护直觉的理论才是一个合格的哲学理论，直觉成了最重要的证据。威廉姆森（Timothy Williamson）指出："在被视为分析哲学的宽广传统中，当前方法论的一个鲜明特征就是诉诸直觉"。[1]

　　什么是直觉呢？在哲学中，对直觉的通常理解是常人对哲学家描述一个真实的或者虚构的故事所产生的当下的、迅速的、未经反思的心理状态，与此相关的是直觉判断。比如，这个行动在道德上是错误的吗？描述中的人知道她将不会中奖吗？故事中的说话者使用语词"水"是指称 H_2O 吗？ 等等。比如在形而上学中的人格同一（王子和青蛙的故事）、大脑移植、因果、自由意志、整分原则，在伦理学中的电车难题、器官捐献，在认识论中：彩票难题、盖提尔、假谷仓，在语言哲学中的孪生地球、哥德尔案例、关节炎，在心灵哲学中的僵尸、色谱颠倒、黑白玛丽、中文屋，在科学哲学中的解释、确证等等思想实验；案例和概念，我们都会形成一种关于这个思想实验的某种直觉，或者说不加反思的看法。

　　如果论证的前提基于直觉，那么对直觉的考察就是很自然的事情。出于一些没有意识到的偏见，传统的分析哲学并未对直觉本身加以考察，而是把直觉的普遍性当作理所当然的预设接受下来。实验哲学家正是要质疑这一假定，通过大量的实验调查发现人们所依赖的各种类型（道德、知识、语言、因果）的直觉并非

---

[1]　Williamson, T., *The Philosophy of Philosophy*, Malden, MA: Wiley Blackwell Press, 2007, p. 2.

普遍，因此直觉所支撑的理论之真受到了质疑。

传统哲学家利用概念分析来对直觉进行捍卫，实验哲学家利用实验来对直觉进行批评。撇开捍卫与批评，实质的区别在什么地方呢？有一种显而易见的区别，概念分析论者可能会说，一般情况下人们认为如何如何。而实验哲学家则把一般情况进行了量化，70% 的人认为如何如何。这是一个根本的区别吗？当然是，概念分析论者所提出的"一般情况如何如何"是模糊的，所谓的一般情况就是实际存在的一般情况，用经验的办法去证实或者否证是一个自然的要求。否则概念分析论者就不应该使用"一般情况如何"、"人们通常会如何"这样的词汇。

细究起来，概念分析论者的方法并非泛泛一种，尤其是在语言转向之后。我们对概念的分析转化为对语言的分析，通过对表达概念的语言进行分析，从而澄清概念的意义。众所周知，这种语言分析主要有两种，一种是人工语言或理想语言分析，借助一阶逻辑的方法分析传统哲学中的一些问题，如罗素在《论指称》一文的分析，澄清了存在的概念。借助逻辑方法（句法、语义）进行概念分析，在二十世纪分析哲学中是一个重要的流派。弗雷格、罗素、早期维特根斯坦、卡尔纳普、蒯因、克里普克，一直到近期的威廉姆森都是这个传统的捍卫者。威廉姆森反对实验哲学方法，在其《哲学的哲学》一书中坚持认为一种形式化的办法对哲学是有重要作用的。道德理论应该从决策论和博弈论中获得教益，认识论应该从概率论和认知逻辑中获得教益。这种把形式化语言作为分析概念的重要工具，可谓渊源有自。第二种分析方法是日常语言分析方法，主要倡导者是后期维特根斯坦和牛津日常语言学派的哲学家奥斯汀、塞尔、斯特劳森、格莱斯等。他们通过一个语词在语言中实际的用法对概念进行分析。不管是维特根斯坦对奥古斯汀图画的批评，还是奥斯汀对感觉材料的批判，都从语言的实际用法中获得了分析的有效结论。语言分析是概念分析的一个主要办法，当然也有哲学家主张绕开语言，直接对概念进行分析。但概念分析总和语言有种种关联，即使所谓的实际用法，也是分析者想象了各种可能的使用场景，一一进行分析。概念分析总是在一个概念系统中，借助不同的工具（逻辑或实际用法）来厘清某一个概念在系统中的位置，这个概念和其他概念之间的关系等等。可能会有人批评传统哲学是从概念到概念，虽然以偏概全，但确实说出了这种分析的要害。实验哲学家并不否认概念分析/语言分析方法，但是需要指出，如果这种分析方法依赖于人们如何使用语词的话，那么对人们使用语词的直觉进行考察就是一个正当方法。

第三节　实验哲学的两种类型

根据上一节的讨论我们可以得到对于实验哲学的一个定义 I：实验哲学就是运用心理学方法就人们关于哲学案例的直觉进行探究的一门学科。应该承认，自从 2001 年《哲学方法论与直觉》①一文发表以来，实验哲学家调查哲学直觉成了实验哲学领域中的主流方法。但这绝对不意味着调查直觉是实验哲学唯一要义。实际上，当代实验哲学大量借用了心理学、认知科学、语言学、行为经济学、计算机科学等领域的经验研究方法。把实验哲学定义

① Weinberg, J., Nichols, S. & Stich, S. "Normativity and Epistemic Intuitions", *Philosophical Topics*, Vol. 29, No. 1&2, 2001, pp. 429–460.

为对哲学直觉的经验探索，至少排除了如下类型的研究：比如施威茨格贝尔（Eric Schwitzgebel）等人调查伦理学的哲学课程研究训练是否会提高增强人们的道德行为水平。[①]

施威茨格贝尔的研究表明，如果实验哲学是对经验现象的量化研究，那么这种经验现象就不仅包括直觉，还应该包括其他的经验现象。因此我们不妨对实验哲学给出一个更具有包容性的定义 II：实验哲学是对哲学论断给予经验支持的哲学。布克瓦尔特（Wesley Buckwalter）等人对定义 II 给出了自己的理解：实验哲学运用观察和实验作为哲学探索的工具[②]。视野更为宽阔的学者，把实验哲学理解的更为宽泛，例如罗斯等人将哲学自然主义与认知科学相联系[③]，诺布则直接指出实验哲学就是认知科学[④]。

此外，亦有学者主张，关于实验哲学定义的问题应该也是一个经验问题，可以通过对众多实验哲学研究者的实际研究状况给予调查并得出结论。[⑤]譬如，诺布把运用直觉差异性拒斥诉诸直觉与思想实验的概念分析哲学的这一思路称之为消极的实验哲学；而将承认概念分析、认为对直觉的考察可以支持或者反驳某一特定的概念分析的研究称之为积极的实验哲学。通过调查，他

① Schwitzgebel, E. & Rust, J., "The Moral Behavior of Ethicists: Peer Opinion", *Mind*, Vol. 118, 2009, pp. 1043-1059.

② Buckwalter, W. & Sytsma, J. (eds.), *A Companion to Experimental Philosophy*, Chichester: John Wiley & Sons, 2016, p. 1.

③ Rose, D., & Danks, D., "In Defense of a Broad Conception of Experimental Philosophy", *Metaphilosophy*, Vol. 44, No. 4, 2013, pp. 512-532.

④ Knobe, J., "Experimental Philosophy is Cognitive Science", *A Companion to Experimental Philosophy*, edited by Sytsma, J. & Buckwalter, W., Malden, MA: Wiley Blackwell, 2016, pp. 37-52.

⑤ Sytsma, J., "Two Origin Stories for Experimental Philosophy", *Teorema: Revista Internacional de Filosofía*, Vol. 36, No. 3, 2017, pp. 23-43.

发现已有的实验哲学研究只有很少一部分属于积极的实验哲学和消极的实验哲学这个范畴之内的。他调查了 2009 年至 2014 年之间发表的实验哲学文章，只有 1.3% 的文章属于积极的实验哲学范畴，10.4% 的文章属于消极的实验哲学范畴。贾斯汀·西斯马（Justin Sytsma）在《实验哲学的两个起源》一文[1] 中，对实验哲学家眼中的实验哲学做了量化研究：他们搜集了 370 名实验哲学研究者对实验哲学定义的回应。首先，询问参与者对下述论断的认可程度，用里克特量表标示，其中 1 表示完全认同，7 表示完全不认同，该论断为："如果一篇论文算作实验哲学的论文，作者必须就某一群体的直觉使用经验数据。"结果显示，自己归属为实验哲学家的那些人倾向于不同意上述论断，而非实验哲学家倾向于保持中立。

我们使用施威茨格贝尔[2] 的例子，看实验哲学研究者是否把施威茨格贝尔的案例研究当作实验哲学的范例：施威茨格贝尔希望知道是否关于道德的明确认知促进人们的道德行为。他采用如下方式：通过比较在研究机构图书馆的伦理学著作和非伦理学哲学著作的丢失率来进行评估。他调查了英国和美国 32 个图书馆的丢失记录来确定在这两个范畴下图书丢失的比例，并就其比例进行比较。调查结果显示，自身认同为实验哲学家的人，有 67.8% 把这个例子作为实验哲学的例子，而在那些不认为自己是实验哲学家的人中，只有 46% 的人把这个例子作为实验哲学的例子。这个论据是否能支持实验哲学的定义 II 呢？我认为这个针

---

[1] Sytsma, J. "Two Origin Stories for Experimental Philosophy." *Teorema: Revista Internacional de Filosofía*, Vol. 36, No. 3, 2017, pp. 23–43.

[2] Schwitzgebel, E. & Rust, J., "The Moral Behavior of Ethicists: Peer Opinion", *Mind*, Vol. 118, 2009, pp. 1043–1059.

对实验哲学定义的经验调查存在疑问。实验哲学家和非实验哲学家对何为实验哲学调查的非对称差异并不一定能支持实验哲学的宽定义。这种非对称差异可能源自于更深的认知成见：人们更愿意用自己认同的知识系统去分类、解释、界定他所经验到的世界，更愿意用自己的认同的知识系统去尽可能地包容他所面对的事实。比如，一个宗教徒会把发生在他身边的事情统统用宗教的认识模式来解释，尽量让所有现象在宗教体系里面变得合理。即使有很多看来明显和宗教有冲突的现象，也尽量用宗教的基本原则解释。

我不同意用实验哲学家对实验哲学定义的实际看法来为实验哲学的宽定义辩护。但我支持实验哲学的宽定义，理由如下：第一，我认同诺布的观察，实际上很多实验哲学家所做的工作已经超越了窄定义。第二，实验哲学的宽定义可以和传统的哲学-科学接轨，比如亚里士多德、笛卡尔、休谟的工作。实验哲学是传统哲学的自然延伸。第三，实验哲学应该既包括量化研究也包括质性研究。我们可以接受实验哲学的宽定义：实验哲学是对认知现象的经验探究，并把窄定义作为宽定义的一个子类。

威廉姆森在《哲学的哲学》一书中为先验主义哲学辩护：自然科学方法论是后验的，哲学方法论是先验的。初级的理性主义者认为先验方法是哲学的德性，因为这种方法免于知觉经验导致的错误；而初级的经验主义者会认为先验方法是哲学的恶习，因为其免除了知觉经验的修正。[①] 自然主义、实验哲学都可以算作初级经验主义的后裔。威廉姆森认为自然科学不是唯一的科学，数学也是科学。科学不完全是后验的，也可以是先验的。比如数

---

① Williamson, T., *The Philosophy of Philosophy*, Malden, MA: Wiley Blackwell Press, 2007, p. 1.

学可以是先验的，在这个意义上哲学也可以是先验的吗？我不否认哲学可以存在先验的部分，就如同威廉姆森承认哲学可以与经验有关系一样。但是哲学如果是关乎人类生存的话，那么在根本的意义上就是经验的，哲学与我们所处的世界有着本质的联系。

上面提到积极的实验哲学和消极的实验哲学之间的区别，但是诺布反对这种区分，他提出了一种新的区分：第一种实验哲学研究主要关注源自传统分析哲学所提出的问题。通过系统调查大众的直觉，而不是人类的实际心理状况，主要关注这些议题中的直觉。比如道德哲学和认识论方面的直觉。否定性纲领可以视作这一军团的从属。第二种实验哲学研究超越了分析哲学，而是转向了系统的心理学研究，比如关于人类生活和心理的哲学问题。[①]这样一种区分把哲学带到了一个更大的视野里，哲学的一部分工作实际上和科学重合。如果实验哲学本身是科学的一个部分，那么跨界研究在所难免。在进一步讨论跨界研究之前，不妨先看看实验哲学本身遇到的批评。

第四节 实验哲学面临的批评

自实验哲学兴起以来，批评者众多。本节将梳理并回应这些批评。第一类反驳意见集中在对实验哲学的窄定义的批评上：科学家从来不关心老百姓怎么想，从来就没有一种大众物理学会对物理学有帮助，也没有一种大众数学对数学有帮助，哲学家也不需要一种大众哲学。哲学不需要大众直觉，专家直觉足矣。这是

[①] Roberts, P. & Knobe, J., "Interview on Experimental Philosophy with Joshua Knobe", Exchanges: *The Warwick Research Journal*, Vol. 4, No. 1, 2016, pp. 14-28.

实验哲学的专家辩护问题（Expertise Defense）。整个反驳意见可以分两层来讨论。第一，科学家直觉与大众直觉之间的关系是否能类比为哲学家直觉和大众直觉之间的关系。第二，哲学家究竟需不需要大众哲学。

不妨先从第二个问题说起，我们都知道哲学内部分类繁多，有的哲学高度专业化，如数学哲学、心智哲学等。学习者是否接受心智哲学中的功能主义立场或者副现象主义立场是需要专业训练的，学习者是否接受数学哲学中的有穷主义也是需要长期训练的。这里面都有着大量的论证和技术，没有长期的专业训练，学习者很难获得自己的看法。但是也还有大量与生活实践相联系的哲学，如伦理学、政治哲学、美学等等。哲学家所建立的关于道德责任、自由意志、正义、公平的观念，是每一个老百姓都有可能理解，并且不自觉持有的。哲学家正是要阐明这些日常概念。因此大众直觉是需要我们严肃对待的，建立在大众直觉基础上的哲学就是大众哲学，与精英主义哲学对立。再看第一个问题：科学和哲学之间能做类比吗？ 这要看科学中的具体门类。早期的科学运用了很多日常概念，也借助了日常的理解，正是因为科学能够说明日常现象，科学才得以建立。亚里士多德的物理学，牛顿的物理学都存在着可以感知理解的因素。随着科学的发展，科学越来越专业化，越来越脱离日常经验，成为一门实证科学。大众的直觉不再成为科学家依据了。应该承认在一些偏科学化的哲学中，大众的直觉也不再成为哲学家的依据，例如物理学哲学、生物学哲学等。科学家直觉和大众直觉的关系当然不能完全和哲学家直觉和大众直觉的关系相似。但这不意味着科学和哲学之间是没有相似之处的。（更详细的讨论参见本书第六章第二节）

第二个反驳意见：首先承认大众使用的概念是有意义的，比如大众经常谈论责任、正义等等。进一步指出尽管哲学家和大众使用了同一个语词／概念，但是哲学家和大众不在同一个层次上使用这个概念。因此哲学家可以完全不关心大众如何使用哲学概念。这个反驳正中实验哲学家下怀。你怎么知道哲学家和大众不是在同一个意义上使用概念的？也许通过系统的实验调查才可以获得明确的结论。与此对照的是维特根斯坦的立场，他认为哲学家误用了语词，需要把哲学语词带回到日常的用法中来，这种"带回"多半是依赖维特根斯坦本人的洞见进行的语言分析。实验哲学更多地利用大量的实际调查来进行分析。这种分析有一个显而易见的好处：哲学工作者以及常人只要学会基本的调查统计思想就能针对某一哲学问题进行经验研究。而常人要进行维特根斯坦式的语言分析，就需要习得维式洞见，但这是相当困难的。

第三个反驳意见：哲学家不是要考察直觉，而是要看人们实际上如何思考。这个反驳意见如果是针对窄定义的话，则是不成立的，因为实验哲学并不是要简单地肯定或否定直觉，而是要调查直觉的差异，进而揭示人们思考模式的差异。这个反驳意见如果是针对宽定义的话，也是错误的。因为按照诺布的定义，实验哲学就是关注实际上人们是如何思考的。实验哲学被认为是对现代分析哲学的一个"反叛"，对古希腊哲学传统的一种回归。传统哲学家考虑人类的生存状态以及心灵如何运作。他们对理性、情感、文化和内在观念、道德和宗教信念的起源保持极大的兴趣。像几个世纪以前的哲学家一样，实验哲学家也关注世界实际上如何。这种路径的哲学研究注定伴随着混乱、偶然和变动，但是哲学的深层问题也只能从人类实际上所呈现的混乱、偶然和变动的事实中获得。

第四个反驳意见：如果只是做实验，根本就得不到任何有意义的哲学结论，因为一个实验之中总有一些独立于或者超出于实验的信念和观念。这个观点是正确的，但并非是对实验哲学的批评。实验哲学家当然不会认为要对所有的哲学观念进行实验，也承认存在着独立于实验的哲学观点。哲学家探索人们关于因果性的直觉，真正的目的不是要研究这些直觉以及直觉背后的心理过程，而是要厘清人们对因果观念的系统差异，以及这些差异和因果性本质的关系。只有在直觉与理解因果本质相关的层面上，探索直觉才是有意义的。

第五个反驳意见：实验哲学算不算哲学？这个批评存在于大多数批评者心中。尤其是 20 世纪分析哲学的兴起，人们把精力更多集中在与逻辑和语言相关的问题上，语言哲学成为第一哲学。任何哲学问题的澄清和解决，需从语言着手。通过对相关概念的语言分析，最终消解或重新定义哲学问题，通过语言达致对世界的理解。但传统哲学并非如此，它们和实验哲学一样关注心灵是如何运作的，亚里士多德、笛卡尔都是这样的典范。毫无疑问，心灵如何运作的问题在传统哲学中处于中心问题。只是因为分析哲学的早期发展，这样一种探索才被认为是处于哲学之外的了。当然，还有另外一个原因，那就是随着自然科学的高度发展和专业化，心灵如何运作的问题也被当成了一个专业的科学问题，最早在生物学、后来在认知科学中获得其中心地位。但心灵如何运作这一问题，绝非某一门学科能够独立解决的，它依赖于长期的多学科的合作。哲学在其中扮演着一个相当重要的角色。

第六个反驳意见：实验哲学会获得一些统计数据，这些统计数据和某一个哲学理论有什么关系呢？难道说当我们通过经验调查发现 80% 的人相信人都是自私的，因为坚持某种版本的功利主义观点，根据这个统计，我们就应该认为功利主义观点是对的，而那些少数人应该修正自己的观点的吗？这显然是对实验哲学一种错误的理解。这里有两点需要说明：第一，关于统计调查的方法问题。大家对调查的一种常见的想象是，在课堂上，老师提问课堂上的学生，大家相信存在自由意志吗？同意的请举手，假设有 50 人的课堂，40 人举手回答相信存在自由意志。然后老师得出结论：80% 的人相信存在自由意志，自由意志主义有着深厚的群众基础。这里存在很多问题。统计调查并不是单纯的多数人说了算，至少需要满足以下几个基本要求，选取的样本足以代表整体；要满足随机实验的原则、获得的结果具有统计的显著性，调查问卷应该采用故事的形式而非单纯的提问等等。第二，实验哲学学者调查的是大众直觉，因此不能预先假设大众对自由意志等等哲学概念有清晰的了解。只能设计一个大众可以理解的思想实验，大众通过阅读这个思想实验，给出选择，来表明他是否支持自由意志直觉。因此如何设计一个不带特定立场的思想实验就非常关键。在测试语言直觉的时候尤其危险。我们本身使用语言就可能不自觉带有某种语言立场。例如在测试专名的指称直觉时，在引入任何一个名字的时候，都要依靠描述来引入，这实际上蕴涵了某种版本的描述论，而让专名的因果历史理论处于不利的地位。

关于统计调查这个方面，实验哲学家需要搞清楚，为什么 80% 的人会相信自由意志主义。因此，对于实验哲学家来说，首先，我们利用实验结果建立一个人们直觉背后的心理过程的理

论；然后使用这个关于心理过程的理论来确定是否这些直觉是否
是可靠的。这种研究既不是单纯提出一种理论，也不是要捍卫一
种理论，而是主要关注人们在认识世界时，因各种因素的影响而
产生的系统性差异。通过大量的实验调查来甄别何种因素导致了
认知差异，才是实验哲学的正道。

第五节　跨界研究与实验哲学

跨界研究的一个基本要求是研究者要具备多个学科的训练，
尤其是对于哲学家来说，要具有一定的科学知识背景。这在传统
哲学中是自然而然的，一方面，被当代分析传统认为是哲学家的
笛卡尔、康德他们本身都可以算作科学家，另一方面，被当代科
学界认为是科学家的牛顿、爱因斯坦也可以算作哲学家。大思想
家，在哲学-科学传统中没有割裂之感。逻辑经验主义学派的代
表人物：石里克、魏斯曼、卡尔纳普、纽拉特、哈恩、弗兰克等
人大都具有深厚的科学修养。例如，石里克获得的是物理学博士
学位，他所撰写的相对论读物为爱因斯坦所称赞。在他看来，科
学的任务在于要获得关于实在的知识；科学的真正成就既不能被
哲学所毁坏，也不能被哲学所更改；"而哲学的目标是正确地解
释这些成就并阐明它们的最深刻的意义。这一解释既是最终的也
是最高的科学任务，而且将永远是这样。"① 哲学就是一种对科学
知识的分析和澄清。姑且不论这一定义是否反映了哲学的本质，
但却指出了哲学家工作的范围，哲学家要熟悉科学。逻辑经验

---

① 〔德〕莫里茨·石里克：《自然哲学》，陈维杭译，商务印书馆2011年版，第1—
　2页。

主义学派本身就是一个跨界合作的示例。在《维也纳学派宣言》中，其问题领域包括：算术基础（逻辑）、物理学基础（空间、时间、实体、因果性和或然性）、几何学基础（非欧几何、数学几何和物理几何的关系）、生物学和心理学基础问题、社会科学基础。不过逻辑经验主义的局限是明显的。第一，方法仅仅限于物理科学方法和逻辑分析方法；第二，研究内容过于狭窄，排除了大量重要的哲学领域如宗教哲学、形而上学、伦理学等等，此不赘述。

即便从当代哲学来看，哲学发展本身也要求跨界研究。蒯因提出哲学和科学是连续的，彼此之间没有界限。语言哲学的研究需要语言学的知识，物理学哲学的研究需要物理学的知识，生物学哲学的研究也需要生物学的知识；当然，要研究法律哲学，也需要法学知识，要研究电影哲学，需要了解电影，要研究历史哲学，对历史学也不能陌生。Philosophy of x，x 总是某个具体的研究领域，对这一领域的哲学思考，当然离不开对这一领域的探讨。那么形而上学和知识论呢？形而上学如果是对实在本质的探索，那么这种研究不能完全摆脱科学的限制。莫德林（Tim Maudlin）的书《物理学之内的形而上学》（*The Metaphysics within Physics*）正是在此意义上撰写的。传统的形而上学的根据来自于超越的层面如神或道，当代的形而上学的根据应该来自于基础物理学。霍金在《大设计》开篇宣称：

　　"我们个人存在的时间都极为短暂，其间只能探索整个宇宙的小部分。但人类是好奇的族类。我们惊讶，我们寻求答案。生活在这一广阔的、时而亲切时而残酷的世界中，人们仰望浩渺的星空，不断地提出一长串问题：我们怎么能理解我们处于其中的世界呢？宇宙如何运行？什么是实在的本性？所有这一切从何而来？宇宙需要一个造物主吗？我们中的多数人在大部分时间里不为这些问题烦恼，但是我们几乎每个人有时都会为这些问题所困扰。

按照传统，这是些哲学要回答的问题，但哲学已死。哲学跟不上科学，特别是物理学现代发展的步伐。在我们探索知识的旅程中，科学家已成为了高擎火炬者。"①

霍金的判断不完全正确，宇宙如何运行这样的问题当然是宇宙学回答的问题，但像实在的本性、如何理解身处其中的世界，依然是哲学追问的问题。例如塞德（Ted Sider）在《写一部世界之书》②中就是要探索所谓世界的本质结构，在他看来真正反映世界如其所是的（carving nature at its joints）的概念不是因果、个人同一等等，而是逻辑和基础物理学中的概念，如全称量词、存在量词、电子、夸克等基本粒子概念。毫无疑问，这是对世界本性的一种理解，而且浸透了当代数理逻辑和物理学的影响。哲学家并非不了解科学家的成果，只是哲学家不从事物理学的专业工作。可以说跨界有两层含义：其基本意义是，哲学家需要了解其他领域的工作；第二层是：哲学家所关心的问题本身是跨学科的。

关于第一个层次的跨界研究实际上已经广泛存在。例如哥伦比亚大学哲学系阿尔伯特（David Z. Albert）教授，他是洛克菲勒大学理论物理学博士毕业。他的研究领域为：现代物理学的哲

---

① 〔英〕斯蒂芬·霍金、列纳德·蒙洛迪诺：《大设计》，吴忠超译，湖南科学技术出版社 2011 年版，第 3 页。

② Sider, T., *Writing the Book of the World*, Oxford: Oxford University Press, 2011.

学问题、时空哲学、科学哲学，出版过《量子力学与经验》①。他的物理学背景让他在从事物理学哲学研究时，可以毫无障碍的运用物理学概念。纽约城市大学哲学系普赖斯特（Graham Priest）教授是数学博士，研究领域为内涵逻辑、数学哲学等。他的数学背景让他在从事数学哲学研究时，可以毫无障碍的运用数学概念、数学系统。以研究形而上学著称的塞德教授在哲学系开设量子力学基础课程等等。但这些并非我们这里所关心的跨界研究。

关于第二个层次的跨界研究更为重要，在这一层次的基础问题本身是开放的，并没有被划入到特定的学科。例如道德问题、意识问题、因果问题、时间问题、推理问题等等。耶鲁大学认知科学和哲学系双聘教授诺布（Joshua Knobe）、哈佛大学心理学系的格林（Joshua Greene）教授均毕业于普林斯顿大学哲学系的著名自然主义哲学家哈曼（Gibert Harman）门下。二人均从事道德方面的认知机制研究，像诺布发现的"诺布效应"，格林要处理的电车难题，都不是哪一个专业领域的问题，而是在认知科学、心理学、伦理学领域所共同面对的。

以时间的方向性问题为例，纽约大学哲学系莫德林教授研究物理学哲学。在他看来，观察和实验解决不了物理学基础问题，物理学基础问题并非仅仅是物理学问题，而是和哲学有着密切的联系。爱因斯坦明确抱怨当代物理学的最大缺陷就是它并不奠基于哲学。目前研究物理学基础问题的学者大多分散在物理系、数学系和哲学系。相当多的哲学家和科学家认为时间片段是"幻

① Albert, David Z., *Quantum Mechanics and Experience*, Cambridge, MA: Harvard University Press, 1992.

觉", 例如巴门尼德、麦格塔加特认为时间是不真实的。莫德林认为:时间因为其内在本性具有从过去到未来的样式。物理学家认为时间不真实,是受到了我们刻画物理世界所使用的数学语言的限制。时间结构是时空几何结构的一部分,几何结构的标准数学描述完全是从纯粹空间结构观念发展起来的。空间是缺乏方向的,因此用来描述无方向的数学就很难表达方向性。莫德林要用线性结构理论(Theory of Linear Structures)这种新数学语言来代替标准点集拓扑这种老的数学语言。在线性结构论中,很自然就可以得到内在带方向的几何形状。如果用这种数学语言重写相对论物理学,就得到了时间的内在方向性。如果要从事件集中形成时空,必须把事件纳入结构之中。标准拓扑学假设了基础组织是由"开集"结构提供的:通过明确形成开集的空间中的点集确定了空间的拓扑结构。线性结构论假设了基础组织是由那些组成连续线段或有向线段的点集所明确给定的。这是对几何结构的另外一种解释。在相对论情景中,可以认为时空中有向线段的物理来源是时间。这样时空结构就可以被还原为纯粹的时间结构。关于时间方向性的问题可以说是跨学科的典型问题。

哲学的各个具体领域都接纳跨界研究。反思实验哲学,实验哲学的确是跨界研究的典范,一方面实验哲学的方法来自心理学,另一方面实验哲学的议题也从传统的哲学议题(同一性、知识、指称)延展到宗教、艺术、文化比较的方方面面。当今的哲学研究,名号林立,但始终坚持问题优先的思路。问题并非总在学科专业内部产生,更多的问题在学科交叉处生成。实验哲学呼吁再一次回到哲学-科学的古老传统,以开放的心态面对人类在和世界打交道所产生的种种理论问题、认识问题与实践问题。

第二编

语言哲学的新发展：
从语言分析哲学到实验语言哲学

第二章

当代语言哲学的若干发展：
从语言转向到实验转向

　　本章围绕指称理论这个核心来总结当代语言哲学的发展。指称论在语言哲学中占据着核心的地位，以弗雷格、塞尔为代表的描述论和以克里普克、普特南为代表的因果历史论是两个主流的理论，二者之间的争论构成了指称论发展的主要脉络，1970年以前描述论是主流，1970年以后因果历史论逐渐取代描述论，但二者各有缺陷。近些年来，一些语言哲学家力图结合两个理论来构造新的语义学框架，例如，查尔莫斯的二维语义，索莫斯把描述论放到语用学层面与语义学的因果历史论相结合。实验语言哲学则代表了另外一种路径，通过考察因果历史论和描述论所依赖的直觉为这个争论给出了新的解决方案。本章从引介指称论开始，最后说明指称论的经验测试的理论后果。

第一节 传统的指称论

一 简介

语言哲学可以包含两层涵义：第一，以语言本身为对象的哲学探究，比如研究语词、句子、篇章的相互关系，研究语词的意义和指称，语句的真值条件等等；第二是通过考察语言表达来研究世界和心灵，进而探索语言、世界和心灵三者之间的关系。常见的论题包括：语言的功能是否就是表达世界中的事实。如何考虑语言和思想之间的关系，是否存在没有语言的思想等。我们一般谈论的语言哲学都包含这两个维度，但不管是研究语言本身还是通过语言来理解世界，都面临一个首要的问题：我们如何理解语言的意义。按照功能定义，语言具有表达和交流的功能，我们可以通过语言表达世界，我们也可以通过语言和他人交流。我们可以交流的那些东西正是我们用语言表达世界的东西。比如你和你的朋友聊天，你说："今天北京在下雨"，你朋友跟着说："出门记得带一把伞。"你们之间有一个有效的交流，这个交流的事情"今天北京在下雨"正是世界中发生的事情。

语言表达世界，这是经过初级反思之后形成的一种语言观念，认为语言和实在具有一一对应的关系。问题在于我们的交流是否实际依赖于这样一种对应关系。有一些哲学家认为必须预设这样一种表达观念，另外一些哲学家则认为即使语言本身不表达什么，依然可以用来交流，也即表达世界不是交流理解的必要条件。这就产生了两个语言哲学问题：理解语言的基本条件是什么？语言的本质是否在于表达，我们依次从这两个问题开始进入讨论。

从咿呀学语到巧舌如簧，我们如何学会了语言？为什么两个素不相识的人，只要用同一种语言谈话就能获得有效交流？学会了语言具体是指是学会了什么？交流和理解是如何可能的？初高中的语文课堂，老师经常会要求学生总结一篇课文的中心思想，由此来判断学生是否真正读懂了这篇文章。通过阅读这篇文章学生把握了作者想要表达的东西，在日常交谈中说话者通过对话抓住了对方想要表达的意思。人们一旦抓住作者和说话者的那个想法，就理解了他说的话——这是关于理解的一个最为朴素的观念。洛克就是上述这种语言观念的持有者，他认为理解话语就是把握说话者心中的观念。换用现代语言哲学的术语，话语的意思（意义）就是说话者心中的观念，理解就在于我们把握了作者和说话者的意义，这个意义就是心中的观念。这是对意义的一种理解方式，但意义真的就是心中的观念么？语言哲学中关于语词的意义是什么答案纷呈：意义是心中的观念（洛克、弗雷格）、意义是抽象的实体（柏拉图、弗雷格）、意义是外在的对象（克里普克、普特南）、意义是反应和刺激（蒯因）、意义即使用（维特根斯坦）、意义是不同语境下的用法（奥斯汀、格莱斯）。

在理解语言的条件是什么这个问题上，我们首先讨论它的一个子问题，即语词的意义是什么。严格说来理解语言的条件当然不仅仅关涉语词的意义问题，还包括语句的真值条件问题。在语词的意义是什么这个问题上，有两种主要的观念：意义的内在主义（洛克和弗雷格）和外在主义（克里普克和普特南）。简单来说，内在主义将语词的意义理解为并非独立于人心的一种东西，而外在主义认为语词的意义是独立于认知主体的。内在主义是一种从笛卡尔到弗雷格的主流哲学立场。弗雷格格外关注名字的意义，认为一个名字既具有意义又具有指称。一个名字的意义为与这个名字相关的描述所表达，比如"苏格拉底"这个名字的意义就为"柏拉图的老师"这个描述和其他相关描述所表达。（注意，这里没有说"苏格拉底"这个名字的意义是"柏拉图的老师"，严格说来"柏拉图的老师"只是一个语言表达而不是意义本身，当然这个语言表达表达了"苏格拉底"的意义。只要清楚意义和表达不是同一类范畴的概念就可以了。）名字的指称就是这个名字所代表的外在对象，比如"苏格拉底"的指称就是苏格拉底。在弗雷格那里意义有时候被解释为心中的观念，尤其是在《意义与指称》的第二个注释里：

> 对于"亚里士多德"之类的专名，人们对于他们的涵义的理解会出现分歧。可能会出现这样的情况，例如对于专名"亚里士多德"有人会理解为"柏拉图的学生和亚历山大大帝的老师"；另外的人则可理解为"亚历山大大帝的生于斯塔吉拉的老师"，对于"亚里士多德生于斯塔吉拉"这个陈述意义的理解，前者就会和后者不一样。只要指称保持同一，涵义的这些分歧就是可以允许的。但是，在实验科学的系统中就应该避免这种情况，而且也不应该出现在理想语言中。[①]

对专名的描述论理解反映了哲学家对名字的一种基本理解，弗雷格、罗素、塞尔、杰克逊都接受这种理解。名字的意义要么

[①] 〔美〕马蒂尼奇编：《语言哲学》，牟博等译，商务印书馆 2004 年版。

是为唯一的描述所表达的，如弗雷格所主张的那样，要么是由一簇描述所表达的，如塞尔所主张的那样。但如克里普克所言，无论他们之间有什么细节的差异，但整体上都分享了描述论的基本图景。在描述论的内部争论中，名字的意义有时被解释为具有心理主义倾向，有时候又被解释为第三域中的实体①。

二　意义是主观的还是客观的：从心理主义到心理学

围绕名字的语义学内容是描述（意义）还是外部对象（指称）的论述，构成了语义学的内在主义和外在主义之争。关于意义的主、客观解释也和这个背景相关。从大的方面来讲，有一些当代哲学家力图把弗雷格的意义解释成既非内在主义（心理主义）又非外在主义的，从而提出意义的客观论。罗伯特·梅（Robert May）是意义的客观论代表，他主张弗雷格意义是不变的、唯一的②。关于弗雷格意义的解释大致不脱如下两个立场：第一种是保守立场，意义随着说话者不同而不同。比如，诺曼（Horold Noonan）认为不同的说话者把不同的意义与"亚里士多德"这个名字相关联③。福布斯（Graeme Forbes）认为专名的意义因人而异④。佩里（John Perry）认为，在专名例子中，弗雷格假设了不同的人会赋予同一个专名不同的意义⑤。克里普克认为，严格来

---

① 弗雷格的《思想》一文指出思想既不属于外在事物也不属于观念（idea）。
② May, R., "The Invariance of sense", *The Journal of Philosophy*, Vol. 103, No. 3, 2005, pp. 111-144.
③ Noonan, H., *Frege: a critical introduction*, Cambridge: Polity Press, 2001.
④ Forbes, G., "Indexical and intensionality: a Fregan perspective", *Philosophical Review*, Vol. 96, No. 1, 1987, pp. 3-31.
⑤ Perry, J., " Frege on demonstratives", *Philosophical Review*, Vol. 86, 1977, pp. 474-497.

说，不同的英语或者德语说话者在不同的意义上使用"亚里士多德"这样的专名，尽管这个专名具有相同的涵义①。假设"亚里士多德"的唯一意义是"柏拉图的学生"，对于这一意义，仍然可以产生不同的心理意义，比如对"柏拉图"理解的差异，对"学生"理解的差异等等。关于弗雷格意义的第二种立场是一种极端立场。譬如，伯吉（Tyler Burge）认为弗雷格强调专名意义的可变性存在于不同的说话者和不同的语境之中②。罗素在《哲学问题》的第五章："关于亲知的知识和关于描述的知识"中也指出：描述要求其表达的思想因人而异，或者即使同一个人也因地因时各有不同。唯一不变的就是说话者所命名的对象。③梅没有明确用到名字的描述理论和心理主义意义理论。但二者之间的结合非常紧密，因为人的心理主义意义是要靠描述去获得的，或者可以说心理主义意义理论预设了描述理论。

梅对弗雷格意义的理解和他对语言本身的理解是分不开的。通常我们所理解的语言，就是句子的集合，句子是由不同的符号（symbol）串以不同的方式组织起来的。标准程序对符号进行范畴区分，然后通过范畴陈述规则，语言通过一套规则系统应用到符号的不同组合的表达中而得到定义。因此如果语言 L1 和语言 L2 不同的话，要么它们对符号的组合方式相同但包含不同的符号，要么符号相同但是对符号的组合方式不同。这样的语言就是计算语言。作为一个句子集合，其语言的基本性质是：这是没有

---

① Kripke, S., "A puzzle about belief", *Meaning and Use*, edited by Margalit, A., Dordrecht: Springer, 1979.

② Burge, T., "Sinning against Frege", *Philosophical Review,* Vol. 88, No. 3, 1979, pp. 398-432.

③ 〔英〕罗素:《哲学问题》，何兆武译，商务印书馆 2007 年版。

得到语义解释的一个系统。记这个语言为 Lc，给它指派一个解释。我们可以对同一种语言进行不同的解释，如模型把语言中的表达映射到模型的值域。语言本身不变，解释可以变化。

虽然很多人认为上述这种观点来自弗雷格，但梅则提出反对意见[①]，认为弗雷格有一套自己的语言。对于弗雷格来说语言不是一个符号（marks, symbols）的系统，而是一个记号（signs）的系统。也就是说记号（sign）等同于符号（symbol）＋意义（sense），即记号既具有语形又具有意义。对记号的组合表达就是思想。因此，弗雷格语言不是句子的集合而是命题的集合。弗雷格语言是一个已经被解释的系统。隐含的结论就是：记号系统的变化并不是由于对语言有了不同的解释，而是语言本身发生了变化。记号系统的变化导致了不同的语言。这是一个很强的结论，如果你接受了它的话，那么后面的解释就会变得很容易。一个具体例子就是：如果记号的意义变了，那么记号也就变了，因此语言也就变了。

梅利用弗雷格关于逻辑方面的观点批评了意义变化的观点。在他看来，首先需要了解什么是证明：一个证明就是从其他为真的思想中推出一个确定的思想。很多人持有意义变化的观点：与记号它相关的意义可以发生改变但是记号仍然不变，指称也不变。与意义变化观点一致，与记号相联系的意义改变并不影响证明，因为记号的指称没有变化，所以命题的真值也没有变化。但是这就误解了弗雷格关于逻辑概念的一个关键方面：如果思想的一些意义组分改变了，我们就会得到了不同的思想。如果一方面

[①] May, R., "The Invariance of sense", *The Journal of Philosophy*, Vol. 103, No. 3, 2005, pp. 111-144. 梅认为现代逻辑继承的不是弗雷格而是希尔伯特传统。

我们认为意义可变，另一方面同意弗雷格关于逻辑概念的观念，那么我们就会得到这样一个奇怪的结论：同一个句子表达了两个不同的思想 T、T*。它与关于证明的想法明显相悖。我们无法谈论是哪一个思想得到了证明。在这样的语言里没有证明也没有逻辑。因此，必须拒斥意义的变化观点。《算术基础》的话清晰地解释了这一立场：去歧义原则是逻辑对书写和口头语言的强制要求，但如果接受同样的语句表达不同的命题，这就和去歧义原则相抵触。如果具有相同的语句却表达不同的命题，接受这样的立场只能基于他们的思想。但是如何针对不同的思想只存在一种证明呢？①

弗雷格关于命题的思想与他的关于思想、意义的考虑不可分割。很多人认为弗雷格关于意义唯一不变的观点只适用于逻辑上完美的语言，但是在《思想》一文中，弗雷格把这个观点应用到关于自然语言的讨论当中来。假设语言 L1 和语言 L2 拥有同样的符号（symbols）、同样的句法、同样的句子，那么它们就是形式上等同的语言。我们进一步假设语言 L1 和语言 L2 的每个符号（signs）的意义（sense）是一样的，那么语言 L1 和语言 L2 是不同的弗雷格语言。S（句子）等同是形式语言相同，P（命题）等同是弗雷格语言相同。

考虑这样一种情况，S1 说 L1，S2 说 L2，L1、L2 是句子等同，而不是命题等同。即 S1 和 S2 说的是不同的弗雷格语言，也就是说 S1 和 S2 把不同的意义联系到同一个记号。现在进一步假设，L1 和 L2 不仅是句子等同也是指称等同的（R 等同）。两

① May, R., "The Invariance of sense", *The Journal of Philosophy*, Vol. 103, No. 3, 2005, pp. 111-144.

个语言句子等同、指称等同但命题不等同。那么接踵而至的问题是：S1、S2 在这样一个条件下可以有意义的交流吗？答案是肯定的！我们一定会立即想到关于《意义与指称》注释 2 的关于“亚里士多德”的例子。梅的解释是这样的：如果我们用同一个记号指称同一个对象，那么在实际交流中，更为相关的是指称而不是说话者关于指称对象的不同的信念。根据这个观点，如果两种语言句子等同而且指称等同，那么就是同一种语言。即使两种语言的命题不等同，这个区别也可以忽略掉，它们仍然在交流中属于同样的语言，尽管在事实它们是不同的语言。梅想说的是，在一个一般性交流语境中，两种不同的弗雷格语言可以忽略一些语义学成分而等同，从而避免了两种语言持有者不可交流的荒谬。梅也意识到说 S1 和 S2 持有不同的弗雷格语言是难于理解的。于是他进一步说，既然对于说话者而言他们的记号和指称都是一样的，那么说话者就会相信他们说的是同一种弗雷格语言——因为缺乏足够的证据来表明他们联系于符号的意义是不一样的。这种同一原则尽管错误，但在大多数交流场景下，说话者对此并不知晓。

　　在这里，梅区分了语义学家与交流场景下的弗雷格语言持有者。语义学家和弗雷格语言持有者的唯一区别就是：前者知道语言 L1 和 L2 是命题不等同的，后者并不知道这一点。于是，在一个严格的意义上语义学家相信说话者持有的是不同的弗雷格语言，而说话者由于缺乏相反的证据表明他的直觉是错误的，就会断言他们说的是同一种语言。假设如下一种可能场景：S1 把伦敦与实际上是巴黎的那个城市联系起来，而把巴黎与实际上是伦敦的那个城市联系起来。S2 恰恰相反。

情形 I

S1 说：伦敦很美丽，埃菲尔铁塔景色尤其优美。

S2 说：你说的是巴黎吧，伦敦没有铁塔。

S1 说：伦敦怎么没有铁塔呢？巴黎才没有铁塔，巴黎只有白金汉宫。

假设 S1、S2 都将伦敦与巴黎的指称互换了：

情形 II

S1 说：伦敦很美丽，埃菲尔铁塔尤其景色优美。

S2 说：我很赞同你的观点，不过巴黎的白金汉宫更加美丽。

问题：在这两个交流场景下哪一个进行了所谓的成功的语言交流？显然情形 I 的弗雷格语言是不相同的，而情形 II 的弗雷格语言是相同的。在《思想》一文中的两个说话者：Herbert Garnerand 和 Leo Peter 两个人分别把专名"Dr. Gaustav Lauben"与不同的意义相联系。于是，就专名"Dr. Gustav Lauben"而言，尽管的确用同一个名字指称同一个对象，Herbert Garner 和 Leo Peter 并没有讲同一种语言，因为他们并不知道在谈论同一个人。为了避免这种难堪，只能假设 Herbert Garner 和 Leo Peter 并没有说同一种语言。弗雷格假设他们都说德语，Leo Peter 使用专名"Dr. Lauben"，Herbert Garner 使用专名"Gustav Lauben"这样不仅意义不同而且符号也不同，我们可以说他们说的不是同一种语言了。

如果一个名字的意义不一样，但符号一样，那么它们必定属于两种不同的语言。在弗雷格的"意义与指称"的注释二中，实际交流中两个人持有不同的弗雷格语言。针对注释二，梅设计了一个思想实验：S1 和 S2 都是 L 语言的持有者，他们把握了同样的意义，然后将这个意义与同一个符号联系起来。根据同样的意义，S1 和 S2 把意义以不同的方式 和"亚里士多德"这个专名相联系。于是对记号联系的解释就是：S1 认为"亚里士多德"的意义是柏拉图的学生、亚历山大的老师，S2 认为"亚里士多德"的意义是出生在桑吉亚拉的亚历山大的老师，关于意义他们有不同的看法（opinions）。基于此 S1 和 S2 可以相信他们表达了不同的思想，这一点在日常交流中也是可以接受的。

梅对注释二有一个不同的解释：S1 和 S2 说了同样的语言，他们形成了一些相同的看法：他们都拥有"亚里士多德"这个名字，并把握了相同的意义。他们仅仅是认为他们把握的意义不一样而已，不同的说话者可能就他们所把握的同一个意义具有不同的观念（opinion）。由说话者的描述所给出的意义的组分就是所谓的呈现方式（modes of presentation）。梅认为弗雷格有一个隐含的前提：说话者所提供的描述并不等同于说话者所把握的意义。如果意义是描述，那么既然给出意义的描述 1 本身是语言的一部分，描述 1 就表达意义，它本身也需要描述 2，接着这个描述 2 也需要表达意义，描述 2 需要描述 3……这样会造成恶性的无限倒退。可能会有学者认为有一些描述是具有认知优先性的，我们只需要问它所表达的对象 / 指称是什么？但是我们关于意义给出描述的分析不允许我们用意义去固定指称。

按照梅的看法，弗雷格的意义就是对象。这个看法建立在以下这个区分上：对意义的认知和意义本身是两个不同的东西。描述就是表达我们的意识对意义的认知，因此描述不是意义。不妨套用塞拉斯在《经验主义与心灵哲学》中的说法，当我们把握一个对象的意义的时候，同时把握了三个东西：心理描述内容、语言描述内容和命题内容①。心理描述内容就是认知者在把握意义的时候，主观去把握的东西；不同的认知者可以有不同的心理内容，同一个认知者在不同的时候也可以有不同的心理内容，这是一个最为主观化的东西。语言描述内容其实就是描述，即关于对象的语言学事实，是可以变化的。不同的语境下有不同的描述内容。命题内容就是纯粹的语义学范畴，它完全独立于认知者的知识状态。因此，梅关于意义不变性的观点可以概括如下：第一，把意义（sense）和观念（idea）相比较。意义是不变的，观念是可变的。第二，把思想和观念相比较，思想是所有人都可以获得的，但观念则因人而异。

如果意义表达对象，那么它必须通过关于这个对象的一些信息来表达。但信息是作为呈现的客观方式（an objective mode of presentation）呢？还是作为呈现的主观方式（subjective mode of presentation）呢？如果不能区分二者，那么意义就会因人而异的意义。如果意义就是表达对象的，那么就会产生和直接指称理论同样的困难：如何理解空名。比如"圣诞老人是慈祥的"为什么是有意义的？按照梅的解释，我们能够在弗雷格意义框架下理解这些包含空名的句子是因为主观条件被满足了。这些条件就是呈现方式，而不需要对象的存在。但是根据这种观点，我们最终还是滑入了心理主义的解释。不过利用这种解释我们可以做出意义（sense）和意思（meaning）的区别。一个含有空名的句子可以理解，是因为说话者可以理解句子的意思。但这样的句子不表达思想，因为没有思想所对应的事实。顺此思路，可以认为把握句子

----

① 〔美〕威尔弗里德·塞拉斯：《经验主义与心灵哲学》，王玮译，复旦大学出版社2017 年版。

的思想和知道句子的意思是两件事情。

因此，既然空名是可以理解的，梅就会反对这样一个观点：没有指称也就没有意义。那么有空专名的句子如何表达意义呢？这样的句子表达虚假的思想（mock thought）足矣。但是把意义理解为对象会与弗雷格对意义的规定有一个明显的冲突：在《意义与指称》里，弗雷格提出，意义就是给出指称的呈现方式[①]。然而，意义怎么可能既是对象又是呈现方式呢？梅的一个重要的观点就是把呈现方式与意义（sense）区分开，承认前者是心理学意义上的，而后者是客观的、公共的。

按照呈现方式的第一种理解，意义是推理和判断的对象，呈现方式是理解和交流的主观基础，这种心理主义解释是梅所反对的。按照呈现方式的第二种理解，呈现方式就是我们关于意义的有意识的经验，是我们对意义的有意识的反思。给定一种语言的表达，所有的说话者把握了的同样的意义，但是呈现方式不同的。这种理解蕴涵：如果我们没有把握意义，那么就没有有意识的经验。如果一个句子是有意识可理解的，那么就必须表达思想。但是有些句子包含空名，并不表达思想。有两个替代性的选择：1. 表达了虚假的思想。2. 我们可能会认为我们呈现的认知方式得到了满足，但是我们错误地把虚假当成了事实或者把事实当成了虚假。不难看出，这样对呈现方式的解释是心理学的但并非是心理主义的。意义的不变性论题是对心理主义拒斥的一个部分；同时也是一个和心理学相关联的论题。在这里心理学充当了不同说话者之间意义发生变化的解释性概念。回顾塞拉斯的说

---

① Frege G, Sense and reference (Black M., Trans.), *The philosophical review*, Vol. 57, No. 3, 1948, pp. 209-230.

法：自然描述内容就是你在把握意义的时候，你大脑中所发生的东西。I 语言描述内容其实就是描述关于对象的语言学事实，它是可以变化的。不同的语境下有不同的描述内容。命题语义内容就是纯粹的语义学范畴，它完全不依赖于你是否知道。

普特南在《"意义"的意义》中指出了弗雷格意义和内在论心理主义的关系：

> 那种认为"意义"这个概念包含着外延／内涵的两面性的传统观点，尽管有些模糊，但却具有一定的典型后果。大多数传统的哲学家认为，概念是某种心理的东西（mental）。这样，"词项的意义（内涵意义上的意义）就是概念"这种原则，就含有这样的意思：意义是某种心理的实体。然而，弗雷格和稍后的卡尔纳普以及他们的追随者，却反对这种他们所说的"心理主义"。由于感到意义是某种公共的属性，同样的意义可以被不止一个人掌握，而且可以被一个人在不同的时候掌握，他们就将概念（因而"内涵"或者意义）等同于某种抽象的实体，而不是心理的实体。然而，"抓住"这些抽象实体的活动本身，仍然是一种个人的心理行为。这些哲学家，没有一个人怀疑如下事实：理解一个语词（知道它的内涵），就是处于一定的心理状态（就像是说，知道如何在头脑中分解因子，就等于是处于某种十分复杂的心理状态之中）。①

如果我们对传统的内涵外延理论的解释对于弗雷格和

---

① 陈波、韩林合主编：《逻辑语言：分析哲学经典文选》，商务印书馆 2005 年版，第 453—454 页。

卡尔纳普还算公平的话，那么，跟意义理论比较起来，整个的心理主义 / 柏拉图主义问题简直不值一提。（当然，对于数学哲学的一般问题，它还是非常重要的。）因为，即使根据弗雷格和卡尔纳普的观点，意义不是"心灵"实体而是柏拉图主义的实体，"抓住"这些实体仍然是处于一种心理状态（狭义的）。而且，心理状态单独地决定这样的"柏拉图"实体。因此，一个人是把"意义"当作"柏拉图主义"实体还是当作心理状态，就只是一个约定俗成的问题了。而将意义当做心理状态，并不会有弗雷格所担心的那种后果，即意义不再是公共的了。因为在不同的人（即使处于不同的时代）能够处于相同的心理状态这个意义上，心理状态的确是"公共的"。的确，弗雷格反对心理主义的论证，只是反对将概念等同于心理殊项，而不是反对将概念等同于一般的心理实体。[①]

普特南实际上想说，弗雷格虽然想摆脱心理主义，但还是落入了内在论的窠臼。克里普克批评描述论时，曾指出弗雷格、罗素、塞尔、维特根斯坦无论他们各自的哲学立场是什么，但都基本分享了描述论的语义学图景。因此他要反驳的不是某一个具体的观点，而是反驳这种描述论图景。普特南的策略和克里普克相近，不管洛克、弗雷格、卡尔纳普各自的哲学立场是什么，但也都基本分享了内在主义（心理主义）的语义学图景。他要从外在论的视角去反驳这种内在主义。罗伯特·梅力图清除心理主义对

---

① 陈波、韩林合主编：《逻辑语言：分析哲学经典文选》，商务印书馆 2005 年版，第 458 页。

弗雷格意义的理解，指出意义不是描述，而是客观的对象。对如何去认识作为客观意义的对象，他借助了心理学。他虽然反对意义的心理主义立场，但却接受意义的心理学解释。

从罗伯特·梅的基本理论立场来看，他的某个方面可以和实验哲学有一定的结合。他接受意义的心理学解释，而实验哲学正是从心理学角度去考察语词的意义和指称。在本书 3.4 节关于自然类词的经验研究中，从当代心理学视角讨论了名字的二维特征（描述特征和因果特征）。

三 指称论：内在主义与外在主义之争

意义的内在主义立场源远流长：知道一个名字的意义就是把握与这个名字的相关描述（意义），知道这个名字的意义对于确定这个名字的指称具有决定作用。所谓说话者把握了一个名字的意义就是说话者处于一种特定的心理状态之中。这样我们得到了内在主义的两个基本论断：其一，把握名字的意义就是处于一种特定的心理状态。其二，名字的意义确定指称。如果将二者加一合并，即可认为认知者处于某一种特定的心理状态对于他确定指称对象具有本质作用。名字的内在主义立场和描述主义（即名字的意义就是与其相关的描述所表达的东西）立场遭到名字的外在主义立场和直接指称理论的反驳。

我们首先来考虑一下来自外在主义的反驳，这个反驳来自于哲学家普特南。在《"意义"的意义》这篇名文中，普特南反驳了心理状态决定指称这样一种内在主义观点①。他让我们设想这样

---

① Putnam, H., "The meaning of 'meaning'", *Philosophical papers*, Vol. 2, 1975, pp. 131–193.

一种情况：

> 假设存在一个孪生地球，这个地球和我们这个地球在所有方面都是一模一样的。孪生地球唯一和我们不同的是，在我们这个地球上叫作"水"的化学物质的分子结构是 H_2O，而在孪生地球上叫作"水"的化学物质的分子结构是 XYZ。但是水和孪生水在所有外表上都一样，它们都流淌在江河湖海、盛放在锅碗瓢盆，是透明可饮用的液体。我们和孪生地球上的我们对水的认知都是一样的。水和孪生水在所有可认知的层面完全没有差异，那么我们把握水的意义和孪生地球上的我们把握孪生水的意义就会处于同一种心理状态。这一点是很清楚的，因为我们的认知能力并不能检测到分子结构的差异。在所有可认知的层面上，水和孪生水都是一样的。显然我们用"水"指称具有分子结构为 H_2O 的地球之水，而孪生地球上的我们用"水"指称具有分子结构为 XYZ 的孪生之水。认知主体在把握同一语词的意义的时候处于相同的心理状态，但指称却不同。[①]

这个例子说明了心理状态决定指称的内在主义观点是不能成立的。也许有人提出，孪生地球上的"水"和地球上的"水"不是同一个语词，那么请想象一个更为贴近的例子。有两种树，一种是山毛榉，一种是榆树，在外表上二者差异相当不明显。我获得的关于山毛榉的认知特征的时候与获得关于榆树的认知特征上

---

① 陈波、韩林合主编：《逻辑语言：分析哲学经典文选》，商务印书馆 2005 年版，第 459—461 页。

并不能完全区分。当我在认知山毛榉和认知榆树时，极有可能获得完全相同的心理状态，但是"榆树"的指称还是榆树，"山毛榉"的指称还是山毛榉。推而广之，相同的心理状态完全可以由不同的外在对象来触发。比如我获得一个心理状态 M，可能是 E1 导致的，也可能的是 E2 导致的。比如我感到恐惧，可能是梦中的一只老虎、可能是动物园里的一只老虎、也可能是电视中某个恐怖电影中的一个老虎。引起相同的心理状态并不保证外在对象的同一。

因此，不是心理状态的不同导致意义的不同，而是外部对象的不同导致了意义的不同。按照这种读解，名字的意义就不能是认知者所把握的描述，而是外部对象。借此，名字的意义就是指称这个观点就呼之欲出了。名字的意义即其指称对象这一观点最早由克里普克最早提出①。克里普克反对弗雷格的描述论，并在《命名与必然性》②中捍卫了密尔所提出的名字的意义就是外延的观点（这是名字的意义就是指称的另外一种说法）：

　　约翰·斯图亚特穆勒在其《逻辑学体系》中提出了一个

---

① 在严格的学术史考证中，这一点存在争议。比如有学者认为是逻辑学家马尔库斯在一个讲座上提出了这个观点，克里普克参加了这次讲座，后来窃取了马尔库斯的观点。关于这一争议，昆汀·史密斯（Quentin Smith）和克里普克的追随者索莫斯有一个争论，后来结集以《指称新论：克里普克、马尔库斯及其起源》出版。参见：Humphreys, P., Fetzer, J. H., *The New Theory of Reference: Kripke, Marcus, and Its Origins*. Dordrecht: Kluwer, 1998.

② 1970 年 1 月 20、1 月 22、1 月 29 三天，克里普克在普林斯顿大学哲学系做了题为《命名与必然性》的系列演讲，当时克里普克 29 岁。由于是口头演讲，后来有吉尔伯特·哈曼和托马斯·内格尔整理录音稿而成。克氏大部分出版著作都是基于演讲后的录音整理稿。《命名与必然性》在英美分析哲学界几乎是人人必读经典，仅次于维特根斯坦《哲学研究》。

著名的学说，即认为名字只有外延没有内涵。他举例说当我们用"达特茅斯"这个名称去描述英格兰的某个地方。之所以这样称呼它是因为它位于达特河口①。但是如果达特河改变了流向，使达特茅斯不再位于达特河的河口，那么，我们仍然可以正当地称这个地方为"达特茅斯"，即使这个名字使人联系到达特河河口。改换一下穆勒用的这个术语，我们也许可以说，像"达特茅斯"这样的名字对于某些人来说确实含有某种内涵，也就是说它的确意味着有一个叫做"达特茅斯"的地方位于达特河的河口。但是另一个方面，从某种程度上来说，这个名称却没有任何涵义。至少，被这样命名的城市位于达特河的河口并非"达特茅斯"这个名称的意义的一部分。断言达特茅斯并不位于达特河河口并不是一个自相矛盾的说法。②

名称只有外延没有内涵，用指称理论的话来说就是名称只有指称没有意义，这与名字的意义为描述所表达相反，在克里普克看来名字和对象之间的关系不需要经过描述的中介可以直接建立关系。其原因在于这一点：为某个特定名字所指称的个体可以不具有所有为描述语词所刻画的特征，但仍然不能不是这个个体。比如尼克松可以不是 1972 年的美国总统，但他不能不是尼克松，"尼克松"这个名字在所有可能世界指称同一个人；而"1972 年

① "达特茅斯"的英文为 Dartmouth，其字面就是达特河口的意思，这个名字本身具有描述含义，但随着时代变幻，这个地方不再是当初的河口，但名字并没有变。
② 〔美〕索尔·阿伦·克里普克：《命名与必然性》，梅文译，上海译文出版社2005 年版，第 9 页。

的美国总统"在另外一些可能世界指称其他人而非尼克松。我们将克里普克的论题总结如下，并一一加以解释：

1. 名字的意义就是其指称（对象）；

2. 名字是严格指示词。（一个名字是严格指示词当且仅当它在所有可能的世界中指称同一个对象。

3. 存在后天必然命题：晨星是暮星、水是 H_2O；

4. 我们通过因果链条获知名字：从命名仪式开始，名字被传递下来，成为语言的一部分。

名字的意义是指称，这是一个基本论点。正因为名字的意义是指称而不是描述，所以名字是严格指示词。严格指示词通过可能世界得到定义，可能世界是这样的世界：

> 一个可能世界不是我们所遇见的、或者通过望远镜所看到的某个遥远的国家。一般说来，另一个可能世界距离我们是非常遥远的。即使我们以比光速还快的速度旅行，也到不了那里。一个可能的世界是由我们赋予它的描述条件来给出的。当我们说"在另外某个可能世界中，我今天可能没有作这个演讲"时，到底是什么意思呢？我们只是想象这样一种情景：我没有决定做这个演讲，或者我决定在其他某个日期来作这个演讲。当然，我们没有想象每一件真的或者假的事情，而是想象与我们做演讲有关的事情。然而，在理论上，需要对每件事情作出决定，以便对这个世界作出一个完整的描述。我们实在无法想象能够做到这一点，我们只能部分地描述世界；这就是一个"可能世界"……"可能世界"是被规定的，而不是被高倍望远镜发现的。没有任何理由妨碍我

们不能作出如下规定：当我们谈论在某种非真实的情况下尼克松可能已经做了些什么事情时，我们所谈论的就是尼克松可能已经做过的事情。[①]

克里普克所理解的可能世界是就现实世界来设想反事实情形，即就尼克松这个人来设想他可能做（或者不做）什么事情，这就是克里普克意义上的可能世界。在所有可能世界里尼克松都是尼克松，因为尼克松这个对象在我们设想的各种可能世界中是已经被规定存在的。由此，严格指示词在所有可能世界中指称同一个对象就不足为奇。但有些人会提出，只有名字是严格指示词吗？有一些描述语不可以严格地指称吗？答案是否定的，像"1972 年的美国总统"这样的描述语显然并不严格，因为它作为描述特征可以描述满足这个描述语的不同个体，在现实世界是尼克松，在另外一个可能世界可能是里根或者卡特。

有了密尔观点、严格指示词和可能世界这些概念，我们就可以谈论关于名字的同一性论题了。譬如，"晨星是暮星"，那么"晨星是暮星"是必然陈述吗？按照克里普克的说法，"晨星"和"暮星"都是严格指示词，在所有可能世界里指称同一个星星：金星。我们不可能发现存在一个可能世界，在这个世界里晨星不是暮星。虽然晨星是暮星是一个经验发现，但是一个必然命题，在这里克里普克区分了必然性和先天性概念。先天和后天属于认识论概念，先天命题指不需要通过经验发现仅仅通过概念反思就可以获得的命题，比如 2+2=4，单身汉是未婚男人。我们不需要

---

① 〔美〕索尔·阿伦·克里普克：《命名与必然性》，梅文译，上海译文出版社 2005 年版，第 24—25 页。

考察世界就知道这个命题是真的。而晨星就是暮星，鲁迅是周树人这样的命题就是后天命题，如果我们不观察考察世界就不知道这些命题的真假。先天与后天的区分在于是否依赖于经验。[①] 可能（偶然）和必然属于形而上学概念。所谓一个命题必然为真，即这个命题在所有可能世界为真；而一个命题偶然为真，即这个命题在某些（个）可能世界为真。我们不可能先天地知道晨星是暮星，所以晨星是暮星是一个后天命题；也不存在一个可能世界使得晨星不是暮星，所以晨星是暮星是必然命题。基于克里普克从认识论和形而上学的区分，获得了一种新的命题：后天必然命题。

最后，我们来探讨一下克里普克的历史因果理论。如果名字的意义仅仅是其指称对象，那么说话者如何学会对名字的使用、并获得了名字的一般性意义呢？对此，克里普克给出如下解说：

> 有一个人，例如，一个婴儿诞生了；他的父母给他取了一个名字。他们跟朋友谈论这个孩子。另一些人看见过这个孩子。通过各种各样的谈话，这个名字似乎通过一根链条一环一环地传播了开来。在这根链条的远端有一位说话者，他在市场上或别处听说过理查德·费曼，尽管他想不起是从谁那儿第一次听说过费曼，或者曾经从谁那儿听说过费曼，但他仍然指称费曼。他知道费曼是一位著名的物理学家。某些最终要传到那个人本人那里的信息的确传到了说话者那里。即使说话者不能唯一地识别出费曼，他所指称的仍然是费

---

① 当然依赖是一个高度含混的词，在此我们不做进一步的解释。

曼。他不知道什么是费曼，也不知道费曼关于粒子的成对生成和湮灭的理论是什么。不仅如此，他还很难区分盖尔曼和费曼这两个人。但是他不必非知道这些事情不可。反之，因为他是某个社会团体中的一员，这个社会团体一环一环地传播着这个名称，基于这个关系他就能够建立起一根可以回溯到费曼本人的信息传递链条，而无须采取独自在书房里自言自语地说"我将用'费曼'这个名称来指那个做了如此这般、如此这般事情的人"这样一种方法。①

　　以上四点总结了克里普克关于指称理论的正面观点。克里普克同等重要的观点是他对描述主义的反驳论证，被哲学家萨蒙（Nathan Salmon）总结为三大论证：模态论证、认识论证和语义学论证。②

　　模态论证：假设名称"暮星"可以被分析为"晚上在天空看到的那颗星星"。那么如果暮星存在，它就可以在夜晚被看见这是一个必然真理。很显然这是错误的：如果暮星与流星相撞，那么它就可能晚上不发光了，或者它在一个你看不到的位置发光。同样"暮星"被分析为"晚上在天空看到的那颗星星"，那么如果刚好在那里有一个晚上发光可见的星体，那么它就是暮星这是一个必然真理。当然这也是错误的：很可能其另外一个放光可见的星体刚好占据了暮星实际占据的位置。

①　〔美〕索尔·阿伦·克里普克：《命名与必然性》，梅文译，上海译文出版社2005 年版，第 75 页。

②　Salmon, N., *Reference and Essence*, New Jersey: Princeton University Press, 1981, pp. 23–31.

认识论证：认识论证和模态论证在结构上是相似的。假设
"哥德尔"名字的意义（一个伟大的数理逻辑学家）可以被分析
为"发现算术不完全性定理的那个人"。一方面，如果有个人是
哥德尔，那就是他发现了算术不完全性定理。另一方面，只要有
人发现了算术不完全性定理，那他就是哥德尔。描述论者认为这
些信息是一个合格的语言使用者就可以先天地知道的。但是，直
觉告诉我们，即使我们是"哥德尔"这个名字的熟练使用者，我
们也不可能先天地知道这些事实。我们完全可能把发现算术不完
全性定理这个事归属给哥德尔，但实际是一个叫施密特的人发现
了算术不完全性定理。

语义论证：假设"皮亚诺"这个名字的意义就是"算术五条
公设的发现者"这个描述所表达的。那么"皮亚诺"应该指称戴
德金。因为是戴德金发现的五条公设。但显然我们还是用"皮亚
诺"来指称皮亚诺。再考虑另外一个例子，假设"泰勒斯"就
指"提出水是万物本原的古希腊哲学家"。但假设其实并不是泰
勒斯提出水是万物的本原，而是一个隐秘哲学家提出了水是万
物的本原，只是后来阴差阳错归属给泰勒斯了，但是这就意味
着"泰勒斯"指称古希腊的那位隐秘哲学家吗？显然不是，我
们对这个名字的使用和那个曾经提出万物本原是水的哲学家没有
丝毫的联系。

在萨蒙看来，运用这三大论证（语义学论证、认识论论证和
模态论证），克里普克令人信服地表明了描述理论关于名字和对
象的整体图景的解释是错误的，因果历史理论是一个更合理的图
景。历来的批评者都从不同的角度去批评这三大论证，但有一个
问题被忽视了，那就是这三大论证所依赖的哲学直觉本身的可靠

性问题。例如语义学论证中的语义直觉、认识论论证中的认识直觉和模态论证中的模态直觉，这些直觉都应该成为实验哲学家检测的对象。如果经验检测表明萨蒙索诉诸的三种直觉并非普遍，那么他的三大论证的效力就会有削弱。

第二节 形而上学指称和语义学指称之争

在对专名指称问题的经验测试进行探讨之前，有必要对指称本身做一讨论，这关涉当代指称论中的形而上学指称和语义学指称之争。

语言哲学的核心议题是意义理论，对意义的考察占据着语言哲学的核心地位。为解释意义对语言本身以及语言实践的作用，传统的语言哲学家提出了多种不同的理论：早期维特根斯坦的逻辑图像论、后期维特根斯坦的语言游戏论、牛津日常语言哲学家的语用理论、蒯因的行为主义、名字的直接指称论。这些传统理论尽管在理论旨趣及构造上各不相同，但都共享一个基本的框架：语言和世界存在一种表达关系——语言表达世界。此假设或明或暗、或弱或强的出现在各种理论中。然而，在此框架下构造的各种理论均面临着各种各样的困难：有的来自某个特定理论本身、有的来自某种特殊语言现象、有的则是语义学家们需要共同面对的。几乎所有的解决方案都在"语言如何表达世界"框架下展开。哲学家好比在玻璃瓶子里寻找出口的苍蝇，最好脱身的办法是打碎这个玻璃瓶。在作者看来，历史上出现的那么多困难的原因在于他们假设了错误的前提。因此之故，叶闯教授在《语言 意义 指称》一书中提出了一个异端理论来解释日常的语言现象和语言本身的构造问题，那就是：语言本身不表达世界①。语言在根本上自主，语言的主要功能并不是表达世界或者表达世界只是语言使用的一种形式。据此核心观点，叶闯作出如下区分："第一个是语言表达的意义与交流中使用有意义的表达的区分；第二个是意义与意义的历史发生，或者意义本身与意义的发生学之间的区分。"区分根据何在？一个直接的考虑在于：数学和数学的使用（在物理学、经济学中的应用）是两件不同的事情，逻辑和逻辑的使用（具体思维活动中的推理）也是两件不同的事情，当然也可以说语言本身和语言的使用是不同的事情。数学、逻辑和语言的独立性之差别仅仅在于程度上，而非种类上。另外一个考虑在于：承认这两个区分对于我们处理各种语言问题不无裨益。据如上区分，则维特根斯坦、蒯因、戴维森都站在发生学的角度考察语言：维特根斯坦通过日常的语言活动来探讨语法问题、蒯因的极端翻译和戴维森的极端解释则想通过某一原始语言场景的田野考察来获取对语言之理解。但语义学家要做的并非田野工作——那似乎僭越了人类学家的领地，问题的关键在于如何构造语义学。

考虑到传统理论的重心在于指称问题，叶闯从指称入手给出了基本的语义学规定。名字是指称性语言表达，直接或者间接指称世界中的一个对象——这是语言—世界框架的一个基本观点。传统中所理解的指称被作者定义为形而上学指称，因为名字指称世界中的实际存在物。叶闯在此书提出了另一种指称：语义学指称——指称为语义学系统所限定的对象。提出语义学指称的

---

① 叶闯：《语言 意义 指称》，北京大学出版社 2011 年版。

直接理由源于形而上学指称导致了日常话语中的谬误：含有空名的陈述，比如"独角兽只有一只角"、"孙悟空三打白骨精"，或者，关于某个理论实体的陈述，比如"燃素解释了物体的燃烧"等等。根据直接指称论的基本图景，这些陈述都会没有任何意义——因为并没有为之假设的形而上学指称之存在。[①]然而，这些大量出现在文学、科学、艺术文献中的陈述显然都意义丰满、生机勃勃。这又如何解释呢？作者直接的反应不是对这类陈述作出某种特殊理解，如麦农或克里普克那样，而是径直质疑形而上学指称观念本身：含有这类名字的陈述之富有意义的根据不在于名字的形而上学指称之有无，而在于它们（"孙悟空"、"燃素"）和其他的名字如"库布里克"、"贡布里希"一样具有语义学指称。在形而上学指称和语义学指称这对概念的区分下，弗雷格之"意义确定指称"论题得到重新解释，即意义确定了语义学指称而非形而上学指称。克里普克的论证（模态论证、语义学论证、知识论论证）不会危及新的意义理论，语义学指称只根据语义学系统中的定义获得。仔细考虑，日常谈论中出现空名难题的根源在于：在日常会话中涉及世界的实际对象时，说话者所假定的形而上学指称和语义学指称似乎是等同的，说话者没有认识到这个区别，并且进一步认为只存在一种指称——形而上学指称。一旦我们清楚区分了形而上学指称和语义学指称，并把我们的讨论限制在语义学指称的层面上，就将成功消解那种所谓的困难（空名问题）。我们不需要像麦农或者克里普克那样扩大对象的概念、也不需要像刘易斯那样扩大真的概念、更不需要像大卫·布朗那

---

① 正是意识到这一问题的存在，克里普克在 1973 年的洛克讲座《指称与存在》中处理了这一问题。

样扩大命题的概念。一旦我们重新定位指称问题，空名就不再是一个特殊的问题——它将在我们的语义学范围内消失。

不过仍然存在一类问题：我们的语言中可以接受"宁采臣心仪聂小倩"这样的句子，却不能接受"宁采臣心仪麦当娜"这样的句子。粗粗看来，叶闯所构造的语义学似乎可以接受后者——因为"麦当娜"和"聂小倩"在同样的意义上具有语义学指称。如何处理这一类问题构成了该书第二章的主要内容，他运用并修改了语义学家卡茨的"语义标记"概念，成功的排除了类似"宁采臣心仪麦当娜"、"哈利·波特三顾诸葛亮"种种奇异语句。"第一类语义标记"直接用来描述对象性质：空名陈述之有意义在于其"第一类语义学标记"和一般的名字没有区别。"第二类语义标记"是关于名字本身的语义标记。名字可能具有"虚构叙事"、"历史叙述"、"科学假说"、"科学理想化"、"常识话语"、"未来设想"等语义标记。通过更为细致的刻画，"第二类语义标记"在系统内部限制了奇异句的出现。实际上通过第一、二章关于指称问题的具体讨论，叶闯建立了异端语义学的基本框架。在第三章，叶运用基本的结论对一些现有的难题给出了解释：由于意义和指称的重新解释，最终意义确定指称被修改为意义产生指称。而指称理论也在新的理解下被归属为意义理论。根据异端语义学，否定存在陈述以类似卡尔纳普区分外问题和内问题的方式得到新的解决，普特南的孪生地球实验也得到同样的处理。

叶闯在第四章展开了对分析性问题的说明。分析性问题在语言哲学中具有相当重要的地位，对分析性的讨论自休谟、康德、弗雷格到卡尔纳普、蒯因源远流长，歧见纷出。作者在对蒯因所设定的两种分析性概念（逻辑分析性、语义分析性）提出批评之后，考察了历史上出现的关于分析性的七种定义，最终提出了自己的语义学分析性概念：在语义学范围内，只存在完全由语义系统资源以确定其真值的语句（即分析句）以及不能够为语义学系统资源确定其真值的语句（即非分析句）。在新分析性概念下，分析性并不是与综合相对照的一个概念，而是与非分析相对照的一个概念。所有对分析性的认识论分析都被拒斥，只存在语义学的分析性概念。比如，"猫是哺乳动物"是一个分析句么？按照作者的思路，如果"哺乳动物"出现在"猫"的描述性质中，那就是分析句，如果"哺乳动物"没有出现在"猫"的描述性质中，则是非分析句。"弗雷格之谜"给直接指称论者造成的麻烦，也都因作者采取了一种去形而上学化的弗雷格立场而得到处理。从分析指称问题入手，然后通过给出两种语义标记来解决几个典型哲学难题，直到通过对传统分析性概念的批评给出了纯粹语义学的分析性概念，作者建立了意义理论的一个全面框架（与一、二章所建立的基本框架对照）。

要之，叶闯提出了一个全新的理论，毫无疑问这个理论充满异端色彩，在整体上背叛了语言和世界关系的基本图像。更为具体的：异端不仅是对传统的反叛，而是对某种特定禁忌的破坏。"每一个时代的哲学都有一些禁忌"，我们时代的禁忌是：当讨论意义时，不能把意义当做实体。使用论（维特根斯坦）和行为主义意义理论（蒯因）这些"守规矩"的理论无一不把意义的非实体化作为建构理论的前提。作者在前言中给出了反驳：

假若规矩（或禁忌）本身确实是正确的，是不能打破的，那么，我们就陷入一种两难的境地，要么就是有守规矩，但无用的理论，要么就是有管用，但不守应该守的规矩的理论。于是，我们只能说合格的语义学理论或意义理论是不可能的。非常幸运，我们看到，如果不说放弃规矩更有理由，至少是放弃规矩与坚持规矩都有彼此相当的理由。进一步，我们看到，遵守"老规矩"的理论其基础无论在概念上、在直觉上、在事实上、在解释力上、在理论的简单性上都没有让人不可抗拒的力量，使我们不得不接受它。相反，不守规矩的理论中的一些，即使不是更好，也未必在相关的方面就更差。因此我们完全有理由来尝试新的能满足需要的理论。①

简言之，异端理论是传统理论的一个替代方案，这个替代方案至少不会比传统理论差，更何况如作者指出，异端理论实际上更具有解释力，如此则以假设意义实体这个异端教条为代价的意义理论就有了立足之地。除对异端理论本身进行构造以外，作者对异端理论的外部论证大致分为两步：首先，异端理论本身不比传统理论更差；其次，异端理论在解释语言现象时，比传统理论更好。因之，能够合理解释语言本身和语言现象的异端理论完全可以成为传统理论的替代方案。

对这个异端理论的可能评价有几种，在肯定性的评价中存在这样一种估量：此书提出了一种新的指称观念，是弗雷格、克里普克、麦农之后的第四种指称观念。我的评价略有不同：前三种指称观念都实质地共享了叶闯所反驳的语言和世界这个基本框架，因此本质上只是同一种指称观念的不同变种。如果一定要在

---

① 叶闯：《语言 意义 指称》，北京大学出版社 2011 年版，第 5 页。

指称观念的层次上谈论，那么可以说作者提出了第二种指称观念。实际上，指称在叶闯那里具有两个基本的作用：指称作为一个问题，使得作者可以依托指称论展开自己对语义学的构造，因此指称问题具有工具性的意义；其次，指称新观念也是异端语义学的一个直接结论。异端语义学的结论不止于此，新指称观念是其中的一种。

对异端理论的一种否定性的评价是：这个理论看起来太荒谬了，况且能用它干什么呢？贝克莱的唯心论是荒谬的、刘易斯的可能世界是荒谬的、直接指称论也是荒谬的。荒谬并不是否定一个理论成立的理由。即使接受其荒谬，但总得有用吧，反驳者退了一步。在替贝克莱回应其他反驳者时，约翰·海尔写道："唯心论只承认心灵和心灵的内容之存在，并通过他们来解释一切现象，从而无须再去处理那些关于心灵之外的物质对象和世界的乱七八糟的问题。"[①] 在此，异端语义学享有和贝克莱一样的优点，异端语义学只需要承认语义学对象之存在，就可以通过语义学规定解释许多语言现象，而无须处理那些因为形而上学指称而导致的空名、否定存在陈述等麻烦。在此意义上，异端语义学非常有用，它拥有全面系统的处理语义问题的能力。

上面所有讨论的核心集中在一点上：是否存在形而上学指称与语义学指称的区别。叶著认为从弗雷格、罗素、克里普克到赛恩斯伯里（Mark Sainsbury）[②] 都预设了形而上学指称，而忽略了

---

① 〔美〕约翰·海尔：《当代心灵哲学导论》，高新民、殷筱译，中国人民大学出版社 2006 年版，第 35 页。

② Sainsbury, M., "The Same Name", *Erkenntnis*, Vol. 80, No. S2, 2015, pp. 195-214.

他所强调的语义学指称。江怡教授指出，如果仔细考察语言哲学传统，不管是弗雷格，还是罗素维特根斯坦都并不实际持有形而上学指称这一立场，因此这一区分是不能成立的：

> 叶闯教授提出的"形而上学指称"与"语义学指称"的区分是不恰当的：其一，无论是早期的语言哲学家还是当代语言哲学家，都没有把自己的指称理论看作是一种形而上学的理论（至少是在传统的形而上学意义）；其二，在现代形而上学的意义上，"形而上学指称"概念启示也应当属于语言学的范畴，但我无法完全确定地说它应当属于语用学的范畴。①

一方面我认同江怡教授的结论：形而上学指称与语义学指称的区分站不住脚；另一方面我也认同叶闯教授的结论：存在传统的形而上学指称。问题在于：如果语言哲学是研究语言和世界的关系，指称关系是语言和世界之间的关系，那么指称问题就既具有形而上学涵义也具有语义学涵义。正是对指称问题的形而上学理解塑造了传统的语义学，或者说传统的语义学指称本身就有带着形而上学图景。叶闯教授的回应也指出了这一点：

> "形而上学指称"与"形而上学指称观念"不同，当前者用于描述一种与语言有关的现象时，后者用于指一种错误的与语言有关的观念。它的要点是：指称内在地，或在概念

---

① 江怡："什么是形而上学指称？——与叶闯教授商榷"，《学术月刊》2011 年 01 期，第 15 页。

上包含了特定的语言表达指向语言外对象的关系；并且，在理论上说明了这种关系，就说明了指称的根本性质。这个要点隐含在对"语义学"这个概念的一种最有影响的定义中。此定义即"语义学是研究语言与世界关系的学科"。按照对指称的这样一种流行的理解，指称性表达被认为在语言中最直接地承载了语言与实际的关系。这种观念体现在许多重要哲学家关于语言的理论中。其直接结果就是，那类理论混淆了两种指称概念，混淆了两种指称的不同性质。更为严重的是，那类理论要用对语言使用的说明，用语言与世界关系的说明，来实际上代替对于语义学指称的说明……

此种占统治地位的对语义学的意识或者形而上学的指称观念，不可能真正地认可纯粹语义学指称在理论上的独立地位。[①]

叶著提出的新语义学指称，完全抛开传统的语言和世界的关系图景，的确是一种新颖的思路。但这意味着要付出巨大的理论代价，挑战了语言哲学上的一个共识，可能获得的东西并不如承认共识所获得的多。因为语言是人类认识世界产生的，并不是抽象的符号体系。在某种意义上，世界本身塑造了语言的一些形态。指称问题也源于语言实践问题，当我们谈论世间的人或事，就不得不要用名字来指世界中的对象（人或物）。我们对世界的认知本身就形成了对名字的理解。描述论之所以成为指称论的首选，也是因为我们总是通过描述去认识我们亲知不到的世界。罗

[①]　叶闯："语言哲学传统与形而上学指称观念——答江怡教授的质疑"，《学术月刊》2011 年第 01 期，第 17 页。

素关于亲知的知识和关于描述的知识的区分和指称论非常相关的。按照这种思路，知识论和语言哲学是紧密相关的。指称是人类在认知世界时产生的。从这一事实出发，指称就不是一个纯粹的语义学问题，也不是一个形而上学问题，而是一个经验认识的问题。① 考察人们实际上如何运用名字去指称、表达世界就是语言哲学的核心工作，而这更多的工作应该由实验哲学和语言学来承担。从指称问题本身来说，实验哲学的调查应该是一个最好的切入口，这一问题将在后续章节中逐渐深入。

第三节　指称有什么用：从指称论到实验哲学

一　指称论的意义

指称论是语言哲学的核心②，甚至是整个分析哲学的核心。学习指称论可能是每一个接触到英美分析哲学的学生的第一课。对于初学者，对于指称论最主要的印象可能是不知道指称论有什么用，缺乏兴趣。但一些持有批评态度的哲学家对指称论的功用的看法可以概括为三点：第一，指称论极其简单，就是贴标签，用语言符号去对应于实际世界中的事物。维特根斯坦《哲学研究》开篇所引述的奥古斯丁图画就是对指称论的刻画。这种指称观念被看作初级反思的结果。第二，指称论相当困难。一方面因为太

---

① 叶峰为克里普克指称理论提出了一种自然主义解释。叶峰："克里普克模态性的一个自然主义解释"、"物理主义的指称论与真理论应该是怎样的"，《从数学哲学到物理主义》，华夏出版社 2016 年版。

② 莱肯的《当代语言哲学导论》分为四个部分：指称论、意义论、言语行为、隐喻，其中指称论占三分之一的篇幅。详见〔美〕威廉·莱肯：《当代语言哲学导论》，陈波、冯艳译，中国人民大学出版社 2011 年版。

过简单，不知道这样的理论有什么用处。另一方面，围绕指称论建立起来的各种理论以及相互之间的反驳极为复杂，有的还具有相当的技术含量。这中间包含描述论与因果历史论的争论，语义外在论与内在论的争论，严格指示词和可能世界的形式刻画，说话者指称和语义学指称的区分；早期罗素的摹状词理论涉及基础的数理逻辑技术，斯特劳森和塞尔的指称论引入了语用学的维度，克里普克的指称论引入了基础的模态逻辑技术，至于基于弗雷格、克里普克，由查尔莫斯建立起来的二维语义学本身就相当细致复杂。因此指称论是相当困难的。第三，这种在思想上过于简单，在技术上过于复杂的指称论，不仅是错误的而且是愚蠢的。这种批评很多都源自维特根斯坦在《哲学研究》中第 1—22 节对奥古斯丁图画的批判，人们甚至会得出维特根斯坦之后不可能有指称论的看法。

实际上，1954 年《哲学研究》发表以后，关于指称论的研究一直持续到现在，而且越来越成为其他分析哲学门类的基础理论。甚至《哲学研究》中关于名字的说法，也被克里普克归为簇描述论。[①] 例如：

> 我们来讨论一下下面这个例子。如果有人说："摩西不存在"，那么这句话可能意味着若干不同的情况。它可能意味着：以色列人从埃及撤出时没有一个独一无二的领袖——

---

① 有人会指出这是对维特根斯坦的误解。就好比有人把维特根斯坦理解为哲学行为主义者一样。但克里普克无意做历史的辩证，他只是想指出，不管维特根斯坦在论理上如何反省奥古斯丁图画。一旦进入语言实践，他或多或少不自觉的落入描述论的窠臼。

或者，它们的领袖不叫摩西——或者，没有任何一个人完成了《圣经》上关于摩西所获的那种业绩……等等。但是当我们针对摩西做某种陈述时，我们是不是总是准备拿这些摹状词的某一个去替换"摩西"？我或许会说：对于"摩西"这个名称，我所理解的是那个完成了的《圣经》上所说的关于摩西的种种业绩的人，或者至少是指完成了其中大部分业绩的那个人。然而，究竟完成多少业绩呢？是否我已经确定必须证明多少业绩是假的，才能使我相信自己的观点是错误的，从而将其抛弃呢？"摩西"这个名称是否具有一种使我能在所有可能的情形下都能确定而毫不含糊地使用它的用法呢。①

本节试图回答三个问题：第一，如果指称论有用，有什么用？第二，如果指称论有用，为什么实验哲学能够参与到指称论的争论中？第三，为什么指称论者不理会维特根斯坦在《哲学研究》开头做出的批评。指称论是一个基础理论，对于其它研究领域具有奠基作用。例如指称论对心灵哲学的争论具有基础作用。在弗兰克·杰克逊的经典教材《心灵与认知哲学导论》中，他指出了指称论和心灵哲学的关系：

> 现在，让我们通过一种通道进入语言哲学的领域。这种需要，部分原因在于许多人相信常识功能主义关键依赖于被怀疑的指称理论……常识功能主义指出疼痛使那些满足我们联想疼痛的核心同义反复。事实上，这是语词"疼痛"的

---

① 〔美〕索尔·阿伦·克里普克:《命名与必然性》，梅文译，上海译文出版社2005年版，第10—15页。《哲学研究》第79节。

指称理论，即词的选择满足任何核心同义反复。……就我们看来，当代心灵哲学中的许多常识错误依赖于来自关于指称理论最近争论中的错误信息。如果在心灵哲学的文本中避开语言哲学那就太好了，但是如果缺乏对近期指称理论的了解，心灵哲学流行的许多争论几乎毫无意义。①

在分析哲学里有一个说法，语言哲学是第一哲学，其他哲学都从属于语言哲学或者次语言哲学。达米特在《分析哲学的起源》中这样定义分析哲学：分析哲学认为，通过对语言的哲学考察能够实现对思想的哲学考察。而且只能以这种方式实现全面的考察。在一次访谈中，在探讨语言哲学和心灵哲学的关系时，达米特回答说：

　　我认为语言哲学是第一哲学，可以为其它种类的哲学奠基，而心灵哲学不是。我坚持认为，传统分析哲学分析思想的方法是通过语言哲学，通过分析思想的表达方式来认识思想的结构，而又一些人如我的学生皮科克反对这种思路，寻求独立于思想的表达来描述思想的结构，他们也借用了关于语言分析的语义理论，只是颠倒了语言分析和思想分析的顺序。如果试图独立于语言进行思想分析，就必须描述成思想的概念是什么。皮科克等人不关注通过语言来实施的交流，仍然坚持非常个体化的解释，这样一来，他们必须解释个体如何根据其思想意识把握概念，而不是

① 〔美〕弗兰克·杰克逊、戴维·布拉登-米切尔：《心灵与认知哲学导论》，魏屹东译，科学出版社 2018 年版，第 51 页。

根据其如何与他人交流把握概念，但这是非常危险的思路，容易滑向心理主义。①

语言转向后考察关于世界的表达（语言）成为第一要务②。不管是日常语言学派还是逻辑分析学派都注重对语言/概念的分析。区别不过是日常语言分析给出概念的周边情况，形式语言分析给出概念的充要条件。语言分析的方法不同，但都把语言置于优先考察的地位。心灵哲学在这个意义上也从属于语言哲学。例如，塞尔对意向性的研究实际是建立在语言哲学基础之上的。

塞拉斯在其名著《经验主义与心灵哲学》对所与（the Given）的批判，以及对心身问题讨论都是建立在语言哲学基础上的。此著受到康德和维特根斯坦的双重影响，一方面塞拉斯继承了康德的思路：直观没有概念就是盲目的。但具有知觉印象既不是知识也不是意识经验，而是掌握了相应的概念。但另一方面，塞拉斯追随维特根斯坦认为拥有一个概念就是掌握了对这个词的使用。掌握语言是具有意识经验的先决条件：各种类型、相似、察觉。所有抽象实体的察觉，实际上所有殊相的察觉都首先是语言的事业。③ 同样，在塞拉斯看来，心灵问题是语言问题的延伸；信念的意向性反映了句子的意向性。通过理解语言的发展——把语言作为一个自然的、可以说明的演化过程而不是把语言当作一个人类

---

① 李红、韩东晖："今日英国分析哲学掠影——访英国哲学家达米特和珍·希尔"，《哲学动态》2007 第 3 期。

② 在威廉姆森看来语言转向和康德的认识转向同属于表征转向，即从直接认识世界转向考察关于世界的表征。Williamson, T., *The Philosophy of Philosophy*, Malden, MA: Wiley Blackwell Press, 2007.

③ 〔美〕威尔弗里德·塞拉斯:《经验主义与心灵哲学》，王玮译，复旦大学出版社 2017 年版，第 29 页。

具有而动物无法拥有的神秘的由内而外的表现。对于塞拉斯来说，如果你能够解释"使用语言"的社会实践，你就解释了心灵和世界之间的关系。布兰顿《使之清晰》①跟随了塞拉斯的路线。如果要认同塞拉斯对心身问题的解决，就不得不拒斥感受质的存在。因为在塞拉斯看来"某物看上去是红色的是怎样一回事"（what it is like to see something red）和"具有把某物叫做红色的倾向"（having the disposition to call something red）之间没有区分。丹尼特在《意向立场》②一书中认为塞拉斯是一种功能主义立场，他的影响无所不在却只是一股潜流，因为几乎没有人引用塞拉斯。

二　指称论的应用

指称论在语言哲学、形而上学和心灵哲学领域获得了持续的关注与讨论。例如，在形而上学领域的有关可能世界的讨论（刘易斯和克里普克对可能世界理解的差异），以及在《命名与必然性》第三讲中运用名字是严格指示词来讨论身心问题。不过克里普克对指称论的应用有相当清楚的认识，在《指称与存在》的序言里他说：

> 本次讲座最具有实质性的贡献可能是关于虚构或神话人物的本体论，他们作为抽象对象其存在和非存在依赖于各种虚构或者神话著作。我把规定那些对象是否存在的自然语言当作我的指南。因此，我并不试图把这一概念应用到"祝融

---

① Brandom, R., *Making It Explicit*, Cambridge, Mass: Harvard University Press, 1994.

② 〔美〕丹尼尔·C. 丹尼特：《意向立场》，刘占峰，陈丽译，商务印书馆 2015 年版。

星"，"燃素"或其他虚构的理论名字以及其它具有声誉虚构
的理论名字，这些"虚构的"对象仅仅在拓展的或者比喻的
意义上才可以称之为虚构对象。然而，我对于这些错误假设
的科学理论实体和神话中的人物（毕竟真实的，尽管是错误
的，但被相信真实存在的）有什么原则上的区分，并没有多
大把握。或许，我可以把这种处理运用到所有这种虚构名字
之中。但是以自然语言为指南的用法也许揭示了二者之间的
本质区别。①

应该看到，克里普克不太愿意把自然语言中的指称引入到人
工或理论语言中展开讨论。与克里普克的忧虑不同，大卫·刘易
斯则试图做出指称问题拓展，因此采取了和克里普克迥异的指称
立场。刘易斯考虑的核心问题是：如何刻画科学中的理论术语。
例如"电子"、"燃素"、"以太"、"基因"等等。大卫·刘易斯
在《如何刻画理论术语》②和《理论术语和心理术语的同一》③中对
如何刻画理论术语给出了系统的说明：通常科学哲学家会认为当
一个新的理论被提出来时，我们似乎很难用既有的术语去定义新
的理论。戴维森在"论概念图式这一观念"也谈到了这一问题：
"库恩杰出地使用我们的后科学革命的术语（难道还有什么别的
方式吗？）来说明科学革命前事物如何如何。"④他还和刘易斯一

① Kripke, S., *Reference and Existence*, Oxford: Oxford University Press, 2013.
② Lewis, D., "How to define theoretical terms", *Journal of Philosophy,* Vol. 67, 1970, pp. 427–446.
③ Lewis, D., "Psychophysical and theoretical identifications", *Australasian Journal of Philosophy*, Vol. 50, No. 3, 1972, pp. 249–258.
④ 〔美〕唐纳德·戴维森：《真理、意义与方法——戴维森哲学文选》，牟博编译，商务印书馆 2008 年版，第 255 页。

样考虑到了理论术语和心理术语的同一问题：

> 假定我在我的科学语言部长办公室里想让新就任的人停止使用譬如说指称情绪、感情、思想和意向的语词，转而谈论那些据假设或多或少等同于上述心理废料的生理状态或事件。如果这个新就任的人讲一种新的语言，我如何来辨别他是否把我的劝告当做耳边风呢？仅仅就我所知，那些颇有光彩的新用语在他嘴里也可能起着表述那些乱七八糟的旧心理概念的作用。①

戴维森是要反驳经验论的第三个教条：概念框架和内容的区分。刘易斯则是从这个现象出发寻求定义理论术语的一般性策略。戴维森旨在澄清理解，刘易斯旨在建构理论。刘易斯的考虑受到拉姆塞和卡尔纳普的启发，拉姆塞认为可以用存在量化约束变元取代理论术语。卡尔纳普使用拉姆塞的办法将任何引入术语的理论分成两个部分：部分解释理论术语的分析性假设，不出现任何理论术语的综合性假设。基于拉姆塞和卡尔纳普，刘易斯对如何定义理论术语给出了一个解释：他举了个例子，想象发生了一起凶杀案：死者博迪先生倒在地上，墙纸上有血迹，半夜先生家的狗没有叫，钟被调快了 17 分钟等等。然后警察提出一套说法试图还原凶杀案：

> X、Y 和 Z 合谋谋杀了博迪先生。十七年前，在乌干达

---

① 〔美〕唐纳德·戴维森：《真理、意义与方法——戴维森哲学文选》，牟博编译，商务印书馆 2008 年版，第 261—162 页。

的金矿，X 是博迪的同伙……上周，Y 和 Z 在雷丁的一家酒吧密谋……星期二晚上 11 点 17 分，Y 去了阁楼上安放了一颗定时炸弹……17 分钟后，X 遇到了在台球室遇到了 Z 并给了他一根铅管……就在炸弹在阁楼上爆炸后，通过落地窗向书房连开三枪。①

这是一个很长的故事。故事里包含三个名字"X"、"Y"和"Z"。侦探使用了这三个名字而没有作出任何解释，事实上好像我们也不需要侦探做出解释。这些名字的意义都完全来自故事本身。不妨把这些名字记为理论术语（术语 T）。其余的术语不妨称之为 o 术语。这里的 o 并不代表观察术语，只是一些老的术语，不妨称之为前理论术语。这三个名字代表了三个不同的人物，在这个故事中通过一种隐含的功能定义引进这三个名字。如果在现实中有三个人：皮特、杰克、斯蒂芬就是实际谋杀者。那么就用这三个名字代替"X"、"Y"和"Z"，二者之间没有实际区别。可以说 X、Y 和 Z 所占据因果地位正是皮特、杰克、斯蒂芬所占据的因果地位。

刘易斯②指出："如我所主张，如果术语 T 一开始像命名实现了故事的三个人物一样获得定义，那么理论术语 t 就可以被当作限定描述语（摹状词）。"刘易斯进一步认为，理论术语不是谓词或函数，而是名字。而且在理论术语的刻画上，他支持名字的描述论。刘易斯对名字的理解要比大家通常理解的宽泛，通常

---

① Lewis, D., "Psychophysical and theoretical identifications", *Australasian Journal of Philosophy*, Vol. 50, No. 3, 1972, p. 250.

② 同上书，第 252 页。

我们只会认为世界中的事物可以被命名：即世界中存在的个体。但刘易斯明确指出：个体、集合、属性、种、状态、功能、关系、量、现象都是名字。而《哲学研究》开篇对指称论的一个最重要的批判是：语言中的很多词语并不具有指称功能，人类实际上也不以指称的方式和世界打交道。这是刘易斯、克里普克风格分析哲学和维特根斯坦式日常语言哲学的一个最大区别。刘易斯实际上表明了，我们对世界任何事物，无论是抽象的还是具体的认识，都可以通过对事物的描述入手来理解事物。通过描述理解世界是人类的一个基本要求。在这个意义上，事物的类型差异就不太重要了。给世界中的广义对象贴上标签获得名字，其根本就是贴标签和刻画事物的方式密切联系在一起。其实从这个角度来看，维特根斯坦和刘易斯相去不远。意义就是使用和名字的意义就是和其相关的描述之间的差别并没有想象的那么大。刘易斯也同样会反对这种过于简单的奥古斯丁图像。

如果名字不仅仅指个体而是涉及到广泛的万事万物，那么指称论本身正确与否就具有相当重要的作用。刘易斯认为指称的描述论就是名字能够指称对象的正确理论。从刘易斯对理论术语的刻画出发，发展出了在科学哲学、心灵哲学、形而上学、伦理学等其它领域广泛应用的指称论证（arguments from reference）。指称论证要对指称的实质给出说明，即对指称词项与世界中的对象（个体或集合）的实质关联做出说明。一般分为三步：第一步：厘清语词是如何指称对象的（通过描述还是因果链条）。第二步：根据这种说明，对一些在哲学争论中非常重要的理论术语和世界中的对象之间的关系给出说明。进一步得到一个关于某一理论术语指称的结论。第三步：哲学的争论是关于本体论的而非关于语词的，因此需要从指称论断过渡到本体论结论。[①] 接下来我们选取哲学领域的四个争论来解释指称论证的应用，在心灵哲学、科学哲学和形而上学的相关争论中，指称论发挥了核心的作用。

指称论证之一：心灵哲学中的消除唯物主义

如何理解大众心理学（Folk Psychology）[②] 中的理论术语是心灵哲学家的一个重要工作。传统的心灵问题可以分为两个：第一、心身问题：心理现象与物理现象如何相互关联。第二、她心问题：我们如何知道她人具有心理状态。笛卡尔给出的方案是：物理事物在时空之中；心理事物在时间之中，但不在空间之中。松果腺连接心物关系。我是唯一能知觉到自身心理状态的人。行为主义者给出的方案是：笛卡尔式心灵是机器中的幽灵而已。信念、欲望、疼痛这些词并不指称内部不可观察的事件。他们采用相反的策略：涉及这些语词的句子可以被分析为在特定情境下的条件句。例如：王翌相信天是蓝的。可以被改写为：如果你问王翌"天是蓝的吗？"他会给出肯定的回应。这种改写存在循环，给出肯定回应这件事还会涉及到信念。当代哲学对关于心灵的态度既不是笛卡尔式的，也不是行为主义式的，而是采取功能主义立场。心理状态都是具有因果功能作用的，大众心理学就是给日常心理语汇赋予意义的理论。如果大众心理学是一个经验的理论，用来解释人类行为中的刺激和反应之间的规则联系，那

---

① Stich, S., *Collected Papers, Volume 1: Mind and Language, 1972–2010*, Oxford: Oxford University Press, 2011, p. 236.

② Folk Psychology 可以翻译为民间心理学或大众心理学，Common Sense Psychology 翻译为常识心理学，这两个词的意思是一样的。

么它就很有可能是错误的，当代认知科学和神经科学的发展尤其表明了这一点。对大众心理学有两种立场，第一种可称之为大众心理学的庸俗版本：心理状态这些名字的意义可以从大众习以为常的谈论中获取。第二种可称之为大众心理学的读心版本：哲学家和心理学家发现人们非常擅长于预测、解释大众的行为和归因大众的心理状态。读心版本中又分为两种，第一，理论理论版本（theory theory）在读心中展示出来的信息和科学理论具有相同的结构，这些信息的获得、储存和使用和其他常识和科学理论是一样的。第二，模块论（model）在读心中运用的信息是内在的，储存在心理模块之中。庸俗版本和读心版本并不重合，原因在于：大量的证据表明，人们在使用信息和原则时候，自己并没有清楚认识到那些认为在刘易斯常识中的信息和原则。人们在对他人心理状态进行归属时也是基于她们并未察觉到的线索。我们可以看到大众心理学中那些日常的心理语汇承担着重要的作用，那么它们所指称的心理状态是否真实存在呢？消除唯物论者如蒯因、罗蒂、费耶阿本德会认为，像信念、欲望以及其他预测、解释、描述彼此之间的那些心理状态并非真实存在，就像巫术、燃素并不存在一样，只是一个错误理论的虚构预设而已。[1] 这可以总结为一个非常简单的论证。前提一："信念"、"欲望"是大众心理学中的理论术语；前提二：大众理论是错误的。我们可以得到弱结论："信念"和"欲望"没有指称；也可以得到一个强结论，大众心理状态并非真实存在。[2] 否定心理状态存在的消除主

[1]　Stich, S., *Deconstructing the Mind.* Oxford: Oxford University Press, 1996, p. 3.

[2]　Mallon, R., Machery, E., Nichols, S., & Stich, S., "Against arguments from reference", *Philosophy and Phenomenological Research*, Vol. 79, No. 2, 2009, pp. 332-356.

义论证，在这个指称论证中隐含假设了描述理论：

"信念"、"欲望"这样的心理状态词汇通过其在大众心理学中的功能得到定义，我们有一些关于信念和欲望的各种描述，如果这些心理状态词汇有指称对象，它们就是满足这些描述的事物。消除主义宣称目前的科学研究发现没有任何事物满足大众心理学中关于"信念"、"欲望"这些词汇的描述。如果接受描述确定指称的话，相关的描述就没有确定指称，或者说"信念"、"欲望"并不指称，因此信念和欲望并不存在。

相反，如果我们接受因果历史理论对"信念"和"欲望"这些词汇的解释，就可以说科学研究虽然没有获得这些词汇所指称对象的正确描述，但并不意味着这些对象不存在，信念之为存在，不依赖于不同时期对信念的各种描述。消除主义是一个比较激进的哲学主张，在不同研究领域都有体现。消除主义者在伦理学中认为道德不存在，在政治哲学中认为种族不存在，在心灵哲学中认为信念等心理状态是不存在，在形而上学中认为自我是不存在。

指称论证之二：科学实在论与反实在论

科学实在论认为成功的、成熟的科学理论是真的或者近似为真的。我们相信其为真，很大原因在于成熟的科学理论在解释和预测上相当成功。为什么会如此成功呢？一个合理的解释就是：因为它是真的，不难看出这是一种归纳式推理。劳丹（Larry Laudan）对科学实在论提出了挑战[1]，尽管有很多理论在解释、预测和实践上取得大的成功，但这个理论本身是错误的，而且不仅

---

[1] Laudan, L., "Realism without the real", *Philosophy of Science*, Vol. 51, No. 1, 1984, pp. 156-162.

仅指细节的错误，整体都是错误的。劳丹举的例子包含：灾变地质学、自然发生论、体液医学理论、化学的燃素理论等等。

科学实践会区分两种不同类型的预设：工作性预设（在解决问题框架里出现的词项的指称）和假设性预设（如果框架的例示为真的话，那么这些实体就显然存在）。以太就是假设性预设的一个主要例子，很少用于解释和预测，也不能用经验检测（直到迈克尔逊设计的著名的实验测量地球相对于以太的速度）。

一个科学理论术语的指称是否成功，这不是语义学所能决定的。而是由科学的发展决定的。在指称错误未明的情况下，反实在论可以接受指称描述论，我们曾经认为存在的对象，随着科学的深入研究，发现它并不存在，例如：燃素、以太。既有的科学研究表明了这一点，我们有理由相信当前的科学也是如此，因此理论词项不能真正地指称对象。科学实在论者则认为我们对理论词项的认知具有错误但并不因此导致指称失败，只要接受因果历史论，就可以捍卫科学实在论的立场。

我们知道因果历史理论可以容纳对名字的错误描述，例如"达特茅斯"曾经的意思是达特河口，但如今已经改了河口，但这并不意味着就没有"达特茅斯"这个地方。理论术语和理论实体的关系也是一样的，我们对指称理论实体的术语可以有错误的描述。如果我们的确知道理论术语指称错误，那么可以有两种解释，第一种采取保守主义立场：理论术语虽然指错了，但理论实体是存在。在语义学上与之匹配的是因果历史论。它允许名字具有错误的描述。我们也可以采取激进主义立场：理论术语没有指错，理论实体不存在。在语义学上与之相匹配的立场是描述论。它不允许名字具有错误的描述。通过与名字相关联的描述集去寻找对象，如果没有符合描述的对象，可以说该对象就不存在。消除主义和描述论密切相关。因此，在实在论与反实在论的争论中，克里普克的因果历史论更容易解释乃至支持实在论，而描述论更容易解释反实在论或消除主义的立场。

但是也许并不存在一种完全两分的解释，对指称关系做一种语境论的解释，可能更符合实际情况。在科学哲学中，菲利普·凯切尔（Philip Kitcher）就是这种立场：

> （词项）的同一类型（type）的不同殊型（token）可能与不同的指称模式相联系……当说话者的主要意向是要挑出满足一个特定描述的对象时，这个指称模式的殊型就是描述类型的。所谓殊型的指称就是无论如何都满足这个描述的事物。命名仪式类型指当说话者的主要意向是跳出一个具体的眼前的对象（或对象集，或所出现对象集中的一个）。①

在关于消除主义的理解中，我们假设存在着指称对象和描述性质集合之间的唯一正确的指称关系。一旦我们找到了这个指称关系，我们就对指称对象是否存在给出了肯定或否定的回答。但尼克尔斯（Shaun Nichols）指出，认为存在单一指称关系的观点也许本身就是一个错误的预设②。在不同的语境下可以建立不同的指称关系。

---

① Kitcher, P., *The advancement of science: Science without legend, objectivity without illusions*, Oxford: Oxford University Press, 1993, p. 77.

② Nichols, S., *Bound: Essays on Free Will and Responsibility*, Oxford: Oxford University Press, 2015, pp. 62–63.

指称论证之三：亨普尔两难

最近一些年来，对物理主义的批评开始逐渐转向对"物理事项"（The Physical）这个概念的理解上来。这种转向不难理解，虽然很多讨论意识问题的哲学家（尤其是还原论者）不关心"物理事项"这一概念，但是要对意识问题进行深入讨论就不能回避对"物理事项"进行明确的定义。在各种反物理主义论证中，论证的设计者要求我们想象：我们所处的世界中的一个物理副本（physical duplicate）在另外一个可能世界存在，但那里没有意识存在，这就需要了解想象这一情景的细节。什么算作是物理的对于论证就显得至关重要。对"物理事项"的笼统看法不能满足我们理解反物理主义论证的需要。

通常我们这样表述物理主义：一切都是物理的；一切都完全可以通过物理科学①获得描述和解释。作为当代心灵哲学的主流立场，物理主义不是单一的教条而是一个理论家族。从非物理事实能否还原为物理事实的角度看，有还原论物理主义（同一论、消除主义等）、非还原论物理主义（伴生物理主义、构造物理主义、功能主义等）；从物理事实如何蕴含非物理事实的角度看，有先天物理主义和后天物理主义。这些不同类型的物理主义自身都存在一个基本的定义问题，即如何准确理解"物理事项"（物理性质、物理对象等）这个概念，亨普尔两难表述了物理主义者理解"物理事项"这个概念所面临的基本困境：如果"物理事项"意思指的是为当前物理科学所假设的性质与对象的话，那么建立在当前物理学基础之上的物理主义是错误的。科学史告

---

① 有必要区分物理学和物理科学，物理学指狭义的物理学（physics），物理科学（physical science）则可以包括生物学、化学、认知科学等。

诉我们，当前的"物理"概念既不准确（inaccurate）也不完全（incomplete），基于亚里士多德时期物理学的物理主义会被基于牛顿时期物理学的物理主义所代替，基于牛顿时期物理学的物理主义又会被基于爱因斯坦时期物理学的物理主义所代替。用当前的物理概念来定义物理主义，物理主义就是一个本体论上错误的论题。如果"物理的事项"意思指的是被理想物理科学或者未来物理科学所假设的性质和对象的话，那么这样的物理主义是空洞无物、琐屑为真的。人类受到自身的认知限制，只能掌握当前的物理学概念，不大可能知道在遥远的未来物理概念是什么样的。

因此"物理事项"概念既不能用当前物理学来定义，也不能用理想或者未来物理学来定义，这就是关于物理主义表述的亨普尔两难。在对古德曼《构造世界的方式》一书进行评论时，亨普尔写道：

> 物理主义者关于物理学语言能够成为统一的科学语言的断言根本上是晦涩的：这是一种什么样的物理学语言呢？当然不是十八世纪的物理学语言，因为后者包含了燃素这样的词汇，如此使用的理论假设现在被认为是错误的。当代物理学语言也不能承担统一语言的功能——既然它毫无疑问处在持续变化之中。物理主义论题似乎要求一种语言：在这种语言里可以表述物理现象的真理论。但是物理现象是什么意思却是相当不清楚的，尤其是在语言转向的语境里。①

---

① Hempel, Carl G., "Comments on Goodman's ways of worldmaking", *Synthese*, Vol. 45, No. 2, 1980, pp. 194-195.

亨普尔两难提出了两种形式的物理主义：当前理论物理主义（current theory physicalism）和理想理论物理主义（ideal theory physicalism）。根据亨普尔两难的解释，当前理论物理主义是错误的，理想理论物理主义是不知所谓的。目前主流的物理主义立场是一个形而上学立场，不再是早期语言学版本的物理主义。但是这个物理主义所导致的亨普尔两难却从语言哲学角度来获得一种解决方案。

如果我们从描述理论的视角来理解"物理的"，即"物理的"存在一个明确可靠的定义（一系列对于物理主义为真的描述），根据这个定义就能清楚确定"物理事项"一词的实质内容（指称）。不同时代我们对什么是"物理事项"有不同的看法，因此不同的定义确定了不同的"物理事项"的概念，亚里士多德时期的"物理事项"、牛顿时期的"物理事项"和20世纪的"物理事项"各自不同，利用当前的"物理事项"概念，就无法定义真正的"物理事项"这个概念。但如果接受因果历史理论的解释，就不会出现这个困难。因果历史理论承认我们可以对什么是"物理事项"采取各种各样的描述，但这些描述本身并不是"物理事项"定义的本质组分，我们通过"物理事项"这个名字指向物理事项，各个不同的物理学时期的描述与"物理事项"的真正内容是不相关的。物理事项可以不是亚里士多德时期的物理事项，也可以不是牛顿时期的物理事项，甚至可以不是爱因斯坦时期的物理事项，但物理事项不能不是物理事项。

当前对物理主义的各种描述可能是错误的，这并不意味着物理主义本身是错误的。这似乎是一个很好的解决办法。但似乎这个思路只是把问题推后了一步，本来我们是要理解物理主义这样一个主张，有人求助于当前物理主义，这个辩护则说我们可以从当前物理主义退回到物理主义。我们可以接受当前物理主义是错误的，因为我们有一个终极的物理主义是正确的，但什么是终极的物理主义，我们并不知道。假定物理主义本身有一个充分完全的定义（上帝知道），只是我们人类限于自身的局限无法获知，当前物理主义之不完全并不蕴含物理主义本身不完全。物理主义被推到了神秘的彼岸，我们不知道物理主义究竟是什么。这里有必要区别认识论的物理主义和语义学版本形而上学版本的物理主义。物理主义本身具有一个完整的定义和我们能否认识到这一点似乎是可以区分的。如果接受语义学和认识论的区分，那么这种基于因果历史理论的物理主义就是可以得到辩护的。

指称论证之四：自由意志

自由意志是哲学中的重大问题，除了传统的概念分析形成的各种立场以外。最近一些年利用脑科学、认知科学的经验探索为研究自由意志开辟了一条新的道路。2015 年肖恩·尼克尔斯出版关于自由意志的专著《界限：论自由意志与道德责任》，他从实验哲学角度对自由意志给出了一种语境论解释：在有一些语境下，自由意志存在；在另外一些语境下，自由意志是不存在的①。这种解释很大程度来自于尼克尔斯在第三章讨论的"指称论证和错误"。本节将展开尼克尔斯是如何利用指称论来说明自由意志的。

为什么人们会具有一种自己的选择是自由的直觉呢？在尼克尔斯看来，这与心理的透明性相关：如果我们的选择是被决定

---

① Nichols, S., *Bound: Essays on Free Will and Responsibility*, Oxford: Oxford University Press, 2015.

的，我们应该能察觉到这一点。但尼克尔斯认为我们的选择是不确定的（自由的）这一信念并未获得辩护。

自由意志论者认为可以通过我们自身经验的特征来解释对非决定论（指选择是自由的）的信念。自身直接的实践经验使得我们相信选择是自由的。我们似乎很自然的认为经验为非决定论提供了理由。但是情况也可能是这样的：也许是因为我们既有的观念塑造了经验，从而使得我们的经验和非决定论一致。如果这是对的，那么经验就不能为非决定论提供支持。至于我们为什么会先入为主具有这种信念，却是值得考虑的问题。但有一种经验似乎是不依赖于既有的观念。例如关于牙疼、胃疼的原始经验。我们很难从这些经验中获得比较复杂的非决定论信念。也许，我们并没有关于非决定论的原始经验，但的确拥有一种作为决策发动者的自我的经验，这就解释了为什么人们相信非决定论。自我才是行动的根源。这个不难理解，你自己在经验到自己的身体活动，运用自己的四肢去与周遭世界打交道。

一方面，如果决定论是真的，我们认为人是没有自由意志的；另一方面从自身的经验出发，我们又觉得人应该是具有自由选择的意志，自由意志是存在的。我们似乎经常处于这种权衡之中，有时候觉得人是有自由意志的，有时候觉得人是没有自由意志的。自由意志论者主张我们可以做出自由的选择，自由意志是真实存在的。霍布斯针对这种立场构造了一个自由意志的两难：如果选择就是确定过程的结果，那么行动者的选择是不自由的；如果选择是不确定的，那就不是行动者本身的选择。自由意志论的观点看起来神秘又违反直觉。

有很多哲学家认为不存在自由意志论所理解的自由意志，自由意志不过是一种幻觉，这就是消除主义的立场。他们认为大众关于自由意志的理解是错误的，因为大众假设了非决定论是真的，而这和我们对决定论的一般理解相去甚远。自由意志消除论的论证模式和心理状态、科学实在、物理事项的消除主义论证模式一样。保守主义主张自由意志是存在的。如前所述，消除主义的论证实质依赖于语义学上的描述论，而保守主义的论证实质依赖于语义学上的因果历史论。因此，在我们无法确定哪种指称论是正确的情况下，我们也不能解决消除主义和保守主义之争。对于自由意志论者与自由意志幻觉论者之间的争议来说，情况也是如此。如果描述论是对的话，那么自由意志就是不存在；如果因果历史论是正确的话，那么自由意志就是存在的。

但是在成功指称这个问题上，可以分为两类：第一类是具体的指称确认，如在元伦理学上可以说大众道德直觉错误地预设了道德陈述客观为真。如果有证据表明存在这个错误，那么就可以合理的建立道德消除主义立场。但是也存在另外一类指称不明确的确认情况。例如我们对某个术语或概念的掌握是错误的，尽管我们并不知道这个错误。后一类情况常见于科学发现。我们有理由相信当前的理论可能是错误的，尽管我们并不知道错在哪里？如果相关的错误造成了指称失败，就可以导致消除主义的结论；如果相关的错误并没有代替成功指称，就可以得出保守主义的结论。尼克尔斯提出了两个预设：第一，指称论实质地进入到了自由意志的消除论和保守论之争。第二，指称是否明确这个问题是可以得到明确界定的，这个界定实际上就是经验领域和概念领域的区分，涉及概念领域的争论是可以完全明确地确定指称的，但涉及经验领域的争论是不能完全明确指称的。

总之，我们依次引入了心理状态、科学理论、物理主义和自由意志中的核心争论，持有何种哲学立场与持有何种语义学理论之间是密切联系的。一般而言，实在论和因果历史理论具有内在联系，而取消论或反实在论和描述理论具有内在联系。这就表明，语义学理论本身并非中立，它和形而上学立场的关系要比我们通常理解的联系更为紧密。

三 指称论的误用、无用与有用

邱奇兰德对"信念"这样的心理状态给出了一个语义学版本的论证：

（1）大众心理学是一个经验理论，就像任何经验理论一样，它包含各种不同的实质论题。大众心理学预设了信念和欲望这些理论状态，像"信念"、"欲望"这样的词汇可以被视作大众心理学中的关键理论术语。

（2）大众心理学是一个"在解释关于人类行为原因和认知活动本性时所产生的错误的并且极具误导性的概念"[1]。

（3）理论术语像摹状词，它们指称（或被满足）那些被理论所明确描述的性质。

因此（3a）错误且极端误导的理论所具有的核心理论术语就不指称。

（1），（2）和（3a）得出：

（4）"＿＿是一个信念"不指称任何东西。

既然"＿＿是一个信念"不指称任何东西，那么就根本不存

---

[1] Churchland, Paul M. (ed.), *Matter and Consciousness: A Contemporary Introduction to the Philosophy of Mind*, Cambridge, Massachusetts: MIT Press, 1984.

在信念这样的心理状态。同为取消主义派的斯蒂奇对这个论证并不认同。在他看来从名字是否指称对象到世界中的对象是否存在之间有一个鸿沟，需要一个指称原则才能填平这个鸿沟。这个指称原则就是：(x)F x 当且仅当"F_"指称 x。某物是 F，当且仅当"F_"指称此物。① 指称原则是被指称论证作为显然为真的前提接受下来的。但是（3）和指称原则具有互相支撑的作用：一方面，只有指称原则明显真的时候，（3）才是真的。另一方面如果我们对（3）作出其它解释，那么指称原则就不成立了。斯蒂奇虽然不认同邱奇兰德的论证，但还是接受其基本立场：大众心理学所理解的心理状态是不存在的。早期的斯蒂奇认为从前提到结论，还缺一些东西（指称原则），消除主义从理论到本体论的推论操之过急。而这是取消论者很长时间以来所忽视的。

　　不管怎样斯蒂奇一直是消除论者，直到他读到莱肯（William G. Lycan）的文章，才发现自己忽视了一个重要的问题。这种自我发现就像休谟对康德的影响或罗素对弗雷格的影响一样致命。莱肯把斯蒂奇从教条主义泥潭中拉了出来。莱肯指出取消主义论证的成立依赖于特定的语义学理论：专名的描述论。在这个意义上，指称论实质的进入到了心灵哲学的讨论中。弄清楚哪一种指称论是正确的，具有重要的理论蕴含。

　　莱肯对取消主义论证的批评出自《判断与辩护》一书：

　　　　我尽力给出一个相当宽松自由的看法。不像刘易斯（1972）、丹尼特（1978）和斯蒂奇（1978，1983），我完全愿

---

① 指称和满足有一个差别，见 Sainsbury, Mark, "The Same Name", *Erkenntnis*, Vol. 80, No. S2, 2015, pp. 195-214。

意放弃关于信念或欲望的大量充斥着常识的心理学理论。这些观念使得我们对很多事情持有错误的看法，但并不需要由此推论出我们不再能谈论信念或欲望。说得更直接一点，我不需要刘意斯所理解的卡尔纳普式或莱尔式理论词项指称的描述论，而是可以接受普特南（1975）的因果历史论。就如在普特南"水"和"老虎"的例子一样，我认为日常语词"信念"（大众心理学的理论术语）可以大概齐指向我们并没有完全把握但成熟心理学将会揭示的自然类。我预期"信念"将转而指称可感存在物的、一些产生信息关联的内部状态……，但是这类状态只有很少的一些性质被常识归为信念。①

如果接受莱肯的论证模式，不难看出，究竟哪种指称论证为真就非常实质地和取消主义结论绑定在一起。如果描述论是真的，那么取消主义的结论就是对的；如果因果历史论是真的，那么取消主义的结论就是错误的。但究竟什么决定哪一种指称论为真？对指称论的辩护是通过概念反思还是通过经验考察？毫无疑问，作为自然主义者的斯蒂奇选择了经验考察，对指称进行经验测试，就是实验语义学的产生的主要原因。斯蒂奇自1986年出版《信念：从心理学到认知科学的案例》后举起取消主义大旗。然而，1988年莱肯的反取消主义论证对斯蒂奇是致命一击。1996年斯蒂奇出版《解构心灵》对莱肯的反驳做出了一定的回应。接着2004年他与自己的学生麦希瑞等人合作发布了关于专名的经验测试，2009年发表了《反驳指称论证》的文章，为长

---

① Lycan, W., *Judgement and Justification,* Cambridge: Cambridge University Press, 1988, pp. 31-32.

达三十多年的争议暂时画上了一个句号。应该说，到目前为止取消主义和反取消主义在这个问题上打成了平手。取消主义者不能运用描述论作为证据攻击大众心理学；反取消主义者不能运用因果历史论证作为证据攻击取消论。因为实验语言哲学的一个重要成果表明：描述论和因果历史论都不是普遍为真的，而是不同文化差异形成的理论。①

　　塞尔对指称论证有一个批评：指称论证有一个非常怪异的后果，如果指称论证是对的，那么结论就可以一般化，即适用于大众心理学的预设，也适用物理学的理论预设。关于是否存在大爆炸或者黑洞的科学争论似乎就变得很不重要。我们可以说，根据描述论大爆炸和黑洞是不存在，根据因果历史论大爆炸和黑洞是存在的。但这在直觉上就不能令人满意。这些事物的存在应该不仅仅有一个语义标准，而是需要一个认识的标准。这也就回到了斯蒂奇所讨论的指称原则上来。指称原则是把语义学和世界关联的一个原则，但这个原则不是纯粹的语义学原则，而是形而上学原则，本身依赖于世界的构成。

　　我相信指称论证不能变成一个万能论证。首先，在一些纯粹的概念分析领域（元伦理学）指称是明确的，因此指称论证可以发挥一定作用；但是在一些指称完全不明的情况下，运用指称论证得不出具有实质内涵的结论。比如天体物理学、量子力学、弦论的概念其相关理解完全取决于物理学的进展。只有在一些兼具经验和概念较为模糊的领域，指称论证才起到一定程度的澄

---

① Bishop, Michael A., and Stephen P. Stich., "The flight to reference, or how not to make progress in the philosophy of science", *Philosophy of Science*, Vol. 65, No. 1, 1998, pp. 33-49.

清作用。

有一种回应取消主义的观点认为：大众心理学虽然是错误的理论，但仍然可以做预测和解释。邱奇兰德回应说，亚里士多德的物理学也可以预测，但我们今天并不认为亚里士多德物理学所预设的对象是存在的。但是像弗兰克·杰克逊这样的概念分析论者却认为大众心理学也许对也许错。对于自然事物来说，它是错误的，但是对于我们人类这种生物来说，有压倒性的证据表明大众心理学是对的。

指称论是一种什么样的理论？它也许是一种原始科学里的理论，因此并不存在唯一正确的理论去建立语词和世界之间的关系。所以关于消除论的争论是贫乏琐屑的。斯蒂奇在《解构心灵》中给出了他的回应：

　　关键性的错误……很早就出现了。当我提议被错误理论所预设的实体是否存在之问题可以通过聚焦于帮助我们识别理论中语词指称的那种指称理论这个阶段就出现了。这个阶段把关于实体存在本性的实质科学或形而上学问题……明显等同于我们使用这些语词谈论这些实体的语义问题……这有时候被称作语义上行（semantic ascent）策略……诉诸语义上行就是导致灾难的关键性错误……根据我目前的观点，语义上行以及诉诸指称论无助于解决本体论问题。既然取消主义是一个本体论观点，那么求助于指称论证就对于确定这个立场是否为真没有任何作用。①

---

① Stich, S., *Deconstructing the Mind*. Oxford: Oxford University Press, 1996, p. 53.

杰克逊站在语言优先的立场上指出语义学和形而上学是紧密联系起来的，当我们说到"黑洞"、"暗网"，我们不是指的说出的声音"黑洞"和"暗网"，也不是指写在纸上的符号"黑洞"和"暗网"。"问题不是关于纸上符号或声波的存在。如果是的话，那就是一个非常容易回答的问题。那这些名字是关于什么的？当然答案就是关于那些符号和声波毫无例外指向的事物，或者说这就是一个指称问题。"① 斯蒂奇和杰克逊对指称论的理解存在根本差异，前者来自于自然主义图景，后者来自于概念反思图景。应该说，杰克逊的确看到语言和世界的这种本质关联，我们是用语言在谈论世界，指称论是对语言和世界的实质说明，因此斯蒂奇所谓指称论和本体论无关的结论就是靠不住的。或许问题出在斯蒂奇过于简单化理解了指称论。杰克逊自己提出了一个对抗消除主义的描述论：对"信念"这个名字加下标，也就是承认在不同发展时期，有不同的大众心理学，例如我们有信念 1 对应于大众心理学 1，信念 2 对应于大众心理学 2，在每一个不同版本的大众心理学中，信念都获得了相应的指称。这些不同版本的心理学满足了人类理解世界的不同需求。我们并不追求大众心理学绝对为真，而只是需要大致是真的就足够了。

斯蒂奇为语词指称给出了一个标准，指称概念应该一以贯之，从信念、欲望、艾滋病到大爆炸、黑洞、第二次世界大战都有统一的指称。与此相反，杰克逊认为建立语词和世界关系的一个标准应该是兴趣或实际需要。回想最初的问题，指称论有用吗？我的结论具有辩证法色彩：指称论既有用又无用，它的有用

---

① Jackson, F., "Eliminativism and the theory of reference", *Stich and His Critics*, edited by Dominic Murphy & Michael A. Bishop, Wiley-Blackwell, 2009, p. 67.

正是因为其无用体现出来的。正是因为在关于取消主义的争论中，指称论证承担了核心的作用，通过近半个世纪的争论，我们终于发现语义上行的策略、语言优先的立场应该得到一定程度的限制，有些问题不仅仅是关于语言的。

但是应该注意到，斯蒂奇对指称论证的反驳是有限的。因为他虽然反对语义上行的策略，但并没有好的论证。另一方面杰克逊也为语义上行策略做了辩护。杰克逊的辩护源自语言优先的立场。我们只能通过语言来认知世界。受到认知科学和文化心理学的影响，斯蒂奇提出了对指称理论给出经验测试的思路。如果指称理论通过测试表明不是一个普遍理论而是局域理论，那么首先就可以回应莱肯的批评，指出运用因果历史理论来理解指称心理状态的名字也是不对的；其次也可以回应杰克逊的批评，如果语言优先，那么我们在这种语言中找不到一种合适的理论来反映语言和世界的关系。可以说，2004 年的指称测试，既受到时代思潮（自然主义）的影响，也是理论（如何理解语言和世界的关系）的逻辑发展需要。

第四节　维特根斯坦与实验语言哲学

如果从语言与世界的表达看法，那么弗雷格、克里普克、普特南其实都分享了语言表达世界这样一个基本的图像，他们在语言表达世界的框架下讨论理解问题。但语言真的就能表达世界么？关于语言表达世界的经典观点在维特根斯坦《逻辑哲学论》中得到说明：语言由命题组成，它是所有命题的总和。所有命题最终都可归约为基本命题，是基本命题的真值函项。基本命题由简单符号（即名字）以一定方式组合而成。同样，世界也有相应的本质结构：世界是由事实组成的，是所有事实的总和。所有事实都可归约为基本事实，由基本事实复合而成，基本事实是由对象构成，是对象以一定方式的结合。在维特根斯坦看来，正是因为这种逻辑结构上的共同性才使得语言可以描述世界，命题可以是事实的逻辑图像。而我们的思想活动又使这种可能变成了现实：语言的确描述了世界、命题的确是事实的逻辑图像。由此维特根斯坦便得出了下述有关语言和世界的本质规定：语言是由所有描述事实的命题组成的封闭的、完成了的整体，世界是由所有可以为命题所描述的事实组成的封闭的、完成了的整体。从命题的图像性质维特根斯坦还得出了如下意义观：名字的意义就是其所指称的对象（不过需要注意的是，这里的对象并不是简单的物理对象，而是逻辑对象），命题的意义就是其所描述的事实。①

可以将维特根斯坦的关于语言世界的图像观点总结如下：

名字——原子命题——复杂命题——语言

对象——原子事实——复杂事实——世界

概而言之，维特根斯坦之前的弗雷格和维特根斯坦之后的普特南、克里普克都大致和这种框架保持了一致。在其晚期著作《哲学研究》中，维特根斯坦批评了这一早期的形而上学观点，从语言游戏、意义就是使用、家族相似、生活形式等方面重新界定了语言和世界的关系。在《哲学研究》第 1 节，维特根斯坦给出反映上述语言观的奥古斯丁图像。

---

① 参见韩林合：《〈逻辑哲学论〉研究》，商务印书馆 2007 年版，解读第一章。

当他们（我的长辈）称呼某个对象时，他们同时转向
它。我注意到这点并且领会到这个对象就是用他们想要指向
它时所发出的声音来称呼的。这可从他们的动作看出来，而
这些动作可以说构成了一切民族的自然的语言：它通过面部
的表情和眼神儿，以及身体其他部位的动作和声调等显示出
我们的心灵在有所欲求、有所执着、或有所拒绝、有所躲避
时所具有的诸多感受。这样，我便逐渐学习理解了我一再听
到的那些出现于诸多不同句子中的特定位置上的语词究竟是
指称什么事物的；当我的嘴习惯于说出些符号时，我就用它
们来表达我自己的愿望。（奥古斯丁：《忏悔录》I，8 转引自
《哲学研究》。）①

在我看来，上面这些话给我们提供了关于人类语言的本质
的一幅特殊的图画。那就是：语言中的单个语词是对象的命
名——语句就是这些名称的组合。——在语言的这一图画中，我
们找到了下面这种观念的根源：每个语词都有一个意义。这一意
义与该词相关联。所代表的乃是对象。

维特根斯坦引用的奥古斯丁图画，涵盖了绝大多数哲学家的
语言观：洛克、早期维特根斯坦，以及维特根斯坦之后的克里普
克等人。如前所述他们都承诺了一个语言和世界的基本图像，这
个基本图像可以大致说和奥古斯丁图像等价的。但是：奥古斯丁
没有谈到词的种类的区别，我相信，如果你以上述这种方式来描
述语言的学习，那么你首先想到的是像"桌子"、"椅子"、"面

---

① 〔奥〕维特根斯坦：《哲学研究》，陈嘉映译，商务印书馆 2016 年版，第 3 页。

包"以及人名这样的名词，其次才想到某种动作或性质的名称；而把其余各类词当作是某种自己会照管自己的东西。

实际上克里普克和普特南的名字理论主要是针对专名和通名，就是维特根斯坦所说的人名和"桌子"、"椅子"、"面包"这样的名词。从第2节开始到第32节，维特根斯坦对这种语言观进行了系统的批判，在第1节的末尾维特根斯坦想象这样一种场景：

> 我派某人去买东西，给他一张纸条，上面写着"五个红苹果"。他拿着这张纸条到了水果店，店主打开标有"苹果"字样的储藏柜，然后在一张表格上找出"红"这个词，在其相应位置找到一个色样，嘴里数着一串基数词——假定他能熟记这些数字——一直数到"五"，每数一个数字就从柜子里拿出一个和色样颜色相同的苹果。——人们以这种方式或类似的方式和语词打交道。——"但他怎么知道应该在什么地方用什么办法查"红"这个词呢？他怎么知道他该拿"五"这个词干什么呢？"——那我假定他就是像我所描述的那样行动的。任何解释总有到头的时候。——但"五"这个词的含义是什么？——刚才根本不是在谈什么含义；谈的只是"五"这个词是怎样使用的。（《哲学研究》第1节）

这是维特根斯坦的著名观点：意义就是使用。每一个语词并不需要对应一个对象，我们所需要的只是在一个具体的语境中考察一个语词的用法。不存在一个同一的原则决定一个语词在句子里如何被使用。维特根斯坦在《哲学研究》第43节断言："在使用'意义'一词的一大类情况下——尽管不是在所有情况下——

可以这样解释'意义'：一个词的意义是它在语言中的用法。"不要问意义，要问使用，这是《哲学研究》的一个中心思想。一旦涉及使用就需要把每一次使用的具体情景考虑进来。可以用"语言游戏"来进一步解释这一观点。"游戏"一词是什么意义呢。游戏有没有一些共同特征可以定义呢？打球、打牌、玩三国杀、玩植物大战僵尸、跳房子、狗儿钻洞、猜谜……这些都是游戏。每一个游戏就限定给出了语词在某一场景中的使用，游戏的规则，游戏的参与者，游戏的目的种种限定了语词的意义，我们要看这个语词在这个游戏中是如何得到使用。意义就是使用和语言游戏的比喻有着一种本质的关联。就语言游戏的特征来讲，它们没有任何共同之处，只是共用了一个名字而已。这些不同游戏之间的相似，就好比同一个家族中兄弟姐妹、叔伯妯娌，他们彼此之间都有那么一点形似，但没有一个共同的特征。"家族相似"这个概念说明了"语言游戏"是如何不同的。种种游戏并没有一种共同的特征，而是形成了一个家族，这个家族的成员具有某些家族相似之处。"一个家族的有些成员有一样的鼻子，另一些有一样的眉毛，还有一些有一样的步态；这些相似之处重叠交叉。"与此相似，一个概念之下的各种现象 A、B、C、D 并不具有唯一一种或一组共同性质，而是 A 相似于 B，B 相似于 C，C 相似于 D，等等。维特根斯坦在《哲学研究》中用大量篇幅探讨"家族相似"这个概念及与之相关的问题，并设想了他的论敌对他的诘难：

　　　你谈到了各种可能的语言游戏，但一直没有说，什么是语言游戏的、亦即语言的本质。什么是所有这些活动的共同之处？什么使它们成为语言或语言的组成部分？可见你恰恰

避开了探讨中曾让你自己最头痛的部分，即涉及命题和语言的普遍形式的那部分。(《哲学研究》第65节)

对此问题，维特根斯坦如是回答：

> 我无意提出所有我们称为语言的东西的共同之处何在，我说的倒是：我们根本不是因为这些现象有一个共同点而用同一个词来称谓所有这些现象，——不过它们通过很多不同的方式具有亲缘关系。由于这一亲缘关系，或由于这些亲缘关系，我们才能把它们都称为"语言"。(《哲学研究》第65节)

意义就是使用、语言游戏、家族相似这些概念加深了我们对语言的理解，它也自然地反对了语言表达世界的初级反思观念。具有家族相似特征的种种语言游戏最终都源于不同的生活形式，不同的生活形态，一滴水反映世界，一个语词背后是一种历史文化形态的不同。"堕胎"这个词，在中文的语境中和在基督教国家的语境中有着截然不同的含义，虽然都指示堕胎的事实。但是在基督教国家里堕胎天然就带着几分亵渎和罪责，这背后跟基督教国家背后的一整套生活方式有关。意义的差异和理解不在于内在的观念、外在的对象、约定的规则、外显的行为；而在于语词在不同环境中的使用，在于语词的意义所链接的背后的一整套生活方式和生活形态。这些生活方式和生活形态是千百年人类繁衍生存发展，经历种种历史变迁所逐渐建立的。洪堡说："一个民族的精神特性和语言形态处于一种十分密切的交融形态，以至于如果一方已产生，就肯定能完全派生出另一方。因为心智和语言只允许和促进使双方中意的形式。语言可以说是各个民族的精神的外在表现；他们的语言即是他们的精神，他们的精神即是他们的语言，人们怎么想象两者的一致都不过分。"①

我认为将维特根斯坦的洞见与实验哲学的方法结合，将开启一条非常有意思的道路。当我们谈到生活形式、家族相似、意义就是用法的时候，经常会发现一个窘境：我们总是在这几个大的概念上兜圈子，很难将问题推进下去。实验哲学提供了一个推进的契机。

事实上，把维特根斯坦的洞见整合到新的哲学方案中，早有人以不同方式在研究。策尔塔（Edward N, Zalta）在《介于假托理论和抽象对象理论之间的道路》中指出：

> 这种对象理论的新解释反映了一种维特根斯坦的意义方案。维特根斯坦的意义方案提供了一种形式化形而上学理论解释以及借此理论进行构造分析的解释，这是非常有意思的。一方面，维特根斯坦的意义方案提供了一个关于形式化形而上学理论的自然化解释，反过来，形式化理论使得意义的维特根斯坦方案变得更为精确。既然假托理论已经发展了一种维特根斯坦语言游戏理论的精髓，那么从假托理论到对象的过渡就比想象的更为容易。②

从逻辑学家的角度出发，策尔塔认为维特根斯坦的自然化解释需要他的形式化解释；从实验哲学的角度来看，也可以把维

① 〔德〕威廉·冯·洪堡特：《论人类语言结构的差异及其对人类精神发展的影响》，钱敏汝译，陕西人民出版社2006年版，第50—51页。
② 程广云主编：《多元分析哲学卷》，上海三联书店2011年版，第181页。

特根斯坦的自然化解释加入经验化测试的框架之中。所谓的生活形式，正体现在实验哲学所关注的维度：文化、性别、阶层、教育、职业、框架效应、启动效应等一系列因素之中。实验哲学关注人类如何认知世界，正是在认知世界中产生了我们谈论的生活形式。在这个意义上，生活形式就是认知过程、是认知回馈的哲学化。实验哲学和维特根斯坦一样反对传统意义上的指称论。虽然反对的理由不同，但在根本上都是基于人类的生活形式的差异。实验哲学对意义就是用法，做出了进一步的探索。

维特根斯坦、人工智能和实验语言哲学有一个交叉点，我们不妨以"机器人是否能思考"为例。图灵在《计算机与人工智能》一开头就抛出了人工智能的根本之问：计算机能思考吗？他认为不能通过考察"机器"和"思维"的实际用法，来获得机器能否思考的答案，尤其是不能通过对大众意见的统计调查来获得答案：

> 我建议来考虑这个问题："机器能够思维吗？"这可以从定义"机器"和"思维"这两个词条的涵义开始，定义应尽可能反映这两个词的常规用法，然而这种态度是危险的。如果通过检验它们通常是怎样使用的，从而找出"机器"和"思维"的词义，就很难避免这样的结论：这些词义和对"机器能够思维吗？"这个问题的回答可以用类似盖洛普民意测验那样的统计学调查来寻找。但这是荒唐的。与这种寻求定义的做法不同，我将用另一个问题来替代这个问题，用做替代的问题与它密切相关，并且是用没有歧义的语言来表达。①

---

① 〔英〕玛格丽特·博登编：《人工智能哲学》，刘西瑞、王汉琦译，上海译文出版社 2001 年版，第 56 页。

统计调查的办法是荒谬的，图灵变换策略建立了图灵测试，通过他制定的标准来建立计算机是否能思维的标准。半个世纪之后，实验哲学家重新拾起这个被图灵有意忽略的问题：大众实际上是如何理解计算机能否思考这个问题的？这并非老调重弹，而是具有重要的价值。如前所论，人们对机器是否具有人类智能依然众说纷纭。在科学未能给出终极解决之前，大众常识的看法是值得考量的。

我们在谈到计算机能否思考这个问题的时候，实际上经常涉及到的是三个意义相近、但又彼此不同的概念：计算机（computer），机器（machine），机器人（robot）。对机器能够思考吗？泛泛而论，我们可以对计算机能否思考给出肯定或者否定的答案，如果细致区分，应该是三个问题。计算机能够思考吗？机器能够思考吗？机器人能够思考吗？这一问题的统计调查① 显示：26.2%的人认为机器能够思考、36.0%的人认为计算机能够思考，48.2%的人认为机器人能够思考。同时测试者针对同一群体做了一组术语测试：1. 计算机是机器吗？ 2. 机器人是机器吗？结果98.6%的人相信计算机是机器；所有人相信机器人就是机器。这个测试很有意思，当这一组语词（计算机、机器、机器人）没有和其他语词产生语义学关联的时候，它们之间的差异被忽视掉了。而将这些语词置于一定的语境之中就导致人们的看法发生变化。通过对调查人群的教育背景的分析，会发现受教育程度越高，人们越倾向于认为机器能够思考。关于机器能否思考这个问题的大众

① Livengood, J. & Sytsma, J., "Empirical Investigations: Reflecting on Turing and Wittgenstein on Thinking Machines", *Turing and Wittgenstein on Mind and Mathematics*, edited by Proudfoot, Oxford: Oxford University Press, forthcoming.

答案，和大众对语词的使用有密切的关联，也和大众的教育背景有紧密联系。这里有两点需要注意：实验测试是英语语境，如果是中文语境，可能对于机器人能够思考这个问题，肯定回答的比例更高一些。因为机器人和人的语义关联度要远远高于 robot 和 person。其次，受试者的教育背景会影响其对这个问题的回答。心灵哲学中的物理主义和二元论之争，我们也会发现受到自然科学教育越多的人越倾向于接受物理主义立场，而受到传统哲学和宗教影响的人则青睐二元论。当我们在思考人工智能是否能够超越人类智能的时候，对于什么是人类智能的理解也会直接影响到是否能够超越这个实质问题。而哲学家对于智能的理解，不能完全摆脱大众对智能的理解。专家和大众会对智能的看法有细节差异，但实质则一。实验哲学在这个层面提醒研究者，在回答任何关于人工智能问题之前，用实验调查的办法考察人工智能中广泛使用的概念是极有裨益的。①

　　21 世纪之初兴起的实验哲学方法运用科学的工具去处理哲学的问题。在实验哲学家看来：认识到语言如何工作这个任务具有经验蕴含。维特根斯坦说："哲学是一场反对我们的语言手段给我们的理智所造成的着魔状态的战斗。"②（或"哲学是针对借助我们的语言来蛊惑我们的智性所作的斗争。"）这里的我们是谁？当然不仅仅是哲学家，也包括普罗大众。语言不仅仅会误导哲学家，也同样误导大众。人类的语言实践会对人类关于机器、

① 江怡教授指出"这个问题还需要进一步讨论。哲学家的理解与大众的理解之间存在的差异是非常明显的，在某种程度上甚至超出了他们之间的相同。"但我认为，实验哲学并不预设任何相同或差异，而是希望通过实验调查手段来确认这些相同或差异。

② 〔奥〕维特根斯坦：《哲学研究》，韩林合译，商务印书馆 2019 年版，第 86 页。

思维这些基本议题产生影响。实验哲学就在试图探测这种影响的细节。

第五节　日常语言哲学与实验语言学哲学

实验哲学调查大众直觉，大众的直觉首先是与日常语言和概念相关联的。受试者阅读一个故事，针对提问给出自己的选择，日常语言实践实质地卷入了实验哲学调查。在这个意义上实验哲学首先就是实验语言哲学，而且这种语言并非指一种理想语言、人工语言，而是日常语言、自然语言。实验哲学和语言哲学的关联有两层：第一层指实验语言哲学，即实验的语言哲学（Experimental Philosophy of Language），是以对专名指称测试为主的研究。同实验的心智哲学（Experimental Philosophy of Mind），实验的形而上学（Experimental Metaphysics）等并列的一个研究领域。第二层指实验的语言学哲学（Experimental Linguistic Philosophy）是一个关注直觉和日常语言用法的研究领域。本节主要考查实验语言学哲学和日常语言哲学之间的联系。例如桑蒂斯（Constantine Sandis）关注受试者被提问时基于日常语言直觉而做出的回答[①]。实验语言学哲学和日常语言哲学都关注日常概念，并认为日常语言的用法在哲学上是相关的。对于实验哲学来说，日常语言的用法凝结在受试者的直觉之中，对于日常语言哲学来说，日常语言的用法汇聚在说话者所处的生活形式之中。双方至少都分享维特根斯坦的看法："一个词起作用，猜是

---

① Sandis, C., "The Experimental Turn and Ordinary Language", *Philosophy*, Vol. 11, 2010, pp. 181-196.

猜不出来的。必须审视它的用法，并从中学习"①。但是，实验语言学哲学和日常语言哲学的方法却迥然不同。实验语言学哲学家搜集大众回答的统计数据，并给大众的直觉提供心理学解释。日常语言哲学家则关注语言和概念的规范，以清除对概念误用造成的无谓争议。

在上一节，我们探讨了图灵反对使用语词调查的方式去澄清"机器能否思维"的问题，他和日常语言哲学保持了距离。同时代的齐硕姆也反对借助日常语言的用法来解释哲学问题：

让我们首先询问我们如何表明哲学家在错误地使用语言。假设我们找到了一位认识论学者，他认为很难得到确定性：他告诉我们，尽管人们可能相信房间里有家具或地球已存在数百年了，但没有人可以确定这种信念是真的。我们可能会向他指出，人们确实称这种信念是"确定的"；我们可能会继续注意到，通常情况下，人们会将"不确定"这个词仅用于更有问题的信念，例如关于天气的推测；我们可以补充一点，如果有人要教孩子"某些"和"不确定"这个词的含义，他就永远不会引用一个关于家具的不确定信念等等。经常使用的这种技术将表明认识论者不同意大多数人关于"确定"一词的表示，因为他没有将这个词应用于它通常应用的信念。但是它会表明他正在使用这个词吗？为了看到它不会，让我们考虑一个不同的情况。一位十五世纪的地理学家可能向哥伦布指出，人们通常会将"扁平"这个词应用于

————————
① 〔奥〕维特根斯坦：《哲学研究》，陈嘉映译，商务印书馆 2016 年版，第 3 页。

地球而不是"圆形"这个词……①

　　这里，齐硕姆对语言分析的理解有误，他混淆了我们日常实际如何使用一个语词和关于正确语言用法的信念或直觉这两件事。日常语言哲学并不关注大众正确的信念或直觉，而只关注实际的客观的规范。图灵和齐硕姆对日常语言的分析有误，准确地说，他们批评的是实验语言学哲学而非日常语言哲学。日常语言哲学并非像传统的概念分析，将关系的概念分析为更小的概念组分，如艾耶尔指出的那样给出概念的充分必要条件，而是寻求去澄清阐明说话者环境的具有丰富细节的一些规范。在此，有必要区分概念分析（罗素、艾耶尔、克里普克、威廉姆森）和概念考察（维特根斯坦和牛津日常语言哲学），前者诉诸直觉，后者诉诸实际语言用法。如何理解日常用法和直觉之间的关系是一个非常重要的问题。

　　我们可以就关于语言分析区分为三种立场：第一种是概念分析哲学，认为哲学理论奠基于普遍的直觉；第二种是日常语言哲学，哲学论理需要考查实际的语言用法；第三种是实验语言学哲学，对用法背后的直觉进行统计分析。三者之间，实验语言学哲学不主张概念分析，而是对概念去做澄清，但这种目标不是要得到概念的规范而是要获得具体的（心理学的）概念运用以及使用这些概念的理由。实验语言学哲学可以看作是研究与直觉相关的经验发现的语言心理学。日常语言哲学并不关注人们在某个具体

---

① Chisholm, R. "Philosophers and Ordinary Language", *The Linguistic Turn: Essays in Philosophical Method, 2nd edition, Rorty*, R. M. (ed.), Chicago: University of Chicago Press, 1967/1992, pp. 175-176.

时空的碰巧之思，而是关注语言规范的客观事实。对语言的问卷调查顶多帮助我们弄明白大众是怎么思考意义的。但这并不是说实验语言学哲学不能获取任何约定意义的规范，毕竟主流用法很有可能就是正确的用法。但应该注意到实验语言哲学和日常语言哲学之间可以互相补充，却不能彼此取代。

阿皮亚（Kwame Anthony Appiah）也做出了类似的评论：对于奥斯汀来说，"该怎么说？"并不是要求收集有关特定人群如何理解这些陈述的人种学数据。答案应该是显而易见的。比如，一个人在懂英语时知道的是每个有能力的说话者在某种情况下应该说的话；因此，如果他们有能力，我知道他们都会如此言说。这就是为什么如果我们发现有人不如此言说也没什么大不了的：这只会表明他们没有言说能力。在《哲学研究》的第 21 节，维特根斯坦写道："我们实际上称之为'今天的天气不是很好吗？'是一个问题，尽管它被用作一种陈述。"直到最近，我所认同的传统中的哲学家才认识到：去问"我们"是谁这个问题是不礼貌的，向大众询问这个问句是不是一个真的问句毫无意义。① 阿皮亚接着指出"哲学家一直非常有信心能够说出'很自然的如何如何'。实验表明，这种自信有时会让我们误入歧途……如果有正确的答案，当然不一定是由人数决定……实验哲学帮助我们保持诚实，在如何评估某一个个体的预感时保持有用的谦虚立场，即使隔壁办公室的人和他分享同样的看法，这项工作是概念分析工作的延续。如果概念分析就是对'我们'概念的分析，那么不应该看到'我们'或者我们的代表在谈话中实际上是如何使用概念的吗？因此，这项工作的一个方面旨在引出人们面对各种场景的

---

① Appiah, K. A., *Experiments in Ethics*, Cambridge, MA: Harvard UP, 2008, pp. 19-20.

直觉"① 这里存在一个分歧，我们日常能够如此谈论到底建立在什么基础之上？是在直觉基础之上？还是建立在任何语言实践者都不会拒绝的语言事实上？日常语言哲学家认为是后者，实验哲学家和概念分析学者认为是前者。这可以看作哲学方法论中的直觉与规范之争，直觉是一个描述性概念，语言事实更多属于规范性领域。

实验哲学和语言哲学的亲缘关系表现在我们已经提到过的一个事实：虽然受试者被问了一个关于世界中的事实，但这个事实是通过语言表达的，甚至被语言所塑造的。所以，问卷调查既是关于语言的又是关于世界的。例如实验哲学领军人物诺布对意图进行的实验调查，其文章名字为《日常语言中的意图行动和副作用》②。在这个研究中诺布发现了后来以他自己的名字命名的诺布效应：一个行为被认定为有的还是无意，是取决于受试者对行为主体的道德判断。在破坏环境的语境里，受试者判断老板是有意的，在保护环境的语境里，受试者判断老板是无意的。只是一个语词的改变，使得受试者对主角老板的意图做出了不对称的判断。因此实验哲学研究者对语言的使用要比其他人更为敏感，因为语词的使用、改变和修饰可能会完全扭转、颠倒受试者对问题的判断。这也是本书强调的实验语言哲学的第三种含义。实验哲学的研究是语言分析优先的，在这个意义上来说，实验哲学就是一种语言哲学，是建立在对语言、概念的高度关注的基础之上的。因为，我们认为如果语言哲学是第一哲学，那么实验语言哲学也就是第一实验哲学，在实验哲学中占据了基础地位。

---

① Appiah, K. A., *Experiments in Ethics*, Cambridge, MA: Harvard UP, 2008.
② Knobe, J., "Intentional Action and Side Effects in Ordinary Language", *Analysis*, Vol. 63, 2003, pp. 190−193.

第三章

语词与对象：指称的实验研究

我们在第二章第三节"指称论有什么用"已经指出，对指称论进行经验测试是指称论发展的逻辑必然。自 1970 年以来，关于描述论和历史因果论之间的各种争论和回应汗牛充栋，大部分语言哲学家似乎要结合二者的优点去构造新的语义理论。实验哲学则从一个新的角度加入这场争鸣：从指称论所依赖的直觉入手来考查，这个思路受到文化心理学的极大影响。文化心理学的研究表明东方人和西方人在基本的认知过程如感知、注意、记忆等方面有着系统差异[①]。这方面的大量研究发现文化塑造了人的认知模式。受到这种研究思路的启发，温伯格对认识论中的哲学直觉进行了实验，温伯格发现认知直觉有着系统的跨文化差异[②]。沿着这种思路麦希瑞等人（出于行文方便将作者记为 MMNS）设计

[①] Nisbett, R., Peng K., Choi, I. & Norenzayan, A., "Culture and systems thought: holistic vs analytic cognition", *Psychological Review*, Vol. 108,No. 2, 2001, pp. 291-310.

[②] Weinberg, J., Nichols, S. & Stich, S. "Normativity and epistemic intuitions", *Philosophical Topics*, Vol. 29, No. 1&2, 2001, pp. 429-460.

了一个调查问卷①，测试东西方受试者的语义学直觉，得到了一些非常不同的结论。

第一节　指称测试

一　测试直觉

语言哲学中有两种典型的指称理论，第一种是弗雷格-塞尔描述理论，具备以下两个特征：

D1：说话者总是把描述与某个名字联系起来，这个描述表达了一系列性质。

D2：一个对象是一个名字的指称当且仅当这个对象唯一或者最好满足与这个名字相关的描述。当这个描述为真，就存在满足这个描述的对象。如果没有对象完全满足这个描述，则专名指称满足大部分描述的唯一个体。②如果描述没有满足描述的个体或者有很多个体满足描述，那么这个名字就不指称。(MMNS：2)③

第二种是因果历史论，提供了完全不同的图景④，具备以下两个特征：

C1：为了指称一个个体，一个名字被引入语言共同体。在随后的使用中，名字通过因果链条指向这个个体。每一个使用

---

① Machery, E., Mallon, R., Nichols, S. & Stich, S., "Semantics, Cross-Cultural Style", *Cognition,* Vol. 92, No. 3, 2004, pp. 1-12.

② Searle, J., "Proper Name", *Mind*, Vol. 67, No. 266, 1958, pp. 166-173; Lewis, D., "How to define theoretical terms", *Journal of Philosophy,* Vol. 67, 1970, pp. 427-446.

③ 例如，我们现在都知道蒲松龄是《聊斋志异》的作者，那么我们可以说"蒲松龄"这个名字的意义就为"《聊斋志异》的作者"这个描述语所表达。

④ Kripke, S., *Naming and Necessity*, Cambridge, MA: Harvard University Press, 1980.

者都是从另一个使用者那里获得了用法，一直回溯到最开始的命名仪式。

C2：说话者可能把名字与某些描述联系在一起。但在名字被引入之后，相关的描述在确定指称的时候不再起任何作用。指称对象完全有可能不满足最初的描述[1]（MMNS：3）。

在 1970 年代以前，语言哲学家普遍接受描述理论，在 1970 年克里普克提出反描述理论论证以后，语言哲学家大多倾向接受因果历史理论，著名者有普特南、卡普兰、萨蒙、索姆斯等。在克里普克的论证中，语义学直觉占据了核心的地位，似乎我们不能就直觉本身进行争论，而一旦接受克里普克的语义学直觉，则我们就不得不接受他的结论。描述理论者力图避免克里普克的论证，比如通过加入实际性算子等，使描述性短语也成为严格指示词。克里普克关于名字的理论也存在诸多困难，比较著名的有两个困难：第一个是空名问题，即对于没有实际指称物的名字（"福尔摩斯"、"孔乙己"）如何通过命名仪式和因果链条来指称以及如何解释空名语句的真值问题等；第二个难题是弗雷格之谜，即如何解释某人相信"鲁迅是一个作家"同时相信"周作人不是一个作家"，如果名字的意义不是描述而是对象的话。这些麻烦都促使追随克里普克指称论的研究者作出各种调整，甚至在某种意义上把描述理论的一些合理要素接纳进来，密尔式的描述主义是指称理论的一个折中。[2]

---

[1] 比如"达特茅斯"、"神圣罗马帝国"，见 Kripke, S., *Naming and Necessity*, Cambridge, MA: Harvard University Press, 1980。

[2] Speaks, J., "Millian descriptivism defended", *Philosophical studies*, Vol. 149, No. 2, pp. 201-208.

克里普克在反驳描述论证时，诉求于人们的直觉，把直觉作为哲学理论之为真的重要证据。他认为语义学直觉是普遍的：普天之下，概莫能外。当代分析哲学的一个特征就是哲学理论的建构高度地依赖直觉。[①] 在《命名与必然性》中，克里普克说：

> 有些哲学家认为，某些事物具有直观内容这一点对支持这个事物来说并不是某种具有说服力的证据。而我自己却认为直观内容是有利于任何事物的重要证据。归根结底，我确实不知道对于任何事情来说，究竟还能有什么比这更有说服力的证据了。[②]

卡普勒在（Herman Cappelen）《不需要直觉的哲学》一书的开头，也承认这个事实，即当前关于元哲学的争论中都普遍接受这样一个论断：当代分析哲学相当广泛地把直觉作为证据。[③]

既然理论的基础在于直觉，那么对直觉的探索，就成为一种必然的趋势。不幸的是，传统的思辨哲学并未深入触及直觉的这个问题。相反，他们把直觉当作一种不加反思的预设接受下来。比如罗伯特·凯恩在为自由意志的不相容辩护时，便理所当然地认为人们普遍具有一种不相容论直觉。实验哲学正是要质疑这一普遍假定，实验哲学家通过大量的实验调查发现人们所依赖的直

[①] 有学者不同意这一个描述性判断，认为这只是某些分析哲学家的观念，而不是分析哲学的一般特征。

[②] 〔美〕索尔·阿伦·克里普克：《命名与必然性》，梅文译，上海译文出版社2005年版，第22页。

[③] Cappelen, H., *Philosophy without Intuitions*, Oxford: Oxford University Press, 2012, p. 1.

觉并非如哲学家所宣称是普遍的，因此直觉所支撑的理论之真也受到了质疑。根据实验知识论学者的调查，知识是可辩护的真信念这一关于知识的定义，也许只适合某些种族的西方人群体，而不适合于所有人。也就是说，在不同的文化传统里，对知识的理解是不同的。

二 哥德尔案例

在进行实验之前，MMNS 利用最近的研究成果做了预测。诺伦扎扬（Ara Norenzayan）和瓦塔纳贝（Momoko Watanabe）的研究[①] 表明关于范畴分类的实验研究与指称直觉高度相关：东方人对范畴的判断建立在相似的基础上，而西方人对范畴的分类建立在因果的基础上，这种差异可以让我们假设存在关于语义学直觉的系统文化差异。对于描述理论，指称满足描述，但是并不需要因果联系到词项的使用。相反，按照克里普克的因果历史理论，指称并不需要满足相关的描述，我们只需要找出说话者对当前语词使用的因果链条。东方人更倾向于做相似判断，西方人更倾向于做因果判断。MMNS 由此推测：西方人对问卷的回应会与指称的因果解释一致，而东方人对问卷的回应会与指称的描述解释一致。

麦希瑞等就语义学直觉进行了测试，调查发现因果历史直觉并非普遍存在，而是随着文化的差异发生系统性的差异。大致来

---

① Norenzayan, A., Smith, E., & Kim, B. "Cultural Preferences for Formal versus Intuitive Reasoning", *Cognitive Science*, Vol. 26, 2002, pp. 653−684; Watanabe, M., "Styles of reasoning in Japan and the United States: Logic of Education in two cultures", Paper presented at the American Sociological Association Annual Meeting, San Francisco, August, 1998.

说：西方人倾向因果历史直觉，东方人倾向描述论直觉。这次调查使用的语言是英语，调查的对象分为两组：第一组是美国罗格斯大学的 40 名本科生，第二组是香港大学的 42 名本科生。值得注意的是参与者都熟练运用英语，问卷也是英文的。实验大概分为四步：

第一步：得到合格样本

按照人口统计学的标准工具，排除了罗格斯大学的 9 个非西方的参与者，剩下 31 个，这其中有 18 个女生和 13 个男生；排除了香港大学的一个非中国参与者，剩下 41 个，这其中有 25 个女生，16 个男生。调查中，还进一步排除了一个没能回答人口统计学问题的香港参与者。

第二步：抵消顺序影响，引入四个案例

1. 严格仿照克里普克的哥德尔案例。

2. 仿照哥德尔案例改造后的祖冲之案例。

3. 约拿案例 A：Attila。

4. 约拿案例 B：陈惠敏。

哥德尔案例：

假设约翰知道哥德尔是证明了算术不完全性定理的人。约翰长于数学，能够复述算术不完全性定理的全部步骤，而且他认为哥德尔就是这个定理的发现者。现在让我们假设哥德尔并不是这个定理的作者，而是一个叫"施密特"的人实际上证明了算术不完全性定理，他的朋友哥德尔窃取了证明手稿，并公布了这个证明，大家因此认为算术不完全性定理的作者是哥德尔。大部人对"哥德尔"这个名字的了解和约翰类似。他们知道关于哥德尔的全部事实就是他发现了算术不完全性定理。那么，当约翰使用

"哥德尔"这个名字的时候，他是在谈论（talking about）：

A：实际上（really）发现算术不完全性定理的人，还是

B：获取手稿并宣称自己发现算术不完全性定理的人。

仿照哥德尔案例改造的祖冲之案例如下：

艾维是一位香港高中生。在她的天文学课上，她学到祖冲之是第一个确定了夏至和冬至精确时间的人。然而，就像她的所有同学一样，这是她听到的关于祖冲之的唯一事情。现在假设祖冲之没有真的完成这个发现。他从一位完成这一发现后不久就死去的天文学家那里偷来了这一发现。这次偷窃行为完全没有被人发现，而且祖冲之由于发现了夏至和冬至的精确时间而出名。许多人像艾维一样，祖冲之确定了夏至和冬至的精确时间这个主张是他们听到的关于祖冲之的唯一事情。当艾维使用"祖冲之"这个名字时，她正在谈论的是：

A：实际上（really）确定夏至和冬至时间的那个人？还是

B：窃取夏至和冬至时间这一发现的那个人。

第三步：分成两组实验

第一组是哥德尔案例，第二组是约拿案例。西方参与者和中国参与者都回答上述四个问卷调查。实验者做了一个极为重要的预设，认为选择 A，预设了描述理论直觉，选择 B，则预设了因果历史直觉。对于描述论者来说，"哥德尔"这个名字就和我们所知道关于他的描述相联系，既然这个描述就是"实际上（really）发现算术不完全性定理的人"那么我们就用这个描述去谈论我们用"哥德尔"这个名字指称的人，很显然是施密特。对于因果历史论者来说，他们并不关心有何种描述与"哥德尔"这个名字相关联，"哥德尔"这个名字通过因果历史链条传递到使

用者那里。因此我们就是用"哥德尔"这个名字指称因果链条的开端被命名的那个人，很显然那个人是哥德尔而不是施密特。这是实验者一个最为重要的预设。

现在看一下调查问卷结果，参与者回答 B，符合因果历史理论，计分为 1，参与者回答 A，符合描述理论，计分为 0。两个例子得分叠加，得分值就可能是 0—2 之间。然后我们算出其平均得分和标准偏差。调查所获得的统计结果如下图所示：

案　例	参与者	得分（标准偏差）
哥德尔案例	西方参与者	1.13（0.88）
	中国参与者	0.63（0.84）
约拿案例	西方参与者	1.23（0.96）
	中国参与者	1.32（0.76）

第四步：对结果进行检验

对哥德尔案例进行 T 检验：[t（70）=−2.55，P<0.05]（标准值是 1.994）表明西方参与者与中国参与者确实存在显著的差异；对约拿案例进行了 T 检验，[t（69）=0.486]并无明显差异。

进一步对哥德尔案例和祖冲之案例进行卡方检验，结果表明西方参与者比中国参与者更倾向于给出因果-历史回答。MMNS 最终排除了约拿案例，他们认为：也许是因为调查过于复杂产生不了可以理解的数据；也许是因为描述论者可能会认为词项（"约拿"）没有指称；也许是因为一些语用的因素，东方和西方的参与者都拒斥这种严格的解释：说话者并没有谈论任何人。（MMNS：7）

实验表明大部分西方人倾向于回答 B，而大部分东方人倾向于回答 A。西方人倾向用"哥德尔"这个名字指称哥德尔，而东方人倾向相信"哥德尔"这个名字指称施密特。东方人和西方人并没有共享的语义学直觉，克里普克语义学直觉并非普遍存在，因此克里普克所做的反驳描述主义的论证并不能被普遍接受。

三 批评与回应

在 MMNS 的这篇文章中，他们做出以下几个基本论断：I. 语义学直觉是重要的哲学证据。II. 语义学直觉在克里普克论证中起着核心作用。III. 语义学直觉可以通过实验检测出来。IV. 来自不同文化的语言使用者具有不同的直觉，语义学直觉不是普遍的。V. 不同的直觉使得我们选择出不同的理论。

针对这几条论断，哲学家从不同的方面进行批评。有人提出直觉不能作为哲学论证的证据，构造反例（如，哥德尔案例）所依赖的不是直觉而是例子的真实可信性质[1]；有人提出语义学直觉在克里普克论证中只发挥很弱的作用，克里普克驳斥描述论的关键在于模态直觉[2]；另一类哲学家则指出，克里普克论证中起决定性作用的并不是大众的语义学直觉，而是哲学家的反思性直觉[3]；亦有人提出在哥德尔例子中，检测出的是元语言学直觉，而关键在于语言学直觉[4]；有人提出并非直觉的差异导致了选择理论的不同，而是认知角度的区分才实质的导致了选择理论的不同[5]。以上的 I—V 条（IV 条除外）都受到了批评。

① Deutsch, M., "Experimental philosophy and the theory of reference", *Mind and Language*, Vol. 24, No. 4, 2009, pp. 445-466.

② Devitt, M., "Experimental Semantics", *Philosophy and Phenomenological Research*, Vol. 82, No. 2, 2011, pp. 418-435.

③ Jackman, H., "Semantic intuitions, conceptual analysis, and cross-cultural variation", *Philosophical Studies*, Vol. 146, No. 2, 2008, pp. 159-177.

④ Martí, G., "Against semantic multi-culturalism", *Analysis*, Vol. 69, NO. 1, 2009, pp. 42-48.

⑤ Sytsma, J. & Livengood, J., "A New Perspective Concerning Experiments on Semantic Intuitions", *Australasian Journal of Philosophy,* 89 (2), 2011, pp. 315-332.

反驳论题 I.　直觉是重要的哲学证据

如果说 II-IV 要讨论的三种反驳都是在实验哲学的框架之内展开，即承认直觉对于哲学论证的作用，那么多伊奇（Max Deutsch）则是站在传统哲学的立场上直接反驳实验哲学的方法论。多伊奇认为不管哪种直觉都不能成为哲学论证的前提。从文化差异到直觉变动到理论的选择，这个路线根本是走错了方向。多伊奇讨论了认识论直觉和语义学直觉的两个经典的案例：盖提尔反例和克里普克的哥德尔案例。为简明计，这里只考虑哥德尔案例。在反驳描述理论的论证中，大部分哲学家都错误的表达了论证，使得论证依赖于直觉。但问题并不在于构造例子所利用的直觉，而在于例子的真实可信性。因此多伊奇重新构造了哥德尔例子，使得在这个例子中并不出现所谓的直觉。多伊奇也注意到克里普克本人确实承认过直觉在论证中的作用："当然有一些哲学家认为直觉内容并不起决定作用支持任何理论。但是我认为这就是最重要的证据，我不知道除此之外还有什么其他证据"①。

针对克里普克的立场，多伊奇做了如下回应：首先，问题不在于克里普克是否认为直觉作为重要证据，而在于直觉是否真的就做了证据。其次，从引文上下文来看，克里普克并不支持直觉作为证据的一般性哲学方法论。多伊奇的立场和实验哲学立场完全相对，他认为传统哲学并不需要直觉作为证据。有意思的是，他对哲学论证不需要直觉这一论断除了给出有限的解释之外，并没有给出正面的论证。多伊奇的论证是否定性的，他通过考虑对他立场的一种反驳来辩护自己立场：如果不是作

① Kripke, S., *Naming and Necessity*, Cambridge, MA: Harvard University Press, 1980, p. 42.

为反例的直觉给我们理由以接受反例的真实性，那又是什么其他的东西给我们理由呢？这个反驳假设了我们需要推导才能得出反例的真实性。只有假设了反例存在的直觉才能从直觉推导出反例的真实性。多伊奇认为我们可以直接获得非推论的关于反例真实性的知识，而不需要假设直觉。在"哥德尔"指称哥德尔而不是施密特的案例中，我们所做的判断是来自因果资源的直觉，而不是来自辩护资源的直觉（直觉作为前提进行推论）。在各种哲学论证中也许会依赖直觉，但这种直觉只是因果的，而非推论的或者证据的。多伊奇消除了实验哲学家和其他语言哲学家所看重的推论性直觉，也就顺手消解掉实验哲学家对传统哲学家的攻击。因果性的直觉不再在哲学论证中发挥实质的作用。但直觉是否可以作为论证的证据，是非常具有争议的议题。有一些哲学家主张可以把直觉作为证据。① 这个问题可以退一步来考虑，实验哲学家在实验的基础上确实得出了不同的文化生成了不同的直觉的结论。但直觉的差异是否影响理论的选择，则依赖于我们是否接受直觉对理论的实质作用。如果接受，那么实验哲学的结论就可以维持；如果不接受，则实验哲学的结论就是不相干的。

反驳论题 II. 语义学直觉在克里普克论证中起着核心作用
反思性直觉

杰克曼（Henry Jackman）对 MMNS 的实验的反驳来自于他

---

① Goldman, A. and Pust, J., "Philosophical Theory and Intuitional Evidence", *Rethinking Intuition: The Psychology of Intuition and Its Role in Philosophical Inquiry*, edited by Depaul M. & Ramsey W., Lanham, Maryland: Rowman and Littelfield Press, 1998, pp. 179–197.

对语义直觉的不同理解①。杰克曼认为哲学家并不需要假设语义学直觉的普遍性，因为他们对"没有经过教育的大众的语义学直觉（包括不同文化群体的不同直觉）"（MMNS: 8）不感兴趣，只有哲学家的反思性直觉才能帮助发现正确的关于名字的指称理论。MMNS 考虑到这种反驳，在 2004 的文章中已经作了如下回应："我们发现认为西方学术体中的哲学家的直觉比不同文化群体中的直觉差异更可靠这一点是相当不合理的。在论证哲学家直觉具有优越性这一点上尚缺乏论证。这种规划完全是自己糊弄自己。"（MMNS: 9）

杰克曼认为，我们不能忽视日常直觉这一点并不意味着我们不能支持哲学家直觉。哲学家的直觉具有优越性的原因之一在于，他们可以使自己关于不同环境的直觉保持一致。根据杰克曼，哲学家的直觉不仅与大部分东方人不同也与大部分西方人不同，这个区别可以用"学科训练"来解释。大学生没有接受因果直觉，但是当他们进入研究生阶段接受了系统的学术训练就接受了因果直觉。不过这种解释太牵强了，只对 45 岁以下的学者或学生说得通。在 1970 年代以前哲学家似乎都具有描述直觉，而这也是学科训练的结果。如何解释哲学家从接受描述直觉转变为接受因果直觉，学科训练改变直觉显然不是一个好的解释。

哥德尔案例不能成为克里普克反驳描述理论的决定性论据

戴维特（Michael Devitt）不再考察在哥德尔案例中，究竟是案例本身所激发的直觉起决定作用还是案例本身的真实性起决定作用，而是把哥德尔例子放在克里普克反对描述论证的大前提

---

① Jackman, H., "Semantic intuitions, conceptual analysis, and cross-cultural variation", *Philosophical Studies*, Vol. 146, No. 2, 2008, pp. 159-177.

下进行考虑。①

　　他把克里普克的论证分成三种："不需要的必然性"论证、"失去的严格性"论证、"无知和错误"论证。②戴维特认为，在这三个论证中存在着不同的直觉。哥德尔案例引发的直觉在"无知和错误"和"不需要的必然性"论证中发挥一定的作用，但并不是决定性的作用。而在"不需要的必然性"论证中，根本不需要所谓的由假想情况所引发的语义学直觉。戴维特的观点依赖于他做的如下两个区分：第一个区分是关于语义学直觉本身的区分，关于哥德尔案例的直觉和关于日常实际对象直觉的区分，即关于假想情况语义学直觉和关于实际情况的语义学直觉。戴维特认为关于实际情况的语义学直觉在"无知和错误"论证中起重要的作用，而假想情况的语义学直觉没有任何作用。然而，我们不禁会问，为什么假想情况的语义学直觉不如实际情况上的语义学直觉有力呢？戴维特的看法是因为实际情况比假想情况更普遍，而且如斯蒂芬·斯蒂奇所认为的那样"非哲学家是不可能有关于孪生地球的直觉的"。

　　戴维特的第二个区分是关于语义学直觉和形而上学直觉的区分，他认为在论证中形而上学直觉比语义学直觉的作用更大。关键性的直觉不仅不是语义学直觉的一个子类（即假想情况的语义学直觉），甚至不是语义学直觉，而是形而上学直觉。在"不需要的必然性"论证中，塞尔认为"亚里士多德拥有全部归属给他的性质

---

① Devitt, M., "Experimental Semantics", *Philosophy and Phenomenological Research*, Vol. 82, No. 2, 2011, pp. 418-435.

② Devitt and Sterely, *Language and reality,* Cambridge, MA: MIT Press, 2000, pp. 48-53.

的逻辑的综合，完全的析取，这是一个必然的事实，"①。但是克里普克指出，这种看法是不合理的，因为亚里士多德可能根本就没有做过这些事情，因此这些事实对于亚里士多德来说并非必然，克里普克的论点依赖于他的形而上学直觉。"亚历山大的老师"并不是亚里士多德本质具有的。我们再考虑一下"失去严格性"论证。一个词项是严格的当且仅当在所有可能世界指称同一个对象。名字是严格指示词，但描述短语不是。戴维特对这个论证给出了四个版本，前三个版本都完全依赖于形而上学直觉。②而第四个版本论证和"失去严格性"论证一样的，依赖于假想情况的语义学直觉。

关于戴维特的反驳，我们至少有两点可以回应：MMNS 可以承认存在上述的两种区分，对于第一个区分，就如马蒂（Genoveva Martí）作出的元语言直觉和语言直觉的区分③一样，回答戴维特的直接办法就是继续做实验，也许就会出现这种假想的直觉和实际的直觉实际上是重合的情况，就如元语言直觉和语言直觉在经验上重合一样。对于第二个区分以及相关的结论，我们依然可以采用同样的策略，设计不同的实验，来检测参与者的形而上学直觉。戴维特确实承认了直觉在哲学论证中的作用。因此我们只需要修改 MMNS 的结论就可以与戴维特的批评一致。MMNS 的结论是，不同文化环境中的不同的语义学直觉对于选择一个正确的理论是重要的；经过修改后就成为：不同文化环境中的不同的语义学直觉、形而上学直觉对于选择一个正确的理论是重要的。因此，我不认为戴维特对实验哲学的根本路向可以进行否定，他的

---

① Searle, J., "Proper Name", *Mind*, Vol. 67, No. 266, 1958, pp. 172.
② Devitt, M., "Experimental Semantics", *Philosophy and Phenomenological Research*, Vol. 82, No. 2, 2011, pp. 418-435.
③ Martí, G., "Against semantic multi-culturalism", *Analysis*, Vol. 69, NO. 1, 2009, pp. 42-48.

批评只能促使研究者建立更细致、更全面的框架来解释直觉在哲学论证中的作用。

反驳 III. 语义学直觉可以通过实验检测出来
语言直觉与元语言直觉

马蒂认为 MMNS 在实验中所假定的直觉与选择一个正确的指称理论毫无关系,不同文化群体之间与指称相关的直觉变化也并不能得到确立。"MMNS 测试了大众关于指称理论的直觉,而不是名字使用的直觉。但是,正确的指称理论应该是什么和我们使用名字谈论事物是两件不同的事情。"[①] 马蒂区别了两种类型的直觉:元语言学直觉和语言学直觉。元语言直觉是关于所提到语词语义学性质的判断,而语言学直觉是关于个体的判断。在克里普克的哥德尔例子中,"哥德尔"指称哥德尔而不是施密特,这是一个关于元语言直觉的判断。而哥德尔不应该偷窃手稿则是一个关于语言学直觉的判断。马蒂认为只有语言直觉才可以用于确定实际使用中名字的指称,但是 MMNS 却利用了元语言直觉。因此元语言直觉的差异并不能说明语言学直觉的差异。文化的差异虽然导致了元语言直觉的不同,但并不能导致语言学直觉的不变。因此文化的差异导致语义学直觉的差异这一说法并不成立。

麦希瑞等人[②] 通过新的实验(简记为 MOB)表明马蒂的批评并不成立。MOB 承认的确存在两种不同的直觉。但是马蒂的结论建立在两种直觉不一致这个前提上,而 MOB 则要通过实验证

---

① Martí, G., "Against semantic multi-culturalism", *Analysis*, Vol. 69, NO. 1, 2009, p. 44.

② Machery, E., Olivola, C. & Blanc, M., "Linguistic and Metalinguistic Intuitions in the Philosophy of Language", *Analysis,* Vol. 69, No. 4, 2009, pp. 689-694.

明元语言直觉和语言直觉在大部分情况下是一致的。

MOB 调查了三个国家（印度、蒙古、法国）对关于元语言直觉的调查问卷和关于语言直觉的调查问卷得到的两种不同的情况。为了简化讨论，我们不用 MOB 给出的例子，而是将哥德尔例子略加修改。MOB 设计了关于元语言直觉的问卷和语言直觉的问卷，所有的故事结构相同，只有在问题的提法上有所差异。

元语言问题：在读完哥德尔故事并接受其为真之后，当约翰说"哥德尔是一个伟大的逻辑学家"，你认为他会接受哪个为真？A 或者 B。

语言问题：在读完哥德尔故事并接受其为真之后，当约翰使用"哥德尔"这个名字，你认为那实际上在谈论谁？A 或者 B。

MOB 的调查结果是，在蒙古、印度和法国三个国家，元语言提问所得答案和语言提问所得答案的统计结果是近似等同。实际运用中很难区分元语言直觉和语言直觉。即使在三种不同的文化环境中我们也未发现两种直觉类型的区别，这就意味着元语言直觉和语言直觉很大程度上是一致的。因此马蒂的批评是不成立的。人们关于指称判断的经验证据对于发展一种指称理论是相当有助益的。在 MOB 的文章中，他们提供了新的证据来说明元语义学判断和语义学判断是一致的。实验哲学的新实验辩护了旧的实验所得出的结论。

反驳 V. 不同的直觉使得我们选择不同的理论
认识视角与指称意向

西斯马（Justin Sytsma）等人[1] 的批评是从案例本身的构造

---

[1] Sytsma, J. & Livengood, J., "A New Perspective Concerning Experiments on Semantic Intuitions", *Australasian Journal of Philosophy,* 89(2), 2011, pp. 315–332.

出发。他们发现了案例本身其包含的其他要素导致了不同的理论选择，这种要素就是故事陈述的模糊性。

第一种模糊性是认知视角的模糊性：即我们在 MMNS 设计的案例中并不清楚 A 或 B 答案是应该从叙述者角度来理解（叙述者知道说话者并不知道的事实），还是应该从约翰的认知角度理解（作为说话者使用"哥德尔"这个名字）。如果从叙述者视角看，那么"实际上发现哥德尔不完全性定理的人"就是指称"施密特"，"获得手稿并宣称自己发现不完全性定理的人"就是指称哥德尔；但是从约翰的角度看，"实际上发现哥德尔不完全性定理的人"指的就是哥德尔，而约翰并不知道施密特。如果实验的参与者回答 A，并非因为他们有不同于克里普克的语义学直觉，而是因为他们接受了约翰的认知视角而不是叙述者的认知视角。因此 MMNS 的结果与是否存在普遍性的语义学直觉没有任何关系。

第二种模糊性是说话者指称的模糊性：如果实验参与者注意到约翰在回答问题时的说话者意向，那么 MMNS 的结论也就被削弱了。约翰在使用"哥德尔"这个名字的时候，他真正意向所指是什么？在回答这种问题时候，参与者需要揣摩约翰的说话者意向。说话者的意向需要在不同的语境中得到确认，当约翰说"哥德尔是一个伟大的数学天才"的时候，他在谈论施密特，当约翰说"哥德尔获得了很多荣誉"，那么他在谈论哥德尔。在第一个陈述里面有语义学指称和说话者指称的区分。假设"哥德尔"实际上指称哥德尔（语义学指称），但是约翰意图谈论施密特（说话者指称），因此参与者完全可能接受答案 A，而不分享克里普克的语义学直觉。他这样做，因为他认为约翰意向谈论施密特。

　　本来 MMNS 想要论证的是只有语义学直觉的不同影响了对问题的回答，但是西斯马等人的工作表明，认识的视角的模糊和说话者指称的模糊性都会影响到问题的回答。那么 MMNS 的工作就不能证明语义学直觉随着文化环境而变动这一结论。

　　进一步，西斯马设计了新的实验来验证他们的结论。为了测试认知视角变动对结果的影响，他们设计了三个不同的实验：

　　1. 原初实验：当约翰使用名字"哥德尔"的时候，他是在谈论 A：实际上发现哥德尔不完全性定理的人，还是 B：获得手稿并宣称自己发现不完全性定理的人？

　　2. 约翰的视角：当约翰使用名字"哥德尔"的时候，约翰认为他在谈论 A：实际上发现哥德尔不完全性定理的人，还是 B：获得手稿并宣称自己发现不完全性定理的人？

　　3. 叙述者视角：当约翰使用名字"哥德尔"的时候，约翰实际上在谈论 A：实际上发现哥德尔不完全性定理的人，还是 B：获得手稿并宣称自己发现不完全性定理的人？

　　这个实验的参与者是匹兹堡大学的某个班的本科生，一共189 名参与者，41.3% 是男生，平均年龄 21 岁。结果发现在原初的实验中，39.4% 的参与者回答 B；在约翰的视角案例中，22.0% 的参与者回答 B；在叙述者的视角中 57.4% 回答 B。三个实验中，参与者并没有发生变化，但是答案的分布起了变化，从这组实验不难看出，认知视角的改变实质的影响了答案的选择。[①]西斯马进一步研究表明当强调了约翰的视角，则西方参与者倾向

---

① 一共有四组实验，方法类似，本文只介绍了第一组实验，有兴趣的读者可也看该文第 3 节。

于选择答案 A，当强调了叙述者视角的时候，他们倾向于选择答案 B。

MMNS 尚未对西斯马等的批驳进行回应。我的回应是：的确存在叙述者视角和约翰视角的区分，也存在语义学指称和说话者指称的区分，但是在 MMNS 的例子中，认知视角是第三人称的，参与者只能对他认为约翰想谈论谁作出回答，而不能对他认为约翰实际上想谈论谁作出回答。一旦从约翰角度来涉及案例，则这个案例不再是原初的案例，因为约翰并不知道施密特这个人，也不知道哥德尔偷窃手稿据为己有的事实。调查只能从第三人称视角展开。如果要从约翰角度来谈论，案例的设计需要丰富，需要各种各样的场景，而场景的丰富只能让我们知道更多关于哥德尔的事实（下一节会有详细的讨论）。知道更多关于哥德尔的事实，则在上下文中会很容易作出相应的区分就不存在认知或指称的模糊性。实际上名字的使用高度依赖场景，如果约翰在说到"哥德尔在不完全性定理的中的某一步可以简化"，那么可以说他实际上在谈论施密特，如果说约翰说到"哥德尔死于1972年"，那么他在谈论哥德尔。而如果仅仅考虑叙述者视角，考虑约翰仅仅知道哥德尔发现了不完全性定理这一事实，那么我们可以就在"哥德尔"指称哥德尔还是施密特上有一个明确的答案。

四 需要考虑语境因素

上一节中我们依次考查了对论题的五种反驳意见，焦点集中在语义学直觉在反驳描述论证所发挥的作用，这是核心论题，也即论题 II。这五种反驳意见有一个共同特征：在反驳语义学直觉的作用时都用了替代元素来解释克里普克论证。替代因素各种各样：反思性直觉、语言学直觉、模态直觉、认知视角和说话者视角、反例的真实性。在替代性方案中可以分成两种，一种承认直觉的哲学地位：如反思性直觉、语言学直觉、模态直觉；另一种不承认直觉的哲学地位：如视角切换和反例的真实性。

本节的工作不是想为直觉做一个辩护，而是想重新回到案例、考察案例本身的问题，我非常同意 MMNS 的观点：虽然实验的结果富有哲学意义，但是我们并没有最终定论。

MMNS 构造哥德尔这个案例旨在检测不同文化传统中大众的语义学直觉，但是他所设计的案例实际上却无法检测出这类语言学直觉——也包括上一节所提到的元语言直觉。在 MMNS 设计的案例中，约翰知道关于哥德尔的唯一事实就是哥德尔是不完全性定理的作者，当约翰在使用"哥德尔"这个名字的时候，他实际上在谈论什么呢？可以想象约翰使用"哥德尔"这个名字的具体语境，甚至具体的语句。我们可以尝试构造出下列语句：

A："哥德尔真是伟大（聪明、精确、了不起等等）"

B："哥德尔真是（善良、勇敢、宽容等等）"

C："哥德尔在这一步的证明中用了很漂亮的技巧。"

D："哥德尔还写过什么其他著作么？"

E："哥德尔是哪一年出生的？"

约翰可以根据他知道哥德尔的唯一事实说出如上的语句么？A 和 C 是可以的，因为这两个句子为他所知道的关于哥德尔的唯一事实所蕴含。约翰不能说出 B 语句，因为 B 语句依赖于更多关于哥德尔的事实，比如哥德尔做过善事等等而这些信息是约翰所缺乏的。那么 C 和 D 呢？约翰也可以说出类似这样的句子，因为只要哥德尔是一个人，他总是可以这样合理的发问。现在的问题不是泛泛地问当约翰使用"哥德尔"这个名字的时候，他在谈论谁，而是要问在 A-E 的语句中约翰在谈论谁？而在问到这个问题时，对第一人称和第三人称视角的区分显得尤为重要。[①]这里面要分三层，即约翰的视角、受试者的视角、研究者的视角。实际上，问题变成了我们认为测试者认为约翰实际上在谈论谁。那么我们就不仅需要约翰的背景调查，比如他只知道唯一的事实，我们也需要知道测试者的背景知识，比如他知道关于施密特的虚构情形。当他认为约翰使用哥德尔在指称谁的时候，他显然是利用了他的背景资源。除了背景资源之外就是他的个体要素（直觉）。案例中背景资源是同样的，直觉正是需要证实的东西，因此问题就是唯一区分直觉的东西。

在我的设计中，用 A-E 五个语句来进行测试，假设我自己就是一名被测试者。那么我会认为在 A 和 C 中，"哥德尔"指称的是施密特，原因很简单，使得 A 和 C 为真的唯一事实就是施密特证明了不完全性定理。在 D 和 E 这两个句子中，"哥德尔"是指称哥德尔还是施密特呢？这需要看具体场景，比如当约翰碰巧听到有人谈论哥德尔在 1972 年去世了，或者在报纸上读到这样的头号标题。他就会问："哥德尔是哪一年出生的？"或者当他在书店看到哥德尔的著作集，他会问店主："哥德尔还有其他著作么？"在这两种情况中，当然可以认为约翰在使用"哥德尔"这个名字的时候，谈论的就是哥德尔。但是同样的问题如果放到不同的语境又会得到另外的答案。比如，约翰在做

① Ludwig, K., "The Epistemology of Thought Experiments: First Person versus Third Person Approaches", *Midwest Studies in Philosophy*, Vol. 31, No. 1, 2007, pp. 128-159.

关于哥德尔不完全性定理的论文，在读到如此繁复的证明时，他也许会和朋友交流："不完全性定理太难了，哥德尔还有其他的著作么？"这个时候似乎"哥德尔"就应该指称施密特。但也许有人争辩说由于涉及到某本具体的书的问题，比如是哥德尔实际发表了这本书，因此约翰应该谈论的这本书的实际发表者哥德尔。而究竟是不完全性定理的实际作者还是不完全性定理的发表者是"哥德尔"这个名字的指称，仍然不够清楚。关于"哥德尔是哪年出生的"也会在这种场合中出现，比如约翰在研读不完全性定理的时候，觉得该定理深奥繁杂难懂，不仅感慨作者的智力水平超人，希望知道作者的实际年龄。有心问其他朋友"哥德尔是哪一年出生的？"这个时候，"哥德尔"指称的就应该是施密特。同一个语句在不同的场合中出现，专名的指称也高度依赖于相关的语境——测试者所猜测的约翰的意向。[①] 笔者赞同西斯马等关于指称测验的思路，但是并不需要接受他们所设计的例子，他们的例子和 MMNS 的例子一样没有考虑相关的情况，因此也不能测试出被试者的语义学直觉。真正的有效的检测不是在约翰是在谈论谁、约翰认为在谈论谁、约翰实际上谈论谁上做出区分，也不是要一定作出说话者指称和语义学指称的区分；而是要进一步构造足够丰富的专名的使用场景，对这各种具体的场景中来进行测试。对这各种场景的唯一限制就是：约翰知道关于哥德尔的唯一事实就是他是不完全性定理的作者。

---

① 这一点并非普遍适用，比如对于实际情况的案例，通常专名的指称是不会随着语境发生变化的。但是在反事实、虚构的情形下，专名的指称则依赖约翰的指称意向。

第二节　从直觉到理由

一　理由的缺席之 I：可能的证据

争论还在持续，可深入发掘之处越来越多，从方法论到实验数据到哲学结论，实验语义学受到了全面的质疑。有一个在笔者看来非常关键的因素被忽略了，虽然关于认知差异的批评几乎触及问题的核心，但是还是漏掉了这一因素。我们不妨对指称实验做出如下重构（假设 S 是实验的参与者）：

1. 如果 S 具有描述直觉，S 就会选择 A。

2. 如果 S 具有因果直觉，S 就会选择 B。

3. 如果 S 选择 A，S 就用"哥德尔"指称施密特（在故事中发现算术不完全性定理的人）。

4. 如果 S 选择 B，S 就用"哥德尔"指称哥德尔（实际世界被叫做"哥德尔"的这个人）。

5. 如果 S 用"哥德尔"指称哥德尔，那么 S 接受因果历史论。

6. 如果 S 用"哥德尔"指称施密特，那么 S 接受描述论。

7. 大部分东方人具有描述直觉，所以接受了描述论。

8. 大部分西方人具有因果历史直觉，所以接受了因果历史理论。

9. 结论：因果历史直觉不是普遍的，因此因果历史理论也不是普遍的。

已经有哲学家对 1 和 2 提出了质疑，受试者的认知差异可能导致 S 选择 A 或者 B，而非受试者具有的描述直觉或者因果直觉导致 S 选择 A 或者 B。接着，我们来考虑 3：如果 S 选择 A，S 就用"哥德尔"指称施密特（在故事中发现算术不完全性定理的人）。对于 S 来说，应该是 3* 用"哥德尔"指称施密特（实际上发现算术不完全性定理的人），这意味 S 接受一种反事实的实际性直觉："哥德尔"指称在故事中实际上发现算术不完全性定理的人。问题在于：

当约翰使用"哥德尔"这个名字的时候，他是在谈论：

A：实际上发现算术不完全性定理的人

还是

B：窃取手稿并宣称自己发现算术不完全性定理的人

研究者理所当然地认为当约翰使用"哥德尔"这个名字的时候，如果他选择 A（实际上发现算术不完全性定理的人），就应该指称故事中的施密特。这个前提是不合理的，他假设了所有的人都拥有对"实际性"这个概念的反事实直觉。关于实际性存在两种不同的直觉：第一种是实际事实的直觉，比如斯提芬·斯蒂奇在反驳孪生地球思想实验的时候提出来"非哲学家是不可能有孪生地球的直觉"。第二种是反事实的直觉。如果有测试者不接受反事实的直觉，麻烦就来了。比如 S 选择 A"实际上发现算术不完全性定理的人"那么按照实验者的推论，S 具有描述论直觉，选择了施密特。S 选择了 A，但他认为实际上发现算不完全性定理的人是哥德尔，并不接受实验给出的故事语境，却在两个答案中给出了选择。戴维特认为真实情况的案例要比虚构情况的例子更能支持指称理论。他认为要放弃哥德尔的案例，用真实的案例来进行检测。但是，戴维特没有想到，即使对于虚构案例，测试者仍然可以持有实际性的直觉来进行判断。假设在 MMNS 的研究中所有的东方参与者都具有实际世界的直觉，那么他们给出的选择和原初的案例没有差异，可是他们用选项 A 中的描述"实际上发现算术不完全性定理的人"指的并不是故事中的施密特，而是实际世界中的哥德尔。只有在普遍的反事实直觉前提下，结论才可以接受。如果受试者选择 B，那么基本上可以肯定他是接受反事实直觉，即接受了故事叙述而选择了该答案。

遵循这个思路，笔者发现语义学直觉不是给出选择答案的唯一因素，很可能有其他原因导致了受试者选择的不同。西斯马（2011）认为是认知视角的不同，所以他们设计了不同的问卷，从不同的认知角度来进行测试，这是一个有创意的思路。但他们只是测出了认知视角模糊对于选择的影响，关于反事实直觉的影响则被忽略了。可能被忽略的还有很多很多因素，如何在一个测试中把这些相关的因素都辨别出来？这实际上是实验语义学的一个根本任务。笔者在探索中发现，如果让受试者在选择答案的时候给出选择答案的理由，可能会辨别出影响他们做出选择的因素。一旦他们在思考答案的理由，就不仅仅是一种随意的选择，即受试者的理由和所选的答案之间具有一种逻辑联系。① 如果不让受试者写出理由，很可能他想的理由和答案是不一致的。一般大众在进行日常推理的时候可能存在错误。而通过用文字描述自己的理由，使得他的理由和所选的答案之间有着合理的联系。前述戴维特与麦锡瑞之间有一个关于专家直觉可靠还是大众直觉可靠的争论，戴维特认为专家直觉比大众直觉更可靠，这建立在如下假设上：专家在做选择的时候会对于答案和理由之间有一个清

---

① 可能有人会提出反驳意见：如果测试者给出了理由，在问卷-理由-答案之间建立一种逻辑联系，就不是一种对直觉的测试，基于理由的回答已经超越了直觉的范围。我将在后续文章中重点讨论这一问题。一个简单的回应是：是否超越直觉的范围需要看我们对直觉的规定，哲学家反思性的直觉其实就是在问卷-理由-答案之间建立了联系之后的回答。

醒的反思，而大众却很少做这种反思。如果让受试者给出答案的书面理由，则可以很好地回避这个争论。只要受试者有充足的理由辩护他的答案，那么哲学家和大众的区分就没有什么必要了。另外一个需要阐明的理由是，既然指称理论是解释语言现象的特征的，那么只要是有能力的使用者都是合适的测试对象，哲学家在语言使用这一点上并不占据优先地位。

可以用一个小例子说明为什么受试者选择答案时必须给出理由。假设我们要测试美国某个社区公民的政治倾向：是倾向于共和党还是倾向于民主党，需要进行一次投票，然后看各党所得比率。假设民主党所得比率高，似乎这个社区具有民主党的政治倾向；如果共和党所得比率高，似乎这个社区具有共和党的政治倾向。这个分析显然太过粗糙。很可能投了民主党一票的人大部分并不具有民主党的政治倾向，而是以下原因导致他们投了民主党的票：在选票上民主党排第一个，有人根本不关心政治倾向，只是为了交差，所以勾了第一个；某人是个篮球迷，而民主党党派领袖也是个篮球迷，他们有共同的爱好，所以他投了民主党派；民主党派的一些个性化特征吸引了一些人，而这些个性化特征是非政治因素的，比如有一些头脑精密的人，他们并不认同民主党的政治原则，但是在仔细考察两党的施政纲领，发现民主党的政治原则所导致的后果碰巧可以使自己获利；相反如果他在另外一个行业，他可能投共和党，因为共和党所坚持的政治原则所导致的后果使他在这个行业可以获利。总之，原则上存在无穷多不能真实反映受试者政治倾向的理由导致他选择了民主党。因此，我们不能单单看他投票的结果，还需要质询他们的理由，是什么促使他们投票的。

笔者在 2010 年、2011 年依据指称测试的思路做了几组经过修正后的测试，主要以某师范大学各个院系的大一本科生、中文系大二本科生和哲学系大三本科生为三组对象，进行测试。与原初实验最大的不同是，笔者不仅让受试者选出答案，还必须给出选择答案的理由，只有这样的统计调查才具有实质的意义。

二　理由的缺席之 II：实际的证据

把考察理由这一原则应用到指称测试上，受试者在选项 A 或 B 背后的理由并不一定在于他们具有描述直觉或因果历史直觉，而有很多其他可能的理由导致了实验结果的系统差异。由于本节主要讨论指称测试的逻辑可能性问题，而非语言学直觉的讨论，因此略去实验的细节，而仅仅分析受试者所给出的理据。笔者今年调研的实验结果和 MMNS 2004 年的指称测试大致相同，但是由于缺乏西方人的参与，我们的实验仅仅验证了 MMNS 关于东方人（中国人）的结果，大部分中国人选择的答案是 A，他们被认为具有描述论直觉。但通过仔细阅读受试者的理由，却发现与预期完全不同，给出的理由各种各样。

接下来，我在大约 200 份问卷中删除了一些和语言使用不相关的理由，分别总结出了关于选择 A 答案的五种理由和选择 B 答案的三种理由，下面将一一给予分析评论。

首先分析选择 A 的理由，按照先前指称实验者的思路，如果选 A，就表示受试者用"哥德尔"这个名字指称实际上发现算术不完全性定理的人，即施密特。

理由一：按照故事的描述，约翰对哥德尔的唯一理解是实际发现算术不完全性定理的人，因此"哥德尔"这个名字的唯一语义描述就是发现算术不完全性定理的人。只要有个体满足这个描述，"哥德尔"就指称满足这个语义描述的人，实际上满足语义描述的是施密特，所以"哥德尔"这个名字指称满足语义描述的人施密特。评论：只有提出类似理由的受试者，可以称作持有描述论直觉。

　　理由二：人们所谈论的核心是某人发现了算术不完全性定理，而并不是关注何人发现了定理，"某人"指代任何人都是一样的。或者约翰知道关于哥德尔的全部事实就是他发现了算术不完全性定理，他并不知道哥德尔这个人的其他信息，所以他并不关心是哪个具体的人发现了定理，而仅仅关心有一个人发现了定理，至于这个人是施密特还是哥德尔并无实际区别，"哥德尔"这个名字只能指称实际上发现算术不完全性定理的人。评论：此种理由关注名字的意义，而不关注名字的指称。受试者认为"哥德尔"这个名字的意义就是算术不完全性定理的发现者，但并不认为这个意义所描述的对象就是施密特。语义学家卡茨（Jerrold Kartz）的意义理论主张：名字具有意义，但意义并不决定指称。① 这种理由与卡茨的描述理论直觉相符合。描述直觉其实也有很多种，而实验者所假设的那种描述直觉是关于某个对象的描述，而非卡茨意义上的描述直觉。

　　理由三："哥德尔"在人们眼中就是算术不完全性定理的代名词，而施密特并不为人所知。众人均像约翰一样认为哥德尔是这个定理的发现者，所以在提及"哥德尔"这个名字的时候，指的是算术不完全性定理的发现者。或者例子中施密特的故事只是

---

① Katz, J,. *Sense Reference and Philosophy*, New York: Oxford University Press, 2004, p. 80.

假设，并不能证明哥德尔窃取了手稿，约翰使用"哥德尔"这个名字用来谈论大家谈论时所熟识的对象：算术不完全性定理的发现者。评论：在一个语言共同体中，大家接受的描述，而这个描述所确定的指称也是由共同体决定的，而非由共同体之外的因素比如事实所决定的。这可以算做语用的描述理论。哥德尔这个名字的意义就是："大家都认为是实际上发现了算术不完全性定理的发现者"。同时这个理由的给出者持有实际性直觉，而非反事实直觉。

理由四：实际世界就是已经发生的世界，哥德尔就是实际上发现算术不完全性定理的人，因此"哥德尔"这个名字指称算术不完全性定理的发现者。评论：实验者不接受反事实的直觉，尽管给出答案，但是拒绝接受施密特故事的真实性。在本节开始已经讨论过。

理由五：从故事的描述得知，约翰对哥德尔是否窃取他人成果这一事实没有任何了解，他对此一无所知。所以在约翰看来哥德尔就是证明了算术不完全性定理的人，即实际上发现算术不完全性定理的人。如果约翰了解到哥德尔窃取他人成果这一事实，那么他在讨论施密特而不是哥德尔。评论：提出这种理由的受试者是从约翰的认识角度来给出答案的，这是认识角度差异导致的选择。他选择 A 是因为"哥德尔"指称哥德尔！

总结一下，选择答案 A 的理由，有来自指称实验者的描述直觉假定；来自认知的差异；卡茨描述直觉；语用描述的直觉；只接受现实世界的实际性直觉。在这五种理由中，有三种是与描述直觉相关的，但只有第一种描述直觉才是实验者所假设的描述直觉。这个描述直觉来自弗雷格和塞尔，名字的意义为与其相关的描述所表达，进而其描述确定了名字的指称。但是卡茨和语用论并不分享这种语义学直觉。

选择答案 B 的理由：

理由一：施密特是实际上发现算术不完全性定理的人，因此当约翰使用"哥德尔"这个名字的时候，他是在谈论一个窃取别人手稿并宣称自己发现不完全性定理的人。评论：这个理由建立在反事实的直觉基础上，首先确定一个基本的事实：施密特是实际发现算术不完全性定理的人，一旦此事实确立，则可以用"哥德尔"指称偷窃草稿的人。这个理由的唯一基础就是反事实直觉，并不一定与关于语言的直觉联系起来，如一定要联系，那么它将要么变成理由二，要么变成理由三。关于故事的反事实直觉和语义学直觉是可以分离的，因为所谓反事实，只是就实际情况可能呈现的其他情况而言，因此是关于世界的而非关于语言的直觉。

理由二：从事实可知，哥德尔并不是这个定理的发现者，而是剽窃了施密特的成果。对于约翰而言，他主观意识认为的是实际上发现算术不完全性定理的人。但从事实可知，这个窃取手稿并宣称自己发现算术不完全性定理的人，才是哥德尔最本质的特征。所以无论是约翰还是任何人，他的主观想法都改变不了客观事实，他谈论的哥德尔一定是那个窃取手稿并宣称自己发现算术不完全性定理的人。评论：这个理由与第一条理由相似，即接受客观事实：哥德尔是偷窃手稿的人、施密特是发现定理的人。关键在于他认为哥德尔的本质特征是窃取手稿并宣称自己发现算术不完全性定理的人。本质特征完全可以用描述来代替，这等于说受试者从对哥德尔的错误描述：实际上发现算术不完全性定理的人，转到关于哥德尔的正确描述窃取手稿并宣称自己发现算术不完全性定理的人。一种反事实的直觉加上描述直觉促使选择了答案 B。

理由三：通常我们提到某个人的时候，会联想到的某个特征比如外貌、声音、服装等等等。名字的意义就是一个人的代号，当别人叫我的名字的时候，我们有所反应。所以当约翰使用"哥德尔"这个名字的时候，"哥德尔"指代的是这个人，而无关乎他做了什么。如果约翰得知了真正发现定理的人不是哥德尔，他也不会用"哥德尔"这个名字代替"施密特"评论：只有这个理由才是所谓的因果历史直觉。

选择答案 B 的问题在于，选择项本身的悖谬之处（如果我们不是最宽泛意义上的描述论者，就不能设计答案 B）。严格说来 A 和 B 两个答案都是和名字相关的描述，选择任何一项，都有可能接受一种描述理论。答案的预设是"实际上算术不完全性定理的发现者"指称施密特，"偷窃手稿并公布证明的人"指称哥德尔，接受这个预设至少表明测试者接受了某个版本的描述论，否则无法进行推论。因为"实际上算术不完全性定理的发现者"是对施密特的唯一正确的描述，而"偷窃手稿并公布证明的人"是对哥德尔唯一正确的描述。提问本身应该中立于两种对立的指称理论，但并不能设计出中性的测试，在进行测试时，我们要么假设了描述论，要么假设了指称论，要么不加反思的同时接受两种理论。因此一个增补的测试就是直接将 A 和 B 改成施密特和哥德尔，尽管存在一些相关干扰，这两个平行实验会对实验结果有所校正。如果所有人都选择"哥德尔"指称哥德尔，说明这个测试是无效的。在笔者所做的一组测试里两个答案都有相当数量的

人选择。似乎只有这样才能明显区分两种直觉，我在重构论证的
5 和 6 就直接使用了哥德尔和施密特，显然由于 3 和 4 的问题，
我们最终很难得到 5 和 6，最终也不会得到结论 9，仔细考虑论
证的每一步都存在跳跃。这个跳跃在于实验者忽略了认知视角的
差异、忽略了实际性直觉的差异、忽略了描述直觉之间的差异。

三　阶段性结论：应该重视直觉背后的理由

　　直觉作为哲学理论的重要证据这一论断是实验哲学家（也
包括很多其他分析哲学家）共享的前提，一直以来也是争论的焦
点。从实验哲学的结论来看，直觉测试的意涵都是否定性的：看
似普遍的理论其实只属于某一种具体历史文化传统中的群体。实
验哲学借助测试挑战传统哲学中一些固有的预设，但实验哲学本
身并没有给出一个正面的结果。就语义学而言，如何构造一套系
统的语义学是实验哲学无法完成的工作。实验语义学对于一般的
语言学研究有所助益，对语言哲学研究也有一定的推动，但实验
语义学的工作毕竟不能代替语言哲学的工作，实验调查代替不了
概念分析。这种想法的背后来自语言学与语言哲学的区分，更大
的背景是科学和哲学的区分。实验哲学家恰恰否认这种区分，他
们追随蒯因提出的哲学和科学是连续的这一论说，提出哲学只是
科学的一种形式，这是笔者所不敢苟同的。实验语义学的方法和
思路有助于在概念分析中纠正和澄清一些不合理的假设，让我们
看到概念分析的合适位置，但实验调查代替不了概念分析。在大
量的实验哲学著作中，概念分析实际上起到了不可替代的作用，
没有传统的概念分析根本无法有效地展开论述。只有建立在概念
分析框架之上的实验调查才是有意义的，仅从实验调查出发来反

思概念分析，无异南辕北辙、缘木求鱼。

实验哲学和传统哲学的关系应该这样来看待：实验哲学是传统哲学的有益补充和实质推进，而非彻底改造和完全颠覆。只有在传统哲学的框架内考虑实验哲学，实验哲学的一些方法和结论才是与哲学息息相关的。实验语言哲学只有建立在概念分析和语言使用的基础之上，才能有效进行相关的直觉测试，而不是反其道而行之。因此之故，本文关注的是实验语义学的提倡者和批评者所共同忽视的一个问题：测试结果的有效性依赖于测试者给出的理由，而不是仅仅是测试数据的系统差异。通过分析测试者给出的种种理由来研究差异性的原因是实验语义学应该努力的方向。

四 从直觉到理由：概念反思

我们已经讨论了很多哲学家关于直觉和理论关系的看法，但并没有讨论什么是直觉，在进一步分析实验之前有必要先对直觉的定义做一概览。坦率地说，到目前为止，实验哲学家或者其他哲学家并没有对直觉做出一个令人满意的定义。我们在方法论篇第6.2节（直觉作为证据）中会对直觉的刻画做一个详细的讨论。对直觉的理解有以下几种：

直觉是智力表象[①]、直觉是非推导的、未经反思的[②]、直觉是

---

① Bealer, G., "A priori knowledge and the scope of philosophy", *Philosophical Studies*, Vol. 81, No. 2-3, 1996, pp. 121-142.

② Gopnik, A. & Schwitzgebel, E., "Whose concepts are they, anyway? The role of philosophical intuition in empirical psychology", *Rethinking Intuition*, edited by M. R. DePaul & William Ramsey, Lanham: Rowman and Littlefield, 1998, pp. 75-91.

一种概念能力[1]、直觉是简单的判断[2]、直觉是一种呈现[3]，这种种说法，大多想说的是直觉是表面的、非推导的、非反思的、直接的一种反应。如果概念分析学者把直觉当作前提为真的证据，那么实验哲学家则想表明，这一预设是可以通过实验调查获得确认的，要么通过实验调查发现某一哲学直觉是不可靠的、不具有普遍性的，这就否定了某一具体的哲学论证所依赖的直觉；要么通过实验调查发现某一哲学直觉是可靠的、具有普遍性的，这就为概念分析论证提供了经验支持。

然而，当我考虑哥德尔案例的时候，我的第一个反应是，实验者如何能断言检测出来的一定是直觉？不妨首先考虑下边这个例子：我们在做数学选择题的时候，有时候依赖笔算，有时候依赖心算，对于计算能力比较强的学生，只要通过心算就能得出答案。这个推理过程不管是用笔算完成的，还是用心算完成的，都有一个推理过程。当参与者在回答有关"哥德尔"这个名字的问题的时候，由于实验并没有给定时间限制（时间限制是一个棘手的问题，多长的时间能保证，参与者没有经过反思就能直接得出答案？），参与因此可以在大脑中反复思考过这个问题后才给出答案。这种潜在的思考过程真的是非推导的吗？未经反思的吗？对此，我深表怀疑。

前述的批评中，有人认为实验检测出来的是元语言学直觉、有人认为检测出来的是视角的差异，但这些最终都可以归结到一

[1] Sosa, E., "Experimental Philosophy and Philosophical Intuition", *Philosophical Studies*, Vol. 132, 2007, pp. 99-107.
[2] Machery E., "Thought experiments and philosophical knowledge", *Metaphilosophy*, Vol. 42, No. 3, 2011, pp. 191-214.
[3] Joshua, A., *Experimental Philosophy: An Introduction*, Polity Press, 2012.

点上来，实验能够检测出来的是不同参与者选择答案时理由的差异。各种各样的因素（文化、种族、阶级、职业、性别、学科、环境、情绪）影响了参与者选择的理由，实验哲学家应该从对直觉的测试转向到对理由的测试。这可能是一个正确的路径吗？接下来，我将先考虑几种可能的反驳，通过对这些反驳的回应，来发展关于理由测试的思路。

第一种反驳：如果测试者给出了理由，在问卷-理由-答案之间建立了一种逻辑联系，就不是一种对直觉的测试，基于理由的回答已经超越了直觉的范围。一个简单的回应是：是否超越直觉的范围取决于我们对直觉的规定，哲学家的直觉或者反思性的直觉就是在问卷-理由-答案之间建立了联系之后的回答。一个更为极端的回应是，没有什么教条规定实验哲学家必须只能检测参与者的直觉，为什么不能检测参与者的理由呢？这就会导致第二个反驳。

第二种反驳：既然哲学家把直觉当作证据，而并非把理由当作证据，那么实验哲学家攻击直觉的普遍性是有意义的，测试理由与主题是不相关的。问题的关键在于，哥德尔案例中测试出来的并非是直觉，而是理由。要么实验哲学家找到一种新的办法来测试直觉，要么承认在哥德尔案例测试的是理由。我与实验哲学家的争论点就在这里：我认为实验只能测出理由，测不出直觉；实验哲学家认为测出来的只是直觉。我同意开普勒的观点，哲学可以不需要直觉，但是哲学理论需要理由，而这个理由是可以通过实验检测出来的。

第三种反驳：实验哲学家认为既然你同意实验的基本方案，那么叫做直觉或者理由都只是语词之争。我们可以说用 X 来代替

"直觉"这个词儿，哲学家在建构理论时依赖的是 X，通过实验表明，X 并非普遍存在的，这就到达了我们的目的。但是这里有一个实质的差别，原初的实验只能通过问卷答案的措辞表达（A 和 B）来推断参与者的直觉，我们却可以通过让参与者在选择答案的时候，写出选择的理由来直接了解他（她）的理由。既然理由与推导相关，就如数学运算中的心算和笔算，我们在大脑中考虑的理由也可以写出来。这种办法有两个优点：第一，很多哲学家认为大众直觉是不可靠的，而专家直觉或者反思性直觉是更可靠的，这样一个说法，隐含了专家可能不自觉地运用了反思或者推理。如果我们要测试理由，那么大众和专家都会不得不实际地去运用推理。如果语义学理论是一个描述实际语言现象的理论，就不应该存在专家和大众的区分。在理由这一层次，可以不区分大众和专家。第二，通过对所有人使用语言的理由的分析，来为一个指称理论辩护，这是找到了理论的经验基础的最大限度的共识。实验哲学家并非只是否定性的或消解性的，也可以正面建立理论。

第四种反驳：戴维特认为理论成立的前提在于实际的用法，不管你在实验中检测出来什么，都与指称理论无关。让我们考虑一下这种反驳。各种形形色色的实际语言用法背后都有一个语言的使用者，实际上是语言的使用者产生了这些不同的用法，说话者在生产大量的语言实例的时候，如果经过大量的训练之后，有时候是未经反思的；针对一些实际出现的复杂情况，有时候是深思熟虑的。但不管如何，都反映了使用者关于语言如何使用的一般性看法。当一个说话者说了一句在你听来感觉很奇怪的句子（这种奇怪既可以是语言结构上的，也可以是言说内容上的），如果你问他为什么这么说，他会在好几层意思上解释这一实际使用。对于语义学家来说，探询使用者背后的理由可能要比直接考察语言现象更重要。使用者使用语言的背后的理由可以让他说出无穷多的语句，这些语句可以在实际生活中产生，也可以在虚构场景中产生。一个好的语义学理论应该能够说明所有实际上存在的和可能存在的语言现象。考察实验参与者、语言使用者背后的理由，为语义学提供了一个新的思路。

总的来说，从调查理由出发，我们可以在答案和理由之间建立一个高度密切的联系。"哥德尔"实验的前提是：因果历史直觉蕴含答案 B，描述论直觉蕴含答案 A。但是，我们无法排除相关因素的干扰，也许是其他原因导致参与者选择 A 或者 B。借此，实验哲学家因而不能在因果历史直觉与选项 B 以及描述论直觉与选项 A 之间建立一种必然的联系，其他的可能性总是存在的。尽管我们可以不断重复实验，改进实验，来逐一排除各种可能的干扰因素。在下一节，我将从经验上对从直觉到理由的拓展做出辩护。

五　从直觉到理由：经验反思

上一节主要从概念层面反思实验测试的问题，在本节我将从具体的实验来反思实验测试的问题。在谈到我的修改实验之前，有必要谈到这个实验的一些其他可能修改，哥德尔例子中使用 talking about 和 refer 可能影响大众对答案的选择，因为谈及（talking about）谁和指称（refer）谁的表述传达的意义是有差异的。

实验语言哲学学者测试的是大众的语言学直觉，这和其他的测试略有不同。因为测试关于知识、道德或者意图的直觉与如何使用语言的关系要弱一些，因为我们相信这些直觉的差异反映在人们对行为和世界中的事实的理解之上，而不是反映在语言表达上面。语言学直觉则有些不同。我们在测试人们关于名字的直觉的时候，不得不使用名字，也不得不使用与名字相关的描述。如果我们不是最为宽泛的描述论者，就很难引入一个名字。因此，在哥德尔案例中就存在着这种干扰，答案 A、B 的问题在于选择项本身的悖谬（如果我们不是最宽泛意义上的描述论者，就不能设计问卷）。严格说来 A 和 B 两个答案都是和名字相关的描述，选择任何一项，都有可能接受一种描述理论。答案的预设是"实际上算术不完全性定理的发现者"指称施密特，"偷窃手稿并公布证明的人"指称哥德尔，接受这个预设至少表明测试者接受了某个版本的描述论，否则无法进行推论。摆脱干扰的一种办法，就是在使用名字或者描述的时候，用哥德尔和施密特的照片代替，这样就避免了干扰。但是这个替换会产生一个问题，当取消了名字或者描述之后，我们测试的就不是语义学直觉了；也许选择答案的差异在于不同个体对图像识别的差异，也许选择答案的差异在于不同人对个体直觉的差异等等。利用照片取代名字虽然消解了使用名字不得不预设描述论的困难，却引入了新的困难：我们的测试很可能与名字理论无关。一个可行的办法是意识到语言学直觉测试的困境，但仍然不放弃测试的基本思路。比如，我们可以做一组对照实验：A1 组实验的提问方式是"当约翰在谈论哥德尔的时候，他是在谈论：A 施密特，还是 B 哥德尔"；B1 组实验的设置采用原初的实验设计。选项 B 是倾向于因果历史理论的，选项 A 是倾向于描述描述论的。有必要提到一点的是，用

"哥德尔"谈论哥德尔还是施密特，这个问题可能会让一般人更愿意选择哥德尔，毕竟哥德尔这个人和"哥德尔"这个名字的关系比施密特和"哥德尔"这个名字更为密切。但是如果一个人选择施密特而不是哥德尔作为"哥德尔"这个名字的指称的话，那么他具有非常强的描述论直觉。

我的修改实验主要在 2011 年春季和秋季进行的。我们在首都师范大学面向大一本科生的"西方哲学智慧"课程、面向文学院的大二本科生的"哲学导论"课程和面向哲学系的大二本科生的"科学哲学"课程的教学中做过系统的问卷调查，收到有效的问卷约 200 份。我做的改动是，让每一个参与者在回答问题时，把选择答案的理由写在答案的下面，这样既能保证选择答案的稳定性，也能探知他们是基于何种理由选择答案的。让我们回到实验设计者的预设上：

具有描述论直觉者选择答案 A：实际上（really）发现算术不完全性定理的人。

具有因果历史直觉论者选择答案 B：获取手稿并宣称自己发现算术不完全性定理的人。

有人选择答案 A，实验设计者也许会推知他具有描述论直觉，认为"哥德尔"这个名字指称故事中的施密特。但是在我们得到的问卷中，有人选择 A 的理由是因为他认为实际上发现算术不完全性定理的人是哥德尔，而不是施密特。他并没有接受故事的反事实叙述，但依然选择了答案。如果我们把实验问题修改成"当约翰在使用'哥德尔'这个名字时，他在谈论 A 施密特，还是 B 哥德尔时"，他会选择 B 哥德尔。持有这种理论的人，不接受虚构的事实。这并不仅仅在于参与者采取了叙述者的视角，而是在于他自己对于一个名字如何指称，有自己的看法，即我们不能接受与实际世界不同的叙述，我们的语言是关于实际世界的，也许戴维特就是这种类型的语言使用者。

有人选择答案 B，实验设计者也许会推知他具有因果历史直觉，认为"哥德尔"这个名字指称故事中的哥德尔：获取手稿并宣称自己发现算术不完全性定理的人。但是，有人选择 B 的理由并非基于因果历史直觉。在一些参与者看来，既然施密特是实际上发现算术不完全性定理的人，那么当约翰使用"哥德尔"这个名字的时候，他是在谈论一个窃取别人手稿并宣称自己发现不完全性定理的人。这个理由建立在反事实的直觉基础上，首先确定一个基本的事实：施密特是实际发现算术不完全性定理的人。此事实一旦确立，则可以用"哥德尔"指称偷窃草稿的人。这个理由的唯一基础就是反事实直觉，并不一定需要与语言直觉联系起来。即使联系起来，我们也可以说受试者从关于哥德尔的错误描述："实际上发现算术不完全性定理的人"，转到关于哥德尔的正确描述："窃取手稿并宣称自己发现算术不完全性定理的人"。一种反事实直觉加上描述直觉促使参与者选择了答案 B。

在 MMNS 的实验中，测试出来的并不是直觉的差异，而是理由的差异。MMNS 的错误在于：忽视了理由的差异，忽视了对理由的分析。从而导致他们在进一步的实验修正中，南辕北辙，走上了一条在笔者看来对语义学毫无助益的不归路。

我们真的能获得测试语言学直觉的正确途径吗？测试出来的语言学直觉对于理论之真是重要的吗？我认为答案都是消极的。让我们放弃对直觉测试的追求，通过大量对选择答案背后理由的调查，也许对理解语义学理论之真有所裨益。尤其是，如果相信语义学来自于语言使用，那么对理由的分析，也就是对使用的分析，无论是虚构的还是实际的，这将是一条真正通向语义学的道路。

第三节 自然类词双特征解释论的经验基础

哲学理论在根本上是关于世界的系统主张，因此需要某种程度的经验证据作为支撑。实验哲学呼应了这一要求。在语言哲学中关于专名、索引词、自然类词的理论都应该具有经验支持，我们从实验哲学、心理学、生物学角度来考察自然类词理论及其本质主义基础二者的经验证据，表明现有主流的基于概念反思的自然类词的外在论具有一定局限，自然类词的双特征解释理论是一个更为可取的理论。按照直接指称论的看法，专名、自然类词、指示词都具有相同的语义学功能，即不通过中介（描述）直接指称对象。除了这些共同特征，它们各自有不同的问题，例如指示词，卡普兰根据指示词（this, that, today, tomorrow, I）发展了一套具有二维特征的语义学：指示词既具有形式特征，又具有实质内容。"我"的形式特征指说话者，"我"的实质内容指谁在使用的意义上说出"我"这个词，我就指实际说话的那个人。卡普兰开启的这一套框架，滥觞了二十年后大行其道的二维语义学。

自然类词具有二维特征。在康德那里，"金是一种黄色金属"这个陈述是一个分析命题。黄色的性质和是金属的性质进入了金的定义之中。如果我们发现金子具有黄色仅仅是一种假象，我们并不会认为金子不存在，而是会修正我们的观点，说金子不是黄色。按照克里普克的观点可以得到如下论断：一、某物可能具有和金子通常关联的所有性质，但并不是金子。二、某物也许不具有任何与金子通常关联的性质，仍然属于金子这一类。这两个论断都是很可疑的，首先看论断一：如果仅仅是一些表面性质，如颜色、外形，说金子不具有类似的表面性质，虽然这个论断是对的，但并不是特别有意义。因为从科学上来说，有很多自然类的外观特征未必完全一样。哲学家常用的假金例子也有问题。一般大家认为假金子具有所有和金子一样的表面特征（包括颜色），但并不是金子。如果考察实际世界中的假金，就会发现假金并不具有金子所有的表面特征。相反，在化学和元素周期表发现之前，人们就知道假金和金子不同。还有老虎的例子，根据生物学常识，老虎的生物特征并不仅仅是具有内在结构。很难说虎的外貌特征（黄褐色、有条纹的、食肉的）不是老虎的生物特性。这涉及到生物学本质主义的问题，一般来说，主流生物学哲学不支持本质主义观点，不同物种之间具有家族相似的关系，而没有通常所设想的本质。克里普克对论断二的支持也仅仅诉诸直觉，而缺乏任何细节的描述。我们很难想象，这种对外观特征的拒斥如何与生物学家的分类相契合。

　　本节从经验角度考察克里普克-普特南为代表的自然类词的外在主义理论，第一节表明自然类词的外在论没有获得足够经验支持，现有的证据更加支持自然类词的内外混合论。第二节从认知科学维度解释自然类词的这种二维特征，双特征解释具有经验基础。第三节指出自然类背后的本质主义观念具有的心理基础。外在主义理论面临两个挑战：第一、生物学的证据表明自然类并不具有哲学家所理解的本质结构；第二、心理学调查表明人们对自然类的认知具有二维特征。

一 自然类词的外在论没有获得足够经验支持

自然类词的语义学外在论认为自然类词获得指称不仅依据说话者的内部心理状态，而且也部分依赖外部世界的事实。布莱斯比（Nick Braisby）等人的实验调查研究表明克里普克和普特南关于自然类词的外在论观点是有问题的，转而支持一种外在论和内在论混合的理论。①

自然类词外在论者认为我们以某种方式用一个自然类词 T 去指称某个对象，这个对象具有确定的经验可发现的内部性质。我们可以用自然类词去指称内部性质，即便我们并不知道它们是什么性质。例如，我们不知道"水"的分子结构实际上是 H_2O。但根据外在论，当我们指水的时候，指的就是具有 H_2O 分子结构的水。即使在我们的语言共同体里，没有人能够区分具有 H_2O 结构的水和普特南思想实验中具有 XYZ 结构的孪生水，我们的指称仍然把具有 H_2O 结构的物质当作"水"的外延。与此相反，内在论者认为说话者的内在心理状态唯一确定了指称词项的外延。一个词项可以指称满足说话者心中所识别的那个对象。如果我们语言共同体的人并不知道水的内部结构，那么"水"这个词就指称满足水的可识别特征（无色、透明、可饮用、流动在江河湖海、盛放在锅碗瓢盆）的那类物质：水和孪生水。即使我们不知道相关的化学知识，我们也没有出现指称错误。传统的指称论是内在论的，例如弗雷格和塞尔。

外在论和本质主义联系紧密，所谓外在指的是语词的意义不由说话者的心理状态决定，而是由说话者所指称的外部对象决

---

① Braisby, N.; Franks, B. & Hampton, J., "Essentialism, word use, and concepts", *Cognition*, Vol. 59, No. 3, 1996, pp. 247−274.

定，如果要进一步追问由外部对象的什么特征决定，一个最自然的想法就是由外部事物的本质、内在结构决定。心理学本质主义认为说话者相信自然类集具有一些隐藏的、经验上可发现的，但却可能不为人知的、深处的本质。某自然物拥有这一本质是它属于某一自然类的根本依据。不难看出，心理学本质主义虽然不会直接导出语义学结论，却和外在论彼此相联。目前最主流的心理学本质主义称之为固有的本质主义（placeholder essentialism）：说话者可能并没有关于某类本质的具体信念，而仅仅相信这类事物具有某些本质。这种立场颇为常见。因为缺乏对事物的深入了解。一般大众会认为每一个事物具有自己的本质，这就是使事物成为某一事物的原因。如果多少接受一些科学教育，一般会把这种本质理解为科学能发现的因果本质。这是因果固有本质主义（causal placeholder essentialism）："人们相信具有一些本质、力量、性质、过程、联系和实体因致了其它范畴类型的性质，使得这一自然物产生、维持并规定了其身份"①。例如，猫具有一个基因型性质 g，这个本质特征使得它能够发出咕噜咕噜声、喵喵叫、具有毛发等等，那么说话者就应该把拥有 g 作为成为一只猫的必要条件。自然类的因果本质实际上就是在经验上可发现的事物的内在结构/机制。

外在论本质主义（external essentialism）认为：

1. 说话者相信处于某个自然类概念 C 之下的样本具有一些隐藏的、经验上可发现的本质 E。

2. 说话者把拥有本质 E 视为属于自然类词 C 的充分必要条件。

① Gelman, S. A. & Hirschfeld, L. A., "How biological is essentialism", *Folkbiology*, edited by D. Medin & S. Atran, Cambridge, MA: MIT Press, 1999, pp. 405-406.

这个立场表明，说话者对某一判断的正确性最终由事物的内部性质决定，不管这种性质碰巧是什么。说话者应该在任何场景下以相同的方式使用自然类词，自然类词指称对象实际具有的本质，而不指称人们所理解的事物的本质。例如，如果所有猫都变成了机器人，说话者应该一致认为猫还是存在的。在这样一个场景中，外在论本质主义蕴涵了关于机器人的本质信念取代了关于哺乳动物的本质信念，语词指称的本质也相应发生改变。

布莱斯比的实验给受试者提供三种不同的反事实发现场景，包括七个自然类：猫、水、老虎、黄金、铜、柠檬、橡树。第一类场景为，属性在范畴上是非本质的，即事物的非本质属性（例如猫实际上不喵喵叫，喵喵声是由皮毛上的寄生物导致的）。第二类场景为，属性在本质上是个体的，即发现了某一个体曾经认为属于某一范畴，但实际上并不拥有这一范畴的本质（例如有一只像猫的动物实际上是来自火星受到控制的机器人）。第三类场景为，属性在范畴上是本质的，即发现在某一确定范畴中的所有实体具有一种本质（例如所有的猫实际上都是来自火星受到控制的机器人）。三种场景，七个自然类，交叉形成了二十一个具体的场景。在每一个场景中，要求受试者判断如下类型句子的真假：

存在陈述（+）：猫存在。

存在陈述（-）：猫不存在。

量化陈述（+）：猫存在，人们关于猫的信念发生了改变。

量化陈述（-）：没有猫，只有来自火星受到控制的机器人。

群体陈述（+）：蒂比是一只猫，但我们有关于它是哺乳动物的错误信念。

群体陈述（-）：蒂比不是一只猫，而是一只来自火星的受控机器人。

调查结果表明，人们并不分享外在论的直觉。属性在范畴上是本质的场景中，极小比例赞同量化（−）和群体（−）的外在论陈述。[①] 人们实际上拥有一种内在论和外在论混合的立场。

我们可以想象这样一种情形，探险者航行到月球发现了水的样本，水的所有外部性质和地球上的水一样，进一步检查得知月球上水的分子结构是 H_2O。宇航员得出结论："月球上有水"。现在让我们假定在地球上被叫做"水"的，其分子结构不是 H_2O，而是 XYZ，月球上水的分子结构却是 H_2O。意义的内在论者认为宇航员是正确的，因为月球上的物质满足所有与"水"相关的可识别信息。意义的外在论者认为宇航员毫无疑问说错了，因为月亮上的物质并不与通常叫做"水"的物质具有同样的联系。混合论者认为"水"的确具有稳定的外在意义，但也承认宇航员在另外一种意义上是认知正确的。虽然孪生地球上的水不是真正的水，但在认识的意义上，孪生水还是水。二者的区别在于，外在论本质主义只具有概念的一个维度（本体论），而混合论融合了概念的两个维度（本体论和认识论）。在自然类词的内在主义和外在主义之争中，将事物的内部特征和外部特征整合形成一种混合外在论：

1. 说话者相信处于自然类概念 C 之下的样本分享一些隐藏的、经验上可发现的本质 E。

2. 说话者认为，在外在论的意义上，C 指称具有本质 E 的那些自然物。

---

① Braisby, Nick; Franks, Bradley & Hampton, James, "Essentialism, word use, and concepts", *Cognition*, Vol. 59, No. 3, 1996, pp. 256-260.

3. 说话者认为, 在认知的意义上, C 指称满足与 C 相关联的识别性知识的那些自然物。

这种混合论就构成一种自然类词的双特征解释。布莱斯比运用调查批评语义学外在论是在 1996 年, 实验哲学兴起之前, 可以看出来在语义学和实验调查的结合早就在进行之后。2009 年, 尤卡 (Jussi Jylkkä) 等人在《哲学心理学》杂志上发表了一篇实验语义学文章, 批评了布莱斯比的论证, 重新捍卫了的自然类词的外在论。[①] 这里面涉及到很多具体的争论, 但是有一点彼此之间都承认的, 双方都承认经验证据对于辩护语义学理论是重要的。查尔莫斯发展了早期只是专注于指示词的二维框架把二维应用到所有名字上, 发展出一套系统的二维语义学, 整合了弗雷格-罗素的描述主义-内在主义和克里普克-普特南的因果历史论的两种语义直觉。可以说名字的二维理论变得更为主流。在这个意义上, 尤卡的批评虽然在局部成立, 但在整体上并不具有更大的价值。相反, 实验哲学家从概念认知的角度提出了更为宽泛的概念二维框架。这样一种二维框架和查尔莫斯的二维语义学不同, 前者主要是一种基于实际世界的认识框架, 查尔莫斯更偏重于语言哲学和形而上学, 尽管二者在基本立场上相似。我们甚至可以说查尔莫斯的二维语义学之所以行之有效, 恰恰是因为它具有经验认知基础。[②]

---

① Jylkkä, J.; Railo, H. & Haukioja, J., "Psychological essentialism and semantic externalism: Evidence for externalism in lay speakers' language use", *Philosophical Psychology*, Vol. 22, No. 1, 2009, pp. 37-60.

② Chalmers, D., "The Foundations of Two-Dimensional Semantics", *Two-Dimensional Semantics: Foundations and Applications*, M. Garcia-Carpintero and J. Macia (eds.), Oxford: Oxford University Press, 2006, pp. 55-140.

二 自然类概念的双特征解释具有经验基础

诺布等提出了双特征概念理论，认为很多概念具有两种典型的特征：表层特征和内在特征。[①] 以科学家这个概念为例，我们可能把一些表层特征（如，做实验、进行统计分析、发表科学成果）和科学家联系起来，但我们也会认为有一些更根本的特征（例如，对科学真理的无私追求）使得科学家之为科学家。假设一个科学家具有所有的表层特征，但缺乏深层特征，那么这个人是科学家吗？研究表明，这里没有是或否的回答，有些复杂：在一种意义上这个人的确是科学家，但是最终你发现这个人徒有其表，缺乏追求真理之心，那么就会说这个人完全不是一个科学家。我们对科学家这个概念的理解具有双重维度。罗伊特指出双特征理论最初用于解释自然类词的指称问题，后来在关于日常自然类词概念的哲学心理学的争论中也扮演了核心角色。[②] 通常人们认为孪生地球上的液体不是水，进一步实验表明：在一种意义上，人们认为孪生地球上的液体是水；在另外一种意义上，人们认为孪生地球上的液体不是水。这实际上支持了日常自然类词的二维观点：一维基于深层的因果属性；另一维基于表面的观察属性。

托比亚（Kevin Tobia）设计了四个实验，结果表明水这种自然概念具有双重维度。当人们在考虑孪生地球时，他们并不是简简单单地就具有因果历史直觉，实际上她们断言了如下两个陈述：（1）在一种意义上孪生地球上的液体是水；（2）最终，如果

---

① Knobe, J., Prasada, S., & Newman, G. E., "Dual character concepts and the normative dimension of conceptual representation", *Cognition*, Vol. 127, No. 2, 2013, pp. 242-257.

② Reuter, K., "Dual Character Concepts", *Philosophy Compass*, Vol. 14, No. 1, 2019.

你真想理解到底什么是水，你就会说在另一种意义上孪生地球上的液体不是水。这并非是说水的一个意义是由一个集合确定，这个集合由因果属性和表层属性组成，而是说水这个概念具有两种不同概念标准。① 这与概念心理学相关：自然类词既与非常容易观察的表面性质的表征相关，又与很难观察到的深层因果性质的表征相关。例如，人们一方面把无色透明可饮用这些性质与水相关联，另一方面又把水的分子结构 H_2O 与水相关联。这两种表征具有不同的形式。表面性质可以用原型（Prototypes）来表征；深层性质可以用理论来表征。不难看出存在四种可能的方式来把握自然类词概念：

1. 自然类词概念的表面性质理论：和大众直觉相关的自然类词分类只和自然类的表面性质相关。强版本认为：必须具有确定的几种表面性质，才能被归为某一类；弱版本认为：只需要具有这簇性质的某几种表面性质，就可被归为某一类。这有点像专名描述论中的唯一描述论和簇描述论之间的区别。例如，绿茶是绿色的而不是无色的，这就是缺乏原型的水的颜色，按照唯一描述论的看法，绿茶就不能算作水的一种；而按照簇论的看法，绿茶还具备其它水的一系列性质，例如可饮用等，绿茶就可以算作水。按照这种理论，孪生地球上的液体就是水。

2. 自然类词概念的因果性质理论：目前只有很少的证据持有表面性质理论，大多数证据支持因果性质理论。理论决定自然类的种类。属于原型的表面性质只是帮助人们在有时间限制、快速决策的情况下去确定某一对象的自然类。如果套用认知科

---

① Tobia, K. P., Newman, G. E., & Knobe, J., Water is and is not H2O, *Mind & Language*, Vol. 35, No. 2, 2020, pp. 183-208.

学中的双系统理论，似乎可以说表面性质是和快系统匹配的，因果性质是和慢系统匹配的。通常，人们在做判断时候，快系统会起作用。这也就是为什么一开始大家都支持表面性质理论的原因。

3. 表面性质和因果性质混合理论：混合理论认为这两类性质都同等重要，处于同一个范畴化的过程中，对于确定自然类是必需的。

4. 表面性质和因果性质分离理论：分离理论认为只有一类性质对于区分自然类是重要的，是两种截然不同的范畴化过程。照此可以认为人们拥有两种不同的自然类直觉。也就是对于孪生地球上的液体可以形成不同的两种直觉：孪生水是水的直觉、孪生水不是水的直觉。

指称理论也可以按照上述心理学理论分类法分为四种：描述论、因果论、混合论、分离论。研究表明，人们并不单纯把因果性质作为自然类的标准。水的分子结构不是唯一作为标准的东西。尽管一般认为茶水不是水，但是91%的受试者还是判断茶水为水，却只有83%受试者判断盐水为水。显然有超出因果性质的东西可作为大众判断的标准。① 这其实提示我们，自然类概念本身具有双特征。实际上我们经常使用这种双重标准去认识周遭的世界。假设你曾遇到一个艺术家，他仅仅为了生计从事艺术工作。一方面你会同意他是个艺术家；另一方面你会说，在严格的意义上，其实他不是个艺术家。麦希瑞等也发现这种双重标准在人们对自然类词的判断上也是存在的：受试者一方面承认"番茄是蔬菜"，同

---

① Malt, B. C., "Water is not H$_2$O", *Cognitive psychology*, Vol. 27, No. 1, 1994, pp. 41–70.

时在另外一种意义上认为"番茄不是蔬菜"。[①]在关于孪生地球案例上，我们可以预测受试者会同意下面两个论断：

（1）在一种意义上，孪生地球上的液体是水；

（2）最终，如果你想理解水的本质，你就不得不说在另外一种意义上，孪生地球上的液体不是水。用一组实验来验证[②]：

实验 a：在表面相同条件下，受试者阅读一个故事，这里面"水"和地球上的水具有完全相同的表面性质，但是不同的因果性质。在表面不同的条件下，受试者阅读一个故事，这里面"水"和地球上的水具有完全不同的表面性质和完全不同的因果性质。受试者回答这个问题：下面三个陈述哪一个是你认为可以接受的？

1. 孪生地球的液体是水；2. 孪生地球的液体不是水；3. 在一种意义上孪生地球的液体是水，但最终，如果你想弄清楚到底什么是水的话，那么在另外一种意义上，你就不得不承认孪生地球上的液体不是水。调查结果表明，在相同的表面条件下，大多数受试者选择双特征 3；在相异的表面条件下，大多数受试者选择 2。

实验 b：辅助实验，故事同上，但是选择答案为二个：

（1）在一种意义上，孪生地球上的液体是水；

（2）最终，如果你在思考水到底是什么的话，你就不得不说在另外一种意义上，孪生地球上的液体不是水。

运用里克特量表评级的方式，获取受试者的数据。结果表示，在认同孪生水是水的情况（1），表面相同条件下的受试者要

① Machery, E., & Seppälä, S., "Against hybrid theories of concepts", *Anthropology and Philosophy*, Vol. 10, 2011, pp. 99-126.
② Tobia, K. P., Newman, G. E., & Knobe, J., Water is and is not H_2O, *Mind & Language*, Vol. 35, No. 2, 2020, pp. 183-208.

比表面条件相异的受试者更加认同孪生水就是水。在不认同孪生水是水的情况（2），表面条件相异的受试者要比表面条件相同的受试者更认同孪生水不是水。双特征解释就是对上述现象的最好阐释。

人们接受双特征论，可能在于总希望获得一种更加全面系统的理解。语境也会影响人们对自然类词的判断，在一些科学语境里，受试者更愿意用因果性质来对自然类进行归属；而在社会语境里，受试者更愿意用表面性质来对自然类进行归属。进一步，如果运用实际生活中的例子，受试者还是会得出类似的结论。科学语境使得受试者更愿意使用因果性质进行判断；非科学语境使得受试者更愿意使用表面性质进行判断。这种差异不难理解，因为因果性质本来就是通过科学来发现的。所以在科学语境中，就会导致受试者做出和语境一致的判断。通过上述实验，我们可以得出一些初步结论：

第一，人们更愿意接受自然类词的双特征论，原因在于人类的认知倾向。

第二，受到具体语境的影响，人们会选择其中的一维作为标准来对自然类进行归属。这受到了人们的教育背景、工作职业的影响。我们不难猜想科学家更愿意接受事物的因果性质理论，而常人更把事物的表面性质视为当然。

有一种反驳认为如果水的表面性质是无色透明可饮用，那么其深层性质就必定是 H_2O，而不可能是 XYZ。因为表面性质和深层性质之间的关系应该是必然伴随关系（supervenience），就如物理主义所理解的心身关系一样。但是如果我们考虑下植物，就会发现并没有类似的伴随直觉。例如，假设某种水果有一种深层的本质。我们完全可以想象有一种水果完全具有那种水果所具有的表面性质，而不具有深层本质，或者相反这种水果具有深层的本质而不具有表面性质。本节说明人们对事物的认知具有二维特征，一方面认识到其表面日常特征，另一方面认识到其内在科学特征。塞拉斯在《哲学与人的科学形象》①一文中提出日常图景和科学图景的区分，我们不妨把这种二维特征看作人类认识世界的两个图景的区分。

三 自然类背后的本质主义观念具有心理基础

心理学本质主义认为同一自然类中的个体具有同样客观的本质特征。发展心理学表明儿童所持有的信念并不完全源自对他所观察到的证据的理性反思，而是反映了人类在认识世界时产生的一种根本倾向。人们在面对自然类的时候，会产生一种本质主义理解。认为自然类具有一种本质结构。克里普克和普特南认为自然类具有本质，科学可以发现这个本质特征。这个本质也决定了自然类词的外延。这也许反映了人类认知的偏见，心理学本质主义或许是人们产生这种偏见的原因。心理学解释我们为什么会具有本质主义直觉，而生物学和化学会解释为什么这种直觉是错误的。②

如何测出一个人真正具有的直觉？很多人明确地否认存在性别和种族差异的信念，但不自觉地在言行中又践行了这些信念。

---

① Sellars, W., "Philosophy and the Scientific Image of Man", *Frontiers of Science and Philosophy*, edited by Robert Colodny (Pittsburgh: University of Pittsburgh Press), 1962, pp. 35-78.

② Leslie, Sarah-Jane, "Essence and natural kinds: When science meets preschooler intuition", *Oxford Studies in Epistemology*, Vol. 4, 2013, pp. 108-166.

例如，人们一般认为男人应该是事业型，女人应该是居家型，但实际上期望家庭妇男或事业女性。大量证据表明在我们的心理学分类中存在一个"基本层次"，具有相同基本层次的成员具有高度相似性。例如，小孩和成人在做推理时，他们经常在老虎、大象这个层次上认为这些动物有本质，而不是在哺乳动物这个层次上认为动物有本质，也不是在东北虎、黄河象这个层次上认为动物有本质。关于这些基本层次动物的信息（例如老虎是有花纹的、四条腿的、有尾巴的、伤害人）影响了人们关于本质的理解。这些信息基本上都是通过语言交流获得的，而那些更重要的特征反而被弱化。甚至学龄前小孩会接受某一个体看起来属于一类，但实际上属于另外一类。这表明小孩认为个体具有一种他们可能观测不到的内在结构。小孩能够理解为什么某块东西看起来像煤炭，实际上是金子。

小孩和成人都倾向于认为自然类的边界是非常明显的，例如老虎和狮子是完全不同的动物。尽管有研究①表明成人总是认为对于他们了解的某一动物属于某一自然类，而非属于另外一个自然类，尽管事实上这两个类之间不存在截然而分，只有程度之别。小孩儿认为自然类就反映了客观的、非约定的事实。至少四岁的小孩能够认识到活物和非活物的内在层面不同。研究表明，十四个月的小孩会理所当然地认为动物具有同样的内在特征而非外在特征，就会产生同样类型的动作。小孩不仅相信人有本质，而且相信本质可遗传。小孩会相信：黑猩猩的孩子会长成黑猩猩

---

① Leslie, Sarah-Jane, "Essence and natural kinds: When science meets preschooler intuition", *Oxford Studies in Epistemology*, Vol. 4,2013, pp. 108-166.

的模样。小孩会很自然地接受如下俗语："龙生龙、凤生凤、老鼠的儿子会打洞。"血统论、出身论实际上是这种遗传本质主义的一个变种。本质可遗传这个信念也表现道尔的《爬行人》这个故事里。福尔摩斯通过推理发现了一位老教授的经历：为了恢复他童年的活力，教授从猴子腺体里面提取血清注入到自己身上。这就使得教授拥有了好几样猴子的特性：他变得更有攻击性、关节变薄开始长毛、他还具有了比超过人类的攀爬能力，并且走路越来越像猴子。这个故事反映了一种本质主义思维方式，从猴子腺体中抽取的血清保存了猴子的本质，使得其接受者也具有猴子的本质。这些本质特征属于个体的内在部分，但也可以被转移、混合产生一种杂交的特性。这样一种信念在小孩那里广泛存在：他们相信把一个吝啬人的心脏移植到另外一个人身上会使得这个接受者变得吝啬。除了输血和移植可以传递本质之外，人们还愿意花大家大价钱购买非常普通的物品，如果这个物品曾被某个著名人物使用过。

实验哲学研究表明，儿童和成人分享相同的直觉。儿童在电车难题中也显示出"道义论"直觉倾向，在关于人们意向行动的直觉同样受到道德判断的影响，在因果判断中受到规范的影响。我们在成人那里发现的哲学直觉稳定存于儿童之中，儿童和成人分享大致相同的直觉。关于事物具有本质这样一种心理学本质主义直觉稳定存在于儿童和成人之中。

另一方面，自然类是否真正具有本质是一个科学问题。哲学家如戴维特会认为自然类具有本质，化学家、生物学家会认为化学和生物物种是没有人们所理解的本质，关于自然类的本质主义观点可能源自一种认知偏见而非对实在的洞见。赫尔指出，就生物来说，本质主义是错误的。[1] 哲学家认为人类具有同样的本质。
哲学家已经提出了建立在生物学基础之上的人类具有相似本质的
看法。前面已经提到，自然类词二维特征论和查尔莫斯所提出的
二维语义学是两个不同领域的理论，前者是一个认知科学中人们
认知自然类概念的理论，后者是一个关于名字的语义学理论，当
然不难看出二者在基本观点上比较相似，但并非类同。

我认为如果"生物学"指的是专业生物学家，尤其是演化论
生物学家所理解的技术领域，那么说所有属于人类的生物作为一
个生物物种在本质上相同这个观点就是错误的。生物学家提出了
强有力的证据表明：生物物种不具有人类所理解的那种本质。认
知科学家则解释了人类的确存在一种认识事物的本质主义倾向，
以及为何以本质主义思维模式认识事物。如果把物理学、生物科
学称作硬科学，把认知科学、心理学称作软科学的话。可以说前
者是对世界客观特征的把握、发现的是世界中的事实。后者是对
人类认识世界产生的主观特征的把握，发现的是人认识过程中产
生的认知现象。实验哲学属于后者，但是它接受物理学、生物学
的结论，整合了实验调查的结论，从两个层面否定了自然类词与
本质主义的关联。

有人可能指出，调查直觉无法辩护某一个哲学理论。雷伊认
为心理学家只考查人们如何使用语词，而不能考查人们如何应该
正确使用语词。[2] 心理学研究描述性事实，哲学研究规范性事实。

---

[1] Hull, David L., "On Human Nature", *PSA: Proceedings of the Biennial Meeting of the Philosophy of Science Association*, Vol. 2, 1986, pp. 3–13.

[2] Rey, G., "Concepts and conceptions: A reply to Smith, Medin and Rips", *Cognition*, Vol. 19 No. 3, 1985, pp. 297–303.

如果接受这个区分，就意味着大众直觉和指称理论无关。布莱斯比认为语义学的外在论立场的确会威胁概念研究的经验心理学传统。① 这种看法并非少数，达米特在《弗雷格：语言哲学》一书导言中也指出："伦理学在政治哲学之先，道德心理学在伦理学之先"。② 道德心理学属于描述研究，伦理学、政治哲学属于规范研究。弄清楚描述研究对于规范研究是有帮助的。可以说道德是建立在形而上学基础之上还是建立在心理学基础之上，是一个巨大的分野。当我们在理解自然类词理论时，一方面自然类词指称世界之中的自然类，自然类本身是否具有内在本质结构就是一个科学问题。另一方面人们对自然类词的理解，通过经验调查，发现其二维特征，这背后源于人们对自然类的本质主义观念。

总括来说，本节试图表明经验调查并不支持自然类词的外在主义理论，认知科学表明自然类词的二维特征是一个更具有经验基础的理论，二维中的因果本质的一维反映了人们的本质主义观念，这可以通过心理学来加以解释。

---

① Braisby, N., Franks, B. & Hampton, J., "Essentialism, word use, and concepts", *Cognition*, Vol. 59, No. 3, 1996, p. 249.
② 〔英〕达米特:《弗雷格：语言哲学》，黄敏译，商务印书馆 2018 年版，第 3 页。

第四章

从实验哲学角度看其他传统语言哲学的重要问题

　　本章所研究的四个问题：断言、分析性、翻译不确定性和信念之谜都属于传统语言哲学的重要问题。断言问题肇始于弗雷格，分析性、翻译不确定性两个问题属于蒯因哲学的研究范畴，在《经验论的两个教条》一文中蒯因从整体主义思路出发提出了对分析性的批评，认为不存在分析和综合的区分，人类的知识是一个整体，没有任何命题是免于修改的。在《语词与对象》第二章中，蒯因进一步提出了基于行为主义的意义理论。蒯因提出哲学和科学是连续的，认识论是心理学的一章。从对哲学方法和哲学目标的理解上，实验哲学是蒯因的后裔。实验哲学要发现人类心智实际上是如何工作的，所以采用了认知科学的方法。蒯因和实验哲学研究者都属于自然主义传统之下，但是蒯因时代并没有实验哲学方法，所以我们将从实验哲学角度出发重新审视蒯因提出的两个问题。如果说蒯因是自然主义者，把科学作为证据，那么克里普克并不是这种意义上的自然主义者，他的《命名与必然性》可以是对形而上学的回归，他还旗帜鲜明的诉诸直觉作为论证的基础，属于概念分析学派阵营。自1970年提出名字的因果历史论以来，克里普克意识到这个理论本身的缺陷。第一个是空名问题，对于"福尔摩斯"、"孙悟空"这样的虚构名字如何指称。在1973年牛津大学主办的洛克讲座上，克里普克才系统回应了这个问题 ①。第二个是信念之谜，如果接受克里普克的指称论，名字是严格指示词，那么共指的名字互相替换，就导致了信念之谜。克里普克在1979年发表的"信念之谜"这篇文章中，回应了这个问题。但是这种回应都建立在逻辑重构和思想实验的基础之上。我将在本章从实验哲学重新考查这一信念之谜给出不同的解决方案。

第一节　句子与世界：断言规范的经验研究

第二章和第三章主要讨论指称论的经验研究，指称论是关注名字和对象之间的关系。如果接受弗雷格的组合原则，名字以一定的方式组合起来，就构成了句子。名字指称了世界中的对象，句子表达了世界中的事实。因此对于句子特性的考察就非常重要。说到句子，熟悉维特根斯坦的学者会想到不同的句子，诸如陈述句、疑问句、反问句、祈使句等等。但当代语言哲学把陈述句作为研究的主要对象，因为在他们看来，其他类型的语句都可以归结为陈述句的一种变化、拓展。

人们通过说出一些陈述语句用来表达世界中的事实和交流说

---

① 迟至2013年克里普克才出版了当时的讲演稿《指称与存在》。Kripke, S., *Reference and Existence*, Oxford: Oxford University Press, 2013.

话者心中的思想，人们在说出句子的时候，是对句子做了一种断言。理解断言的规范就是在句子的层面上理解语言、思想和世界之间的关联。如果说指称主要讨论的是名字和世界之间的关系，那么断言主要关注的是由名字经过组合而成的句子和世界之间的关系。从名字的指称到句子的断言是一个合乎逻辑的过渡。本章主要讨论知识构成了断言的规范，知识规范在什么意义上可以用实验调查得到证实，断言与理解、谎言的关系，断言的事实说明与非事实说明之间的区分。

一　知识作为断言的规范

断言是一种言语行为，说话者提出了一个为真的命题，并以言语行为认定这句话为真。我们一般都把陈述句作为断言的主要类型。断言是陈述句的默认值，也就是说，只要说话者说出一句话，这就潜在表明这句话是说话者认可的，而且应该是真的。断言的关键在于劝说，当一切正常的时候，通过断言 p，断言者在劝说其听众接受 p。

断言在我们的人类社会生活中发挥着非常重要的作用，是我们和他人分享我们的知识的主要手段，对我们筹划自己的生活起着关键的作用。在非人类动物身上也具有断言的征兆，例如发出信号，但这种交流行为是否算作真正的断言颇具有争议。有人认为只有当合适的约定预先给定，才有断言。例如，陈述语态就是我们能够进行断言的约定。断言还具有一个特点，断言内容的结构不能变化，如果语句的结构发生变化，即断言就有可能从真变为假。当然这对其它言语行为也同样适用。例如，对于猜想、假设、预测、保证等诸如此类的言语行为，其断言内容中的句子结构一定不能发生改变。

那么，断言的规范是什么呢？有两种主要看法：事实的规范和非事实的规范。①

第一种看法认为，事实的东西可以作为断言的规范：断言作为我们社会交流生活的基本维度，它必须满足的一个基本条件就是说话者所断言的命题必须为真。断言本身的真值影响着人们的言语行为。通过断言我们可以分享信息、调节行为、推进探索。断言如此重要，自然为一些认知规范所约束。说话者可以做出某些断言而不能做出另外一些断言，例如，不能做出错误的断言。有两种关于事实的说明：1. 真作为断言的规范：说话者断言 q，仅当 q 为真。② 2. 知识作为断言的规范立场：说话者断言 q，仅当说话者知道 q。③

第二种看法认为，非事实的东西可以作为断言的规范。1. 信念作为断言的规范：说话者断言 q 仅当说话者相信 q④；2. 合理

① 关于断言的系统综述见：Benton, M. A., & Turri, J., "Iffy predictions and proper expectations", *Synthese*, Vol. 191, No. 8, 2014, pp. 1857-1866; Benton, M. A., "Knowledge norms", *Internet Encyclopedia of Philosophy*, 2014.

② Weiner, M., "Must we know what we say?", *Philosophical Review*, Vol. 114, No. 2, 2005, pp. 227-251.

③ Unger, P., *Ignorance: The Case for Skepticism,* Oxford: Clarendon Press, 1975. Reissued 2002; Williamson, T., *Knowledge and its Limits*, Oxford: Oxford University Press, 2000; Hawthorne, J., *Knowledge and Lotteries*, Oxford: Oxford University Press, 2004 ; Schaffer, J., "Knowledge in the Image of Assertion", *Philosophical Issues*, Vol. 18, 2008, pp. 1-19; Turri, J., "The Express Knowledge Account of Assertion", *Australasian Journal of Philosophy,* Vol. 89, No. 1, 2011, pp. 37-45 ; Benton, M. A., "Two More for the Knowledge Account of Assertion", *Analysis*, Vol. 71, 2011, pp. 684-687.

④ Bach, K., "Applying Pragmatics to Epistemology", *Philosophical Issues*, Vol. 18, 2008, pp. 68-88; Bach, K., & Harnish, R. M., *Linguistic Communication and Speech Acts*, Cambridge: MIT Press, 1979.

化的信念作为断言的规范 [1]，断言 q 仅当你合理地相信 q [2]；3. 辩护作为断言的规范：说话者断言 q 仅当说话者相信 q 是得到辩护的 [3]；4. 确定作为断言的规范，断言 q 仅当你对 q 有所确信 [4]；5. 可断言性（Assertability）作为断言的规范 [5]。

目前学界的一个主要的立场认为：断言的规范是知识。断言的言语行为有这样一个规则：只有当我们知道 p 是真的，才会去断言 p。来自言语实践的证据可以支持这一立场：断言和知识是密切联系的。当你想问某人是否有 p（如，狗的嗅觉很灵敏），通常你会这么问：你知道 p 是不是真的？（即，你知道狗的嗅觉是不是很灵敏？）如果你无法作答，最好以这种方式来回应：即我不知道答案。一个关于断言的问题，其回答依赖于你是否拥有有关断言内容的知识。

在此，需要对知识、信息之间做一些区分。在英文的表达里知识是 Knowledge，信息是 Information。按照传统的定义：知识

---

[1] 这个解释面临困难：假设阿杰合理地但并非当下相信 q。他并没有立即意识到他的信念和证据。这看起来还是很怪异，当他的同伙问他是否 p 为真。由于阿杰记不起来了，他随机猜测 q 为真，并且非常自信的向他的同伴随机表达了他的猜测。合理化的信念说明不能拒斥这种随机断言。

[2] Hill, C. S., & Schechter, J., "Hawthorne's lottery puzzle and the nature of belief", *Philosophical Issues*, Vol. 17, 2007, pp. 102-122.
Kvanvig, J. L., "Assertions, Knowledge, and Lotteries", *Williamson on Knowledge*, edited by Patrick Greenough and Duncan Pritchard, Oxford: Oxford University Press, 2009.

[3] Hill, C. S., & Schechter, J., "Hawthorne's lottery puzzle and the nature of belief", *Philosophical Issues*, Vol. 17, 2007, pp. 102-122; Lackey, J., "Norms of Assertion", *Noûs*, Vol. 41, 2007, pp. 594-626.

[4] Stanley, J., "Knowledge and Certainty", *Philosophical Issues*, Vol. 18, 2008, pp. 35-57.

[5] Turri, J., *Knowledge and the Norm of Assertion: An Essay in Philosophical Science,* Cambridge: Open Book Publishers, 2016b.

是可辩护的真信念。信息只是一些未经确认的陈述，二者的区分比较清楚。但在中文语境里，没有学过知识论的人，一般会把知识理解为具有系统性为真的东西，例如科学知识等等。而像"猫躺在沙发上"，"克里普克有性丑闻"这些不算做知识，最多能算作信息、八卦。不过在本章的讨论中，知识和信息都取传统哲学和认知科学的定义。值得注意的是，大众对知识的理解并非空穴来风。有一些哲学家也认为知识要比可辩护的真信念多出一些东西，知识要比可辩护的真信念更有价值。① 大多数哲学家也承认知识三要件只是必要条件而非充分条件，甚至有哲学家进一步提出知识要比真信念和可辩护的真信念更好，不仅仅是在程度上，也是在种类上。如果从知识作为断言的规范来看，这就很容易解释：第一，只有知识而不仅仅是真信念才有资格称为断言的内容。这解释了为何知识要优于真信念。第二，只有知道才能断言，这解释了为何知识状态要比其它状态更好。第三，断言你所知道的，拒绝断言你所不知道的，这种差异是类别上的，这也解释了为何知识在类别上优越于其它状态。

把知识作为断言的规范，首先要考虑日常实际语言的系统用法，图里总结了八种断言的场景，每一个场景都与知识密切相关②。

1. 提示问法场景（prompts）：提示问法预设了断言和知道的关系，人们能够作出断言潜在蕴含说话者对断言的内容有所了解。当有人问你时间的时候，可以有两种问法："现在几点

---

① Kvanvig, J. L., The Value of Knowledge and the Pursuit of Understanding, Cambridge: Cambridge University Press, 2003.

② Turri, J., *Knowledge and the Norm of Assertion: An Essay in Philosophical Science*, Cambridge: Open Book Publishers, 2016b, pp. 7–10.

了？"，"你知道现在几点了？"。问法略有差异，但答案却相同：现在几点几刻。这是因为，知识是断言的规范。不同的问法，都预设了给出的回答预设了回答者一定是知道的。

2. 缺失答案场景（abstentions）：当你被问到一个问题，即使这个问题和你自身或者你的所知状态无关，你仍然可以这样回应："抱歉，我不知道。"通过这个否定回答，你传递给问者如下信息：你缺失相关的认知状态去回答他的问题。

3. 语词互换场景（convertible）：在回答具体问题时，"我不知道"、"我不能告诉你"、"我不能说"在实际语境中可以互相替换。告诉（tell），说（say）都可以表示断言，能（can）表示允许或权力。既然知识是断言的规范，那么缺乏权力（power）就是缺乏知识。

4. 质疑场景（challenges）：当你做出一个断言，即便你断言的内容和你自身或者你的所知状态无关，问者也可以这样质疑你："你是如何知道的？"如果知识是断言的规范，那么可以解释，因为你的断言表达了知识，所以会有这种疑问。

5. 增加场景（escalation）：当问你"你是如何知道的"被理解为潜在挑战做出断言的说话者的权威。还有比下面这些疑问更具有挑衅的吗？"你真的知道吗"、"你根本就不知道你在说什么！"如果知识是断言的规范，"你是如何知道的"就隐含挑战了说话者做出断言的权威，通过询问要求我展示实际上的所知。"你真的知道吗？"通过询问我是否知道，来挑战我的权威。"你根本不知道你在说什么"直接挑战了说话者的权威。可以看到，对断言的挑战和知道有密切的关联。

6. 资格场景（vindication）：假设你做出了一个断言，有人指责你：你没有资格做出这个陈述。你的回应是：我当然可以，我知道这是真的。你的回应直接对应他的指责。他不能进一步指出你没有回答。知识作为规范，很好地解释了这一点。

7. 不一致场景（inconsistency）摩尔悖论："我昨晚去看《流浪地球》这部电影了，但我并不知道我去看了。"是逻辑上一致的，但却是荒谬的。如果你断言了一个事实，你就不能说你不知道这个事实。

8. 奇怪场景（oddity）：你经常会听到这种句子"我能够告诉你，你的案子还在复审"。但下面的句子是奇怪的"你的案子还没有进入复审，但是我能告诉你，它进入复审了"。如果知识作为规范，就很好解释这个句子为何是奇怪的，因为第一个合取支实际上拒斥了说话者的权威，而第二个合取支又承认了说话者的权威。

布兰顿认为当我们在断言、宣称时，我们真正所做的就是在履行一种承诺。[1] 从这一维度去理解断言，就是把与断言相连的陈述当作一种隐含的知识陈述。[2] 通过对日常用法的观察和自我反思可以为知识作为断言的规范提供很多支持，但这些都是基于非常有限的个人经验和社会认知。如果你碰巧具有一种和大多数人不同的语言习惯，或者你碰巧生活在一个语言规范相当薄弱的地区，你的观察就会给你带来极大的误导，而你根据自身所作出的哲学反思就具有高度局限性。实验认知科学和社会科学在这方面可以弥补缺陷，拓展研究视野，验证基于地方性知识的结论。

---

[1] Brandom, R., *Making It Explicit*, Cambridge, Mass: Harvard University Press, 1994, p. 167.

[2] 同上书，第200页。

断言的规范可以得到经验研究，是因为当前关于断言的讨论接受两个预设：第一、断言是具有语言能力的说话者的一种基本上没有争议的社会实践。第二、实践者的规范直觉就是实践活动中何为规则的重要证据和来源。[①]诸如乔姆斯基这样的语言学家，甚至一些语言人类学家都认同：共同体的语言规则对于共同体的每一个成员都是真实存在的，反映在说话者的说话、回应、阐释等诸多方面。因此，对实践者的规范直觉进行经验调查是可行的，而且经验探究对规范的理解具有密切的联系。

二　知道、理解与说谎的规范

知道如何

知识论上存在知道如何（know how）与知道怎样（know that）的区分，前者是一种能力的、技巧的、默会的知识；后者是一种命题性的、断言性的知识。当我们说知识作为断言的规范的时候，我们所谈论的知识是一种命题知识。如果把知识作为断言的规范，将这种立场扩大到一个更为宽泛的认知实践中，我们就可以做一个平行推论：知道怎样是传递知识信息（言语的断言）的规范，知道如何是传递技巧（行动的断言）的规范。知是人类实践的规范，这里的实践既包括言说也包括行动。孔子说"知之为知之，不知为不知，是知也。"这里的知也是从言说和行动两方面来说的。可以从对命题知识的日常用法做一个类比来理解这种能力知识的结构。

第一，当我问你知道什么的时候，这通常是要求你做出一个

---

① Turri, J., *Knowledge and the Norm of Assertion: An Essay in Philosophical Science*, Cambridge: Open Book Publishers, 2016b, p. 11.

断言。"你知道岳飞多少岁被陷害致死的吗？""岳飞是三十岁去世的。"在关于技能知识上，当有人问我："你知道怎样做出翻子拳的起手势？"很自然的回答是："当然，且让我演示给你看。"将你的技能展示给他看，就相当于在命题知识场景，将相关知识告诉提问者一样。

第二，对相关知识的无知，可以让你回避这个问题。"你知道柳如是是哪一年出生的吗？""对不起，我不知道。"虽然我的认知状态和柳如是没有任何关系，但是我的回答是自然的。表明提问者是在向我要求获得一种知识。在关于技能知识上，当有人问我："你知道如何滑冰吗？"很自然的回答是："抱歉，我不会。"

第三，如果有人想教你或者向你演示某种技能，这样的回应是合适的："你是如何做到的？"如果一个小孩想教其它孩子打拳，有个孩子会很自然地问："你知道怎样打拳吗？"知道如何是演示的规范，演示者和观看者都默认演示的规范是知道如何去演示。

第四，比"你知道如何做到吗？"更挑衅的是"你真的知道如何做到吗？"这种问法实际上直接质疑了被问者具有相关技能的权威。当有人经常就某一武艺侃侃而谈，自然而然的质疑是，"你会吗？"

第五，当有人质疑你教授或演示的权威时候，你的回答是："我当然知道如何教授／演示。且让我教教你看。"通过演示来直接回应对方的质疑。

第六，实践中的摩尔悖论，当你告诉别人："我不能喝酒。"然后端起一杯酒一饮而尽。这种不一致，是因为这种活动和他对活动的断言相矛盾，演示（喝酒）就是对断言内容的否定。

　　总的来说，知道怎样是断言（言语行为）的规范和知道如何是展示（身体行为）的规范。对于断言来说，知道是断言的规范。但经常我们遇到的情况是，仅仅断言是不够的，还需要做出保证承诺（guarantee）。就像断言要比猜测强一样，保证要比断言强。奥斯汀、维特根斯坦都指出在断言和保证之间的缝隙是很小的。在说出你知道的某事为真和你保证某事为真之间空间不大。[①]但它们之间的区别也很明显，我们大概知道什么时候需要在断言之上加一保证，比如，当对方质疑你说的是否确实的时候。

　　接下来，我们可以从三个不同的角度来理解断言和保证：第一，有时候语言表达获得它的潜台词是因为语言共同体或显或隐的约定。例如，你在党旗下宣誓，那就意味着你的所说是一种承诺；当你对听者说："你可以指望我或我能做这件事"，那就是一种明显的承诺。第二，有时候语言表达获得的潜台词是由说话者的目的、意图、交流的背景等等决定的。这可以称之为一般性交流机制。假设有一位女士邀请一位男士晚上一起看电影，而男士的回答是"抱歉，我今天晚上需要准备明天上午的工作汇报。"这样一种回答可以看作约定俗成被当作一种托辞。不管如何理解，男士拒绝了女士的邀请，但为了不让女士失望，所以用一种委婉的方式表达。第三，言语表达获得的潜台词也可以是借由关于权威、资格、许可的一些具有规范性特征的事实、意图和假设，可以称之为规范性会话机制。例如，假设交警看到我开车违规，让我靠边停车，然后说："这回我给你一个口头警告。"通过这句话，交警实际上是告诉我他这次宽大为怀。他本来也可以

① Turri, J., *Knowledge and the Norm of Assertion: An Essay in Philosophical Science*, Cambridge: Open Book Publishers, 2016b, p. 12.

给我开一个罚单，因为他有这个权力。当我和家人出门去超市购物，家人问我："你锁了门吗？"我回答："我锁了门。"接着，家人开始说起最近年关将至小区里小偷出没，经常会趁机溜进家里作案。我再次说了一句："我知道我锁了门。"在这里，加上"我知道"是一种保证，表示我确实知道自己锁了门，打消家人的顾虑，而不单单是一种断言而已。就如维特根斯坦所言，"我知道"就"保证了我所知道的，保证其作为一个事实"。[①]通过说"我知道"你断言了你所知道的；通过断言你所知道的，你认可了你知道的。知道你所知道的是一种二阶知识，这是关于保证的规范；断言你所知道的是一种一阶知识，这是关于断言的规范。进一步，我们还可以说无知是提问的规范。只有当你不知道某个事情时，你才会提问。明知故问违背了这种规范。

断言与理解

　　断言与理解之间的关联也很紧密。因为理解也是知识的一种形式，虽然并非所有的知识都是理解。我们可以说理解是解释的规范，知识是断言的规范；可以说理解是一种特殊的知识，解释是一种特殊的断言。解释如果能表达理解需要满足如下三个条件：第一，知识是断言的规范；第二，解释由回答关于"为什么"、"如何如何"事实的断言组成；第三，理解就是知道这些问题的答案（断言）。我们把命题知识作为规范的说明类比到了技能知识作为规范的说明上来；类似地，也可以类比到理解作为解释的规范的说明上来。

　　第一，关于理解的提问，可以间接的引起回答者的解释。例

---

① Wittgenstein, L., *Philosophical Remarks*, Oxford, England: University of Chicago Press, 1975, p. 12.

如，你理解为什么因果推理要使用图模型吗？这实际上是要求你给出解释。

第二，在关于解释缺失的地方，可以使用理解来回应。例如，有人问你因果推断是如何应用于历史学的，你最好的回应可以是："对不起，我不理解。"通过不理解的说辞，你告诉了提问者，你没有资格提供这种解释。

第三，当有人向你给出解释的时候，最好的回答是："啊，原来你理解这是怎样一回事。"例如，有人给你讲解传销骗局是怎么形成的。"我太高兴了，你理解了传销的伎俩。"这就是最好的回应。理解模型很好地解释了上述言语实践。

第四，在挑衅性场景，有人在讲物理主义面临的致命挑战。一位物理主义者的回应："你根本不理解物理主义。"这种回答直接拒斥了你给出解释的权威性。

第五，在资格场景，假设有人问"为什么意识可以还原为物理的？"一位物理主义者给出了解释。有人给出批评："你根本没有资格做出这个解释。"物理主义者的回应是直接的："当然可以，我知道我在说什么／理解。"

第六，解释的摩尔悖论场景："我并不理解你为什么和我分手，但我可以向你解释你为什么和我分手。"如此言说是相当荒唐的。

断言与谎言

谎言也是一种断言，不过是一种特殊的断言，是一种追求欺骗的断言。说谎就是断言你所知为假的。说出你知道为假的，这是谎言断言的规范。你知道为假的陈述必须是假的吗？通常的理解认为说谎并不要求你的断言实际上为假。只要是说话者认为他说假话了，就是说谎。说谎、欺骗和说谎者本人的心理状态密切相关，具有第一人称权威。说谎是完全从说话者／说谎者而非从断言本身的真假得到判别的。只要说谎者相信自己在说谎，那就是在说谎。举个例子，假设有一个嫌疑犯，他相信他的朋友躲在自己的公寓里，然后告诉警察他的朋友在国外。然而他的朋友的确在国外。那么这个嫌疑犯说谎了吗？虽然嫌疑犯的陈述是真的，但我们知道这是一个谎言。①

　　大众的直觉似乎支持关于说谎的标准立场。图里让受试者阅读如下故事②：假设故事的主人公是雅克布，他的朋友玛丽被当局追捕。联邦情报员拜访雅克布问他玛丽身在何处。玛丽在杂货店，但雅克布认为玛丽在她兄弟家里。雅克布告诉情报员玛丽就在杂货店，他所说为真，这和他的意向无关。

　　在第一个调查中，受试者需要回答一个是否的问题：雅克布关于玛丽所处的地点撒谎了吗？大部分人认为他撒谎了。在第二个调查中，给受试者提供四个选择，然后询问选择最适合描述雅克布的句子：1.他试图说真的并且成功了；2.他试图说真的但失败了；3.他试图说谎并且成功了；4.他试图说谎但失败了。这个调查表明几乎没有人认为雅克布撒谎了，但几乎所有人都认为雅克布试图说谎但失败了。尽管失败了，但还是一个谎言；就像一个失败的尝试仍然是一个尝试一样。为了澄清这个问题，图里进行了第三个调查。不再去问雅克布撒谎成功还是撒谎失败，而是

---

① Vrij, A., Fisher, R., Mann, S., & Leal, S., "A cognitive load approach to lie detection", *Journal of Investigative Psychology and Offender Profiling*, Vol. 5, No1-2, 2008, p. 14.

② Turri, A., & Turri, J., "The truth about lying", *Cognition*, Vol. *138*, 2015b, pp. 161-168.

在雅克布实际上撒了谎还是仅仅认为自己撒了谎之间做出区分。实验将受试者分为两组，每一组都阅读一个雅克布意图欺骗情报员的故事。在第一个故事里，雅克布说错了（他说玛丽在她兄弟家里，事实上在杂货店）。在另一个故事里，雅克布不管他怎么想都说对了（他说玛丽在杂货店，她的确在杂货店）。当雅克布说错了，几乎每一个人都说他实际上撒了谎。但是当雅克布说对了，几乎每一个人都会说他仅仅是想撒谎而已。这表明，受到大众直觉支持的标准观点是错误的。断言本身的真假和是否说谎是有本质关联的，只有断言为假才能判定说话者说了谎。

三　断言的事实说明与非事实说明的争论

事实说明，我们似乎面临两个直觉上难以解释的困难：第一，说话者拥有很好的证据相信 q，他基于这些证据相信 q，然后获得了一个可辩护的信念 q，然后他断言了 q。现在让我们假设不管证据如何充足，实际上 q 是假的，因此断言是错误的。说得更极端一点，假设说话者就是普特南意义上的缸中之脑，通过一些神经元和电路的连接，能够做断言。事实说明蕴含了缸中之脑的断言是错误的。但是存在和这种结论相反的直觉：这种辩护或合理的错误断言并非不正确。我们似乎有一种不完全基于实际世界的关于事情判断的标准的直觉。第二，一个做出错误断言的说话者并没有违反我们所理解的作为断言的规范。在规范的意义上不应该被谴责。尽管断言的规范要求说话者做出为真的陈述，但的确人们经常不是在欺骗的意义上说错话，而这种说错并非违反知识的规范。实验哲学通过有关具体的语言场景的问卷调查来验证这两个困难是否真实存在。在这里我们可以看到实验调查对于理解知识的规范性具有重要作用。

对于第一个困难，需要考虑的问题在于，是否一般的说话者都分享非事实说明的直觉？这个可以通过实验调查来确证。① 实验的参与者被随机分到错误的场景和正确的场景中，正确和错误的故事分别如下：

玛丽亚是一位手表收藏家。她拥有的手表太多以至于无法通过记忆一一记住它们，所以她保留了一份详细的清单，并且持续更新库存。玛丽亚知道库存清单并不完善，但已经非常准确。今天玛丽亚正在招待客人吃饭。不久之后，在进晚餐时，她的一位客人问道，"玛丽亚，您的收藏手表系列中有 1990 年劳力士潜航者吗？"玛丽亚查了下她的存货清单。确实有一款 1990 劳力士手表。

错误条件：这是一个罕见的库存清单的错误案例—她没有这款手表。

正确条件：这只是库存清单完备准确的又一个例示——她确实有这款手表。

在这两个条件之中，玛丽的确是在她拥有一款 1990 劳力士手表这点上获得辩护的，而且这种辩护处于同样的证据：她知道库存清单准确反映了库存情况。我们不能用辩护的证据来解释两种条件下的调查结果差异。调查之前，受试者先需要回答两个理解性问题，然后是一个测试问题，答案为是或否 / 真或假。第一个理解性问题：玛丽是否收藏了一款 1990 年的劳力士手表？［是 / 否］第二个理解性问题：如果玛丽告诉她的客人，她收藏了一款

---

① 本节实验均出自：Turri, J., "The Test of Truth: An Experimental Investigation of the Norm of Assertion", *Cognition*, Vol. 129, No. 2, 2013, pp. 279-291.

1990 年的劳力士手表？那么她说了——［真话 / 假话］，目标测试问题：玛丽应该告诉她的客人，她收藏了一款 1990 年的劳力士手表吗？［是 / 否］第三个问题实际上是要测试参与者是否分享了非事实直觉。如果的确分享这种直觉，那么在真的条件和假的条件下得到的结果应该没有差别。如果大众分享事实直觉，他们可能就会更愿意回答玛丽在错误的情景下不愿意做出这个断言。结果显示超过 80% 的参与者在错误情况下，认为玛丽不应该做出断言；而在只有 3% 参与者在正确情况下认为玛丽不应该做出断言。这就是确认了大众分享了事实直觉。可能有人会指出尽管玛丽在两种情况下的信念都得到了辩护。但是理解性问题只是集中在真假，而忽略了玛丽的信念是否得到了辩护。或许是这种理解性问题的导向使得受试者忽略了玛丽的信念得到辩护这一事实。这也解释了，为什么参与者不愿意在错误条件下认可玛丽的断言。因此接下来的实验就应该集中在玛丽出现错误的情况下，看究竟是真与辩护哪一个因素影响大众直觉。因此进一步的实验，主要体现在对理解问题的修改上，一个为真假问题，第二个为辩护问题，第三个直接给出问题，不给出理解性问题。

在辩护问题条件下，可以这样提问受试者：第一、理解性问题：玛丽认为她拥有一款 1990 劳力士手表这个信念是［合理的 / 不合理的］。第二、目标测试问题：玛丽应该告诉她的客人，她收藏了一款 1990 年的劳力士手表吗？［是 / 否］

在真假问题条件下，可以这样提问受试者：第一、理解性问题：玛丽认为她拥有一款 1990 劳力士手表这个信念是［真的 / 假的］。第二、目标测试问题：玛丽应该告诉她的客人，她收藏了一款 1990 年的劳力士手表吗？［是 / 否］

在不用理解问题的条件下，直接给出测试问题即可。接下来可以测试一个更细节的问题：当你确定玛丽是否应该告诉她的客人她收藏了一款 1990 年的劳力士手表时，你认为哪个因素对你来说更重要？ A. 玛丽关于她是否拥有这款劳力士手表的证据还是，B. 她的收藏里真的有这款劳力士手表？这个问题实际上已经不是单纯的量化直觉调查了，而是在询问受试者给出答案的原因或理由。然而结果表明这三个条件产生的结果是没有太大差异的。在每一个条件下，受试者都更倾向于认为玛丽不应该做出她拥有手表的断言，其中在辩护条件下 68%，在没有理解问题条件下是 80%，在真假条件下是 86%。即便仅仅涉及到辩护问题，受试者仍然认为玛丽不应该做出这个断言。这个事实很难为非事实说明解释。但依然存在这样一种可能性，有一些受试者在回答这些测试问题时会采取否定回答（不合理、假的）等等，即使它们并不认为断言的规范是事实的。

第二个实验就是要考虑上述问题，如果这种可能性存在的话，那么受试者就可能更愿意说玛丽不应该做出断言。与此相对，如果受试者的回应是与断言的规范密切相关而非与原始行动的规范相关的话，受试者就不会做出这种回应。受试者被随机分排到三组条件中：低等、中等和高等。每一个人都阅读从实验错误版本中的修改版。修改版中玛丽不再招待客人，而仅仅回答具有不同目的和不同能力的人的提问。

在低等条件：玛丽的邻居出于好奇心问了她一个问题，那么说错的后果是低等程度的。在中等条件下：保险鉴定员为了评估她的收藏价值问了她一个问题，那么说错的后果是中等程度的。在高等条件下：联邦检察官在调查案子过程中问了玛丽一个问题，那么说错的后果是高等程度的。阅读完故事之后，受试者在三种情况下，被问到两个问题。第一，他们被问了一个测试问题：玛丽应该告诉她的客人，她收藏了一款 1990 年的劳力士手表吗？［是／否］接下来问一个更细节的问题：当你确定玛丽是否应该告诉她的客人她收藏了一款 1990 年的劳力士手表，你认为哪个因素对你来说更重要？［玛丽关于她是否拥有这款劳力士手表的证据／她的收藏里真的有这款劳力士手表］。实验结果发现：改变条件（低等、中等和高等）并不影响受试者对问题的回答；再者受试者还是愿意承认玛丽不应该做出具有充分辩护但却是错误的断言。实验告诉我们大众并不分享非事实的直觉，而是广泛地分享事实的直觉。

上述的实验考虑测试人们关于积极正面论断的断言直觉，而没有测试人们做出否定断言时候的直觉。按常理，如果断言的规范是事实性的，那么不管是肯定的还是否定的论断，都不会受到影响。尚有一个重要的问题，如果一个说话者做出错误的断言并没有违反断言的规范，那么断言的规范就不是一个基于事实的规范。这是一个重要的反驳。对它的回应是要区分正确性和可谴责性。

受试者被分派到两种条件：驾驶条件和断言条件。受试者要么阅读一个关于司机超速受到谴责的故事要么阅读一个说话者做出错误陈述的受到谴责的故事。

关于司机的故事：多琳刚把她的车送去维修了，正从修理铺开车回家。她不想路上有什么耽搁，但也不想超速。限速为每小时 55 英里，所以她低头看仪表盘速度有多快。速度表显示车速为每小时 55 英里。但速度表显示错误，因为机械师破坏了一个没有人注意到的设置。结果多琳的实际车速是 60。

D1. 多琳认为她驾驶的速度是多少？ [50/55/60]

D2. 对多琳来说她的车速是否合理？〔是 / 否〕

D3. 多琳驾驶的速度是多少？ [50/55/60]

D4. 多琳超速了吗？〔是 / 否〕

D5. 多琳应该因为她的驾驶速度受到批评吗？〔是 / 否〕

D6. 是否仍然在某种意义上多琳以如此速度驾驶是不对的？
〔是 / 否〕

关于断言的故事：

罗伯特刚刚购买了 1804 美元的银币，将它放在他的图书馆展示。今晚他和客人在家吃晚餐，他想告诉客人们自己购买的银币。他把银币放在展架上，关上图书馆门，就去迎接他的客人。不久之后，罗伯特为客人提供晚餐，他告诉客人们，我的图书馆里有 1804 美元的银币在。但在罗伯特离开图书馆和客人们共进晚餐之时，一个小偷迅速钻进他的图书馆窗户，偷走了银币，没有人注意到这个事实。结果，罗伯特的硬币不在图书馆里。

A1. 罗伯特认为他的硬币在哪里？〔在图书馆里 / 在小偷那里〕

A2. 罗伯特对硬币在哪里的看法是合理的吗？〔是 / 否〕

A3. 罗伯特的硬币在哪里？〔在图书馆里 / 在小偷那里〕

A4. 罗伯特的陈述是假的吗？〔是 / 否〕

A5. 罗伯特是否因为这一陈述受到批评？〔是 / 否〕

A6. 是否在某种意义上罗伯特做出那个陈述是不正确的〔是 / 否〕

由于多琳不知道自己超速（缺乏自己超速的证据），所以她虽然违反了交通规则，但不应该被谴责。因此按照这种解读。问题 A6 "是否在某种意义上多琳以如此速度驾驶是不对的？" 大部分受试者应该回答否，也就是说至少在某种意义上，多琳的驾驶速度是正确的，基于她自己的证据（仪表盘读数）。但调查结果却是非常反常的，有49%的受试者认为在某种意义上多琳以此速度驾驶是不对的，选择答案没有明显的区别。而同时97%的受试者认为多琳不应该为她的速度受到批评。在断言故事中，我们得到了同样类似的结论：46%的受试者认为在某种意义上做出这个陈述是不正确的。而同时96%的受试者认为罗伯特不应该被批评。应该说在这两个看似不同的故事里面，具有类似的规范，最好的解释就是断言规范的事实说明可以来解释这种相似性。认知主体（玛丽和罗伯特）是否应该受到批评谴责与认知主体持有的信念相关；认知主体所做的判断是否正确与外部的客观事实相关。

以上是对包含知识和真作为规范的事实立场的统一论述。接下来聚焦于知识作为规范的立场：第一，断言应该表达和传递知识，第二，可断言性作为断言的规范要比确定更接近知识作为规范。第三，保证属于一种独特的断言。断言应该表达和传递知识。这个立场有厚薄两个版本：薄版本指断言 p，仅当说话者知道 p。厚版本指断言 p，仅当说话者的断言表达了知识。图里认为，之所以断言必须表达知识是因为实际生活中断言的目标就是传递知识。[①] 一个不表达知识的断言，是不能传递知识的。因此断言必须表达知识。实际上知识作为断言的规范，应该是表达知识作为断言的规范。断言如果不表达知识，就不再成其为断言。传递的前提是表达知识。麦克道维尔也认为断言的本质特征就是

---

① Turri, J., "The point of assertion is to transmit knowledge", *Analysis*, Vol. 76, No. 2, 2016a, pp. 130-136.

传递知识。①

人们在断言之前或在激发断言之时大都基于知识的考虑，不妨看看以下日常中的话语："就如你所知道的今天晚上有客人来"、"就如你所记起的"、"就如你所察觉到的"、"就如你所了解的"，等等。这种加上前缀如你所知是很自然的。但如下说法是相当奇怪的："就如你所相信的今天晚上有客人来"、"就如你所确信的今天晚上有客人来"、"就如你有证据的今天晚上有客人来"。我们在直觉上觉得奇怪是因为，断言的规范蕴含了你对所要说的内容是知道的（事实）而非仅仅是信念。事实与观念的区分是人类生活实践中最为重要的区分。以上都是基于个人对语言现象（无论是自己的还是他人的）的反思，为我们理解一些言语行为提供了基础。但我们不能完全基于某个专家/研究者的经验和哲学文本来理解断言这种范式。运用大量的受试的调查，可以有效地确证或否定专家的判断。考虑如下实验②：

对受试者随机分派断言条件或激发条件。让他们阅读一个简单关于一对夫妻（萨莉和杰夫）的简单描述。在断言条件下，萨莉给出杰夫一些信息；在激发条件下：杰夫要求从萨莉那里获得一些信息。

在断言条件下，萨莉意识到她忘记告知杰夫她邀请了客人过来看比赛。阅读这则提示后，受试者回答两个问题：第一，从人们日常谈话的一般经验来看，下面六句话，哪一句是最得体的？

（1）如你所知，我们有朋友中午过来。

（2）如你所察，我们有朋友中午过来。

---

① John, M., *Mind, Value, and Reality*, Harvard University Press, 1998.

② Turri, J., "The point of assertion is to transmit knowledge", *Analysis*, Vol. 76, No. 2, 2016a, pp. 130-136.

（3）如你所信，我们有朋友中午过来。

（4）如你有据，我们有朋友中午过来。

（5）如你所确定，我们有朋友中午过来。

（6）这是真的，我们有朋友中午过来。①

在激发条件下，杰夫意识到萨莉没有告诉他客人到来的时间。阅读这则提示后，受试者回答两个问题：第一，从人们日常谈话的一般经验来看，下面六句话，哪一句是最得体的？

（1）如你所知，我们有朋友是在中午过来吗？

（2）如你所察，我们有朋友是在中午过来吗？

（3）如果你所信，我们有朋友是在中午过来吗？

（4）如你有据，我们有朋友是在中午过来吗？

（5）如你所确定，我们有朋友是在中午过来吗？

（6）这是真的，我们有朋友是在中午过来吗？

回答方式和断言条件下的相同。调查结果表明，受试者把基于知道的前缀看作最自然的。其中，受试者把涉及到知道和察觉的句子评价为最自然的；把涉及到信念、证据和真的句子评价为不自然的。在关于确信这一用法上有所差异：在断言条件下，涉及到确信的句子是不自然的，但是在激发条件下，涉及到确信的句子是自然的。从受试者的反馈表明，知识作为断言的规范具有最为自然、最为广泛的群众基础。

断言与承诺

断言也在某种意义上是一种承诺，具有一种认知责任。你需

---

① 实验用里克特量表来标示话语自然得体的程度。非常不自然得体标记为1，不自然得体，有点不得体，无所谓标记为4，有些自然得体，自然得体，非常自然得体标记为7。

要为你说的话负责。如果你满嘴胡话跑火车，自然不会有人相信你的话，更不会和你打交道。断言和保证或承诺似乎有一种天然的联系。劳勒尔[①] 提出了保证论：保证是一种独特的言语行为，并不从属于断言。保证以一种特别的方式和知识建立联系。她认为自己的理论从有关于语言用法的事实获得了证据支持。断言和保证存在一个明显的区别：当某人断言一个命题为真的时候，可能存在进一步的证据促使说话者改变观念。相反，当某人保证一个命题为真的时候，就没有更进一步的证据改变说者的观念。图里通过实验反驳了这一区分[②]，将受试者随机分派断言条件或保证条件，每一个受试者都阅读关于杰夫和萨莉的一个故事。唯一的区别是，在断言故事中，杰夫用一个简单的陈述句作出断言，而在保证故事中，杰夫加了一个后缀："我向你保证。"

杰夫和萨莉驱车去赴约。这在计划之中，但是由于道路建设的原因，他们不得不绕道行驶。萨莉问道五点是否能准时赶到。杰夫回答说"我们将五点到达，[我向你保证]。"

在阅读完上述故事之后，参与者对下述陈述的认可程度进行评级。判断（1）萨莉应该认识到：当到达约会地点的时候，杰夫可能改变自己的想法，这取决于实际情况。第一个问题是处于保证条件下的受试者是否更不认同上述判断（1）。如果是，那么这个证据就支持了劳勒盖尔的保证论。如果不是，就削弱了劳勒盖尔的保证论。结果显示二者之间的回答结果并无太大差异。

---

① Krista L., *Assurance: An Austinian View of Knowledge and Knowledge Claims*, Oxford University Press, 2013.

② Turri, J., "Assertion and Assurance: Some Empirical Evidence" *Philosophy and Phenomenological Research,* Vol. 90, No. 1, 2015c, pp. 214-222.

　　劳勒盖尔假设保证的重要功能是给予听者唯一的理由，而对于断言来说并非如此。唯一理由指：认知者相信一个命题允许这个人忽略相反证据的理由，这保障人们不为其他负面因素所干扰。为了检测这个假设是否为真。图里设计了一个实验[1]将受试者随机分为两组，一组给出断言场景，另一组给出保证场景。每一个受试者都阅读一个关于杰夫和萨莉的故事，这次的主题是讨论晚餐吃什么。唯一的差别是在断言故事中，萨莉只使用一个简单的陈述句做断言，而在保证中他增加了"我知道"。在每一个故事中，萨莉在结束时，都补了一句话：但是让我们继续，拭目以待。故事如下：杰夫和萨莉准备做晚餐。萨莉打开冰箱看到还有一些剩菜。杰夫问剩菜放的时间是不是太久了。萨莉回答说：［这些剩菜／我知道这些剩菜］很好，但是让我们继续，拭目以待。参与者被要求回答下述问题：

　　通过人们日常所思，萨莉最后的回答是____[2]

　　关键的问题在于是否受试者在保证条件下更倾向于把萨莉的回答视为不自然。如果是的，这个结果就支持了劳勒尔假设。如果不是则削弱了劳勒尔假设。结果表明在两个条件下的方差没有显著差异。认为萨莉回答自然的，在断言条件的比率是44%，在保证条件下也是44%。为了进一步检测实验结果的稳健性。我们给受试者一个新的问题：2. 杰夫应该认识到，这取决食物的实际情况。萨莉可能就剩菜是否是好的这一点改变自己的想法。对于

---

[1]　Turri, J., "Assertion and Assurance: Some Empirical Evidence" *Philosophy and Phenomenological Research,* Vol. 90, No. 1, 2015c, pp. 214-222.

[2]　里克特量表来区分，非常不自然-3，不自然-2，有点不自然-1，有点自然1，不自然2，非常自然3。

这个问题的回答，两个条件下的受试者也没有表现出明显区别。但都倾向于认为随着实际情况，萨莉可能会改变自己的想法。

如果有人对朋友提供保证，第三方偷听到这种交易。就会把当事人的谈话作为一种保证，因为相信其谈话内容而出错就会责怪当事人。劳勒尔认为这种承诺的目的就是给出一个保证。尤其是，她认为有人提供这种保证就是对实际的或者潜在的听者提供解释。为了检测这一假设是否为真，需要设计一个新的实验[①]将受试者分为两组：参与者和旁听者。每一个受试者阅读一个关于杰夫和萨莉的故事。在故事里萨莉向杰夫保证有个公司最值得投资。有一个旁听者本洛普听到了。两组故事的区别是，在参与者场景中，杰夫投资了；在旁听者场景中，本洛普投资了。结果投资是一场灾难。故事如下：杰夫和萨莉私下讨论哪一个生物科技公司是下一年最值得投资的公司。萨莉告诉杰夫："吉安德尔公司最值得投资，我向你保证。"结果，隔壁房间的另外一个人本洛普偷听到了这个谈话。基于萨莉所言，［杰夫/本洛普］投资了吉安德尔。这是个灾难［杰夫/本洛普］损失了他所有的投资。受试者被要求回应以下问题：1.［杰夫/本洛普］——谴责萨莉对吉安德尔的错误判断。在回答1后，给出下一个问题："萨莉向——保证吉安德尔是最值得投资的"。99%的受试者认为萨莉在向杰夫保证。关键的问题在于是否在偷听情况下，受试者认为本洛普可以谴责萨莉的失误判断。如果认为可以，那么就支持了劳勒盖尔假设。如果普遍认为不可以谴责，那么就削弱了劳勒盖尔假设。在偷听情况下，实验显示只有15%的受试者认为谴

① Turri, J., "Assertion and Assurance: Some Empirical Evidence" *Philosophy and Phenomenological Research,* Vol. 90, No. 1, 2015c, pp. 219-220.

责是可以的；但是在参与场景下，有超过 60% 的受试者，认为杰夫可以谴责萨莉。但是这里可能有其它因素起作用了。在偷听场景下，认为不应该谴责这个主流态度的原因可能和言语行为无关，而是和言语行为产生的伦理责任有关。萨莉向杰夫承诺，使得二者之间形成了一种可以评价的伦理责任关系。即萨莉必须对她向杰夫所说的话负责。而并非向本洛普负责。本洛普并没有进入一种伦理责任场景。萨莉并没有向（缺乏意图）本洛普说话。我们可以想象两种情况：

第一种情况，如果在偷听者场景中，本洛普投资获得成功。他似乎应该感谢萨莉。投资失败，不应该谴责萨莉。这似乎存在一种伦理责任的不对称。第二种情况，如果在偷听者场景中，萨莉知道本洛普在偷听，为了惩戒偷听者。萨莉对杰夫说了假话。在这里，虽然萨莉对本洛普形成了伦理责任，但是本洛普依然不应该谴责萨莉。因为他偷听本身就是不对的。但是让我们对第二种情况做进一步想象：假设萨莉知道偷听者是本洛普，而且知道本洛普怀疑他的妻子出轨。为了惩戒他偷听，故意讲述了他妻子一个相当败坏的偷情事件。本洛普信以为真，回家打伤了她的妻子。在这，我们似乎就觉得萨莉应该对本洛普妻子受到伤害担负一定的责任。这中间的问题相当微妙，涉及到伦理责任、因果归因等等。有一点是比较确定的：对故事导致后续事件的后果之道德评价影响到我们对谈话者和偷听者之间是否建立责任关系的理解。

劳勒尔还提出了一个对断言知识规范解读的理论批评：我们发现了一些例子，说话者违反了知识规范，但并没有指责。例如：被良好但却是具有错误的证据所支持的信念下形成的错误断言。关于这样的违反，劳勒盖尔指出我们需要知道在什么意义上，事实上运用了规范；如果这种规范被普遍违反，那么获得这种规范的后果是什么？如果不能回答这些问题，知识说明就是有问题的。首先要澄清的一点是，这种规范不可能被普遍地违反，否则就不成其为规范。知识作为规范这里可以做进一步区分：存在第一人称和第三人称的区分。认知者从第一人称知道断言的内容，大部分是事实内容，是真的和第三人称角度断言的内容重合。也存在第一人称断言的内容和第三人称断言的内容不重合的情况，这就是劳勒盖尔批评所指的例子。但是应该承认这些例子并不是普遍存在的。如果这些例子普遍存在，那么人类的社会实践生活就无法展开。当然我们可以想象有一个人在所有情况下都违反断言的知识规范；我们也可以想象作为整体的人类在某个情况下违反断言的知识规范；但我们不能想象所有的人在所有的情况下都违反断言的知识规范。如何看待这种反常的例子是经验主义者和概念分析论者的根本差异。我们并不是给断言的知识规范提供一个逻辑上充分必要的条件，而是对知识的规范给出一种经验的标准。经验的标准可以免疫于经验的少数反例。

对断言的经验研究表明，人们认为断言是在表达事实，所以对断言的知识说明成了主要的立场。这方面和对知识论的经验研究结论非常一致。传统的知识定义是知识要符合三个条件：知识要是信念、知识要是真的、知识要是得到证成的。但经验研究表明，大众对真的要求高过其他条件。大众认为只要某一个内容是真的，不管是否主体相信，也不管是否有对其具有证据，都是知识。大众对断言的要求也是一样的，断言内容的本身约束了断言的规范。甚至在说谎的案例研究中，说话者的意图也不足以成为说谎的要求，而谎言本身和事实相冲突才构成谎言之为谎言的规范。从对断言的经验研究，我们可以得出以下结论：第一，对断言的研究表明，如果没有经验调查，不可能得出符合实际的结论。通常哲学家都是通过自身经验、观察和阅读既有哲学著作来思考哲学问题，但是断言这个语言现象不是一个抽象的形而上学问题，而是具有相当丰富的现实基础。大众的语言实践为断言提供了各种理解的维度。对断言的人和解释如果不能符合语言实践，就不能解释任何实际存在的语言现象。而这种大规模的经验调查，就为发现人们实际的断言规范提供了最好的方法，因此来自经验的结论对于断言来说是相当可靠的。第二，断言的主要规范是事实（知识或真），这反映出了人们认识世界的一般性要求。斯蒂奇批评主流的分析的认识论，他把认识论分为三种类型[①]：1. 从培根到波普尔的认识论，关注推理、预测等。2. 从柏拉图到盖提尔的知识论，关注知识的定义、辩护。3. 从笛卡尔到摩尔的知识论，关注怀疑论。斯蒂奇认为分析的认识论所讨论的知识的定义、辩护、怀疑这些都不是人们实际上认识世界需要的。人们对知识有自己的理解，知识论应该关注的实际上在认识世界时，所运用的推理所产生的问题，也就是从培根到波普尔的知识论问题，我们应该从经验出发去看待人类的活动而非从思辨出发去看世界中的东西和思辨是否符合。断言就是一个经验现象，只能从经验出发，接受经验的检验。实验语言哲学的结论表明，句子的断言和专名的指称一样，都是受到人们自身经验约束的，因此关于它们的任何理解归根到底都是一种经验主义说明。

[①] Stich, S., *The Fragmentation of Reason: Preface to a Pragmatic Theory of Cognitive Evaluation*. Cambridge, MA: MIT Press, 1990.

第二节 分析、综合与直觉问题

西方哲学史上存在三对基本而又非常重要的哲学概念：分析与综合、先天与后天、偶然与必然。按照对这三组概念的一种理解（如逻辑经验主义）：分析陈述＝先天陈述＝必然陈述。康德打破了分析性与先天性之间的联系，克里普克打破了先天性与必然性之间的联系，蒯因打破了分析与综合的区分。上述哲学家的洞见对我们深入理解三组哲学概念以及与之相关的哲学问题起到了至关重要的作用。最近三十年来，一些分析哲学家进一步研究这些概念之间的关系：卡普兰打破了分析性与必然性之间的关联[①]、策尔塔打破了必然真与逻辑真之间的关联[②]，从而给我们提供了一个更为深入的分析性概念。本文区分了两种必然性（语言必然性和事实必然性），根据此种区分对三组概念的分分合合展开了全面的梳理分析，并依据策尔塔对逻辑真的解释对分析性重新给予界定，从而得以坚持一种薄版本的分析性概念：分析命题就是逻辑为真的命题，而并非必然为真的命题。对分析性的讨论是概念分析哲学家关注的焦点，引起了异常激烈的讨论。本节最后一部分将从自然主义和实验哲学角度对分析性问题给出新的评估。

---

① Kaplan, D., "Demonstratives: An Essay on the Semantics, Logic, Metaphysics and Epistemology of Demonstratives and other Indexicals", *Themes From Kaplan*, edited by Almog, J., Perry, J. & Wettstein H., New York: Oxford University Press, 1989, pp. 481–563.

② Zalta, E., "Logical and Analytic Truths That Are Not Necessary", *Journal of Philosophy*, Vol. 85, No. 2, 1988, pp. 57–74.

本节关注自笛卡尔肇始的哲学到 20 世纪英美分析哲学这一路径下如何理解知识本身性质的问题。在笛卡尔那里，他所理解的知识有两种：一种是数学真理，一种是经验真理。这种分类被莱布尼茨总结为：关于理性的真理和关于事实的真理。休谟将其总结为关于观念关系的知识和关于事实问题之间的知识（休谟之叉）。蒯因在《经验论的两个教条》第一节"分析性的背景"中也做出了相关的描述。① 直觉上，我们都知道知识一定要是真的，进而是必然为真的。② 但是经验主义者很难用经验证据来解释必然为真的知识，尤其是数学。休谟以后的哲学家的一个核心问题就是要解决数学知识必然为真的问题。

对于经验知识，休谟认为可以通过归纳获得，而归纳知识恰恰不能满足必然性，休谟对于这种归纳求助于一种自然主义的理解。对于数学知识的必然性，休谟的经验主义进路是不成功的，这个问题引发了康德、弗雷格、逻辑经验主义者及其后继者的解决。本节就是在这个背景下梳理自康德以来，这三对概念的区分和对两种知识的理解。

一 康德：先天综合判断

康德看到了休谟的问题，他解决问题的一个关键性策略就是打破了近代哲学所坚持的二元框架（先天分析命题，后天综合命题）认为存在先天综合命题。5+7=12 这样的数学知识，既不

---

① Quine, W., "Two Dogmas of Empiricism", *The Philosophical Review*, Vol. 60, 1951, pp. 20-43. Reprinted with revisions in his *From a Logical Point of View*. Cambridge, Mass: Harvard University Press, pp. 20-46.

② 由于本节的重心，让我们暂时忽略可错主义对知识的解释。

需要通过经验发现因而是先天的，同时又是必然为真的，而且还是有内容的知识，这就只有一种可能：知识既是先天的、又是综合的。从对数学知识的性质的考察入手，康德接受了亚里士多德所开启的主谓逻辑，顺理成章提出了先天综合判断如何可能的问题。康德在《纯粹理性批判》和《未来形而上学导论》中提出了综合判断和分析判断的一般性区别。[①] 典型的分析判断是："一切物体都是有广延的"、"金是一种黄色的金属"，典型的综合判断是："某些物体是有重量的"。如何对这两种不同的范例给出区分？一个粗略的说法是：对于一个陈述，主项包含谓项的为分析判断，主项不包含谓项的为综合判断。物体的概念包含广延，金的概念包含黄色的金属，所以"一切物体都是有广延的"、"金是一种黄色的金属"是分析判断。但是物体的概念并不包含重量，所以"某些物体是有重量的"是综合判断。仔细考察会发现从主项和谓项的包含角度来看，康德实际上给出了两种不同的分析性概念[②]：

第一个是语义分析性：

> 要么谓词 B 属于主词 A，作为（以隐蔽的方式）被包含在概念 A 中的某种东西，要么 B 虽然与概念 A 有关联，但

---

① 在本节随后的讨论中判断（judgment）、语句（sentence）、陈述（statement）、命题（proposition）这些说法可以交替使用，除非特别说明，我们并不赋予命题以更多的形而上学涵义。

② Putnam, H., "Two dogmas' revisited appeared in *Realism and Reason*", *Philosophical Papers,* vol. 3, Cambridge: Cambridge University Press, 1983, pp. 87-97; Russell, G., *Truth in Virtue of Meaning: A Defence of the Analytic/Synthetic Distinction.* Oxford: Oxford University Press, 2011.

却完全在它之外。在第一种场合里，我把判断称为分析的，在第二种场合里我把则它称为综合的。①

第二个是心理分析性：

分析判断在谓项里面所说到的实际上没有不是在主项的概念里面想到的，虽然不是那么清楚的，也不是那么有意识。②

康德的目的是要解决知识如何可能的问题，与本文主旨相关的问题表述是：为什么某个陈述 X 既是必然为真的，又确实是我们能够获取的知识——不仅仅通过概念反思得到的知识？ 如果 X 是先天的，那么 X 必然为真。如果 X 是综合的，那么 X 就不能仅仅通过概念反思获致。因此所谓的知识就是先天综合判断。在康德看来数学判断是先天综合判断，如 "5+7=12"。真正的形而上学判断全都是综合判断，如 "在事物中的一切实体都是常住不变的。"自然科学包括先天综合判断作为自身的原则，如能量守恒定律和牛顿定律等。康德要解决先天综合判断如何可能的问题。本文并不特别关注这一问题，而是从康德对先天综合判断的界定，看他对分析性的一般理解，以及这个理解与后来的分析性讨论的关联。粗略言之，康德的两种分析性，一种是和语言相关的，一种是和认识相关的。这种区分在最近的分析性讨论中得到了重视。③

---

① 〔德〕伊曼努尔·康德：《纯粹理性批判》，李秋零译，中国人民大学出版社 2011 年版，第 35 页。

② 〔德〕伊曼努尔·康德：《任何一种能够作为科学出现的未来形而上学导论》，庞景仁译，商务印书馆 1982 年版，第 18—19 页。

③ Boghossian, P., "Analyticity Reconsidered", *Noûs*, Vol. 30,1996, pp. 360-391.

二 逻辑经验主义：分析的 = 先天的 = 必然的

分析的和综合的、先天的和后天的、必然的和偶然的这几组概念是哲学中非常核心的概念，也是理性主义和经验主义共同接受的概念，在当代分析哲学的讨论中处于非常核心的地位。分析和综合属于语义学范围，其中分析命题就是根据意义为真的命题，如单身汉是未婚男人，雪是白的等；综合命题按照上述康德的一种说法就是主词不包含谓词，比如北京是中国的首都等。分析命题永远是真的，综合命题则可能是真的也可能是假的。通常我们把数学命题、逻辑命题和语义命题划在分析命题一边，其他则属于综合命题。先天和后天属于认识论概念，先天命题属于不需要通过经验发现仅仅通过概念反思就可以获得的命题。比如 2+2=4，我们不需要考察世界就知道这个命题是真的。而晨星就是暮星，鲁迅是周树人这样的命题就是后天命题，如果我们不考察世界就获得不了这些命题知识。先天与后天的分野在于是否依赖于经验。当然"依赖"是一个高度含混的词，我们不做进一步的解释。可能（偶然）和必然属于形而上学概念。通常借助可能世界来刻画必然和偶然这对概念，所谓可能世界按照一种主流的看法，存在无数多个可能世界，现实世界是碰巧被实现出来的世界。所谓一个命题必然为真，即这个命题在所有可能世界为真，一个命题偶然为真，即这个命题在某些（个）可能世界为真。

分析的和综合的、先天的和后天的、必然的和偶然的三对概念虽然属于三个不同的领域（语义学、认识论和形而上学），但却有着紧密的联系，近现代哲学家都或多或少的接受这样一种观点：分析的就是先天的，因此也是必然的；综合的就是后天的，因此也是偶然的。完全接受这种观点的是逻辑经验主义。逻辑经验主义指出，分析判断就是先天判断，因此也是必然判断。如数学和逻辑命题（根据弗雷格在《算术基础》中的工作）并非先天综合判断，而是先天分析判断，因此也是必然为真的。按照分析性的一种语言学解释，分析命题就是依据根据意义为真的，我们只需要检查单身汉和未婚男人两个词语的意思就知道他们是分析的，不需要任何经验证据来证实这一点。"单身汉是未婚男人"是分析命题。分析命题根据意义为真，综合命题根据事实为真，如"2012年7月21日北京下了一场特大暴雨"我们需要来观察经验来确定综合命题是否为真。

分析的、先天的和必然的在逻辑经验主义者那里是等外延的。这个外延的集是：数学命题、逻辑命题和语义命题。这些命题在极端的意义上是约定的和现实世界无关。一个命题为真取决于两种因素，要么是根据意义为真，要么是根据事实为真。一般的综合命题不能简单地根据事实为真，而是根据意义和事实的结合为真。因此一个命题为真，有可能是完全根据意义为真，也有可能是二者的结合。从对必然性概念的一般性理解来看，必然性有两种用法或者涵义，语言意义上的必然性（如数学和逻辑命题）和事实的必然性（如水是 H_2O）。逻辑经验主义所讨论的必然性概念是语言学意义上的必然性概念，所以必然性的集合和分析性和先天性的集合等同。对必然性两种涵义的区分是本文得以展开的关键。需要注意的是，大部分经验主义者都反对有所谓事实的必然性，只承认有语言意义上的必然性，如休谟、逻辑经验主义和蒯因都反对事实的必然性。蒯因把所有对事实的必然性陈述都通过改写，变成语言必然性的陈述，因此在蒯因看来是事实的必然性概念是一个冗余的概念。①

三 克里普克："后天必然命题"、"先天偶然命题"

克里普克在分析性的看法上和传统的解释基本没有什么不同，他只是把一些传统上认为是分析的命题划归为非分析命题。"因为根据规定分析真理必须既是必然的，又是先验的。"②"一个分析的陈述在某种意义上就是根据其意义为真的，并且在所有可能世界中根据其意义也是真的。这样一来，某种在分析的意义上是真的东西就将既是必然的，又是先天的（这是一种规定）。"③

第一，克里普克接受传统中分析和综合的区分，但是他反对将："黄金是一种金属"这种语句划为分析句，"康德（有人刚刚向我指出）举出了'黄金是一种黄色的金属'的例子，在我看来，这个例证是个非同一般的例证，因为它是某种我认为其结果可能被证明是伪的例证。"④康德认为黄金是一种黄色的金属是黄金这个概念的一部分，因此我们可以先天地知道这一点，既是先天地又是分析的。在康德那里，黄金是一种黄色的金属是先天分析判断，克里普克要说明的是这个陈述既不是先天的也不是分析的。假设存在一种黄铁矿或者假金，在外表特征上和黄金一样，如果我们发现了这个事实，并报告说黄金并不像一开始人们观测的那样是黄色的：

---

① Quine, W., "Three Grades of Modal Involvement", reprinted in Quine's The ways of Paradox and other Essays, 2nd. Cambridge, MA: Harvard University Press, 1976.

② 〔美〕索尔·克里普克：《命名与必然性》，梅文译，上海译文出版社 2016 年版，第 35 页。

③ 同上书，第 19 页。

④ 同上。

我们能够这样说并不是因为我们已经改变了黄金这个词的意义，并且引进了其他某些用以把黄金和黄铁矿区别开来的标准。我认为这并不是真的。恰恰相反，除了我们用来识别黄金的最初的识别标志之外，我们还发现了某些对于黄金来说是真的特性。因此，这些作为黄金所特有而对于黄铁矿来说却不是真的特性就表明了黄铁矿事实上并非黄金。①

第二，克里普克把认识论概念（先天和后天）与形而上学概念（必然和偶然）区分开来，提出先天偶然命题和后天必然命题。"巴黎米尺是一米长"并非分析命题，巴黎米尺的长度是通过规定得到的，并不需要通过经验的来确证，因此是先天的。巴黎米尺也可能是另外一个长度，它具有实际的那个长度只是一个偶然的事实。按照克里普克的观点，"巴黎米尺是一米长"是综合命题、先天偶然命题。在这个意义上，可以说这种命题是先天综合命题，只是并非康德所说明的是必然命题。另一方面克里普克提出后天必然命题"晨星是暮星"、"水是 H_2O"、"闪电是放电活动"、"金的原子序数是 79"等这些命题只能通过经验发现，但确实必然为真的：

> 黄金是一种原子序数为 79 的元素，这一点是必然的而不是偶然的……就这种性质从黄金的原子结构得出的而言，它们是黄金的必然性质，即使它们毫无疑问地不是"黄金"

---

① 〔美〕索尔·克里普克：《命名与必然性》，梅文译，上海译文出版社 2016 年版，第 105 页。

这个词的意义的组成部分，而且不是以先天的确定性来被人认识的。[①]

第三，克里普克谈到普特南的观点时："普特南所得出的结论是，像'猫是动物'这样的陈述比像'单身汉都是未婚的'这样的陈述具有'更少的必然性'。我当然同意这样的说法，即认为这种论证表明这种陈述不是被先验地认识的，因此不是分析的。"[②]为什么"猫是哺乳动物"要比"单身汉是未婚的"要更少具有必然性呢？前者是既根据事实为真也根据意义为真（如果意义就是那些事实的话），而后者仅仅根据意义（语言上的）为真。前者多少牵扯到世界中偶然和必然的区分，而后者不涉及偶然性的问题。这里已经提出了两种不同的必然性概念。当克里普克说分析陈述既是先天的又是必然的，他是在语言的层次上谈论必然性；当克里普克说存在后天必然命题的时候，这里的必然性是事实的必然性，或者说关于世界的必然性。

> 我预先假设，分析真理是一个在严格的意义上依赖于意义的真理，因为它既是先天的，又是必然的。如果把那些其先天真理性是通过确定一个指称而被认识的陈述说成是分析的，那么有些分析真理就是偶然的；这种可能性被排斥在这里所采用的分析性概念之外，分析性概念中的这种含糊性当然是从通常对"定义"和"含义"这样的术语的用法的含

---

① 〔美〕索尔·克里普克：《命名与必然性》，梅文译，上海译文出版社 2016 年版，第 37 页，注释 1。
② 同上书，第 109 页。

糊性中产生的。我不打算在这些演讲中涉及关于分析性的那些微妙的问题。然而我要说，对某些（尽管不是全部）经常被用来对分析-综合的差别提出怀疑的事例，特别是那些涉及自然现象和自然种类的事例，应当根据这里所提出的确定指称的方法加以处理。请注意康德的"黄金是一种黄色的金属"这个例子甚至不是先验的，它具有无论什么样的必然性都是根据科学研究确定下来的，因此它在任何意义上都根本不是分析的。[①]

四　卡普兰：偶然分析命题

克里普克有一个信条：分析命题应该是必然为真的命题，所以他不能接受一个命题是偶然的还有可能是分析的。克里普克没有在逻辑真理和必然真理之间做出一个区分。按照卡普兰的解释[②]，存在有一种命题是分析的，它之为真既是偶然为真，又是逻辑为真。这种命题就是"我现在在这儿"（I am here now）和"我存在"（I exist）。不管说话者是谁，他总是处在他说话的时间和地点而不是在其他时间和其他地点；不管说话者是谁，他总是存在，而不是不存在。"我现在在这儿"这个陈述在不同的说出语境（Context of utterance）下表达不同的内容（content），比如卡普兰在 UCIA 的办公室 208 说出"我现在在这儿）"，那么这

---

① 〔美〕索尔·克里普克：《命名与必然性》，梅文译，上海译文出版社 2016 年版，第 109 页。

② Kaplan, D., "Demonstratives: An Essay on the Semantics, Logic, Metaphysics and Epistemology of Demonstratives and other Indexicals", *Themes From Kaplan*, edited by Almog, J., Perry, J. & Wettstein H., New York: Oxford University Press, 1989, pp. 481-563.

个陈述所表达的内容就是：2011 年 12 月 30 日卡普兰在 UCLA 办公室 208。如果我昨天在鼓楼大街的江湖酒吧说出这句话，那么这个陈述所表达的内容就是：2011 年 12 月 29 日我在鼓楼大街的江湖酒吧。虽然这个陈述的语言学意义：特征（character）是一样的，但是在不同语境下的内容是不同的，这些不同的内容真值的评估需要在评估的情景（circumstance of evaluation）中来实现。在不同的评估情景中，"我现在在这儿"都是真的，真值条件却不相同。卡普兰说偶然为真，指在评估情景下使其命题为真的那个个体只是碰巧是那一个，完全有可能是另外一个个体使得这个命题为真。克里普克和普特南反驳了先天性和必然性的关系，但是没有拒斥分析性和必然性之间的关系。策尔塔[①]和卡普兰在分析性和必然性这两个概念之间作了系统的区分，分析的就是必然的似乎比先天的就是必然更为基础。卡普兰和策尔塔将我们对这三对基础哲学概念的理解推进了一步。

五 博格森：认识论分析性与形而上学分析性

博格森[②]区分了两种分析性概念：形而上学分析性和认识论分析性，一个句子是认识论分析的，当且仅当把握句子的意义足够对主体在认为该语句为真上得到辩护。认识论分析性包含两种不同的分析性概念，第一种是弗雷格分析性，句子通过同义代换可以成为逻辑真理的句子。比如单身汉是未婚男人，用单身汉去替换同义词未婚男人，得到单身汉是单身汉同义反复语句。但是

---

① Zalta, E., "Logical and Analytic Truths That Are Not Necessary", *Journal of Philosophy*, Vol. 85, No. 2, 1988, pp. 57-74.

② Boghossian, P., "Analyticity Reconsidered", *Noûs*, Vol. 30, 1996, pp. 360-391.

弗雷格分析性并不能解释一个句子是认识论分析性的，除非把握两个表达式的意义是对于同义的知识是充分的，并且把握逻辑为真的句子之意义对于逻辑真理的知识是充分的。博格森关心我们如何能够先天地知道逻辑真理，这就需要第二种分析性：隐定义（implicit definition）。我们赋予逻辑常项的意义使得出现逻辑常项的句子为真。根据博格森的分析，蒯因所反驳的是形而上学的分析性概念，即根据意义而非根据事实为真的分析性概念。我们可以接受认识论分析性概念。从正面来讲，认识论分析性概念可以有效地说明先天知识；从负面来讲，拒斥认识论分析性会导致意义的不确定。按照上述区分，逻辑经验主义、蒯因、克里普克、卡普兰和策尔塔都在形而上学分析性的意义上考察分析性概念。只有在探讨知识如何可能的时候，我们才考虑认识论角度，如康德和博格森。换言之，对于命题知识的分析，有两个基本的路向：从我们如何获得知识出发，会有先天综合判断和认识论分析性概念；从考察知识本身的性质出发，我们会有形而上学分析性概念。

六　萨蒙：先天分析命题

虽然克里普克对先天分析命题采取了必然性的理解，由于他对必然性所做出的不同解释，使得很多本来属于先天分析命题的命题被剔除了。如"黄金是一种黄色的金属"、"亚里士多德是一位哲学家。"含有专名和自然类词的陈述如果不是同一陈述，就不能是必然命题："黄金是黄金"、"黄金的原子序数是79"、"晨星是晨星"、"晨星是暮星"这些都是必然命题，但是根据克里普克的规定，只有"黄金是黄金"和"晨星是晨星"才是先天命题，因此是先天分析命题。另外"单身汉是未婚男人"是先天分析命题。当然克里普克也不会否认数学和逻辑命题是先天分析命题。在我看来，上述三类符合克里普克对于分析性的规定。萨蒙[①]在命题的模态解释上认同克里普克，即同一陈述是必然命题，但他不同意克里普克关于命题的认知解释，即同一陈述是后天命题。萨蒙认为同一陈述如"晨星是暮星"也是先天分析命题，如果分析命题就是根据意义为真的命题，而晨星的意义等同于暮星的意义（指称同一个对象），"晨星是暮星"就是根据意义为真的。根据意义为真蕴含了先天性，所以它们是先天分析命题。萨蒙对分析性概念的理解和博格森是相冲突的。显然说话者对晨星和暮星意义的把握，并不能使他在认为晨星是暮星为真上得到辩护。在这里关于意义存在一个麻烦，究竟把握了什么才算把握了意义。萨蒙把对象作为名字的意义，显然不符合传统的理解。萨蒙借用了传统的信条：根据意义为真，但并不能由此得出"晨星是暮星"是先天分析命题。除非他对先天性也给出与传统不同的定义。萨蒙对命题做了一个区分，语义学上编码的信息（semantically encoded information）和语用上传递的信息（pragmatically imparted information），在编码的信息上"晨星"和"暮星"指称同一个对象，这一点是可以先天把握的。但是对于语用上传递的信息，如晨星就是早上在某个位置发亮的天体，暮星就是在晚上某个地方发亮的天体这样的信息需要后天才能获得。进一步来说"晨星"和"暮星"是共指名字确实需要后天才能获知。但是"独立的非语言事实'如果晨星存在，那么暮星也存在'就等同于'金星存在'，这个事实（命题、'思

---

① Salmon, N., *Frege's puzzle*, Cambridge, MA: MIT Press, 1986.

想'认知信息片段）可以完全凭借反思获得，在扩展的意义上是一个逻辑真理。"①

关于专名的同一陈述是分析的，因为它们是形而上学必然的。萨蒙关于分析性的解释有几个问题：萨蒙在字面上追随了传统的解释，分析的就是先天的、必然的，但是他对必然性的理解是站在克里普克一边。借助必然性的两个区分，可以说，逻辑经验主义坚持分析的就是先天的、语言学意义上必然的；萨蒙坚持分析的就是先天的、事实上必然的。萨蒙的观点要成立，需要附加的论证，分析的命题如何就是事实上必然的命题，如何能够被先天把握？萨蒙也承认，只是在延伸的意义上分析命题是必然（逻辑）命题。如何解释延伸，萨蒙并没有一个原则上的说明。其次，如果分析性是可以用逻辑真来定义的话（见后面策尔塔的讨论），那么"晨星是暮星"这种同一陈述并非逻辑为真，因此不是分析命题。第三，萨蒙对同一命题的理解违反了一般关于先天性的直觉。他对这种直觉的拒斥在于区分了语义和语用两个层面，而关于语义和语用的区分本来就是一个非常有争议性的问题。

七　偶然分析命题为何逻辑为真

在卡普兰以前，哲学家打破了很多约定俗成的联系：康德打破了综合命题和后天命题的必然联系；克里普克打破了先天命题和必然命题的联系，蒯因打破了分析命题和综合命题的区分，但是他们都没有打破分析命题和必然命题的联系，也没有打破分析命题和先天命题的联系。要之，分析命题一定是先天的且是必然

① Salmon, N., *Frege's puzzle*, Cambridge, MA: MIT Press, 1986, p. 137.

的。反之并不成立，必然的不一定是先天的（后天必然命题）、必然的不一定是分析的（综合必然命题也即后天必然命题）。先天的不一定是分析的（先天综合命题）、先天的不一定是必然的（先天偶然命题）。但从分析性导出先天性，从分析性导出必然性是逻辑经验主义、蒯因、克里普克都共同坚持的。卡普兰要打破的正是分析性导出必然性这样的联系。"我现在在这儿"（I am here now）和"我存在"（I exists）并不是必然的，只是碰巧我就在这儿，或者碰巧我存在。如果一个命题不是必然为真，只是偶然为真，怎么能算作分析命题呢？卡普兰和一些人在必然真和逻辑真之间做了一个区分，我们通常认为分析命题是必然真理，这只是一个表面现象，事实上我们发现分析真理是逻辑为真的，碰巧逻辑为真的一些案例是一些必然真理（"单身汉是未婚男人"等等），依然存在一些命题是逻辑为真而非必然真理的命题是分析命题，如"我现在在这儿"。因此用逻辑为真来刻画分析性要比用必然性来刻画更好。如果用我在前述所提到的两种必然性概念来进行解释，会变得更加明显。

必然性可以理解为语言上的必然和事实上的必然两种：在克里普克之前哲学家（逻辑经验主义、蒯因）大致从语言的意义上理解必然性概念，这被称为必然真理的语言学观点：我们关于必然性的知识建立在我们关于意义或者约定的基础之上。一个命题之所以是必然的，是因为它是分析的。① 克里普克、普特南和

---

① 吉莉安·罗素（Gillian Russell）认为这种语言学版本的必然性概念受到了后天必然真理的严重威胁，很难得到合理的辩护。在我看来，这仅仅是对必然性作出了两种区分，后天必然真理并没有威胁到分析性和语言学版本的必然性概念。而且克里普克在行文中确实用了同一个词儿来表达两种不同的必然性概念。蒯因也不愿意在分析性的讨论中引入必然性概念，"因为必然真理是以分析性为前提的"。

卡普兰则从事实上理解必然性概念。因此卡普兰的偶然性分析命题，偶然性是事实的偶然性。在语言学的意义上，我现在在这儿是个必然命题。我总是指称说话者、现在指称说话者说出这句话的时间、这儿指称说出这句话的地点。不管如何，这句话根据意义（语言规则）必然为真。按照卡普兰的话，可以说"我现在在这儿"在特征（character）的层次上必然为真，在内容（content）的层次上偶然为真，前者是逻辑真，后者是事实真。因此卡普兰的偶然分析命题并没有颠覆传统哲学家关于分析性的定义。作出这个结论需要论证：分析真理并不是必然为真即可。策尔塔论证，根据逻辑真理、分析真理和必然真理的解释，存在逻辑为真的句子并非必然为真；存在一些分析为真的句子并非必然为真。[①]策尔塔认为同一陈述（晨星是暮星）是必然命题，但并非逻辑为真命题，因此不是分析命题。逻辑为真的命题是分析命题，但并非必然为真。

考虑 LA_1: $A3 \to 3$

3 是一个偶然陈述，A 是一个实际性算子。"如果实际上奥巴马是总统，那么奥巴马是总统"，奥巴马是总统可能为假，因为在另外一个可能世界奥巴马可能不是总统，但是这个命题并不是关于某个可能世界 W 的，而是关于实际世界的。问题在于论证 LA_1 是否逻辑为真。就实际算子的逻辑，有人区分两种有效性：普遍有效性（general validity 记为 GV）和真实世界有效性（real-world validity 记为 RWV）。两种定义都假定了模态逻辑的一个模型 M 是（W, Wa, V）的一个结构。W 是可能世界的一个集合，

---

① Zalta, E., "Logical and Analytic Truths That Are Not Necessary", *Journal of Philosophy*, Vol. 85, No. 2, 1988, pp. 57–74.

Wa 是可能世界中的一个优选世界，V 是从可能世界集到语言的每一个原子句的赋值函数。公式 3 在 W 世界中的真定义可以以标准的递归方式获得。

那么 RWV 概念通过模型中的真定义来刻画：3 在 M 中为真（M 语义蕴含 3），如果 3 在 M 中的某个优选世界 Wa 为真（M 语义蕴含 3 当且仅当 Wa 语义蕴含 3）。

GV 概念并不利用模型中真概念来定义，而是利用模型中的某个世界的真概念来定义：3 是 GV 如果对于每一个模型 M 和每一个世界 W（W 属于 W_M），3 在 W 中为真。

一个公式是真实世界有效的，如果对于每一个模型，它都在这个模型中的优选世界中为真。一个公式是普遍有效的，如果对于每一个模型，它都在这个模型的所有世界中为真。GV 涉及到模型中各种反事实世界的真概念。但是 RWVN 并不涉及到这种真概念。按照解释 3 在某个可能世界中为假，这样就是说 3 在优选世界为真，在其他非优选世界为假，与这种解释符合的是真实世界有效性概念（RWV）。模型中的真理概念如果能够对我们直观逻辑真概念起作用的话，那么承担这个角色就应该是 RWV。这就在逻辑真和在模型中真建立了一种密切联系。在策尔塔看来，RWV 刻画了一种真正的逻辑真理。虽然他区分了逻辑真理和必然真理，但是他却认为卡普兰的偶然分析命题"我现在在这儿"（称作卡普兰句子）并不是一个典型的偶然逻辑真理的例子。每一个真正逻辑真理是分析的，因为在严格意义上是依据意义而真的。但是"我现在在这儿"这个命题却不能仅仅靠意义确定其真值，必须依赖于说出的语境。卡普兰的分析性概念是一个拓展性的分析性概念，而非传统意义上的分析性概念。在这里需要考虑卡普兰句子、语境和确定真值之间的关系。卡普兰句子和说出的语境确实有一种依赖的关系，但卡普兰句子之为真并不取决于某个语境，如果说它之为真，必须依赖说出的语境的话，那么就必须存在卡普兰句子为假的情形，但是在任何情形下卡普兰句子都是真的。卡普兰句子有点类似"晨星是晨星"，它之为真独立于任何语境。如果要坚持这种依赖关系，策尔塔在根据意义为真和根据事实为真之间做了某种混淆。策尔塔没有理由断言卡普兰句子一定是根据事实为真的，卡普兰句子可以根据事实为真，也可以根据意义为真，如果是前者，它就是根据偶然的事实为真，这是策尔塔认同的；如果是后者，它就是根据指示词的逻辑必然为真，这是策尔塔所忽视的。

八　分析性直觉与综合性直觉

总而言之，对于哲学史上有关三对概念的不同看法，可以总结为一个简单的图表：

	分析真理	必然真理	逻辑真理
康　德	先天综合命题 先天分析命题	必　然 必　然	并非逻辑为真 逻辑为真
逻辑经验主义	先天分析命题 后天综合命题	必　然 偶　然	逻辑为真 并非逻辑为真
克里普克	先天偶然命题 先天分析命题 后天必然命题	不必然 必　然 必　然	并非逻辑为真 逻辑为真 并非逻辑为真
卡普兰	偶然分析命题	不必然	逻辑为真
博格森	认识论分析命题	必　然	并非逻辑为真
策尔塔	分析命题	不一定必然	逻辑为真

上述几位哲学家都同意分析与综合的区分，康德、逻辑经验主义和克里普克都承认存在先天分析命题，而且对这种分析命题采取一种必然性的理解，即分析的一定是先天的也一定是必然的。这可以归入博格森所理解的形而上学分析命题。卡普兰也承认先天分析命题，但是他并不认为这种分析命题是必然的，可以存在偶然的先天分析命题，这可以归入博格森所理解的认识论分析命题。康德对分析性的两种定义可以和博格森关于分析性的两种定义对应。普特南也承认分析和综合的区分，但他的分析性命题并不是哲学史上重要的命题。在这一点上他和蒯因没有什么不同。一旦对必然性进行区分，我们可以将分析性进行统一说明：第一，事实必然性，接受策尔塔关于逻辑真理、必然真理和分析真理的说明。承认逻辑真理是分析真理的一个子集，逻辑真理不一定是必然的、分析真理不一定是必然的。第二，语言必然性，接受逻辑经验主义者和克里普克对分析性的规定：分析的一定是先天的，进而是必然的。第三，事实偶然性＋语言必然性，卡普兰语句是偶然分析命题偶然的意义是事实上不必然；分析的意思是逻辑为真，进而在语言上是必然的。

大致说来，从康德到克里普克，哲学家对命题知识本性的理解有了大大深入。回想当初，康德提出的先天综合判断来说明数学知识、自然科学知识和形而上学知识的必然性，这种统一的解决相当富于独创性，但其困难是显然的。在他之后，弗雷格利用归纳定义提出了数学知识是先天分析知识，逻辑经验主义者将数学、逻辑命题理解为根据意义为真的命题。他们对表达科学知识的命题，利用可证实性原则来说明，自然科学知识命题必须是可证实的。逻辑经验主义者用这种区分将形而上学知识从知识的领域驱逐出去了。[①] 也许是过于强调数学和逻辑知识必然为真的性质，一些自然科学命题必然为真的性质并没得到足够的重视。克里普克和普特南从名字理论出发，对自然科学中的陈述给出了后天必然性的说明，解释了"水是 H_2O"，"金的原子序数是 79"等自然科学中的同一陈述是后天必然真理。克里普克从形而上学角度对必然性给出了新的解释。克里普克之后，萨蒙和博格森从认识论角度对分析性、必然性给出了新的解释；卡普兰和策尔塔则从语义学、逻辑的角度对分析性从而也对必然性给出了新的解释。在众多解释中，克里普克的后天必然命题和康德的先天综合判断遥相呼应，很有可能成为 20 世纪哲学史上的重要一章。

从先天和后天的区分来看，许多哲学家都认为哲学的主题具有先天必然性。经验科学建基于经验观察，哲学知识建基于先天直觉。大卫·帕皮纽[②]认为这个观点是错误的，哲学和自然科学一样都建基于后天经验。因此从分析和综合的角度来理解的话，我们可以问直觉知识是分析的还是综合的，这就会导致一个关于直觉知识的两难：

如果直觉知识是分析的，那么在哲学上就是空洞琐屑的，没有太多意思；

如果直觉知识是综合的，那么在哲学上就非常有趣，但却是不可靠的。

套用王国维先生对西方哲学的理解，可以说分析的直觉知

---

① 在这一点上，逻辑经验主义者和传统经验主义者如休谟是一致的，逻辑经验主义之为新经验主义在于对这两种命题知识给出了有效的解释。

② David, Papineau., "Against representationalism", *International Journal of Philosophical Studies*, Vol. 24, No. 3, 2016, pp. 324-347.

识可信却不可爱，综合的直觉知识可爱却不可信。如何理解直觉知识，是当代概念分析论者和自然主义者的关键性分歧。实验哲学家质疑直觉作为证据，概念分析论者回护直觉作为证据。双方似乎都忽视了一个更基本的问题：基于直觉的先天哲学知识是如何可能的？这个问题被忽略有很大原因是因为我们对分析和综合区分存在困难。分析和综合的区分给概念分析论提出了挑战，如果他们的直觉仅仅是涉及到那些先天平凡的真理，那哲学就提供不了有意义的东西。但是如果哲学直觉应该划归到综合领域，那么这样的哲学直觉导致的知识如何可靠又成为一大问题。因为概念分析论者要区分概念和经验，区分哲学和科学，就必须有一个确定的标准，这个标准在语义学上来讲就是分析命题和综合命题的区分。"目前的学界的主流立场接受二者的区分占主要立场，2013查尔莫斯等人做过一个哲学家各种哲学立场的问卷调查，关于分析与综合区分的调查，其中显示：哲学共同体接受区分占 64.9%，认为不存在区分的 27.1%；2020 年查尔莫斯等人又做了同样的调查，哲学共同体接受区分占 62.5%，认为不存在区分的25.8%"[①] 虽然也存在其他立场，但看得出来，认为存在区分的还是占了主流。概念分析学者认为存在区分，这个和实际的调查结果也是一致的，但是无法给出区分的标准，达不到概念分析学者的自我要求。蒯因式自然主义者否认存在这种区分，因此不用给出这种区分的标准，但问题在于这种区分的

---

① Bourget, D. & Chalmers, D. J., "What do philosophers believe?." *Philosophical studies*, Vol. 170, No. 3, 2014, pp. 465-500. Bourget, D. & Chalmers, D. J., "Philosophers on philosophy: The 2020 philpapers survey." *Unpublished manuscript*, 2021.

确为学术共同体接受，为此蒯因式自然主义者需要给出更多论证。面对这一问题，自然主义传统的实验哲学家可以做出如下回答：

第一，从人类认知世界、追求真理的角度出发，即便存在分析与综合的区分，这样的区分也是不重要的，处在认识的边缘位置。斯蒂奇在《理性碎片》一书中批评主流分析的知识论指出：像缸中之脑思想实验提出的关于外部世界的怀疑论、盖提尔对传统知识定义的反驳这些问题虽然在技术上有很大的讨论空间，但是都不能反映人类在认识世界中对知识的追求。真正重要的是人类在认知时的推理、选择和预测产生的系统性认知现象。例如，诺贝尔经济学奖得主丹尼尔·卡尼曼在《思考：快与慢》一书中所分析的人们在进行推理预测时产生的偏见和错误。例如，计算机图灵奖得主珀尔在《因果性》一书中寻找一个基于统计的数学模型用于发现真实世界中的因果关系。如果区分哲学的中心和边缘，那么自然主义哲学家会把人类如何进行推理、实际世界中的事件如何具有因果关联等等放在哲学的中心位置，而把那些仅仅需要概念分析、逻辑分析、诉诸直觉的问题如分析性等放在哲学的边缘位置。

第二，根据实验哲学的看法，如果直觉作为哲学的证据存在问题。那么依赖直觉做出的分析和综合的区分也是靠不住的。我们所认为的直觉知识也不能泛泛用分析和综合来进行区分。直觉知识来源于传统和训练。比如我们会直觉到一个事物和自身等同、也会直觉到事情一定会有前因后果，这都是人类认知世界获得的东西，缺乏这些直觉性知识，人类就不能存活下去。我们把这称作自然传统的话，那么自然传统就是先天综合知识的重要来源。哲学和科学的终极目标都是要获得关于世界的真实的有实质内容（综合）知识，对分析性知识的一个实际解释主要求助于认知科学而不是逻辑学。

第三节 从语义学到认识论——翻译不确定性论题

本节从认识论立场解读蒯因著名的翻译不确定性论题，认为此论证是一个有效的认识论论证，但最终并不能得出意义不是实体的形而上学结论；进一步说明为什么蒯因的意义理论是有缺陷的：这一缺陷不在于蒯因本身的理论，而在于我们缺少一个对意义理论的一般性量度——这是语言哲学迄今无法面对和解决的困难。

一 蒯因否定传统意义概念的基本策略

传统的意义概念认为语言的意义是柏拉图实体（弗雷格）或者心中的观念（洛克）。同时承诺理解或者翻译正是依赖于此意义观念。蒯因对传统的意义概念进行了反驳。在《经验主义的两个教条》前四节，蒯因通过否定分析和综合的区分进而否定了传统的意义概念。不存在可以非循环清楚定义的分析性，分析性概念没有了，意义概念也就失去了基础，这是从语义学入手否定了传统的意义概念。在《经验论的两个教条》一文的第五节、第六节，蒯因从认识论的角度否定分析性概念，最终意义的证实依赖于整体主义。

从认识论的角度否定传统的意义概念，这一策略贯穿到《语词与对象》。如上分析，蒯因对传统意义概念的否定有两个角度：

一个是语义学的，即在语义学上不存在传统所理解的意义概念；另一个是认识论的，即通过构建行为主义意义理论，来解释学习语言是怎么一回事。语义学论证的结论是否定的：不存在传统的意义概念；认识论论证的结论是肯定的：存在着新的意义概念（行为主义理论模式下的刺激意义、刺激同义）。

蒯因在《语词与对象》第二章，对传统意义的否定，体现了当代分析哲学的一个基本思路：构造一个与其竞争理论完全不同的理论框架，这个理论框架具有以下特征：它有其竞争理论所没有的优点，同时避免其所具有的缺点。蒯因从外部行为、刺激入手定义刺激意义、刺激分析性、刺激同义句等等，这些依托在他对场合句、观察句和恒定句的解释。这种分析没有借助传统的意义概念的任何资源，仅仅依靠语言行为，构建了完整的意义理论。

蒯因的行为主义意义理论面临几个问题：第一个问题是如何在行为主义意义理论框架之内有效说明翻译手册的不同，第二个问题是行为主义意义理论是否能真正的替代传统理论？本文第二节说明第一个问题，第三节说明第二个问题。我的结论是蒯因确实可以在行为主义框架内不借助传统的意义概念说明翻译手册的不同，但他作为替代理论尚需要传统的意义概念作为辅助概念，即使如此，仍然不能回答一个根本性的问题：语言的意义是怎么一回事？这是第四节的主要内容，在我看来这种不能回答有着深层的理由。

二　翻译手册的不同

蒯因在《语词与对象》中提出了翻译的不确定论题，当我们把一种语言翻译成另外一种与我们完全不同的语言①时候，我们实际上是需要构造一个从我们的语言和陌生语言之间的翻译手册，或者说是一部双语词典

> 我们可以用不同的方式编写把一种语言翻译为另一种语言的手册，这些手册全都符合所有的言语行为倾向，但彼此之间并不相一致。②

《语词与对象》第二章开始，蒯因就提出了上述论题，我把它称为翻译手册不同论题，包含以下几点：我们可以构建多种翻译手册、多种翻译手册之间可以彼此冲突或者不同、所有的翻译手册都与言语行为倾向一致。在讨论翻译手册不同之前，有必要说明蒯因的一个基本论断：蒯因否认存在所谓的意义的客观性，也否认有关于意义的事实，这是一个形而上学的论断。这个形而上学论断在蒯因的论证中起着重要的作用，它有时被当作前提，有时又被当作结论。至于蒯因在第二章中的论证是否最终导出这个结论，暂且不加考虑。如果不存在关于意义的事实，则对于何为正确、何谓错误就不存在一个规范的标准③。

---

① 对于语言来说，唯一可观察的就是言语行为，这是蒯因的一个基本信条："在心理学上，一个人可以是，也可以不是行为主义者，但在语言学中，人们没有选择。通过观察别人的言语行为，并让自己磕磕巴巴的言语行为被他人所观察、支持或修正，我们每一个人走这样学会了自己的语言。我们严格依赖于在可观察的场景中的公开行为"。Quine, W. "Indeterminacy of translation again", *Journal of Philosophy*, Vol. 84, No. 1, 1987, p.5.
② 翻译手册或者词典是真正翻译实践中需要的那种指南，还是一种理论化构建的理想化词典？这是一个比较困难的问题。
③ 这里的 compatible 和 incompatible 显然不在同一种意义上使用，当谈到 compatible 的时候，是说翻译手册和行为倾向是 compatible，当谈到 incompatible 的时

对翻译手册的理解存在两个问题：是什么导致了多种翻译手册？翻译手册的不同标准是什么？对前一个问题有两种可能的回答：第一，因为没有关于意义的事实，所以多种翻译手册在原则上是可能的；第二，因为指称的不可测知，允许多种翻译表示不同的对象，就只能导致多种翻译手册。第一种回答是条件句式的回答，如果没有关于意义的事实，那么原则上就存在多种翻译手册，这依赖于形而上学前提是否成立。第二种回答是认识论上的，翻译者无法识别指称。有一种通常的理解认为：由于蒯因的认识论论证不可反驳，因此存在多种翻译手册，不同的翻译手册的存在，也就导致了蒯因没有关于意义的事实结论。这是一种误解，没有理解到蒯因形而上学论断在蒯因论证中所起的复杂作用，认识论论证并不能直接导出此形而上学结论。对第二个问题也有几种可能的答案，"不同"可以解释为：语义的不同、语法的不同、记号的不同。

翻译手册的不同是语义的不同，也就是说意义不同保证了翻译手册的实质不同，这直接假设了蒯因所要否定的意义概念。持此论者或许可以退一步考虑此处的意义并不是传统所理解的那种作为实体的意义，而只是日常直观的非哲学含义的意义。我们对于这种意义有一个正确性标准和使用规范——不存在关于意义的实体，但存在着关于意义的使用。但这已违反蒯因对于意义的基本规定：既不存在关于意义的实体，也不存在关于意义的事实。

（接上页）候，是说翻译手册之间的 incompatible。翻译手册和行为倾向一致是什么意思？蒯因并没有给出翻译手册和行为倾向不一致的情形。是否我任意构造翻译手册都可以和行为倾向一致？似乎不存在翻译手册的正确性标准。〔美〕蒯因：《语词与对象》，陈启伟译，中国人民大学出版社 2008 年版，第 27 页。

直观的意义没有假设意义实体，但假设了关于意义的事实。因此，蒯因不能把翻译手册的不同解释为语义的不同。

翻译手册是语法的不同，但蒯因本人拒斥此种解释，在给出未能察觉翻译不确定性原因的第二个原因中，蒯因认为："人们把不确定性与一种更肤浅的想法混淆了，即我们不能指望会有一种独一无二的语法系统。各种语法理论可以有不同的语词切分法、不同的结构，而且必须有不同的翻译手册，则在整个句子甚至英语句子的翻译方面仍然获得有同样纯粹的结果。但我谈的是这种纯粹结果方面的差别。"① 也就是说在蒯因看来，语法不同所导致的翻译手册的不同，其实仍然具有同样的效果，因此并不是他所接受的翻译手册的不同。

翻译手册的不同是记法的不同，比如在 A 语言中一组对象命名为 x、y、z，而在 B 语言中同样的一组对象命名为 a、b、c。在 A 语言中，合取和析取为通常的记法，在 B 语言里采取相反的记法。这种解释的好处是，不需要假设传统的意义存在，也能在直观上解释翻译手册的不同。问题在于这种解释不符合蒯因对原始翻译场景的限定，原始翻译场景中土著人的语言和我们的语言非常遥远，除了知道土著人也有是和否的判断之外，我们无法猜测对方的语言使用方式。

在蒯因看来，我们可将 gavagai 翻译成兔子的一个年龄段、兔子肢体的一部分、兔群和兔性。在原则上我们不能排除任何一种可能的翻译。对于相同的外部情况产生了四种不同的翻译，这

---

① 是否不存在关于意义的事实就直接能推出不存在所谓正确性的标准，这是一个问题。他依赖于一个前提：即正确性是靠所谓关于意义的事实保证的。如果我们对于正确性采取另一种理解（后期维特根斯坦持有此种意义概念），则蒯因的结论并不可靠。

种翻译的不同并不仅仅在于记法的不同，而在于翻译者把不同的本体论承诺赋予了土著人，蒯因说："场合句和刺激意义是硬通货，词项和指称是我们概念结构的土特产。"[①] 在对这句话的注释14里，蒯因说罗素像卡尔纳普一样也没有注意到这个问题，即将一个无论如何确定的词用作场合句，都不能确定作为一个词项的外延。两个词的外延同一不能作为它们作为场合句的具有刺激同义性的充分必要条件，能保证刺激同义性的在于相同的外部环境。[②]

由于我们对土著人的完全无知（既对土著人的语言无知，也对土著人的本体论无知），只能猜测土著人的指称方式，而这种猜测没有一个所谓正确性的标准。注意，蒯因只是说不存在正确性的标准，或者说只能否认关于意义的事实，并不能否认意义实体。下面一段话是蒯因翻译不确定性具体的描述性论证：

> 我们无法区分兔子、某个年龄段的兔子、兔子肢体的某个部分、兔群和兔性等。这是不是仅仅由于我们对刺激意义的表述有缺陷？我们是不是可以略加一些补充成分，如手指、提问，从而解决前面的那种困难？如果可以这样，那么我们来看一看怎么做。你用手去指一只兔子，你指到的同时也是兔子的一个年龄段、兔子肢体的一部分、兔群和兔性。你用手指兔子肢体的一个部分，你所指的也还是这四个方面的东西；无论你指那个方面，结果都是如此。在刺激意义本

---

① 〔美〕威拉德·范·奥曼·蒯因：《语词与对象》，陈启伟译，中国人民大学出版社 2008 年版，第 73 页。

② 同上书，第 53 页。

身并无区别的东西不可能靠手指而有所区别，除非在指示的同时，你还可伴以是同是异的提问，"这只 gavagai 和那只 gavagai 是同一只 gavagai 吗"？"这里是一只 gavagai 还是两只 gavagai"？然而这些问题就要求我们的语言学家对这种土著语的掌握远远超过我们迄今到达的程度。[①]

当我们指称那个对象的时候，如果我们不知道土著人的本体论承诺，我们就无法在认识论上作出指称的分辨。当土著人说 gavagai 的时候，我们不知道他到底指称什么。所有的外部环境都是一样的，外部环境是唯一提供指称的线索，而这个线索确实存在多种解释的可能。因此我们无法给出所谓正确性的标准，从而导致多种翻译。从这个角度理解，翻译手册的不同在于本体论承诺的不同，在语言上则表现为记号的不同，这里记号的不同和本体论承诺是密切联系在一起的，不同的记号对应了不同的对象。如此并没有超出蒯因行为主义意义理论的规定。

上述讨论大致解释了翻译手册不同，但是蒯因的说法比不同翻译手册的解释要强，蒯因认为我们甚至可以构造出彼此不相容的翻译手册，即两种翻译手册存在冲突。两个翻译手册的不同和两个翻译手册的互相冲突是两个不同的概念。当断言手册的不同，如上所说，仅仅在于本体论承诺的不同和与之相关的记法的不同；如果两个翻译手册存在冲突，需要我们在翻译手册之上建立一个框架来说明互相冲突或者矛盾，也即是在不同的翻译手册中建立一个共同的标准来评价矛盾。有人提议用库恩的不可通约

[①] 〔美〕威拉德·范·奥曼·蒯因：《语词与对象》，陈启伟译，中国人民大学出版社 2008 年版，第 54 页。

范式来说明手册的冲突。如果两个翻译手册实质上不可通约，则可以断定两个手册冲突没有任何意义。但是，冲突的意思是说同样一个语言表达在一个手册中为真，在另外一种手册里为假么？显然不是，因为那仅仅是记号的不同。假设存在翻译手册甲和翻译手册乙。这两种翻译手册的语言由两种语言土著语言和英语组成。我们把翻译手册甲中的一个翻译对（"X"翻译成"狗"）或者一个规则引入到翻译手册乙中，如果导致矛盾则可以说这两个手册是冲突的。换一个说法，假设一个在翻译手册甲适合的翻译规则置换（而非直接引入）到翻译手册乙中，引起了内部翻译手册的冲突。如果在翻译手册甲中我们总是用"兔子不可分离的部分"来翻译 gavagai，而在翻译手册乙中，我们总是用"兔群"来翻译 gavagai，现在我们把这两个翻译规则互换，在谈论"兔子不可分离的部分"中用"兔群"来代替，在出现"兔群"的句子用"兔子不可分离的部分"来代替。根据翻译手册乙中可以得出以下句子：

1."兔群是可以分离的"。

根据翻译手册甲可以得出以下句子：

2."兔子不可分离的部分就是一只兔子"。

如果互换，这样可能会导致以下的矛盾句子：

3."兔子的不可分离的部分是可以分离的"。

4."兔群就是一只兔子"。

新的翻译手册导出的句子出现了矛盾，这样的翻译手册互相冲突的。冲突的根源在于指称的不确定导致的翻译规则的多样。当说两个翻译手册不同的时候，不同在于不同记号相关联的本体论承诺不同，当说两个翻译手册互相冲突的时候，冲突标准在于：如果翻译手册甲中的翻译规则代换到翻译手册乙中使得根据新的翻译手册乙所导出的句子产生矛盾则两个翻译手册是冲突的。采取这样一种解释，则蒯因并不因此假设了传统的意义概念，也能说明翻译手册的不同和冲突。

三 蒯因面临的三种反驳和回应

蒯因可以不借助传统的意义概念说明翻译手册和翻译不确定性问题，并进而通过对意义的行为主义解释建构一个新的意义理论：翻译者接受了外部环境的刺激，定义了观察句的刺激意义，进而定义了刺激分析、刺激同义等，最终解释了语言作为一门社会的技艺如何能够被习得。在极端翻译的场景下，学习者仅仅通过外部言语行为最终掌握了土著人的语言。与形而上学意义理论构建相反，蒯因采取了认识论的进路，从自然主义角度说明了学会一门语言是如何可能的。对蒯因的意义理论存在各种反驳，第一种反驳来自乔姆斯基和罗蒂 ①，他们认为蒯因并没有坚持这样一种类比：物理学并没有为试验证据所动摇而拒绝物理的实在论理解，蒯因也没有理由坚持外部观察证据的缺乏取消意义的客观性。第二种反驳认为不借助传统的意义概念，蒯因无法从观察句的意义最终构建出我们关于更高层次比如关于政治、理论等等的谈论。如果要构建出这些远离观察场合的语言，则我们必须借助于传统的意义概念。第三种反驳来自塞尔（Searle 1972），他认为蒯因的翻译不确定性论题是对行为主义的归谬，因为如果翻译

---

① Chomsky, Noam A., Linguistics and philosophy, In Sidney Hook (ed.), *Language and Philosophy*, New York University Press, 1969 ; Rorty, R., "Indeterminacy of translation and of truth", *Synthese*, Vol. 23, 1972, pp. 443-462.

是不确定的，那么根本无法构建任何意义理论。

对于第一种反驳，我认为他们实际上误解了蒯因，否定意义并不在于没有足够的证据来证明意义的存在。意义的客观性和外部行为证据属于不同的领域。由于认识不到意义从而否定意义的客观性，这是把认识论结论错用到形而上学的结果，蒯因并没有犯这个错误。对传统意义的否定，蒯因有三个方案：

1. 在《经验论的两个教条》里面，通过否定分析性，否定了传统的意义概念。

2. 通过行为主义意义理论构建了一个竞争理论。

3. 在 1 和 2 中蒯因实际上假设了我们根本就没有意义实体和关于意义的事实这样一个前提。

的确，翻译不确定性的存在似乎是对否定传统意义概念的一个论证，因此乔姆斯基认为蒯因是从认知证据的缺乏导致对意义的否定。但蒯因对传统意义的否证并不决定性地依赖于这个证明。实际上蒯因对传统意义的否定是他的预设，而不是他的结论。他也并没有在论证的含义上完全否定掉传统意义。这里涉及到一个方法论的问题，那就是完全对立的两种理论如何论证每一种理论的合法性：1. 揭示对方理论的模糊、矛盾、无效性；2. 构建竞争理论克服上述问题。但是，对模糊、矛盾、无效的判断都建立在自己的理论标准上，这种反驳只能是循环的。对传统意义的否定可以说是蒯因的前提，严格来说蒯因的不确定性论题和对传统的意义否定有点互为因果。但他给出来整套解释来支持了前述两个论题。乔姆斯基很难通过"翻译不确定性推出无客观意义"这种论证的无效来说明蒯因对传统理论否定的无效。

对于第二种否定，蒯因确实面临很大困难。他自己也承认：

当转到远离观察的语句时，刺激意义、刺激同义这些概念离翻译很遥远。"对于像单身汉那样的非观察句，刺激意义与可以合理叫做意义的东西没什么相似性。"（对于一些理论语句，由于其不属于场合句就不涉及刺激意义。蒯因认识到这种困难，他可以采取两个策略。第一个策略可以用建造大楼的例子来说明：我们建造大楼，首先需要打基地、做框架，最后开始填充材料、装潢修理。打地基和做框架是基本工作，只要地基和框架完成则整栋大楼原则上就建成了，后面的步骤都可以顺序完成。我们不能先填充材料、装潢，因为缺乏基本的框架。蒯因的刺激意义、观察句起着打地基、做框架的作用，一旦我们有了这些基本结构，则更高层次的东西就可以完成了。蒯因可以在打地基、做框架的层面上否定传统意义的存在，在填材料、装潢的层次上承认传统意义的存在。这种解释和传统意义的说明是不同的，传统的意义概念不再成为基本的作用而存在。当然这是对行为主义意义理论的一种弱化，但与蒯因的基本行为主义立场是一致的。蒯因的另外一个策略是可以诉诸"原则上"的主张。原则上也可以视为对策略一的补充。虽然蒯因无法实际从观察句的刺激意义最终构建理论的谈话，但蒯因可以说在原则上可以做到。和科学理论类比，也许我们现在无法探索到关于宇宙更多的真理，这并不意味着，原则上不可能，也不意味着因此就否定科学的进路。与此类似，虽然目前蒯因无法构建出关于高阶的理论谈话，但并不意味着存在原则的困难，更不意味着我们需要否定意义的认知进路。当然对于高端的意义如何有一个满足行为主义意义理论的标准，仍然很难具体处理。

第三种反驳是一种最容易想到的反驳，初读《语词与对象》，都会对翻译不确定性论题和行为主义意义理论之间的关系产生疑惑。一个很自然的想法，如果翻译的是不确定的，那最终如何获得行为主义意义理论？翻译是不确定的，意义似乎也就是不确定的。[①]塞尔认为翻译的不确定性就将得出"兔群"、"兔子不可分离的部分"这些表达在指称上没有区别，而这些区别是明显不过的一个事实。首先，塞尔犯了乔姆斯基、罗蒂同样的错误，翻译的不确定性论题只是一个认识论论证，得不出语义学或者形而上学的结论。如果翻译不确定性成立，那么我们就无法识别"gavagai"的指称。无法识别并不等于在本体论上没有区别。蒯因的论证具有一种迷惑性，他想要的是形而上学结论：不存在关于意义实体和关于意义的事实，但他的翻译不确定性论证却是认识论的。在《真之追求》中，蒯因说："翻译的不确定性所表明的是，作为语句意义的命题概念是站不住脚的。"[②]其次：翻译虽然是不确定的，但是在翻译实践中总是存在有效的翻译手册，尽管不同的田野调查家也许会有不同的翻译手册，但是并不妨碍获得有效的翻译手册，获得有效翻译手册的过程也就是建构行为主义意义理论的过程。

四 蒯因仍然面临的问题

即使成功回应了前述反驳，蒯因依然面临着一种根本性的反

[①] 有必要指出翻译不确定并不意味着没有翻译手册，当然更不意味着在翻译实践中无法获得最合适的翻译手册。另一方面，意义理论建构与翻译是否确定是两件不同的事情。我们对刺激和刺激意义的定义不涉及翻译不确定性的任何要素。在蒯因看来翻译的不确定性是一个事实。

[②] 〔德〕威拉德·范·奥曼·蒯因:《真之追求》，王路译，中国人民大学出版社2008年版。

驳，这种反驳类似心灵哲学中形而上学论者对物理主义的反驳。一个可以比较的版本是查尔莫斯在《有意识的心灵》一书对物理主义的反驳。此书开头对意识问题做了一个基本的区分，把意识问题分为容易问题（easy problem）和困难问题（hard problem），容易问题处理记忆、认知、联想、幻觉、情绪等等问题，但仍然存在意识的困难问题：自我意识（self consciousness），主体经验（subject experience），感受性质（qualia），成为某 x 对我来说具有怎样的感受（what it is like to be X）等等。我注意到，当谈及前一种问题是否可解，查尔莫斯用了困惑（puzzle），而对于后一种问题他用了谜（mystery）①。他承认当代认知科学的发展可以解决容易问题，甚至在原则上可以解决所有的容易问题，但这并不能解决他所理解的困难问题。相应的，我们可以把意义问题区分成容易问题和难问题。蒯因所建构的行为主义意义理论说明了人如何掌握或者学会一门语言这件事。但是他并没有也不能解释意义究竟是怎么一回事，究竟是什么使得语言就有了意义，当说理解了语言，我们究竟理解了什么等等。前者可以称为意义理论的容易问题，后者可以成为意义理论的难问题。蒯因解释了容易问题，而并没有解释难问题。蒯因也许会说，根本不存在难问题。一旦我们解释了容易问题，也就解释了所有的问题。但是传统意义理论并不认可这种回答，他们诉诸直觉和日常经验：所

---

① 当谈到容易问题的时候，"有很多重要的现象，并没有得到合适的理解，但是解释这些问题的特征是困惑（puzzle）而非谜（mysteries）"，当谈到困难问题的时候，"但是，物理过程为什么就能产生经验，为什么这些过程伴有经验状态，而不是在黑暗之中发生？这就是意识中最神秘的问题。"Chalmers, D., Consciousness and its place in nature, *Blackwell Guide to the Philosophy of Mind*, edited by Stephen P. Stich & Ted A. Warfield, Blackwell, 2003, pp. 102–142.

谓的意义的难问题是在直觉上就可以接受的。一旦涉及直觉则问题更为复杂，蒯因不能争辩说根本没有这样的直觉。

面对这个反驳，蒯因很难如前述三种反驳那样做出有效的回应。反驳蒯因论者可以考虑退后一步，只关注容易问题，具体考察蒯因是如何利用行为主义资源构建意义理论的，也即我们不妨接受以下观点：意义本质上就是认识论问题。蒯因的一组核心概念是刺激、刺激意义、刺激同义。"当我们试着把'兔子'和'Gavagai'等同使用时，使二者具有一致之处的是刺激而不是动物本身。"[1] 但是这里引出了新的麻烦：是刺激的外部状况参与了意义的构造，还是刺激本身参与了意义的构造？或者说是远端的对象还是近端的刺激成为意义的决定者？

蒯因对刺激意义的定义是："我们把类如 gavagai 这样的句子对于某个说话者的肯定刺激意义（affirmative stimulus meaning）定义为促使他表示同意的所有刺激的集合""我们把类如 gavagai 这样的句子对于某个说话者的否定刺激意义（negative stimulus meaning）定义为促使他表示同意的所有刺激的集合"因此"gavagai"和"兔子"之间的等同表述为：它们具有相同的刺激意义。[2] 这个定义似乎使得近端的刺激成为意义的决定者。

但考察蒯因的相关论述，发现他似乎在近端和远端之间摇摆不定。他多次强调我们关于观察句的报告并不是关于感觉材料的报道而是关于外部事物的报道。[3] 根据戴维森的观点，蒯因犯了一个范畴的错误，蒯因所提出的刺激意义所依赖的刺激本身或者

---

[1] 〔美〕蒯因，《语词与对象》，第 32 页。
[2] 同上。
[3] 同上书，第 44 页。

远端的对象和我们的意义概念属于不同的范畴，信念的证据只能是信念。我们不能用与意义概念完全不同的东西构造意义。分析性、同义性、意义等等这些概念之间的关系是逻辑的，而刺激和意义概念并不存在这样的关系，外在对象和意义概念之间也不存在这样的关系。塞尔批评直接指称论者，也提出过类似的反驳，直接指称论认为命题是由对象和表达对象的性质组成。比如命题"苏格拉底是一个哲学家"，则这个命题表示为（苏格拉底，是哲学家）。如果名字的意义仅仅在于对象，那么苏格拉底这个对象如何进入到命题里从而参与对于命题的构造，从而对命题的意义做贡献呢？蒯因是否真的就犯了范畴错误呢？关键在于如何理解蒯因的理论目标，叶闯曾指出"蒯因之所以在表述上很多地方有把感觉或刺激当作信念的证据之嫌，是因为他的理论不同于以往研究同一个问题的理论。他想通过信念如何达到，并如何获得支持来完成说明科学知识的证据的目标。"[1] 问题又绕回来了，关键在于蒯因对意义理论的说明采取了完全不同于传统理论的思路，不是对意义的特征和性质进行分析、描述和说明，而是通过意义之如何发生来说明意义问题。因此，如果始终坚持传统意义概念则始终无法理解蒯因的进路。

当然，也许可以退一步指出行为主义意义理论导致了一些不可接受的后果，比如怀疑论、相对主义。[2] 但最关键的是需要看

---

[1] 叶闯："站在近端与站在远端的两个蒯因"，《外国哲学》2004 年第 16 辑，第157 页。

[2] 这不是本节的重心，一个简单的理由是：任何理由都有可能导致一些荒谬的后果。比如数学实在论，我们需要面对如何认识数学对象的认识论难题。进一步，贝克莱的唯心论是荒谬的、刘易斯的可能世界是荒谬的、直接指称论也是荒谬的，荒谬并不是否定一个理论成立的理由。

行为主义意义理论本身是否存在不可克服的错误，接下来，我对反驳蒯因的三个论证给予了回应。

五　意义论与实验语言哲学

首先，翻译手册的不同可以利用蒯因系统内部的资源得到解决，而不需要求助传统的意义概念或者直观的意义概念。其次，翻译不确定性论题是一个认识论论证，它并不能直接得出不存在传统意义实体的形而上学结论。但是通过蒯因各个部分的论证（一般性的否定分析性概念、建构刺激意义和刺激同义概念等等），翻译不确定性论证确实支持了否定意义实体的结论。对蒯因的此类反驳在于错误的理解了蒯因的论证策略，以为翻译不确定性论题是否定意义实体结论的充分必要条件。实际上，否定了分析性，就已经否定了意义。再次，蒯因可以原则上解决容易问题，但仍然不能在原则上解决困难问题，这种不能解决是原则上的，但并不能因此将其完全视为对蒯因的一种有效反驳。抛开语言实践和语言直觉的证据，从自然主义意义理论和形而上学意义理论的一些基本预设和理论目标来看，双方论证前提是直接互相否定的，就如在心灵哲学中物理主义和各种版本的二元论之间的争论一样，很难有一个真正的答案。

蒯因所使用的 gavagai 是一个典型的思想实验，从实验哲学角度来讲，可以就这一思想实验进行设计为问卷调查。作为与蒯因同样处于自然主义传统下的实验哲学家，当然认同不存在意义实体。但是对于这个思想实验确有不同的考虑。思想实验的基础建立在指称的不可测知，或者说我们不知道土著的本体论是什么。也许我们真的并不能最终弄清楚土著部落的本体论，但是我们可以通过一些切实可行的测试来逼近真相。更根本的在于蒯因的行为主义意义理论需要升级，不管他如何构造一种不假设意义实体的意义理论，都面临无法回应前面提到的关于直觉的争论。蒯因的意义理论需要补充一个关于人们对意义直觉的经验解释。为什么人们具有一种关于"对意义的理解必须假设意义实体"的直觉？而不是具有和蒯因一样的自然主义直觉？

因此，蒯因的意义理论可能需要得到两种补充，第一种是斯蒂奇在《理性碎片》一书中指出的，需要用当代认知科学理论来升级行为主义意义理论（见其第二章），第二种是要对人们关于何为意义的直觉进行系统分析经验调查。从这两个方面能够修正蒯因的行为主义意义理论。但这不属于本书的任务。

第四节　指称、信念与理性

信念之谜是克里普克指称论的一个遗留问题，本节的主要任务是通过考察索萨的新弗雷格论证对信念之谜的解决，力图展示他对弗雷格意义的特殊理解以及所假定的笛卡尔意义原则、强理性原则的阐释存在诸多问题，从而表明新论证并非如他所期望的那样，能够成功回应了克里普克早已做出的反驳。本节结构如下：（1）给出信念之谜的基本描述，（2）总结其论证的策略，（3）进而解释克里普克的唯一描述反驳和索萨的回应，并提出对弗雷格意义的一般性理解，（4）在此理解下弗雷格主义和 H 原则并非不相容，（5）最后说明索萨所坚持强理性原则而放弃 H 原则的做法没有得到有效辩护，因此弗雷格主义和密尔主义都和 H 原则相容，而 H 原则确实导致了矛盾，所以二者之任意一种理论不

具有解释信念之谜的优先性。（6）最后简要说明实验哲学对信念
之谜的解决途径。

一　信念之谜

在《信念之谜》[①]中克里普克用一种巧妙的方式（归谬论证）
回应了对指称论的责难。但是，如果实验哲学对指称论的测试成
立的话，那么即使克里普克的解决方案是正确的，也不能实质地
维护因果历史指称论。如第三章指称测试所表明的，因果指称论
并非是一个普遍的理论，专名的指称受到文化等因素的影响。因
此，因果指称论本身具有其他的问题，不管解决与否，都不再如
我们所想象的那么重要。

但在本节我们从理性的角度去理解信念之谜，讨论对克里普
克的著名论文《信念之谜》的阐释、反驳及其回应，说明对《信
念之谜》一文观点的一种弗雷格式反驳并不成立：即使弗雷格主
义者使用与密尔主义相对立的弗雷格意义概念，同样导致克里普
克所提出的信念之谜。本节捍卫克里普克的基本结论：信念之谜
并不仅仅是关于名字的谜，它深刻地涉及到我们的认知状态，即
我们究竟该如何理解理性的问题。实验哲学对理性的理解或许为
信念之谜提供一种新的解决方案。斯蒂奇在《理性的碎片》一书
中，提出哲学的目标不是要去研究知识的定义、逻辑的悖论、怀
疑论这些纯粹概念的问题；而是要研究人们是如何认识世界获得
知识的，要研究推理、理性、决策、预测等一些实质的问题。信
念之谜是指称问题的一个理论后果，在重构并回应既有方案之

① Kripke, S., "A puzzle about belief", *Meaning and Use*, edited by Margalit, A., Dordrecht: Springer, 1979, pp. 239-283.

后，我们从实验哲学角度重申信念之谜。

在关于名字的语义理论中，弗雷格主义和密尔主义是互相竞争的两种理论。弗雷格主义主张：名字的意义为与名字所关联的描述所表达，进而名字的意义确定指称。与之相反，密尔主义（约翰·密尔《逻辑学体系》）主张：名字的语义学功能为名字所指称的对象所穷尽，即名字的意义就是指称。这两种理论都不乏支持者和反对者。其中，支持弗雷格主义的核心论证是著名的可替换性论证①，可替换原则主张：如果两个名字共指，那么共指名字就可在内涵语境下保真替换。假设名字的意义就是指称（密尔主义），一个正常的英语说话者琼斯满足通常的标准：把西塞罗和图利作为著名的罗马人的名字来使用（并不知道西塞罗和图利命名了同一个人）。即，由于缺乏相关的认知信息，使得琼斯不知道图利和西塞罗是同一个人，因此琼斯相信图利是秃的同时相信西塞罗不是秃的。显然，西塞罗和图利是共指名字，接受密尔主义，通过可替换原则就会得到：琼斯相信图利是秃的并且图利不是秃的。这是一个明显的矛盾，违反了直觉——因此密尔主义是错误的。弗雷格主义可以回避这种矛盾，根据弗雷格，内涵语境下间接指称成了通常的意义（指称转换），西塞罗和图利的通常的意义是不一样的，通常意义就是间接指称，因此他们的间接指称不同，就不是共指名字，不能使用可替换原则，从而回避了矛盾。这是弗雷格反驳密尔主义的可替换论证。

克里普克在《信念之谜》中所做出的论证反驳了上述传统的

---

① Frege, G., "Über Sinn und Bedeutung", Zeitschrift für Philosophie Und Philoso-phische Kritik, Vol. 100, No. 1, 1892, pp. 25–50.

可替换论证[1]，在新的论证中，导致矛盾的前提中并不出现可替换原则，而代之以翻译原则和去引号原则（稍后给予说明）。在克里普克看来：矛盾的真正原因不在于可替换原则，而在于更为一般性的原则，如翻译原则和去引号原则。通过归谬论证，克里普克间接捍卫了密尔主义的立场。

索萨（David Sosa）在他的文章《信念之谜之意蕴》[2]一文中，反驳了克里普克论证，重新捍卫了弗雷格观点。他认为无论在传统的可替换性论证中，还是在克里普克的新论证中，都假设了 H 原则：如果日常语言中的一个名字有唯一指称，那么这个名字就可以为唯一的逻辑常项所表达。H 原则直接假设了密尔主义，因此出现矛盾的原因还在于密尔主义。

首先借用一个影视作品中的例子。在电影《八毫米》中，主角侦探汤姆（方便记为 X，由尼古拉斯·凯奇扮演）和一个善良、规矩的医生 S 相处，在与其长期的邻居生涯中 X 相信 S 是善良的，（1）"X 相信 S 是一个好人"。在 X 调查一桩疯狂虐杀案过程中，他发现这个虐杀案的主角代号为机器（Machine），在这个虐杀行业中"机器"大名鼎鼎，嗜杀成性。他开始相信机器绝非善类，并进而相信机器是一个不善良的人，（2）"X 相信机器是一个好人"。实际上那个医生就是机器，机器在接受新指令的时候，就改换装束选择地点进行隐秘的虐杀试验。如果接受密尔主义（名字的意义就是指称），则需要接受可替换原则，

[1]　Kripke, S., "A puzzle about belief", *Meaning and Use*, edited by Margalit, A., Dordrecht: Springer, 1979, pp. 239-283.
[2]　David, S., "The Import of the Puzzle About Belief", *The Philosophical Review*, Vol. 10, No. 53, 1996. pp. 373-402.

将（2）中的"机器"替换成 S，因为机器就是 S，那么就得到（3）"X 相信 S 不是一个好人"。显然（3）和（1）矛盾，而一个理性的说话者是不能违反矛盾原则的，因此这个论证的前提密尔主义是错误的。这是一个非常流行的对密尔主义的反驳，我们把它称为弗雷格论证。克里普克则构造了另外一个论证。①

假设皮埃尔（Pierre）生活在巴黎，他从各种各样的经验中（书本知识或者口耳相传）获知有一个叫做"伦敦"的城市非常美丽，他断言"伦敦是美丽的"，进而相信伦敦是美丽的，在这里使用了去引号原则：如果 S 真诚地（Sincerely）（真诚地意味着排除了虚假、伪装、反讽等类似的东西）断言了一个句子 P，那么他就真诚地相信这个句子 P，也即（4）皮埃尔相信伦敦是美丽的（这里的伦敦是 Londers，皮埃尔在这个情景中是用法语来习得相关知识的）。后来皮埃尔移居伦敦，不借助母语直接学习英语，由于他居住在伦敦一个贫民窟，生活的地方肮脏混乱。他周围的邻居（英语说话者）把这个地方叫做"London"，他会倾向于说："伦敦是不美丽的"，并进而相信伦敦是不美丽的，也即：（5）Pierre believes that London is not pretty。如果接受翻译原则（句子 S 为真，则它在任何语言中的翻译都为真），则（4）可翻译为如下句子（6）Pierre believes that London is pretty。（6）和（5）显然矛盾，因此这个论证的前提存在问题，此论证只涉及去引号原则和翻译原则，并没有假设密尔主义（名字的意义就是指称）——因此我们没有理由责难密尔主义。我们把这个对弗雷格论证的重构，称作克里普克论证。弗雷格论证的步骤是假设密尔观点导致接受

---

① Kripke, S., "A puzzle about belief", *Meaning and Use*, edited by Margalit, A., Dordrecht: Springer, 1979, pp. 239–283.

可替换原则导致矛盾，因此密尔观点是错误的；克里普克论证的步骤是不假设密尔观点，接受通常的翻译原则和去引号原则，导致同样的矛盾，因此问题不在于密尔观点。这种对弗雷格论证的反驳并不是直接反驳前提、推理过程或结论，而是重新构造一个论证来反驳。克里普克论证的结论是：导致矛盾并不必然需要以密尔观点为前提。而弗雷格论证导致矛盾必然以密尔观点为前提，在这个意义上克里普克论证构成了对弗雷格论证的反驳。

二　索萨的论证策略和三道堤坝的建设

在阐明索萨论证之前有必要说明弗雷格论者和密尔论者的论证策略，最为关键的一点是：争论的双方如何解释名字理论和信念之谜之间的关系。在弗雷格的那篇著名文章《意义与指称》里他所提出的指称理论可以解释这样一个困难，因为两个名字的意义不同，所以不用接受可替换原则。密尔主义者无法做到这一点。克里普克运用归谬论证，说明这样一个困难也可以从其他前提导出，因此困难与名字理论没有必然的关系。

关键的分歧在于：弗雷格论者认为困难和名字理论直接相关，而密尔论者则认为困难和名字无关。究竟是因为错误的名字理论导致了困难，还是因为与名字理论无关的其他因素比如心理的、语用的，或者其他的原则（翻译原则、去引号原则、信念闭合原则）导致困难？索萨在这一点上追随传统的弗雷格主义者，认为这个困难和特定的名字理论相关，他在克里普克《信念之谜》之后捍卫一种新弗雷格立场。索萨采取了如下论证策略：首先，他和克里普克一样运用了归谬论证，指出并非去引号原则和翻译原则导致困难，而是 H 原则导致了困难。其次，他指出 H

原则直接假设了密尔主义，因此困难与密尔主义相关。再次，H
原则与弗雷格意义不相容，按照修改版本的 HM 原则，弗雷格意
义不仅与 HM 原则相容，而且能够解决信念之谜。最后，索萨考
虑到了克里普克可能的一个反驳——弗雷格意义同样导致信念之
谜——并给予了回应。

　　我们先把最后一点提出来稍加考虑，克里普克在《信念之
谜》中提出：即使说话者知道了两个名字拥有共同意义，说话者
依旧识别（recognize）不了指称，因为识别不了，所以导致信
念之谜。这是一个决定性的反驳——如果索萨无法回应这样的反
驳，则他的正面提议就不是有效的。可以退一步来考虑克里普克
的反驳，假定克里普克承认密尔主义导致困难，则克里普克要论
证的是弗雷格主义也能导致困难，无论是公共的弗雷格意义还是
个人的弗雷格意义都会导致困难，尤其是著名的唯一描述理论也
会导致困难（唯一描述理论认为，每一个名字都有唯一与其相关
的描述，这个描述唯一的确定了名字的指称）。如果此种描述理
论依然导致信念之谜，则密尔主义并不是导致信念之谜的唯一原
因。总结一下克里普克在《信念之谜》中的论证，他实际上论证
了 I：导致困难的原因并不是可替换原则以及随之假设的密尔主
义。II：去引号原则、翻译原则导致了困难。III：弗雷格意义理
论（唯一描述理论）一样导致困难。在 I 论题上克里普克和索萨
是一致的。对于 II 论题索萨认为导致困难的真正原因不是翻译原
则和去引号原则，而是 H 原则（以及随之假设的密尔主义）。对
于 III 论题，索萨认为克里普克在这里犯了错误。根据他的解释，
唯一描述理论不可能产生信念之谜。问题的关键就在于如何看待
唯一描述理论是否导致信念之谜的解释。做一个形象的比喻来

说明克里普克论证和索萨反驳的关系：假设克里普克论证是一场
突发的洪水，如果索萨能够成功的做好防汛工作，则克里普克的
论证对于弗雷格论证毫发无伤，索萨顺利建造了两道堤坝，第一
道：密尔主义是信念之谜的罪魁；第二道：必然导致密尔主义的
H 原则，与弗雷格主义无关。他成功的建造了两道堤坝堵住了洪
水，现在只剩下最后一道缺口：弗雷格主义（唯一描述理论）也
能导致信念之谜。如果索萨没有成功的建筑第三道堤坝来堵住这
道缺口，则他将前功尽弃。我将要论证的是索萨并没有堵住最后
一道缺口，而且他也没有堵住第二道缺口，最终也没有堵住第一
道缺口。接下来第三小节主要考察索萨是如何没有堵住最后一道
缺口的，第四小节主要考察索萨是如何没有堵住第二道缺口的，
第五小节试图表明即使第一道堤坝，索萨也是在毫无根基的情况
下建造的，最终无法阻挡克里普克论证的洪流。

三　唯一描述理论导致的困难

克里普克关于唯一描述理论产生困难的论证 [1] 大致如下：假
设与"伦敦"这个名字唯一联系的描述（意义）是：英国 [1] 的首
都。因此说话者 P 在英语的语境中学到了伦敦的意义：英国 [1] 的
首都，后来他又在法语的语境中学到了伦敦的意义：英国 [2] 的首
都。在英语中的英国和在法语中的英国是两个不同的记号。对
于处于认知局限状态下的说话者 [2] 来说，英国 [1]（这里的英国是

---

[1] Kripke, S., "A puzzle about belief", *Meaning and Use*, edited by Margalit, A., Dordrecht: Springer, 1979, pp. 239-283.

[2] 尔有涯，知无涯，人总是局限的认知者，在认知能力和认知范围上，总是局限的，但局限的认知者和理性的认知者并非冲突，一个局限的认知者可以是一个理性的认知者。

英国的英语名称）和英国[2]（这里的英国是英国的法语名称）是两个不同的名字，这两个记号代表两个不同的国家。英国[1]的首都和英国[2]的首都这两个语言表达都可以在英语中来表述，英国[2]是一个法语名称。我想这是可以允许的，一个语言可以允许外来语在自己的语言中出现，尤其是这两种语言都属于同一个拉丁语系。让我们设想某个说话者，他掌握了两种语言——法语和英语，但他没有掌握一个语言事实（与之相关的语言事实），即在法语中所学的英国这个词儿和在英语中所学的这个词儿指称同一个对象。这是可能的。譬如，对于一个不了解中国 20 世纪文学史的人可能不知道周树人和鲁迅是同一个人。一个双语者（汉语和英语），他未必知道 Mencius 和孟子是一个人。如果我们对这两个记号用唯一描述进行一步的确认，则这个描述里面又包含着专名，以至于说话者总是把代表同一个对象的两个不同的记号认作代表不同的对象。因此，尽管说话者把同一个意义联系到两个不同的名字上，但说话者并不知道这就是同一个意义。最终说话者相信伦敦[1]是美丽的并且伦敦[2]是不美丽的。即便对于在同一个语言中的同音同形名字，这样的困难同样产生。比如，在克里普克另外一个例子中，有一个叫"Paderwski"的人，Paderwski 的唯一描述是什么呢？例子中是一个音乐家、是一个政治家都不是他的唯一识别描述，假设他的唯一识别描述为：X 的父亲。我们可以通过对 X 指称的确定，来确定 X 父亲的指称。稍加考虑就会发现这个例子和伦敦的例子本质上相同，把 X 这个同音同型的名字识别为代表两个不同对象的名字，因为 X 可以分析为 $F(Y)$，而说话者在 Y 上发生识别错误，进一步说话者会对 Y 产生同样的问题，Y 可以分析为 $G(Z)$。如此推演直到最底端的名字。

　　替代伦敦的唯一描述最终会化为纯粹的描述么？假定克里普克和索萨都相信最终我们会达到这样的一个包含纯粹描述的底层。但如果唯一识别描述最终变为纯粹的描述，那能唯一识别对象么？在我看来，所达到的底层描述必然包含着带有专名（罗素意义上的逻辑专名）的描述，唯一识别描述最后似乎可以化成这样的形式 F（G（H（…this or that…）)），描述的知识最终还原成关于亲知的知识。我们关于亲知的知识总会产生错觉①，因此，最终即使对于同一个对象，我们也会产生错误的判断，以至于认为两个名字所代表的同一个城市是两个不同的城市，也许这种认识失误才是信念之谜的根源。据克里普克，由于我们总是在下层产生这种误解，因此原则上没有办法排除说话者把两个名字当做两个不同对象的可能性，信念之谜必然出现。唯一描述理论产生信念之谜的问题被转化成如下问题：如果最终我们无法达到纯粹的描述性质，那么信念之谜必然产生；如果最终我们确实达到了纯粹的描述性质，那么就不会产生信念之谜。克里普克的结论是否定的：最终我们不能达到最终的纯粹描述性。针对克里普克的上述阐释和结论，索萨做了四点批评：

　　第一，克里普克混淆了语言表达和语言表达所描述的性质之

---

① 准确的说法应该是我们总会对于认识作出错误的判断，原则上我们并不能消除这样一种可能性。比如当我看到一个人，但由于其他因素的影响我可能作出错误的判断：琼斯在大树底下乘凉。实际上是另外一个外形和琼斯很相近的人在大树底下乘凉。我们没有把这个人正确的识别为琼斯。萨蒙关于识别失败的理解和这也有相似之处。只是萨蒙并不需要进行这样分析直到最底层的纯粹描述，他是描述理论的反对者，因此他把识别失败归到和名字直接相联系的对象上而不是和名字间接相关的对象上。

间的区分，即在语义学和形而上学之间存在区分，虽然我们不能获得关于名字的纯粹描述表达，但并不意味着不存在纯粹的描述性质。

第二，克里普克对于是否能够达到最终的纯粹描述性质持有怀疑态度，而索萨则认为可以达到纯粹描述的性质。他接受了罗素对共相的观点：承认可以亲知共相。

第三，从不可分辨的形而上学原则（如果两个对象分享所有的性质，则他们就是一个对象）可以唯一确定同一个对象。

第四，亲知并不能导致私人性。

索萨的第一个批评是对的，他看到了语义学和形而上学的区别，但这种正确有一定的限度，克里普克的确不能从语义学推出形而上学的结论，从而认为不存在纯粹描述性质的结论，但索萨也不能论证一定可以存在纯粹描述性质。因此，索萨对纯粹描述性质的论证只可能来自认识论本身，所以索萨接受了罗素的亲知共相的论点，也就获得了这样一个支持性的结论：一个认知者可以亲知纯粹的描述性质（共相），共相不是私人化的东西，所以亲知也就不能导致私人性。[①] 索萨的四点批评中，三点（一、二、四）实质地依赖罗素关于亲知的观点，如果我们不接受罗素关于亲知的观点，则这三点批评就不成立。

更重要的还在于索萨的第三点批评：索萨认为如果两个对象不可能共享不同的性质，我们就可以在任何语境下把他识别为同一个对象。这是关于意义的笛卡尔原则：如果我知道两个

---

① David, S., "The Import of the Puzzle About Belief", *The Philosophical Review*, Vol. 10, No. 53, 1996. pp. 373-402.

名字的意义，我就能断言这两个名字所代表的对象是否同一。^①
这个原则混淆了语言实践中一个通常的区别：语言表达式本身
确定指称和说话者通过把握特定语言表达式的意义来识别指
称。当我说"北京市最高的人"，那么这个表达式就指称北京
市最高的人，无论这个人是谁，只要他最高，他就满足这个表
达式，并为这个表达式所指称。也许张三站在我们面前，而他
实际上就是北京市最高的人，可我依然不能知道这一点，尽管
北京市最高的人 = 张三，我也充分把握了这两个语言表达式的
意义，但我仍然不知道北京市最高的人就是张三。确定指称完
全属于语义学范围之内，个体的认知差异不会造成确定指称的
区别，而识别指称却相当依赖于认知差异，如果要识别指称，
不仅需要把握表达式的意义，而且需要相关的背景，才能识别
指称。为了理解表达式本身确定指称，我们可以用克里普克在
《语义学指称和说话者指称》中的区分加以说明，当我们站在法
庭上听到法官宣判某个杀人犯死刑的时候，我们会说：杀死比
尔的凶手真是凶残，也许这个时候站在被告席上的犯人并不是
真正杀死比尔的凶手，而只是个替死羊，那么"杀死比尔的凶
手"这个语言表达式指称那个真正杀死比尔的凶手，而不管他
是否在场，这是在语义学指称的涵义上谈论的。虽然我们可以
就这个表达式的指称（杀死比尔的凶手）进行谈论，但我们并
没有识别这个指称。在另外一个意义上，我们就是在用这个表
达式来指称当下在场的那个假冒的犯人，这是说话者指称。当
说话者能够识别指称，意味着语义学指称和说话者指称等同。

---

① Boghossian, Paul A., "The status of content revisited", *Pacific Philosophical
Quarterly*, Vol. 71 (December), 1990, pp. 264-278.

比如，我们中有个人知道杀死比尔的凶手不在法庭，而躲藏在某个城市，他会说："杀死比尔的凶手还逍遥法外。"这个陈述中"杀死比尔的凶手"说话者指称和语义学指称是等同的，在一定程度上说话者识别了指称。识别指称本身是个比较复杂的问题，可以区分为弱识别和强识别。所谓弱识别指称，指说话者虽然没有见到对象，但确实知道某些人的说话者指称对象并非真正关涉的对象。比如，法庭中那个知道杀死比尔的凶手逍遥法外的人，虽然他没有亲见凶手，但确信法庭上的犯人并非真凶。强识别指称则强调说话者和被指称的对象有一种直接的关系，比如亲见到凶手，或者听到凶手的言谈等等。在信念之谜中，涉及的主要是强的识别，皮埃尔确实住在伦敦，和伦敦有一个直接的关系。

伦敦的唯一描述是"英国的首都"，从语义学上来看，英国的首都就唯一确定了伦敦，而对于特定的说话者，他在不同的场景中获得了同一个唯一描述的两种不同的语言表达，最终支撑两个不同语言表达的认知经验也是不同的，这最终使得他总是把英国[1]和英国[2]当作两个不同的国家，从而把伦敦和 Londers 也当作两个不同的城市。

我认为，我们可以从语义学和语用学的区分来解读有关确定指称与识别指称的区别。在关于意义的理解中，存在如下两个方面否认语义学意义：一方面，存在与名字相联系的描述所表达的意义，这些描述所表达的意义构成一个封闭的集，虽然我们对这些集究竟有多少元素并不清楚，但这样一个封闭的集在语义学上确定了名字的指称。另外一方面，存在说话者意义：说话者在特定的语境下所把握到的意义，这个意义可以是语义学意义的一个部分也可以不是它的一部分。[1]需要强调的是：我的这个区分虽然受到格莱斯关于："说话者意义"和"句子的意义"的区分启发，但并不相同。这种区分确实是一个普遍存在的语言学事实，为多数语言哲学家所接受。区分语义和语用是一个相当困难的问题，如何给出一个界限和标准是当代语言哲学的核心难题。著名的使用论者如维特根斯坦会否定这种区别，认为不存在所谓独立的语义学意义，这种思路来自于他更为广阔的关于语言游戏和生活形式的看法。维特根斯坦以及牛津语言哲学家让大家看到了语用在意义理论中的重要作用。但大部分语言哲学家都在语义和语用二分的框架下处理语言哲学问题，他们甚至追求一种稳定的语义学，比如卡普兰所著《自足的语义学》[2]一书，就是为一种最小的语义主义辩护；而一些直接指称论者如萨蒙和索姆斯名字的语义值限定为对象，从而维护最小的语义学，同时把弗雷格的描述意义放入语用的层次加以考虑[3]。直观上，有一些语言表达脱离了具体的语境，仍然具有意义，如卡普兰在《指示词》[4]一文中所论及的指示词"我"这个词在任何语境下都指称说话者，"明天"在任何语境下都指称今天的后一天，等等，他们的特征在语境中不变，内容在语境会发生改变。当笔者在说"我"的时候，指称

---

[1] 很多人都从不同的角度作出过这样的区分，比如格莱斯"说话者的意义和句子的意义"。

[2] 〔美〕赫尔曼·开普兰，厄尼·利珀尔：《自足的语义学》，周允程译，译林出版社 2009 年版。

[3] Soames, S., *Beyond Rigidity*. Oxford: Oxford University Press, 2002.

[4] Kaplan, D., "Demonstratives: An Essay on the Semantics, Logic, Metaphysics and Epistemology of Demonstratives and other Indexicals", *Themes From Kaplan*, edited by Almog, J., Perry, J. & Wettstein H., New York: Oxford University Press, 1989, pp. 481-563.

的是作者本人；当成龙在说"我"的时候，指称的是成龙。当笔者今天说"明天"的时候，明天指的是 2018 年 11 月 15 日。当笔者昨天说"明天"的时候，明天指的是 2018 年 11 月 14 日。一个语言表达式本身具有意义和他在具体语境中获得不同的意义确实有这样一个区别。这个区别为当代的语境论或反语境论证所扩大和缩小，但大体都承认这样一个基本的区别。

　　确定说话者意义和语义学意义的区别有助于我们更好的回答索萨对克里普克"唯一识别描述论证"的反驳。类似"英国的首都"这样的唯一描述，如果作为语义学意义，那么它就可以唯一的确定对象伦敦，作为说话者意义，则它不能保证说话者在具体的语境下就能识别出这个对象。一般而言，语义学意义独立于把握对象的说话者，正是存在语义学意义才使得说话者关于同一个对象可以获得不同的说话者意义。弗雷格的意义有的时候是指前一种，当他在论证意义是一个客体，为不同的说话者所把握的时候；弗雷格意义有的时候也指后一种，当他在提出意义就是把握指称的方式，同一个指称有不同意义的时候（尤其是著名的《意义与指称》注释 2）。我所提出的意义的区分，对弗雷格意义有一种替代作用，但我并不期望，这种区分会解决语义学中的其他问题，我只是想指出，至少对于信念之谜，这种区分是有益的。对于同一个名字，它的语义学意义是固定的，说话者意义随着不同的说话者而改变，名字 A 和名字 A 的说话者意义根据不同的说话者是不一样的。比如孙中山，他的语义学意义是固定的，也许有人会问什么是它的固定的"语义学意义"？ 这问的是如何找出孙中山的语义学意义固定集合。这种疑问存在一个基本的混淆：即语义学和认识论的混淆。虽然我们给不出语义学意义的固定集合，但并不意味着就不存在语义学意义的固定集合。对于同一个名字，语义学意义始终如一，但说话者意义因人而异。对于共指名字（如，西塞罗和图林、鲁迅和周树人），语义学意义不同，说话者意义也不同。若接受这样一种大致的区分，则弗雷格的著名宣称（意义就是确定指称的方式）便在两个层次上都成立：在说话者层面，不同的说话者凭借不同的说话者意义识别了同一个对象；在语义学层面两个共指名字用不同的语义学意义确定了同一个对象。把所谓变化的（变化指弗雷格意义随使用语境变化）弗雷格主义和不变的（不变指弗雷格意义不随使用语境变化）弗雷格主义纳入到一个框架中，给予解释。这个框架对于解释信念之谜起着关键的作用。

四　唯一描述理论与 H 原则

根据上一节的讨论，我们得知存在一个合理的区分：与名字相联系的描述所表达的意义和与说话者使用名字时联系的意义，有学者用公共的意义 [1] 和私人的意义 [2] 刻画这个区别。有人可能会说不管怎样，描述总是关于具体人的描述，不管怎样还是说话者意义。但是必须指出与名字相联系的描述所表达的意义是语义学意义的一个子集，可能和说话者意义重合，会让人以为就是说话者意义。存在语义学意义的子集和说话者意义重合的情况，克里普克在论及说话者指称中，也谈到说话者指称和语义学指称的

[1]　May, R., "The Invariance of sense", *The Journal of Philosophy*, Vol. 103, No. 3, 2005, pp. 111-144 ; Perry, J., "Frege on demonstratives", *Philosophical Review*, Vol. 86, 1977, pp. 474-497.

[2]　Perry, J., "Frege on demonstratives", *Philosophical Review*, Vol. 86,1977, pp. 474-497.

重合情况。虽然确实存在重合情况，但并不意味着说话者意义和语义学意义之间没有一个合理的概念区分。

　　克里普克在语义学意义的立场上来理解弗雷格意义（唯一描述理论），索萨在说话者意义的立场上来解释弗雷格意义。是什么促使克里普克在语义学的立场上理解弗雷格意义呢？在克里普克看来，在说话者的立场上理解弗雷格意义的话，会导致语言的不可交流，即每一个说话者的语言都是完全不同的。这一点是索萨所忽略的。从语义学意义理解，则意义不会发生变化。（参见第二章第一节对意义不变性论题的阐述）一个名字的语义学意义在任何情况下都不会发生改变。根据这个新的解释来理解原则H：如果日常语言中的一个名字有唯一指称，那么这个名字就可以为唯一的逻辑常项所表达。在 Sosa 看来，日常语言中的名字存在着歧义，如果同一个日常名字在不同的语境下有着不同的意义（歧义），名字就可以为不同的逻辑常项来表达。弗雷格主义者不用假设 H 原则，弗雷格歧义（对名字给予不同的表达或者缩略）将矛盾陈述合理的解释为 F(a)&-F(b)，而密尔主义者只能接受 H 原则（名字的意义就是指称），导致矛盾：F(a)&-F(a)，M（密尔主义在本文简称为 M）是 H 的充分条件。有人指出，只需要论证 M 是 H 的充分条件就已经足够了，也许其他原则是 H 或者说是信念之谜的必要条件。① 但 M 是充分条件这一点至少是说明了 M 原则本身就是有问题的，因为同时弗雷格主义并不是信念之谜的任何条件。

　　但是根据名字的语义学理解，日常语言的名字本身不存在歧

①　Taschek, W, "Would a Fregean Be Puzzled by Pierre?", Mind, Vol. 96, 1987, pp. 101-104.

义（只是被说话者使用的时候才存在歧义），名字的语义学意义是一个封闭的集合。我们可能因为不同的获知方式而获得对同一个名字的不同意义，但名字的语义学意义是确定的，并不依赖于说话者，这是一种柏拉图式的语义学，采取了和维特根斯坦、新实用主义者们所不同的进路。[①]另外一种版本的意义实在论（意义只存在某个特定的语义系统）辩护见叶闯所著《语言、意义与指称》。

　　因此如果站在语义学立场上，弗雷格主义也是 H 原则的充分条件；只有站在语用学的立场上，弗雷格主义才不是 H 原则的充分条件。这里涉及对弗雷格意义本身的理解问题，如果把弗雷格意义理解成索萨所认为的那样，则弗雷格意义不会产生信念之谜，如果把弗雷格意义理解为梅（他主张意义是公共的客体，我们从不同的角度获得不同的交流意义，交流意义的不同不能说意义本身不同）所坚持的那样，则弗雷格意义和密尔主义一样，产生信念之谜。[②]索萨站在语用学的立场上，而梅站在语义学的立场上。反驳者可能会说：即使假设不变的弗雷格立场，依然不会假设 H 原则，如果加入弗雷格意义，则名字就不能为唯一的逻辑常项所表达，因为名字就有了两个不同的语义学范畴：意义和指称。这需要有两个不同的逻辑常项来刻画，因此弗雷格主义不蕴含 H 原则。这个反驳看到了 H 原则的表面问题，但并没有注意到问题的实质，即：H 原则想表达的是，同一个名字总是为不变

[①]　著名语言学家卡茨（乔姆斯基的学生）就是意义的实在论者，见其所著《意义的形而上学》。

[②]　May, R., "The Invariance of sense", *The Journal of Philosophy*, Vol. 103, No. 3, 2005, pp. 111–144.

的逻辑常项所表达，而非同一个名字总是为同一个逻辑常项所表达。只有不变才是出现矛盾的根本原因。如果不变，则这个逻辑常项是一个或者两个或者三个都是允许的，也是琐屑无关的。

我们可以稍微修改一下 H 原则为 H（m）：如果日常语言中的一个名字有唯一指称，那么这个名字就可以为不变的逻辑常项所表达。①可以看到 H 原则就是 H（m）原则的逻辑后承，而 H（m）原则与弗雷格原则是相容的，弗雷格主义者和密尔主义这都可以接受 H（m）原则，在论证中起到关键作用的 H（m）原则对两种语义理论都是中性的。

五　非逻辑、理性与实验哲学

上一节所讨论的问题明显存在于日常语言中两个共指的名字中。比如"西塞罗"和"图林"，"伦敦"和"Londers"，"超人"和"克拉克"。我的观点是：对于代表同一个对象的两个名字，H 原则也许是要被假定的，但是并不意味着一定要假设密尔主义，如上节所述，H 原则在同样的意义上蕴含弗雷格原则。

但是对于同一个名字呢？（同音同型的名字）考虑一下克里普克那个关于 Paderwski 著名的例子。（P）Peter believes that Paderwski has musician ability and Peter believes that Paderwski has no musician ability。表面上看来，这似乎是一个明显的悖论，而不涉及任何特定的语义学原则，索萨认为如果持有这样的矛盾信念就是非理性的，因此他一定要把这样的矛盾命题通过弗雷格歧义解释为非矛盾的。在这样的解释中，索萨假设了很强的理性原

---

①　不变在这里指在任何语境下几个逻辑常项的合取都是不变的，逻辑常项本身无所谓变或不变。

则：如果一个人相信矛盾命题，就是非理性的。索萨认为 P 的矛盾就在于论证者假设了 H 原则所必须假设的密尔主义；如果持弗雷格立场，我们可以按照弗雷格歧义把这两个名字解释成具有不同的意义，或者就是两个不同的名字，因此不会产生矛盾。正如我在第三小节指出的那样，索萨混淆了语义学意义和说话者意义，所以才会认为弗雷格意义可以逃脱这一责难。出现矛盾的原因也许在于假设了 H 原则，但 H 原则如上述论证，对于两种理论是中性的。

现在来仔细看看索萨的强理性原则，这个矛盾是字面意义上的，即 P 和非 P 的矛盾。一个相信矛盾的人就是非理性的么？如何解释理性人持有矛盾信念这样一种日常的经验现象呢？布朗用刚学习初等逻辑的学生犯逻辑错误来为这种矛盾做辩护。[①] 如果接受强理性原则，就只有求助特定的弗雷格意义才能解决这样的难题，信念之谜与说话者相关，用说话者意义的不同来解决这一困难。但是，克里普克的唯一描述理论（可以是语义学角度的也可以是说话者角度的）所做的论证已经显示，我们无法有意义的使用任何弗雷格意义（无论是语义学还是说话者角度的）来解决信念之谜，而且使用其中一种意义也需要以抛弃弗雷格意义的另一个维度为代价。如果接受弱的理性原则：即使 S 持有矛盾信念，S 仍然是理性的。我们就可以求助与认知者相关的种种因素来解释这种合理性，这也正是为索萨所反对的密尔主义者进路。

我们可以把这个难题再推高一层，问题就会更明显。假设我们泛泛承认弗雷格意义可以解释信念之谜，在 Peter 之外有

---

① Braun,D., "Illogical, But Rational", *Noûs*, Vol. 40, No. 2, 2006, pp. 376-379.

一个旁观者 Jones，他清楚地知道 Paderwski 是同一个人，也即 Paderwski 是 Paderwski，则有 Jones believes that Peter believes that Paderwski has no musician ability 和 Jones believes that Peter believes that Paderwski has musician ability。的确 Paderwski 对于 Peter 有不同的说话者意义，可是对于 Jones 则并没有不同，两者的说话者意义和语义学意义重合，求助变化的弗雷格意义是无济于事的。这个新的难题提示我们，任何特定语义学理论都无法解决信念之谜。[①] 斯蒂芬·谢弗 [②] 曾经用这个难题来反驳萨蒙的解释，在《弗雷格之谜》一书萨蒙中认为当我们相信一些命题的时候，我们是在不同的伪装（Guise）下相信某些命题的。想象这样一个故事，比如老张认识一个人小马，小马是某大学学习计算机视觉识别的研究生，他总是戴着黑框眼镜，骑着一辆自行车，小马天性温和善良。因此老张会认为小马是一个好人，并相信这样一个句子"小马是一个好人。"后来老张到海南工作，街头出现了一个杀人狂，经常半夜偷袭路人，大家发现的唯一踪迹是这个人丢了钱包，上面显示他的名字是小马，于是大家会谈论杀人恶魔小马，老张碰巧听到了，但他相信此小马非彼小马。有天夜里，老张出去买啤酒在街上目睹了一场劫杀案，凶手就是经常出没杀人的小马。老张发现这个小马是一个坏人，但不认为他是以前认识的小马。他会说"这个小马是一个坏人。"他很清楚

---

① 这需要一个较强的假设即：这个新的信念之谜与经典的信念之谜没有本质区别。因为我只考虑了信念之谜的语义学解释，而在语义学视角下的两个谜是一样的，即他们都无法用弗雷格意义或者任何名字理论来解释，因此这个假设可以得到辩护。

② Schiffer, S., "A problem for a direct-Reference Theory of Belief Reports", *Noûs*, Vol. 40, 2006, pp. 361-368.

意识到作为好人的小马和作为坏人的小马是两个不同的人，但是事实上是作为好人的小马经历了种种麻烦最终变成了一个杀人狂。老张并不知道这个事实。当老张相信小马是个好人的时候，小马带着好人所具有的伪装；当老张相信小马是个坏人的时候，小马带着坏人的伪装，老张的问题是没有识破这些伪装。按照信念的传统分析，老张相信命题（小马是个好人）是老张和命题之间具有一种二元关系。按照伪装的分析，老张和命题之间就具有一种三元关系。老张总是在某个伪装下相信某个命题，或者说老张总是以某种方式相信某个命题①。而在上述例子P中，说话者并不是以不同的方式来把握同一个命题。

谢弗的结论和我的结论不太一样：在我看来，这个论证的结论之一是无法用伪装的不同来解释信念之谜，结论之二（我的推论）是弗雷格意义不能用来解释信念之谜，不管采取哪种立场来理解弗雷格意义。萨蒙和布朗从不同的角度对谢弗的批评给予回应②，指出信念闭合原则（如果S相信P并且P蕴含Q，S就相信Q）是导致信念之谜的原因。虽然解决方式不同，但一个人持有非逻辑信念依然是理性的这样的弱理性原则是他们和我所共同坚持的。因此，即使如萨蒙等密尔主义者接受H原则，也不意味着，我们就违反了理性；而一旦索萨放弃了强理性原则，则他的整个论证就不成立。如果他要坚持强理性原则，他就要诉诸一种特定的弗雷格意义理论，而否定其他弗雷格意义理论的可能性，索萨无法对自己的弗雷格理论给出完整的解

① Salmon, N., *Frege's puzzle*, Cambridge, MA: MIT Press, 1986, pp. 111–112.
② Salmon, N., "The Resilience of Illogical Belief", *Noûs*, Vol. 40, 2006, pp. 369–375; Braun, D., "Illogical, But Rational", *Noûs*, Vol. 40, No. 2, 2006, pp. 376–379.

释。他所坚持的强理性原则也违反了日常的语言实践，所以在文中他也很坦率地承认自己对于强理性原则没有特别有力的理由给予支持。麻烦还在于：正如弗朗斯（Bryan Frances）所指出的，无论是接受强理性原则还是接受 H 原则，弗雷格主义者和密尔主义这都要付出理论代价。[①] 索萨接受了强理性原则，放弃了H 原则，而萨蒙则放弃了强理性原则接受了 H 原则。索萨不得不求助于弗雷格歧义，萨蒙则不得不求助于伪装。前者把信念之谜与特定的语义学理论关联起来得到解释，而后者则借助于语用因素来解释信念之谜。但正如我所论证的，利用特定的名字理论来解释信念之谜是没有出路的——因为信念之谜中假定的原则是中性的语义原则。

　　一个人可以具有非逻辑的信念集但仍然是理性的，布朗的这个观点是非常合理的。他的解决方案和当代认知科学、实验哲学、心理学的思路是一致的。当代认知科学表明，绝大多数人经常在生活中做出逻辑上错误的推理。以卡尼曼在《思考：快与慢》第 15 章的琳达案例为例：假设有一个琳达女士，她 31 岁，单身，是一位直率又聪明的女士，主修哲学。在学生时代，她就对歧视问题和社会公正问题较为关心，还参加了反核示威游行。那么她最有可能的身份是下面那个呢？琳达是银行出纳；琳达是银行出纳，还积极参与女权运动。将这问卷发给受试者，结果有85%—90% 的大学生选择了第二个选项，这显然有悖逻辑，因为琳达是银行出纳的概率显然远远高于她即是银行出纳又是女权主义者，一个简单的维恩图表明积极参与女权主义运动的银行出

---

① Frances, B., "Defending Millian Theories", *Mind*, Vol. 107, 1998, pp. 703-728.

纳的集合包含在银行出纳的集合之中。人们在实际生活中更多运用直觉推理而非概率推理，这是一种典型的合取谬误，通过比较人们总认为两个事件（银行出纳和女权主义者）的联合出现要比只出现其中一件事（银行出纳）的可能性要大。即使在被告知错误进行反思时人们仍然愿意选择合取事件而非单一事件。也许人们在认知世界时，需要的是更多的实质的信息而非单纯正确的信息。我们在分析性一节讨论过帕皮纽的两难，分析的知识虽然正确但却是无聊的、没有认知价值的信息；综合的知识虽然不太可靠，确实提供了有认知价值的信息。从自然主义出发，我们当然接受具有认知价值但是不太可靠的综合知识，并在实践中去进一步纠正。

在对信念之谜的解决中，不管是索萨还是萨蒙，都把强理性原则作为一个标准。尽管他们之间有区别，但都是属于概念分析传统，都寻求概念的逻辑重要条件，不管是他们自己作为论证的主角还是他们通过思想实验构造出来的主角，他们都认为这个主角是一个完全具有理性推理能力的人，接受强理性原则。他们和克里普克一样，认为信念之谜对于直接指称论是一个极大的威胁。然而，倘若正如以丹尼尔·卡尼曼为代表的认知科学家，以斯蒂芬·斯蒂奇为代表的实验哲学家，以尼斯比特为代表的社会心理学家所发现的那样，人类的理性推理能力，实际上是具有缺陷的。那么克里普克及其后继者就会转而接受弱理性原则，从而削弱信念之谜对直接指称论的威胁。

实验哲学在两个方面对直接指称论/因果历史论提出了改正：第一，通过对哥德尔测试的经验调查表明因果历史直觉并非普遍，指称的因果历史论只是一个局域理论，削弱了其理论的普遍性。第二，通过对信念之谜中所依赖的理性原则的分析，表明虽然因果历史论有问题，但如果放弃强理性原则，坚持认知科学所理解的弱理性原则，那么描述论对指称论的这一批评可以被弱化，在这一个意义上修补了因果历史论的漏洞。总的来说，在因果历史论的正反两个方面，实验哲学都可以进行实质的改进。

第三编

反思实验哲学方法

第五章

概念上的方法论反思

实验哲学与其他哲学例如心灵哲学、知识论、伦理学等其他哲学分支不同，通常被归为元哲学领域，也被称为哲学方法论。主要原因在于实验哲学主要是一种研究方法的变革，从传统分析哲学主张的概念分析方法转向了经验调查方法。概念分析法主要诉诸前提所依赖的直觉，实验哲学则是要对直觉进行心理调查测试。本章首先回顾梳理了当代分析哲学的主要方法如：逻辑分析、概念分析和经验分析等。逻辑经验主义是运用逻辑分析和科学证据的典范，但后逻辑经验主义的哲学越来重视概念分析、日常语言分析，因此特别重视概念分析所依赖的哲学直觉。本章第二部分批评了当代分析哲学中的概念分析学者对专家直觉的维护，利用已有的经验调查表明专家直觉作为哲学论证的证据是有问题的。但直觉作为证据这一方法是不是就必须被抛弃？本章最后一部分指出了把直觉作为证据的一个可能途径，利用直觉和知觉的类比来说明直觉作为证据的合理性，这在一定程度上维护了概念分析方法，不过这种维护是建立在实验哲学基础之上的。

第一节 当代分析哲学方法

分析哲学是 20 世纪初期兴起的一种哲学思潮，时至今日成为当代世界哲学的主流。分析哲学所使用的方法也成为当代哲学研究的典范方法。顾名思义，分析哲学方法的关键是分析。根据研究方法的不同，一般将分析哲学与其他哲学，如现象学、中国哲学等区分开来。大致来讲，分析哲学有两种分析方法：概念分析、经验分析。概念分析是传统哲学的主要方法，在 20 世纪分析哲学中概念分析转换为语言分析。这是因为哲学经历过一个语言转向，哲学家把对世界的探索转换为对表达世界的语言的研究。这种转向要通过对语言结构的分析来重新理解哲学问题。分析哲学家中对语言结构的理解存在着两种不同的路径，第一种是把语言结构理解为深层的逻辑结构。第二种是把语言结构理解为其反映了人类生活的经验，日常语言本身就是分析的基础。前者主张对日常语言进行逻辑分析，后者主张对日常语言进行用法考察。

一 语言分析

我们首先来看语言的逻辑分析学派。主张对语言进行逻辑分析并非分析哲学的首创，亚里士多德创设的三段论逻辑、主谓逻辑就是对语言的逻辑分析，但自亚里士多德以来，我们对语言结构的理解没有发生实质变化，基本上都停留在亚里士多德的理解层次上。但是 19 世纪末期发生了一个巨大的变化。逻辑学家弗雷格开创了一套新的逻辑系统，在《概念文字》一书中，弗雷格发明了一种新的逻辑，这套逻辑在罗素和怀特海合著的《数学原理》中得到发扬光大。弗雷格和罗素发现自然语言背后有一套不同于自然语言的逻辑结构。亚里士多德的逻辑其实是对日常语言的一种形式化理解，并没有背离日常语言的基本特征，比如日常语言中的很多表达都是主谓结构，因此他发明了主谓逻辑。但是弗雷格和罗素的新逻辑与此不同，它完全从一套新的逻辑来理解日常语言。比如对于主词的分析，本来主词是指称世界的一个名字，根据新的逻辑变成了一个函项，对于任意 X 或者存在某一个 X 如何。语句之间的联接可以用一些逻辑连接词代替如（并非、或者、要么），运用推导规则来生成其他语句等。通过新逻辑的刻画，我们似乎就可以消除很多传统哲学问题。

1905 年罗素发表了《论指称》一文，这篇文章被誉为逻辑分析的典范。我们日常的主谓表述，如"司各脱是《威弗利》的作者"、"金山不存在"、"当今法国国王是秃头"等等，现实中并不存在当今法国国王，按照传统主谓逻辑，似乎隐含着法国国王的存在。罗素利用现代逻辑技术解决了这一问题，在他看来，所谓"当今法国国王是秃头"这样的语言陈述，可以被分析为如下句子：

1）存在一个 x，x 是当今法国国王。

2）对任意一个 y，如果 y 是当今法国国王，那么 y 就是 x。

3）x 是秃头。

我们可以写出"当今法国国王是秃头"的逻辑形式：

"$\exists x[(Kx \,\&\, \forall y(Ky \to x=y))\,\&\, Bx]$"（谓词 K 表示"是当今法国国王"，B 表示"是秃头"）。

因此我们并不需要对主词的所指进行断定，这就解决了本体论长期纠缠不清的问题。语言表述的背后是否承诺什么实体的存在，关键在于句子真正的逻辑形式是否承诺实体的存在。我们对日常语言陈述进行一种改写或翻译成形式化语言陈述。通过改写或翻译，我们发现原来的本体论问题被消解了。根据这种方式可以处理很多传统的哲学问题。罗素似乎是第一个把逻辑分析说成一种方法的人。在他后期的一本自传中，他写道："自从我抛弃康德和黑格尔的哲学以来，我一直寻求通过分析去解决哲学问题；并且我依然相信，唯有凭借分析才能取得进步。"他说，由此达到的进步与伽利略在物理学上所引发的进步属于同一类型。①所以罗素甚至在《我们关于外在世界的知识》一书中断言，"逻辑是哲学的本质"。将逻辑分析进行到底的是罗素的学生和信奉者卡尔纳普，卡尔纳普是维也纳学派的主要成员，一生致力于用形式化的办法解决哲学问题。在《通过语言的逻辑分析清除形而上学》一文中卡尔纳普认为：

> 现代逻辑的发展，已经使我们有可能对形而上学的有效性和合理性提出新的、更明确的回答。应用逻辑或认识论的研究，目的在于澄清科学陈述的认识内容，从而澄清这些陈述中的词语的意义，借助于逻辑分析，得到正反两方面的结论。正面结论是在经验科学领域里做出的，澄清了各门科学的各种概念，明确了各种概念之间的形式逻辑联系和认识论联系。在形而上学领域里，包括全部价值哲学和规范理论，逻辑分析得出反面结论：这个领域里的全部陈述全都是无意义的。这就做到了彻底清除形而上学。②

---

① 〔芬〕冯·莱特："分析哲学：一个历史性批判的概述"，陈波、韩林合《逻辑语言：分析哲学经典文选》，商务印书馆2005年版，第10页。

② 〔德〕鲁道夫·卡尔纳普："通过语言的逻辑分析清除形而上学"，陈波、韩林合《逻辑语言：分析哲学经典文选》，商务印书馆2005年版，第245页。

　　在卡尔纳普以及维也纳学派成员看来，我们仅仅有两种真正的陈述是人类的知识，一种是根据意义为真的陈述——分析陈述，如数学、逻辑和语义陈述；一种是根据事实为真的陈述——综合陈述，如科学中的一些报道陈述和规则陈述。分析陈述的真假由它所在的形式系统来确定，综合陈述的真假依赖于经验可证实，通过经验观察方式获得其陈述的真假。如果一个陈述既不是根据意义为真的，又不是证实为真的，那么这个陈述就没有任何意义，在卡尔纳普看来形而上学陈述就是这样的陈述，是应该消除的。

　　卡尔纳普不仅用逻辑分析方法消除形而上学，他还正面利用逻辑分析技术建构自己的哲学，这体现在他的三部曲中：《世界的逻辑构造》（1928）①、《语言的逻辑句法》（1937）、《意义与必然性》（1942）。当时欧洲哲学的重心是认识问题，即如何利用逻辑分析建构关于世界的认识系统。对认识系统的逻辑重构需要确立一个基础，在维也纳学派之前马赫提出了把要素作为分析的起点：

---

①　卡尔纳普的思想不乏追随者，纽约大学哲学系查尔莫斯在 2011 年出版的新著《构造世界》（*Constructing the World*）的序言中就表示，他这本书是在追随卡尔纳普的《世界的逻辑构造》，要为形而上学建构一种认识论，可以称之为认识论的形而上学（epistemology of metaphysics）。在全书导论中，查尔莫斯谈到他和卡尔纳普哲学的关系："在很多方面，卡尔纳普都是本书的英雄。就像其他 20 世纪的逻辑经验主义者一样，他经常作为一个巨大研究项目的失败者而被忽略。但是我倾向于认为卡尔纳普在根本之处的正确要大于错误。我并不认为他都是对的，但我认为他的很多观点都被严重低估了。你可以把我的这个著作视作对这一点的确证。本书书名和卡尔纳普 1928 年的著作《世界的逻辑构造》非常接近。本书标题听起来也是自己都觉得很荒谬。我不是在真的构造世界。但是你可以把本书理解为是在完成卡尔纳普计划，为世界构造一个蓝图，或者至少为蓝图构造一个蓝图。更为具体来说，本书的目标就是明确描述世界的结构，采取一种从基本真理推导出所有其他真理的方式。"

马赫的本体论建立在如下基础之上：对某种程度上说来是中立的要素采取了一种透视的解释。据此，根据不同的看待方式，要素既可被看作物体，也可被看作感觉。如果我们从这个角度看待关于物体和精神的同一性理论，那么尽管心理描述完全不同于物理描述，但是心理过程恰恰就是脑过程。如此，则认为一种看待方式优于另一种看待方式，就没有多大意义了。①

按照认识优先的原则，作为构造一切其他对象的基本要素，是不经过任何中介而被直接经验到的东西，哲学家将其称为所与或与料（The Given）。马赫将感觉等同于所与②，罗素将感觉材料等同于所与③。受到格式塔心理学的影响，卡尔纳普不同意上述思路，他认为最初的直接的所与不是一个个原子式的离散的感觉要素，而是一种"作为总体和不可分的单元的经验本身"，这种经验称之为"原初经验"："原初经验应当是我们构造系统的基本要素。前科学知识和科学知识的其他一切对象都应该在这个基础上构造出来"④

从认识优先的原则出发，卡尔纳普把原初经验（心理的）作为构造系统的基本要素。但是在《世界的逻辑结构》第 59 节，卡尔纳普也提出了另外一种可能性：

---

① 〔奥〕鲁道夫·哈勒：《新实证主义》，韩林合译，商务印书馆1998年版，第44页。
② 〔奥〕马赫：《感觉的分析》，洪谦等译，北京，商务印书馆1986年版。
③ 〔英〕罗素：《哲学问题》，何兆武译，商务印书馆2007年版。
④ 〔德〕鲁道夫·卡尔纳普：《世界的逻辑构造》，陈启伟译，上海译文出版社1998年版，第8页。

如果我们不要求构造的次序再现对象的认识次序，那么我们就还能有其他的系统的形式。由于所有精神对象都可还原为心理对象，而所有心理对象都可还原为物理对象，我们就可以把系统的基础放在物理的对象域中。我们可以把这种系统形式称为"唯物主义的"，因为这种形式的构造系统与唯物主义观点是特别接近的。不过重要的是要把一种理论的逻辑构造与其形而上学的方面区分开来。从构造理论的逻辑观点看，对科学唯物主义没有什么可反对的地方。科学唯物主义关于所有心理对象和其他对象都可还原为物理对象的主张是正确的。至于形而上学唯物主义超出这一点的主张即认为所有心理过程按其本质来说都是物理的，除了物理的东西之外没有任何东西存在，构造理论和一般（理性）科学则既不提出也不否定。"本质"和"存在"（就此处所指的意义而言）在构造系统中没有位置，而且这已经表明它们是形而上学的了。①

对于卡尔纳普来说，把心理要素还是物理对象作为基本要素取决于我们的理论旨趣。我们也可以采用一种从物理对象开始构造系统的办法不管在现象主义时期还是在物理主义时期，卡尔纳普都没有一个把原初经验或者物理对象当作实在的形而上学立场，他始终把逻辑结构当作理论建构的核心，甚至可以根据逻辑建构来规定基本要素。一个科学认识理论的结构是由逻辑给出的，这是卡尔纳普最为核心的想法。

① 〔德〕鲁道夫·卡尔纳普:《世界的逻辑构造》，陈启伟译，上海译文出版社 1998年版，第108—109页。

在《语言的逻辑句法》一书中，卡尔纳普不仅仅局限于经验主义认识论的逻辑构造，而是把逻辑分析当做哲学的核心内容，在他看来，我们的"维也纳圈"以及一些旨趣相近的团体（在波兰、法国、英国、美国，甚至在德国）产生并逐渐形成了如下信念：形而上学不会产生任何具有科学特征的断言。这些哲学家的部分工作在其本性上是科学的——不包括通过经验科学得到解决的经验问题——由逻辑分析构成。逻辑句法的目标是提供一个概念系统（语言），这种系统可以精确表述逻辑分析的结果。通过对科学陈述和概念的逻辑分析，科学的逻辑取代了哲学，科学的逻辑就是科学语言的逻辑句法。

逻辑分析对于新的哲学来说具有本质的作用，可以说没有逻辑分析就没有新哲学。在同书的第五章，卡尔纳普将这种看法推到极致。撇开具体科学的问题不论，关于语句、词项、概念、理论等科学的逻辑分析成为了真正的科学问题。我们把这所有的问题称为科学的逻辑。根据这种观点，哲学排除了所有非科学的元素，只存在科学的逻辑。然而，在大部分哲学探究中，科学和非科学元素之间的区分是相当不可能的，因此我们倾向于说科学的逻辑占据了曾经混乱不堪的哲学问题的地位。是否将"哲学"或者"科学的哲学"作为其代名词，目前只是权宜之计而没有定论。"科学的逻辑"这个词项可以在宽泛的意义上来理解，可以作为指称纯粹逻辑和应用逻辑的词项；也指对科学之为一个整体进行的逻辑分析。科学的逻辑就是句法，它对哲学研究的实践形式有着重要的影响。

运用逻辑分析方法处理哲学问题，甚至把逻辑分析当做唯一的哲学主题贯穿了卡尔纳普的一生。蒯因也继承了逻辑分析的方法，尽管他在两个重要维度上（分析与综合的区分和还原论）反驳了逻辑经验主义，但是他保留了逻辑经验主义的基本精神，接受逻辑分析作为哲学中的主要方法。蒯因的自然主义认识论思路，可以被概括为经验分析方法，我们将在经验分析一节中讨论。

维特根斯坦的《逻辑哲学论》是逻辑分析的经典之作。事实上，正是他吸收改造了弗雷格和罗素的逻辑分析思想，并激发了卡尔纳普等人对逻辑分析方法的深入应用。据称《逻辑哲学论》在早期分析哲学的地位犹如《圣经》。但就在逻辑分析学派将维特根斯坦的部分思想进一步拓展时，维特根斯坦本人却逐渐怀疑并放弃直至反对这一主张。

维特根斯坦在出版了《逻辑哲学论》一书之后，认为自己终结了哲学。于是他回到奥地利在一个乡间小学教书，通过教孩子识字和编写识字读本，他慢慢发现以前关于语言的看法是有问题的。30 年代他重返剑桥，开始酝酿这种新的想法。简单来说，维特根斯坦认为，语言本身并没有更深的结构，我们需要对日常语言的种种用法进行分析，才能达致对哲学问题的理解。这些想法最开始出现在课堂的讲稿《蓝皮书》、《棕皮书》里。后来他为了避免他人对自己的误解开始撰写《哲学研究》的手稿，在《哲学研究》中"语言的意义就在使用之中"这一看法得到全面展开。

维特根斯坦的前期开创了一个逻辑分析学派，他的后期哲学思想开启了一个日常语言分析学派，其中奥斯汀、塞尔、格赖斯都是倾向于日常语言分析，他们三者之间也有差异，暂取奥斯汀对感觉材料语言的批判加以说明。奥斯汀是通过语言分析来批判感觉材料理论，他试图让读者看到："我没有直接看见猪"、"我看到实在的猪"这些说法都是荒谬的，在日常语言中根本不会出现，二者恰恰是感觉材料理论建立的关键。在批评艾耶尔关于实在（real）一词用法时，奥斯汀总结说："在着手说明一个词的用法的时候，只考察它实际用在其中的极少一部分上下文而不认真考察其他的上下文，这总是一种致命的错误。"① 通常我们的哲学理论都从日常经验、日常语言中生长起来，因此奥斯汀从对日常语言的分析入手，企图从根子上摧毁建立哲学理论的想法。

二 经验探索

分析哲学方法虽然和西方哲学传统中的方法有所不同，但是其精神却一脉相承。语言分析是对传统概念分析的承接，经验探索也是对传统科学研究的承接。因为在传统学问中，哲学和科学是紧密交织在一起的。例如，在心身问题上，笛卡尔对松果腺的解释依赖于他对动物的解剖。休谟《人性论》一书的副标题是"作为在道德领域中引入推理的实验方法的一项尝试"，但在关文运先生的中译本中被删去了。

分析哲学除了注重语言分析，更注重自然科学发展对哲学的影响，甚至用自然科学的结果或方法来改造哲学。蒯因作为分析哲学的主要代表人物，除了逻辑分析之外，他接受自然科学的引导。在语言的意义问题上，他认为外部的刺激是获得语词意义的唯一方式，蒯因在批评《世界的逻辑结构》一书时，写道：

　　但是为什么所有这些创造性的再建构使我们信以为真

---

① 〔英〕约翰·奥斯汀：《感觉与可感物》，陈嘉映译，华夏出版社 2010 年版，第 290 页。

呢？对一个人感官接受器的刺激是一个人获得关于世界图像的全部证据。为什么不看看这种建构实际上是如何可能的？为什么不停留在心理学上？[①]

　　在蒯因看来，认识论是心理学的一章，因此蒯因的认识论不是一种概念分析的认识论[②]，而是一种自然化认识论，自然化的思路是当代分析哲学一个主流趋势，借助自然科学来研究哲学，被称为自然主义。其中作为方法论的自然主义认为：科学方法是认识事物的最可靠的方法，没有优于科学方法的其他方法。这也意味着，相信现代科学的结论是最理性的态度，虽然科学也是可错的、会发展变化的。对于哲学来说，相信现代科学的结论又蕴涵着很重要的一点：即相信人类自身是自然事物，是生物系统，是生物进化与个体发育的结果，人的认知过程也是自然过程，即大脑中的神经元活动及其与环境的相互作用过程。这反过来意味着拒绝那些预设了灵魂、先验自我（transcendental ego）、意识之流（stream of consciousness）、绝对精神、先验立场等等超自然的事物或立场的哲学思辨。[③]

　　按照自然主义的思路，哲学和科学其实是连续的，甚至哲学就是科学的一种形式。心理学代替了认识论研究，道德心理学代替了伦理学，认知科学代替了心智哲学，语言学代替了语言哲学，实际推理研究代替了逻辑学……自然化方法的一个路向是实验哲

---

① 〔美〕威拉德·范·奥曼·蒯因："自然化认识论"，《本体论的相对性》，《蒯因著作集》第 2 卷，涂继亮、陈波编，中国人民大学出版社 2010 年版，第 75 页。
② 蒯因并不关注当代主流分析认识论问题，如知识的定义、怀疑论、辩护等等。
③ 叶峰："为什么相信自然主义及物理主义"，《哲学评论》2012 年 01 辑。

学，通过对哲学理论所依赖的直觉的自然化解释来展开研究，直觉作为哲学理论的重要证据这一论断是实验哲学家（也包括很多其他分析哲学家）共享的前提，也是争论的焦点。从实验哲学的结论来看，直觉测试的意涵都是否定性的：看似普遍的理论其实只属于某一种具体历史文化传统中的群体。实验哲学借助测试挑战传统哲学中一些固有的预设，但实验哲学本身并没有给出一个正面的结果。就语义学而言，如何构造一套系统的语义学是实验哲学无法完成的工作。实验语义学对于一般的语言学研究有所助益，对语言哲学研究也有一定的推动，但实验语义学的工作毕竟不能代替语言哲学的工作，实验调查代替不了概念分析。上述这种想法来自语言学与语言哲学的区分，更大的背景是科学和哲学的区分。实验哲学家恰恰否认这种区分，他们追随蒯因提出的哲学和科学是连续的这一论说，提出哲学只是科学的一种形式。实验语义学的方法和思路有助于在概念分析中纠正和澄清一些不合理的假设，让我们看到概念分析的合适位置，但实验调查代替不了概念分析。在大量的实验哲学著作中，概念分析实际上起到了不可替代的作用，没有传统的概念分析根本无法有效地展开论述。

　　实验哲学方法和传统哲学的方法之间的关系应该这样来看待：实验哲学是传统哲学的有益补充和实质推进，而非彻底改造和完全颠覆。只有在传统哲学的框架内考虑实验哲学，实验哲学的一些方法和结论才是与哲学息息相关的。实验语言哲学只有建立在概念分析和语言使用的基础之上，才能有效进行相关的直觉测试，而不是反其道而行之。分析哲学的两种方法——概念分析和经验探索——实际上是当代分析哲学运用数理逻辑和自然科学的结果，这两种方法互为补充。但分析哲学并非仅仅具有这两种方法，尚存在其他的分析方法，在本节结束之前，我们简略做一介绍。譬如，反例法是分析哲学中一种常见的方法，通过举出反例来否证某一个观点。比如，盖提尔提出的反例，就摧毁了传统的知识定义。盖提尔构造一个符合传统知识定义的例子，但是我们直觉上觉得这个例子不符合我们对知识的理解，这就表明传统知识的三条件定义是有问题的。这种反例法还被拓展成一种"反驳-回应"的哲学方法。对于分析哲学家来说，立场当然重要，但更重要的是对这个立场的辩护或者论证；其中一个重要的辩护手段即是采用"反驳-回应"的辩护。作者在确立一个论点之后，通常会耗费大量的篇幅去考虑可能存在的反驳，并一一回应这些反驳。如果能够做到这一点，那么作者的观点就是可以成立的了。比如在图灵的经典文章《计算机与人工智能》中，图灵提出了计算机能否思维的问题，并以能通过图灵测试即可断言计算机能否思维做答。图灵的文章并非止于此，而是考虑了九种可能的反驳，并做了回应，即使到今天，有人的反驳依然跳不出图灵所设想的反驳之范围。

　　思想实验也是分析哲学中的经常用到的方法，哲学家构造一些和我们日常相关的故事，通过故事的逻辑结构来获得某个哲学结论。我们对哲学上的思想实验耳熟能详，比如语言哲学中的哥德尔的例子、知识论中的缸中之脑、伦理学中的电车实验、逻辑中的理发师悖论、谷堆悖论、心智哲学中的中文之屋，等等。构造思想实验是为了帮助我们在直观上理解哲学问题的结构，使得论证具有一定的说服力。当然在构造中，我们有时候要借助逻辑分析，有时候要借助自然科学的法则，通过思想实验达致我们对某个问题的理解。实验哲学所谓对直觉的测试，经常就是调查人们在阅读思想实验时所激发的直觉。很多概念分析论者经常利用思想实验来做一些分析。思想实验实际上也算是概念分析的一个部分。反驳中有一种是构造反例来进行反驳,这种反例是特定类型的反驳,它和思想实验可以被统称为案例方法,就是构造一个案例,激发大家直觉让大家做出判断。有时用以辩护,有时用以反驳。

最后要谈论的是分析哲学中的一种潜在的方法或假设:还原的方法。对这种方法的细节讨论汗牛充栋,不是本书的主题。不管是逻辑分析还是经验探索,都是想把我们觉得不可靠的东西还原为可靠的东西,有人认为日常语言是不健全的,所以要把日常语言还原为形式语言,逻辑分析就是一种逻辑还原工作。自然化认识论是把规范性的认识论还原为描述的心理学研究,实验哲学是要把不可言说的概念直觉,用经验调查的办法还原为各种可以言说的差异(性别、种族、职业、基因、地理),等等。在心智哲学中,把关于疼痛的日常谈论还原为疼痛的神经生理机制;在语言哲学中,把语言的意义还原为可以科学研究的刺激意义,等等。还原法或隐或显的存在于当代分析哲学的各个门类之中,对还原方法的反思将有助于我们进一步理解哲学的本性。[1]

第二节 直觉作为证据:专家辩护

一 何为专家辩护?

前面已经多次指出实验哲学就是运用调查统计的办法就人们关于哲学案例的直觉进行探究的一门学问。"直觉本身该如何定

---

[1] 蒯因在知识论上反对还原论,提倡一种整体论的知识观。但应该指出,这里所谈论的还原和奎因所讨论的整体论和基础论之间的还原还是有一定的区别。

义"就是一个极具争议的话题，本节的讨论中立于任何特定的直觉立场。我们大约可以把直觉视为人们在面对某个场景或阅读某段思想实验或哲学案例时所产生的一种非反思的、直接的心理状态。自从 2001 年温伯格等人发表文章《规范性与认知直觉》[①] 发表以来，考察哲学直觉就成为了实验哲学领域中的主流。[②] 这种趋势其实不难理解：既然传统哲学 [③] 的论证前提依赖于直觉，那么对直觉的考察就顺理成章。[④] 通过对哲学直觉进行经验测试来质疑传统哲学的诸多结论由此构成了实验哲学对传统哲学的挑战。已有的实验哲学研究表明，调查主体在阅读某个思想实验问卷并作出某种哲学推论时，他们的直觉会受到自身的文化、种族、社会地位、性格特征等多方面因素的影响。不仅如此，他们的直觉还可能受到思想实验文本本身所产生的框架效应的影响。因此，一些实验哲学家声称，基于直觉的前提是靠不住的，哲学论证需要寻找新的基础。

专家辩护（expertise defense）是最近由一些反对实验哲学方法、捍卫概念分析的学者提出来的一种辩护策略，他们认为以往的实验哲学研究所调查的群体都是普罗大众，结论只局限于大

[①] Weinberg, J., Nichols, S. & Stich, S. "Normativity and epistemic intuitions", *Philosophical Topics*, Vol. 29, No. 1&2, 2001, pp. 429-460.

[②] 但这绝对不意味着实验哲学可以用直觉调查作为其唯一的定义。例如诺布就提出实验哲学就是认知科学（Knobe, 2015）。

[③] 传统哲学这里是指依赖概念分析的哲学，这既可以包括柏拉图到康德的欧洲哲学，也包括当代以弗雷格、罗素、维特根斯坦为代表的早期分析哲学。

[④] 也有学者认为，传统哲学并不依赖哲学直觉，哲学论证有其自身的根据：严格性、有效性、解释力。在《没有直觉的哲学》（*Philosophy without intuition*, Cappelen, 2012）一书中，开普勒就反驳了直觉是哲学理论证据的看法。对这个立场的回应是另外一个复杂的问题。大多数当代哲学家都是接受直觉作为理论证据的主张。

众。虽然大众的直觉不可靠，但专家直觉还是靠得住。例如，有一些实验哲学家实际调查的对象都是没有受到专业训练的大学生，他们受到各种外在因素的影响，作出了错误的判断。而哲学家在相关研究领域中都是训练有素的专家，没有理由认为哲学家也会犯同样的错误。"我们应该承认，并非所有的直觉都是同等的……例如，职业科学家的物理直觉要比本科生和随便在汽车站遇到的某个人更值得信赖。"① 同样，数学家的数学直觉也要比外行的数学直觉更值得信赖。与此类似，在哲学问题上，哲学家的哲学直觉要比一般大众的哲学直觉更值得信赖。虽然大众直觉具有偏见的、容易变化，但是专家直觉具有洞见、稳定不变。哲学论证依赖的是专家直觉。如果专家辩护是正确的话，那么传统哲学论证就经受住了实验哲学的挑战。因此，研究专家辩护问题对于概念分析和经验调查的方法论之争也具有重要的意义。

在专家辩护里面有两个基本的论证：一、基于常识的类比论证，用其他研究领域的专家和大众的区别来类比哲学领域的专家和大众的区别。二、基于常识的优越论证，专家比大众优越，专家直觉要优于大众直觉。本文将在以下三小节中分析类比论证，分析优越论证，讨论专家优越论的历史原因和理论局限，并提出实验哲学面对这一问题的改进策略。

二 类比论证

我们已经了解了大众直觉变化的原因：文化背景、种族、社会地位、性格特征、框架效应。专家直觉的捍卫者认为，哲学家

---

① Hales, S., *Relativism and the foundations of philosophy,* Cambridge, MA: MIT Press, 2006, p. 171.

的反思能力使他们能够免除外部偶然因素的影响。面对这一论断，我们就很自然地产生一个疑问：这些所谓外部偶然因素的难道真的只会影响大众，而不会影响专家吗？威廉姆森认为实验哲学家有义务证明对大众直觉的经验调查结论和针对专家直觉的经验调查的结论应该是一致的。在缺乏经验证据之前，我们可以接受合理的类比论证。① 例如，我们可以用物理学家和大众来做类比，我们可以假设物理学家要比大众具有更专业的物理学的知识和技能，譬如物理学家做物理实验的技能要比大众的高。我们当然可以在经验上验证这个假设正确与否，但在验证之前，我们也可以合理地接受这个假设。黑尔斯（Hales）认为科学家拥有并且依赖的直觉是受过训练和教育之后形成的直觉，是对理论为真的良好指示。②

　　这里存在两个类比：第一个是把科学家直觉和科学理论之间的关系类比为哲学家直觉和哲学理论之间的关系；第二个是把科学家直觉和大众直觉之间的关系类比为哲学家直觉和大众直觉之间的关系。

　　我们先以数学家直觉为例来看类比一。数学家直觉和数学理论之间的关系是偶然的，一个数学家可能因为具有某种创造力证明了某个数学定理。在这个过程中，他先对这个定理有一种直觉的把握，并认为它是对的，随后对之进行系统地证明。但是，一个定理之为真并不依赖于数学家个体的任何因素（直觉、创造力

---

① Williamson, T., "Philosophical Expertise and the Burden of Proof", *Metaphilosophy*, Vol. 42, 2011, pp. 215−229.

② Hales, S., *Relativism and the foundations of philosophy,* Cambridge, MA: MIT Press, 2006, p. 171.

等）。数学理论为真和数学家直觉之间没有必然联系。当然，我们可以说一个好的数学家具有独一无二的数学直觉，我们也可以说他的数学直觉帮助他发现和证明了重要的数学定理，但这并不是因为数学直觉和数学理论之间存在结构性的关系。数学家不会为大众拥有粗糙直觉这个调查结论而忧虑，这并不是因为他的直觉和理论有更为内在的关联。当然，他会为自己粗糙的直觉而焦虑：如果没有好的数学直觉，他就不能理解和发现重要的数学定理。他需要不断磨炼锻造自己的直觉，使自己成为一个优秀的数学家。但个人直觉能力的提升和数学理论为真是两回事。

我们可以借用科学哲学中关于发现的语境和辩护的语境的区分来理解这个问题。科学家可以依靠直觉或者想象等发现科学中的真理，但对科学理论的辩护则是独立于实际的发现过程。优秀的数学家可以直觉到某些数学前提、公理等等，但这些前提、公理为真并不依赖于数学家直觉。虽然数学家直觉要比大众直觉优越，但是在支持理论是否为真这一点上并不依赖于任何直觉。然而对于哲学来说，直觉和理论的关系不能简单理解为科学中直觉和理论的关系。在哲学中，直觉是对哲学理论的一个重要支持或证据。我们不妨从哲学和科学的一个区分角度来看。科学是无我之知，科学知识的目的是要去掉一切个人的因素，科学知识的建构与我们的直觉是无关的；哲学是有我之知，反映了人类对于世界和自身的看法。哲学理论的建立与我们的直觉紧密相关。哲学中的直觉和理论具有一种互释关系：哲学家希望维护和直觉一致的哲学理论，一旦构建了这种哲学理论，又希望通过它去解释我们的日常直觉。这种方式并非当代哲学所特有的，如果我们在现象层面理解日常直觉，把在本质层面理解哲学理论，苏格拉底就是实验哲学的先祖："一方面，他要求认识超出感觉经验的层面而达到本质对象的层面，这就是通过定义的方法；另一方面，在借助定义达到对事物的本质认识之后，又要求经验现象与之相符，能够根据它得到合理的解释"①。理论是对现象层面的直觉加以系统化；反过来，系统化的理论又是对事物本质的认识，可以合理解释现象层面的直觉。

"从群众中来，到群众中去。"好的哲学理论源自对日常直觉的抽象和丰富，又反过来解释我们的直觉是怎样一回事。重视哲学直觉，就是重视人类生活实践所产生的看法。比如自由意志研究领域的罗伯特·凯恩，他要为自由意志的不相容论立场辩护，就是因为大众直觉都具有不相容论的立场：如果你的行为被决定了，那么你的行为就不是基于自由意志的。同样，克里普克认为他关于指称的因果历史理论也是符合大众语言实践的。

第二个类比是把科学家直觉和大众直觉的关系类比为哲学家直觉和大众直觉的关系。科学家直觉比大众直觉出色、稳定，所以哲学家直觉也比大众直觉出色、稳定。然而，实际情况并非如此，科学家从来不用在乎大众怎么想，甚至当爱因斯坦发现相对论时，很多物理学家都理解不了，但这也无关宏旨。哲学家需要顾及大众的看法吗？很难一概而论。相反，哲学在最根本的层面上是和人相关的学问。尤其是伦理学、政治哲学和人类生活联系尤其密切。社会生活、政治实践会让人们形成一些初步的伦理立场和政治立场。伦理学和政治哲学是对这些立场的系统反思。如果没有人们对社会实践的诸多看法，哲学就变成了无源之水、无

---

① 聂敏里：《西方思想的起源——古希腊哲学史论》，中国人民大学出版社 2017 年版，第 105 页。

本之木了。越离实践生活越近的哲学，大众直觉越不可忽视。在哲学论述中，通常能激发起阅读者哲学直觉的是哲学家构造的思想实验。这种思想实验广泛见于伦理学、心灵哲学、形而上学等领域。例如电车难题、中文屋、缸中之脑、僵尸案例、忒修斯之船等等。但在物理学哲学、生物学哲学、逻辑哲学等越接近科学和数学的哲学中，思想实验是非常少见的。在这些越靠近科学的哲学理论中，其证据越来越多地来自科学。按照一种自然主义的理解，倘若形而上学、语言哲学、心灵哲学、知识论如果引用的科学证据越多，那么其思想实验的重要性就越低。例如，在查尔莫斯的僵尸论证中，他的思想实验建立在当代基础科学不能解决意识难题的基础之上，塞尔的中文屋的思想实验讨论在人工智能不能制造出像人一样具有理解能力的机器人。这些思想实验可以说都是逻辑上可能的，但正如自然主义哲学家丹尼特指出的那样，根据我们已有的脑科学知识，我们并不能实际上合理地设想僵尸的存在（在外观行为上像人一样，但缺乏内在的现象意识）。重视思想实验的哲学是当代哲学的重要部分，这类哲学在本质上都依赖直觉。与生活实践相关的直觉并不存在像科学领域中的那种明显的专家和大众之分。这背后的暗示是：只要哲学在根本上不能科学化，科学家直觉和大众直觉之间的关系就不能类比为哲学家直觉和大众直觉的关系。更进一步，如果实验哲学要成为科学化的哲学，那么实验哲学就不能仅仅以考察直觉为主要研究对象。

三　优越论证

严格说来，优越论证属于类比论证的一个分支。如果科学家直觉优越于大众直觉，那么哲学家直觉也要优越于大众直觉。威廉姆森指出数学家不会为如下问题感到忧虑：对大众的数学直觉调查显示他们拥有对无穷集合基础的不准确直觉。如果类比成立，哲学家也不会因大众直觉的变动而感到忧虑。路德维格也认为哲学家的模态直觉要优越于没有经验的大众。[①]这种种类比都建立在类比论辩护立的基础之上。争论的双方都同意专家辩护主张是一个经验判断，需要经验证据的支持。温伯格等通过心理学的经验证据来表明这个论断是不成立的。据温伯格的研究，大众对专家也会形成一个通常的看法，这里不妨称之为专家的民间理论：

（1）具有充分的背景、训练和经验的专家会在某个具体相关的活动中表现更为出色。

（2）如果一个人在一个领域是专家，那么他很有可能在另一个领域也比大众更有能力。[②]

香蒂（Shanteau）认为（1）是错误的，专家并不可靠。他指出有一些领域需要专家，比如气象预测和下棋；另外一些领域并没有真正的专家，比如精神治疗、股票经纪、测谎等领域；还有一些实践领域中，尽管专家随着经验的增长，其技能也会得到提升，但仍可能受到蒙蔽。[③]例如，奥林匹克体操比赛的裁判，也会受到参赛运动员出场顺序的影响，从而给运动员打出的分数

① Ludwig, K., "The Epistemology of Thought Experiments: First Person vs. Third Person Approaches", *Midwest Studies in Philosophy,* Malden, MA: Wiley Blackwell, 2007, pp. 128-159.

② Weinberg, J., Gonnerman, C., Buckner, C. & Alexander, J. "Are philosophers expert intuiters?", *Philosophical Psychology*, 2010, Vol. 23, No. 3, pp. 331-355.

③ Shanteau, J., "Competence in experts: The role of task characteristics", *Organizational Behavior and Human Decision Processes*, Vol. 53, 1992, pp. 252-266.

并不客观。这个现象出现在很多竞赛打分制的情景下，有的人总是会对早出场的人给出偏高的分数，而另外一些人则总是对早出场的人给出偏低的分数，即使经过长期的训练，也很难消除这种倾向。

根据（2），如果一个专家在某个领域表现出色，他也可能在相似的领域甚至不相关的领域表现出色，这就是所谓的能力迁移。实际上这一点未必成立，例如，从事理论物理学领域研究的专家未必能做好实验物理学工作，空手道的专业选手未必能练习好拳击，古典歌唱家未必能演唱好摇滚歌曲。也许有人会反驳说，关键在于我们如何理解相似领域，这些都不能算作是相似领域的例子。且让我们进一步规定"相似"，比如我们不认为实验物理学和理论物理学是两个相似的领域，进一步把理论物理学做区分，比如理论物理学中相对论和量子力学领域是相似的两个领域。例如，因为爱因斯坦的基本物理立场使得他很难理解量子的实在性，很难完成这种能力迁移。如果我们对相似性作严格的规定的话，那就很难找到相似的领域。如何定义相似本身就是一个难以处理的哲学问题。回到哲学领域，哲学家解读文本、重构论证的能力并不会迁移到如何设计思想实验这一具体任务上来。实验哲学家甚至发现，哲学家构造了很多带有偏见的思想实验。

舒尔茨（Eric Schulz）等人指出，科学证据表明一些看似和哲学理论不相关的特征（例如个性）函数，影响着专家或大众对哲学观念的立场。专家辩护理论认为，哲学的专业知识消除了这些外来因素的影响。而舒尔茨的实验表明，在自由意志争论中哲学专长（通过可靠和有效的专家知识测试来衡量）并不能消除一个重要的无关特征（即可遗传的人格特质外向性）对有关自由意

志和道德责任的判断的影响。这些结果表明，至少在一些重要的
情况下，专家优越论是错误的。①

关于自由意志的争论中，有一个基本的预设：关于自由意
志的观点需要和大众关于自由意志的直觉一致。因为如果自由
意志论观点和大众关于自由意志的直觉相冲突的话，那么持有这
种立场的哲学家就需要解释为什么大众会拥有一种不同的自由意
志直觉。如果自由意志立场和大众直觉是一致的话，就没有这个
理论负担。目前的研究主要考察大众具有哪种立场的自由意志直
觉，即通过经验测试来分析大众是相容论者还是不相容论者，从
而对某一立场提供直觉证据。对于专家（哲学家）究竟持有哪一
种立场尚缺乏经验调查。已有的研究表明，具有心理学上的五大
心理要素②中外向性③这个要素的受试者更容易选择自由意志的
相容论。哲学家会不会也受这种心理因素的影响呢？毕竟哲学家
也是凡夫俗子，他们的心理性格特征也会影响他们对自由意志的
判断。为了验证这个判断，实验者让参与者阅读如下思想实验：

> 最受尊敬的神经科学家相信，最终我们将会弄清楚我们
> 所有的决定和行动是如何被引起的。比如，他们认为，每当
> 我们决定要做什么时，我们所做的决定最终完全是由我们的

---

① Schulz, E., Cokely, E. & Feltz, A., "Persistent bias in expert judgments about free will and moral responsibility: A test of the Expertise Defense", *Consciousness and Cognition*, Vol. 20, 2011, pp. 1722-1731.

② 大五类因素包括：开放性（Openness to experience），严谨性（Conscientiousness），外向性（Extraversion），宜人性（Agreeableness），神经质（Neuroticism）。

③ 外向型包含六个特征：热情（warmth），乐群性（gregariousness），独断性（assertiveness），活力（activity），寻求刺激（excitement seeking），积极情绪（positive emotion）。

大脑中发生的特定的化学反应和神经过程引起的。神经科学家也确信这些化学反应和神经过程完全是由我们目前所处的情况和我们生活中的早期事件所引起，而这些早期事件也是完全由引起它们的以前事件所确定的，最终这会一直回溯到我们出生之前发生的事件。因此，如果这些神经科学家是正确的，那么如果一个人的生命中发生了特定的早期事件，这些事件的发生绝对会导致特定的后续事件发生。例如，一旦特定的化学反应和神经过程发生在人的脑中，那就一定会使他或她做出具体的决定。因此，一旦以前的某个具体事情发生了，这些事件一定会引起特定的后续事件的发生。例如，有一天，一个名叫约翰的人决定杀死一个店主，因为他需要钱并且确实杀死了店主。一旦约翰有了具体的想法、愿望和计划，那么这肯定会导致他产生杀死一个店主的决定。

参与者被要求对下述选择的答案进行量化评级：1. 约翰对他的行为负有道德责任。2. 约翰如此行为是出于他的自由意志。3. 约翰的选择由他自己决定。实验结果表明：外向型特质中的热情特质与相容论判断是一致的，普通人和哲学家之间并没有表现出任何差异。[①] 不论圣哲还是大众，他的性格都可能影响其哲学观点。我们不难回想到威廉·詹姆斯的著名观点：人的气质决定了他的哲学，气质能够造就比较重情感或者比较冷酷的宇宙观，软心肠哲学家是唯心论者，硬心肠哲学家是唯物论者。

---

① Schulz, E., Cokely, E. & Feltz, A., "Persistent bias in expert judgments about free will and moral responsibility: A test of the Expertise Defense", *Consciousness and Cognition*, Vol. 20, 2011, pp. 1722-1731.

在语言哲学领域，戴维特相信专家优越论，他引述了关于直觉的两种看法：第一个是直觉的模块主义观点，这种观点认为直觉源于人们诸多信念所塑造的机制，但是信念的改变并不影响人们所拥有的直觉；第二个是直觉的中心过程观念，这种观点则认为直觉源自人们的信念，改变信念会直接影响人们所拥有的直觉。戴维特支持后一种观点，若专家和大众直觉上发现某个语言表达不合适，那么这是由于他／她所习得的语言规则起了作用。若果真如此的话，那么专家的直觉就更为靠谱。与大众相比，专家对语言的规则、语法、理论的知识要更多。在把理论运用到实际案例中时，专家也比大众更好。就像专家对医院的拍摄片子的解读要比大众更可靠一样，毕竟他拥有相关的理论知识[①]。在2011年的文章中，戴维特写到：

> 即使受教育程度很低的人说话也能反映语言的某种真实，就如同她的行为反映其所处世界中的许多惊人的方面。至少她所受到的教育为她提供了民间语义学的术语和概念。由此，她很可能能够以相当直接和不加思考的方式判断某个表达指什么……不过，这些指称直觉可能是正确的吗？我认为我们需要谨慎地接受这一点：语义学是非常困难的，而民众和专家之间存在很大差距。在我看来，他们对"简单"情况的直觉可能是正确的。我们更应该倾向于语义学家的直觉，通常是哲学家，因为他们更专业（这并不是说很专业！）。[②]

① Devitt, M., "Intuitions in linguistics", *British Journal for the Philosophy of Science*, Vol. 57, No. 3, 2006, pp. 481-513.
② Devitt, M., "Experimental Semantics", *Philosophy and Phenomenological Research,* Vol. 82, No. 2, 2011, p. 426.

如果专家的语义学直觉更专业的话，那么为什么有一些哲学家会支持专名的描述理论，而另外一些哲学家则会支持专名的因果历史理论呢？现有的一些证据表明，似乎专家的直觉和大众的直觉一样是多元的、不可靠的。卡伯特森（Jennifer Culbertson）和格罗斯（Steven Gross）做出了一组更具实质性的实验，他们发现专家并不比大众更可靠。[1] 在这次测试中，语言学家给参与者提供了 73 个句子，实验要求参与者判断这些句子的可接受性。参与者分为四组：第一组参与者具有系统的语法知识，第二组参与者的语法知识有限，第三组参与者具有认知科学知识但缺乏语法知识，第四组是其他参与者。测试结果表明：非专业人员的直觉甚至比专业组人员的直觉（例如语言学研究生）要更可靠。研究者发现，语言专业知识并没有提高直觉的可靠性。类似的，麦希瑞比较了不同专家群体之间的直觉。[2] 实验发现以哥德尔案例为例，做话语分析的语言学家更接受描述论直觉，而做语义学分析的语言学家更愿意接受因果历史直觉。

在伦理学领域，施威茨格贝尔的研究也表明伦理学家并不拥有比外行更好的道德行为。[3] 进一步研究也表明，当普通人的直觉表现出顺序效应时，哲学家的直觉也表现出完全相同的顺序效应。不过与普通人有所不同的是哲学家能够制定、能够辩护他们

[1] Culbertson, J. & Gross, S., "Are linguists better subjects?", *British Journal for the Philosophy of Science,* Vol. 60, No. 4, 2009, pp. 712-736.

[2] Machery, E., "Expertise and intuitions about reference", *Theoria: An International Journal for Theory, History and Foundations of Science,* Vol. 27, No. 1, 2012, pp. 37-54.

[3] Schwitzgebel, E. & Rust, J., "The Moral Behavior of Ethicists: Peer Opinion", *Mind*, Vol. 118, 2009, pp. 1043-1059.

所持有的直觉模式的原则。① 西斯玛等人的研究则表明哲学家在
考虑普通人如何回应关于意识的问题时，他们虽然从普通人那里
获取了各种不同的答案，但却经常错误地将那些更像他们自己的
观点归给普通人。② 托比亚的研究表明，大众和哲学家都表现了
一种行动者和旁观者的偏差。③ 甚至哲学家同样会受框架效应影
响，韦曾（Krist Vaesen）的研究表明哲学家对知识问题的回答
高度依赖他们的母语。④ 诺布表明普通人是否给出不同的答案依
赖于他是一个接一个地看到问卷测试问题的，还是同时看到两个
问题的。哲学家也会犯同样的错误。⑤

　　综上，诸多的经验证据表明，在涉及到直觉的方方面面时，
专家会犯和大众一样的错误，专家直觉并不比外行直觉优越。那
些认为专家直觉属于洞见、大众直觉属于偏见的看法才是一种真
正的偏见，在严肃的哲学探究中应该加以深入反思。

四　从专家直觉的局限看实验哲学方法的局限

　　专家辩护不成立，这是实验哲学中一个难以被推翻的论断。
不过这是否表明实验哲学优越于传统哲学甚至可以取代传统哲学

① Schwitzgebel, E. & Cushman, F., "Expertise in Moral Reasoning? Order Effects on Moral Judgment in Professional Philosophers and Non-Philosophers", *Mind & Language*, Vol. 27, 2012, pp. 135-153.
② Sytsma J. & Livengood J., "A New Perspective Concerning Experiments on Semantic Intuitions", *Australasian Journal of Philosophy*, 2010, pp. 1-18.
③ Tobia, K., Buckwalter, W. & Stich, S., "Moral intuitions: Are philosophers experts?" (forthcoming), *Philosophical Psychology*, 2012, pp. 629-638.
④ Vaesen, K. & Peterson, M., "The Reliability of Armchair Intuitions", *Metaphilosophy*, Vol. 44, No. 5, 2013, pp. 559-578.
⑤ Knobe, J. & Samuels, R., "Thinking Like a Scientist: Innateness as a Case Study", *Cognition*, Vol. 126, 2013, pp. 72-86.

呢？在"实验哲学宣言"一文中，作者指出：

> 哲学关注人类在生存中所遇到的问题，哲学家思考人类以及他们的心智实际上如何运作的，哲学家关注万物如何相互关联在一起的。①

在这个意义上，诺布认为实验哲学回归了一种古老的哲学传统，即哲学和科学没有严格区分的传统。实验哲学运用心理学办法去探索哲学论题，笛卡尔也曾运用解剖来证明心灵与身体的汇通之处是位于大脑之中的松果腺。甚至在关于因果问题的研究中，因果的实验哲学研究和因果的形而上学密不可分。在这个意义上，实验哲学超越了20世纪分析哲学的主要形态（逻辑分析、语言分析、概念分析）承接上了亚里士多德、笛卡尔、洛克、休谟、康德的哲学传统。实验方法对于古代哲学并不陌生，当代实验哲学复活了这种哲学和科学之间的实质联系。

实验哲学和传统哲学之间被忽视的一个关键性区别并非在于：传统哲学主张概念分析而实验哲学主张经验调查。实际上，概念分析和经验调查的精神都存在于传统哲学之中。实验哲学和传统哲学被忽视的最关键的区别是哲学家背后的"阶级"的差异，传统哲学的一个重要特征是其精英主义取向。所以人们通常会认为哲学家充满洞见，庸常大众却只有偏见。约翰·杜威在《哲学复兴的需要》一文中提出：

---

① Knobe, J. & Nichols, S. (eds.), *Experimental Philosophy*, Oxford: Oxford University Press, 2008, p. 3.

当哲学家不再成为处理哲学家提出的问题的工具，而成为一种由哲学家为解决人类问题而培养出来的方法时，哲学才实现了自身的复兴。①

古希腊的"人类"是极少数的人类群体，指的是贵族精英。在严格的意义上讲，希腊哲学是贵族主义、精英主义的哲学。虽然有苏格拉底这样出身寒门之人，但古希腊思想的主体是自由城邦的公民。按照托克维尔的说法，这些自由公民应该被看成贵族，雅典城邦 35 万居民中只有 2 万人是公民，其余的人全是奴隶。②聂敏里对这一问题有所察觉：

> 因此，古希腊哲学在根本上反映的就是作为城邦统治者的希腊城邦公民对世界、对生活的理解，这样作为统治者的德性、作为统治者的智慧等就是古希腊哲学讨论的基本主题，而一种属于少数人、高贵者或最优秀的品质—才是古希腊哲学着力去建构的思想内容。③

再比如苏格拉底助产术的实施对象是男人而不是女人。④洛克的《教育漫谈》是一本欧洲男性贵族培养贵族儿子的指导之

---

① 〔美〕约翰·杜威：《杜威全集（中期著作（1899—1924））》第十卷，王成兵、林建武译，华东师范大学出版社 2012 年版，第 35—36 页。
② 〔法〕阿历克西·德·托克维尔：《论美国的民主》，董果良译，商务印书馆 1988 年版，第 583 页。P163
③ 聂敏里：《西方思想的起源——古希腊哲学史论》，中国人民大学出版社 2017 年版，第 19—20 页。
④ 同上书，第 102 页。

书，女人和非贵族男人则不在洛克教育思想的视野之内：

> 我说到孩子的时候，都是用个"他"来代表，因为我这
> 篇文字的主要目的是在讨论青年绅士从小至大的养育方法，
> 对于女孩子的教育不见得全能适用……①

　　不管是柏拉图心中的苏格拉底助产术还是洛克的教育思想，从我们现在的角度去看，都是过于精英主义的或过于男性中心的，忽视了人类群体中的半边天——女性。

　　再来看中国哲学，《论语》开篇曰："学而时习之，不亦然说乎？"，杨伯峻注为："学习了又时常温习和练习，不是很愉快吗？"朱熹注为："学之为言效也。人性皆善，而觉有先后，后觉者必效先觉之所为，乃可以明善而复其初也。"朱熹和孔子的主张大概差不多，有教无类。因为人性皆善，可以通过学习来觉悟。刘宝楠《论语正义》则曰："《王制》言'乐正崇四术，立四教，顺先王诗、书、礼、乐以造士，春秋教以礼、乐，冬夏教以诗、书。王大子、王子、群后之大子、卿大夫、元士之嫡子，国之俊选，皆造焉。'是诗书礼乐，乃贵贱通习之学，学已大成，始得出仕。所谓先进于礼乐也。春秋时，废选举之务，故学校多废，礼乐崩坏，职此之由。夫子十五志于学，及后不仕，乃更删定诸经，删定之后，学业复存。凡篇中所学之事，皆指夫子所删定言之矣。"在刘宝楠看来，学的是孔子所删定之经典，学的主体是有志于仕者，这也是孟子的所谓劳心者。虽然诗书礼乐乃贵贱通

---

① 〔英〕约翰·洛克：《教育漫话》，傅任敢译，教育科学出版社2014年版，第3页。

习之学，但这种目标却已对学习的主体具有高度选择性，只有那些致仕之人才愿意学。这和孔子所提倡的为己之学已大有不同的。古之学者为己，今之学者为人。如果说西方的哲学是欧洲白种贵族男人的哲学，那么中国的思想是士大夫阶层的思想。

实验哲学家对传统哲学的一个主要批评就是：传统的欧洲哲学主要是欧洲白种贵族男人的哲学，具有高度的偏见。如果把西方传统哲学比做贵族哲学的话，那么实验哲学应该是一种大众哲学，这样的哲学不预设身份、背景、阶级、智力的门槛，唯一的要求是具有基本的理性能力。不难看出，实验哲学是理性启蒙之后的哲学形态。

遗憾的是，目前的实验哲学并没有成为其应该所是的样态。2000 年左右兴起的实验哲学实际上是一种中产阶级哲学，反映了知识分子、互联网兴起后一代人的哲学观。中产阶级哲学观不能反映人类普遍的生存状态。这个基本判断源于两个原因：第一、实验哲学的基本议题是传统哲学留下的，多多少少带有了精英哲学的特质。比如我们所认为的重要哲学议题是：灵魂不朽、个人同一、因果、自由意志、时空、正义，等等。而在主流之外的议题没有得到足够的重视：例如反抗、遗忘、性别、残疾等等。如果不发生视阈转换，研究就无法推陈出新，从而实现真正的哲学转变。诺布有意识地跳出传统哲学规定的议题，他指出实验哲学就是认知科学[1]，要探索人类在认识世界中所产生的系统差异（诺布效应等）。目前大多数研究仍然处在哲学领

---

[1] Knobe, J., "Experimental Philosophy is Cognitive Science", A Companion to Experimental Philosophy, edited by Sytsma, J. & Buckwalter, W., Malden, MA: Wiley Blackwell, 2015, pp. 37–52.

域内部。更为重要的是第二个原因：目前实验哲学的研究目标、对象和方法制约了实验哲学的发展。实验哲学的主要研究方式是利用问卷调查及统计方法测试大众关于某个现象或理论的直觉。与此相关有两个问题：统计方法问题和直觉考察问题，这两个问题又是相互纠缠的。目前的统计方法属于量化研究，其所依赖的调查工具主要是在线问卷调查网站（国外比较常用的 Mechanical Turk 和 qualtrics），如果对哲学直觉的调查只是采用网络调查法，那么势必会产生严重的认知偏向。其理由很明显：具有充裕时间、具有在线工作和娱乐需求的人群，习惯于网络生活的人群才会主动参与到网络调查中来，因此大学教授、大学生、白领、青年人就成了主要的调查群体。根据这一群体得到的结论不能说没有价值，但却是具有高度偏见的。有必要强调的是，早期实验哲学的研究并不是网络调查，比如麦希瑞2004年关于哥德尔案例的研究是选取了香港大学和罗格斯大学的本科生作为调查对象；温伯格2001年关于知识论的实验研究选取了新泽西州新布鲁斯威克市中心不同的商业点对不同的人进行采访调查。但到后来，越来越多的调查采取了网络调查形式。这一转变的主要原因在于，实际的深入调查是高度地域性的，针对某个地区的调查不能全面反映人类实际生活，而网络调查可以过滤这种因为地域而产生的缺点。不过这只是从一种偏向走向另一种偏向。

如果实验哲学只注重以考查直觉为目标的量化研究，那么这样一些研究迟早会山穷水尽。改变这一困境的办法或许是：实验哲学应该从对理论背后的直觉考察转向到对理论背后的理由考察。直觉和理由是一个对子，大致说来直觉是非反思的、非推论的、直接的、表面的。与此对照，理由是反思的、推论的、系统的、深入的。简单说来：哲学家更应该关注大众对某一个案例、某一理论坚持特定立场背后的理由而非直觉。因为真正稳定的并非是人们的直觉，而是人们在认知事物时产生的种种理由。然而，理由是不能完全被量化的，要想把理由纳入到实验哲学研究中来，我们需要在实验哲学中引入某些和目前量化研究不同的质性研究，本人考虑的这种思路和安多[①]的研究思路不谋而合。一般说来：质性研究和量化研究的区别在于：通常质性研究的样本小，定量研究的样本大。在推理方式上：通常质性研究利用逻辑和集合论，量化研究利用统计学。两者关于因果推断的侧重点也不一样：质性研究先果后因，通过结果探测多种原因；量化研究则通过控制原因（控制变量实验）看到结果的可能影响。质性研究包含访谈、录音等等多种手段；量化研究主要是数据分析。[②]为什么要在实验哲学中引入质性研究？一个最简单的原因是，被调查者在接受调查时，他们给出的反馈更多的是源自于理由而非直觉。既然量化研究只能考察直觉，如果要考察理由，就需要从量化研究转向质性研究。第二，如果我们接受专家直觉并不比大众直觉更为可靠的结论，那么同样，专家的理由也并不比大众的理由更为可靠。但专家和具有阅读能力的人具有调查优势，他们可以更好地参与网络调查。这对于大部分不以文字为生活中心的人来说，是一个劣势。质性研究正好可以改善这一点。研究者可

①　Andow. J, "Qualitative tools and experimental philosophy", *Philosophical Psychology*, Vol. 29, No. 8, 2016, pp. 1128-1141.

②　对于定性与定量研究（也可称之为质性研究与量化研究）的全面阐述与对比请参考〔美〕加里·格尔茨、詹姆斯·马奥尼：《两种传承：社会科学中的定性研究与定量研究》，刘军译，上海人民出版社 2016 年版，第 12 页。

以深入社会和民间进行访谈，对获得的信息分类整理提炼，获得整全的思想视角。实验哲学走向考察理由的质性研究，类似苏格拉底在大街上和他人讨论哲学，苏格拉底和他人的对话是教育，让人知道自己的无知。实验哲学的新方法是为了获得人类关于世界本性更为完整的看法和理由，从而为一种健全系统的哲学理论提供依据。在早期实验哲学研究中，温伯格等人的研究就采用了深入社会的量化调查方式。他们发现具有高层社会经济地位的人和具有底层社会地位的人之间关于何谓知识的看法存在巨大的差异。社会阶层之间的差异所导致的哲学观的差异，要远远大于文化差异所导致的哲学的差异。所谓专家和大众直觉的差异，不如说是来自阶层的差异。

实验哲学家表明了专家直觉并不比大众直觉优越，洞见、偏见同出一源。顺此思路，实验哲学不仅应该考察大众直觉，更应该考察大众理由，实验哲学需要从量化研究转向与质性研究相结合的研究路径中来。这种哲学不再仅仅是分析概念和构造论证，而是在经验证据的基础上重新澄清和评估概念。哲学和科学之间不再进行严格区分，实验哲学处理的议题可以是处于传统哲学之内的议题，也可以是在当代认知科学范围内的议题；实验哲学采取的方式可以是：概念分析、量化研究以及质性研究。实验哲学选取的视角也不再是贵族精英式的，而是平民大众式的。亚里士多德说沉思是最为高贵的德性，与此相联系的哲学家形象是坐在扶手椅上思考哲学。实验哲学要求烧掉扶手椅（Burning the Armchair），像傅斯年先生所说的一样"上穷碧落下黄泉，动手动脚找东西"。在这个意义上，哲学需要概念分析和论证建构，但在根本上是一项经验的事业。

第三节 直觉作为证据：直觉与知觉的类比

把直觉作为证据是当代分析哲学中的一个主要预设。从哲学史上看，理性主义重视直觉知识，经验主义重视知觉知识。直觉和知觉都可以视作知识的基础或来源。当代分析哲学中的概念分析哲学把普遍存在的哲学直觉作为理论获得辩护的证据，实验哲学从经验调查入手对哲学直觉展开调查，可以看作一次新的理性主义与经验主义之争。在这个新争论中，关于直觉本身的特征并没有得到充分讨论。不难发现，直觉和知觉在诸多方面存在相似之处，通过二者的类比，甚至把直觉的特征视作是知觉特征的一个拓展，可以对直觉的特征给出进一步的理解。接下来，本文将聚焦于知觉与直觉的类比，指出直觉和知觉具有类似的辩护作用，直觉可以为某些哲学理论或命题提供一定的支持。与索萨基于德性的理性主义直觉辩护进路相对照，本节支持一种薄版本的经验主义直觉辩护进路。

一 为什么直觉重要

早期分析哲学不重视直觉，而是强调知识的基础在于科学（观察和实验）和逻辑。在弗雷格、罗素、维特根斯坦、卡尔纳普那里，他们很少使用直觉作为证据。

维特根斯坦在《棕皮书》（1934—1935）中的确提到了直觉："并不是任何洞察行为、任何直觉使得我们如我们所做的那样在这个系列的特定的点上使用那个规则。将其称为一个决定倒不会那么令人困惑，尽管这也是令人误解的，因为没有什么像某个决定那样的行为必须出现，出现的可能只是写或说这样的行为。"① 但看得出来，维特根斯坦是在否定的意义上使用直觉的。

直觉被视作哲学中的证据，应该是后蒯因时代，是 1970 年以来由克里普克、普特南、刘易斯等倡导的结果。克里普克有一段反复被实验哲学家引用的话：

> 有些哲学家认为，某些事物具有直观内容这一点对支持这个事物来说并不是某种具有说服力的证据。而我自己却认为直观内容是有利于任何事物的重要证据。归根结底，我确实不知道对于任何事情来说，究竟还能有什么比这更有说服力的证据了。②

在这里，克里普克明确把直觉作为证据。然而，多伊奇指出这一段不能孤立理解，而是应该在原文语境之中得到整体理解。③ 在《命名与必然性》中的第 39 页到第 49 页，克里普克讨论的都是从物模态。克里普克似乎认为从物模态概念的内容是需要具有直觉内容的，对从物模态的怀疑缺少了直觉，是不合理的。但并不表明克里普克在一般的意义上把直觉作为证据。

在哥德尔案例的倒数第二句出现了：but it seems we are not 这个表达，一般人认为此处的 seems 就是所谓的直觉。然而，多

---

① Wittgenstein, L., *The Blue and Brown Books: Preliminary Studies for the 'Philosophical Investigations'*, Oxford, England: Harper & Row, 1958, p. 143. 译文取自〔奥〕维特根斯坦：《蓝皮书与棕皮书》，楼巍译，上海人民出版社，2021 年 4 月第 1 版，158 页。
② 〔奥〕克里普克：《命名与必然性》，第 22 页。
③ Deutsch, M. E., *The myth of the intuitive: Experimental philosophy and philosophical method,* Cambridge, MA: Mit Press, 2015.

伊奇认为并非如此。博格森也持有类似观点，在评论《无需直觉的哲学》一书时，他说克里普克的哥德尔例子中 seems 的用法是一个模糊陈述（hedging）或轻描淡写 / 避重就轻（understating）的用法。克里普克断言了"哥德尔"指称哥德尔这个判断是真的，然后在最后一句加强了这个判断。But it seems to me that we are not. We simply are not. [1] 在克里普克的另一篇文章《同一性与本质》中，克里普克解释了他自己关于 seems 的用法：I like other philosophers, have a habit of understatement in which "it seems plainly false" means "it is plainly false" [2]。虽然在具体的文本中可以存在这样一种解释，将克里普克对直觉的解释变得与直觉作为证据的观念无关。但毋庸置疑，泛泛诉诸直觉展开论证是英美分析哲学 1970 以来的大势。

开普勒在出版《无需直觉的哲学》之后接受访谈时谈到了这一现象：他把这称作语词病毒（verbal virus），从 1970 年代开始一些非常有影响力的哲学家开始使用这样的词汇 intuitively、blah 等等这种的词汇、这样的说法迅速成为一种学术时尚，有些人开始把直觉作为证据。[3] 但是这种解释过于学院政治。辛迪卡指出，实际上是乔姆斯基关于语言学直觉的观念激发了哲学家广泛诉诸直觉。[4] 罗蒂注意到普特南对这种风格的抱怨（虽然普特

---

[1] Kripke, S., *Naming and Necessity*, Cambridge, MA: Harvard University Press, 1980, p. 84.

[2] Kripke, S., "Identity and necessity". In Milton Karl Munitz (ed.), *Identity and Individuation*, New York: New York University Press., 1971, pp. 135-164.

[3] 参见 Cappelen, 3a Interview https://www. 3ammagazine. com/3am/no-intuitions-no-relativism/, 2012。

[4] Hintikka, J., "The Emperor's New Intuitions", *The Journal of Philosophy*, Vol. 96, No. 3, 1999, pp. 127-147.

南早期并不排斥直觉）：

> 正如普特南最近说的那样，"主流"领域的研究——元伦理学、形而上学、认识论——正在堕落为各种直觉的冲突，这些直觉是关于诸如"存在复合属性之类的事物吗？"之类的问题的各种不同正确回答。①

我认为无论是学院政治解释，还是乔姆斯基语言能力解释，都不足以说明当代分析哲学中广泛使用直觉作为证据的情况。重视直觉和形而上学的复兴有着很深的关系，因为形而上学的前提既不能根据意义为真（约定），也不能根据观察证实为真，只能根据直觉为真。例如，早期的普特南实际上在孪生地球的思想实验中诉诸了直觉。

假设存在一个孪生地球，这个地球和我们这个地球在所有方面都是一模一样的。孪生地球唯一和我们所在的地球不同的是，那些流淌在湖泊、河流、水龙头里的液体，尽管表面上和水极其相似，但它不是 H_2O 而是 XYZ。我们假设在地球上有一个"水"的使用者奥斯卡对水的化学结构一无所知，但毫无疑问他使用"水"这个词没有问题。在孪生地球上，有一个在所有层面（从分子层面开始）都和地球上奥斯卡相同的复制品孪生奥斯卡也是一个"水"的正常使用者，当然他也对他周边环境的液体的化学结构一无所知。那么孪生奥斯卡用"水"这个词指的是 H_2O 还是XYZ？普特南认为是 XYZ。普特南认为他的论断是在相当强的

①〔美〕罗蒂：《哲学、文学和政治——罗蒂自选集》，黄宗英译，上海译文出版社2009年版，第66页。

意义上得到辩护的，这个辩护就是大部分人都有和普特南结论同样的反应。我们可以说普特南的结论是得到直觉支持的，或者说大众的直觉辩护了普特南的观点。

哲学家逐渐认识到，如果没有直觉作为最后的证据，哲学就可能完全被自然科学攻陷了。逻辑经验主义时代的哲学家不使用直觉作为证据，是因为他们认为唯一的证据只能由科学提供的（经验观察、科学实验等等）。如果说科学探索的基础在于观察和实验，那么哲学探索的基础在于反思和直觉。概念分析哲学家捍卫直觉作为证据，实际上是在捍卫哲学的自主性，哲学有自己的方法和证据，而非完全以"科学为师"。

二 关于直觉的基本立场

在当代分析哲学语境里，存在几种不同的直觉立场：信念论、倾向论、特殊心理状态论。[①]信念论的代表人物是刘易斯：我们的"直觉"仅仅就是看法（opinion）；有一些直觉是常识化的，有一些是复杂的；有具体的，有一般的；有更加稳定的，有不稳定的。但是，所有这些直觉都是看法。[②]直觉就是信念的一个初步定义可以表述为：认知主体 S 拥有关于 P 的直觉当且仅当 S 相信 P。这个定义的优点在于，如果直觉就是一种类型的信念的话，那么这种刻画在本体论上是节俭的。但是，问题在于相信 p 不是直觉到 P 的充分必要条件。认知主体可以直觉到 P 但并不

① 下面关于直觉各种立场的叙述，主要参考了斯坦福哲学百科词条"直觉"，不再一一注明。Pust, J., "Intuition", The Stanford Encyclopedia of Philosophy (Summer 2019 Edition), Edward N. Zalta (ed.), https://plato. stanford. edu/ archives/sum2019/entries/intuition/, 2023-1-10.

② David, L., *Philosophical Papers Volume I*, New York: Oxford University Press, 1983.

相信 P，或者认知主体可以相信 P，但并没有直觉到 P。可以用知觉中的案例做一个类比，例如心理学中的缪勒莱尔错觉实验，认知主体相信两条线是等长的，但依然知觉上感到一条线比另一条线长。为了克服这个缺陷，将初步定义升级：认知主体 S 拥有关于 P 的直觉当且仅当 S 形成了关于 P 的并非从其他信念有意识的推导出来的当前信念①。这个信念是你通过与其他环境对比，通过学习获得的一个信念。直觉的要点在于非推导，知觉也是非推导的。所以在缪勒莱尔错觉实验中，认知主体形成的当前信念是错误的。这种定义包容了直觉出错的情况。升级版的定义有一个缺点，虽然排除了推导性的破坏因素，但却包含了非推导的知觉信念、记忆信念、内省信念。当前的非推导信念可以包括知觉的、记忆的和内省的。为了排除上述非推导信念，进一步修改直觉的定义为：认知主体 S 拥有关于 P 的直觉当且仅当 S 基于对 P 中相关概念的能力形成了当前信念。② 这个定义排除了和直觉无关的非推导信念，却带来了更大的问题。如果主体基于概念能力形成直觉的话，那就表明直觉是不可错的。另一方面，我们相信即便认知主体不具有概念能力，似乎仍然直觉到

① Gopnik, A. & Schwitzgebel, E., "Whose concepts are they, anyway? The role of philosophical intuition in empirical psychology", In M. R. DePaul & William Ramsey (eds.), *Rethinking Intuition*, Lanham: Rowman and Littlefield., 1998, pp. 75-91; Devitt, M., "Intuitions in linguistics", *British Journal for the Philosophy of Science*, Vol. 57, No. 3, 2006, p. 491; Kornblith, H., "The role of intuition in philosophical inquiry: An account with no unnatural ingredients". In M. DePaul & W. Ramsey (eds.), *Rethinking Intuition: The Psychology of Intuition and Its Role in Philosophical Inquiry.*, 1998, pp. 129-141.

② Ludwig, K., "The Epistemology of Thought Experiments: First Person vs. Third Person Approaches", *Midwest Studies in Philosophy*, Malden, MA: Wiley Blackwell, 2007, p. 135.

P。概念能力和直觉绑定在一起，认知主体就很难拥有关于直接内省判断可以辩护的直觉。总之，信念论的核心是把直觉和信念联系在一起。

索萨是倾向论的代表，我们不妨从考察一个初级的倾向定义开始：认知主体 S 拥有关于 p 的直觉当且仅当 S 倾向于相信P。这个定义的优点在于涵盖了可以倾向相信而实际上不相信的情况。例如，我倾向于相信筷子在水里是弯的，但我仍然不相信筷子是弯的。该定义的缺点是过于宽松。这些倾向于相信，对于直觉都不是充分的。你可以倾向于相信很多东西，但不足以形成直觉。总要往"倾向于相信"添点东西。索萨往里添加了理解这个要素，形成了一个升级版定义：认知主体 S 拥有关于 P 的直觉当且仅当 S 仅仅基于对 P 的理解倾向于相信 P。[①] 这就是说，你的倾向不是一种单纯的生理的、知觉的倾向，而是和你的概念能力有一定的关系。讨论直觉问题的代表人物比勒（Bealer），他提出了直觉是一种独特的心理状态：心理状态具有一种独特的现象学。[②]

归纳总结对直觉的既有理解，可以认为直觉具有以下四个特征：第一，直觉具有一种特殊的现象学，是一种独特的心理状态，可以与知觉、内省、想象、回忆等心理状态区分来。第二，

① Sosa, E., "Minimal Intuition", *Rethinking Intuition: The Psychology of Intuition and Its Role in Philosophical Inquiry*, Michael DePaul & William Ramsey (eds.), Lanham: Rowman & Littlefield, 1998, pp. 257.
② 普斯特对其做了进一步定义：认知主体 S 拥有关于 P 的理性直觉，当且仅当或者 a：（1）S 理智看来接受 P 且（2）如果 S 考虑 P 是否必然为真的，那么对于 S 来说，他就会理智看来必然接受 P；或者 b：在理智上看起来 S 必然接受 P。Pust, J., *Intuition as Evideuce*, New York: Garlandy Rontledge, p. 46.

直觉具有特别的认知地位，它可以辩护其他事项，但自身不需要辩护。因此，可以说直觉是一个原初的事实。这实际上说的是直觉具有被动性（倾向于），是和所予类似的。第三，直觉可以建基于概念能力，当然这一点并不是所有哲学家接受。第四，直觉是一种面对周遭环境的快速反应能力。一般而言直觉是直接的、非反思的、非推导的心理状态。第三和第四是互相冲突的。理性主义者一般接受第三个特征，经验主义者一般接受第四个特征。

如何理解知识的基础，经验主义主张基础在于知觉，理性主义主张知识的某个基础在于直觉。虽然主张不同，但双方都隐含了直觉和知觉的一种类似，它们都对知识提供一种辩护。二者的特征也比较相似。直觉就是一种和知觉相似的、直接的、迅速的、把握与理解。在《人类理解论》中洛克表达了这种观点：心灵感知到了是白色就不是黑色的，圆圈不是三角形的，3 比 2 大……这些都仅仅通过直觉即可。经验主义和理性主义双方都同意这种知识既不是基于知觉经验也不是基于分析的，而是基于直觉的。这实际上是为当代分析哲学提供了一种哲学史的支持。例如，我们能直觉到同一性是传递的，盖提尔案例中的史密斯不知道那个口袋里有十块钱的人得到了工作。这种直觉和洛克所理解的直觉之间并没有特别根本的差异。

经验论者对直觉给出了非常薄的定义，直觉就是一种简单的理智表象（Intellectual seeming）。理性主义者对直觉给出了非常厚的定义，直觉就是具有理解辨别能力的洞见（insights）。表象和洞见处于两端，从理智表象到洞见可以容纳不同立场对直觉的定义。除了上述关于直觉的定义有不同的理解之外，还有从更大的背景来理解这种直觉，认为在直觉讨论中存在一个区分，即作为理性辩护的先天直觉和作为快速反应的心理学直觉之间存在区别。在哲学史中的直觉指的是先天的理性直觉，而在当代实验哲学所探究的直觉则是心理学直觉，二者有实质不同。我认为并不存在二者的截然区分，实际上它们属于同一种直觉的不同面向。当我们考虑其直觉发生过程的时候，关注的是心理学特征，当我们关注直觉的辩护作用时，考虑的是直觉的理性特征。因此，传统哲学中的直觉和当代分析哲学中讨论的直觉属于同一类直觉。需要说明的是，我并没有把直觉做具体分类，例如分为语言学直觉、道德直觉、形而上学直觉等等，而是把直觉作为一个基本的类，来讨论它是如何辩护某一个理论的。因此，我在这里预设了直觉的统一论，在不同领域中的直觉都具有一般意义上的辩护作用。也许有的直觉具有更强的辩护效力，有的稍微要弱一些，但是在起到辩护作用这一点上，是一致的。

三　直觉作为证据的两种进路

很多人反对直觉作为证据。例如，威廉姆森认为不可能内省定位到直觉这样的状态[①]，戴维特认为语词的用法要比关于语词的直觉重要[②]，多伊奇认为直觉不过是一个神话[③]。

认识论上的理性主义者主张一些命题中的信念不是由知觉经

---

① Williamson, T., *The Philosophy of Philosophy*, Malden, MA: Wiley Blackwell Press, 2007.

② Michael, D., "Experimental Semantics", *Philosophy and Phenomenological Research*, Vol. 82, No. 2, 2011, pp. 418-435.

③ Deutsch, M. E., *The myth of the intuitive: Experimental philosophy and philosophical method,* Cambridge, MA: Mit Press, 2015.

验、内省或者记忆所辩护的，而是由理性直觉辩护的。^① 这就是说，直觉是可以辩护一些命题所表达的信念。我们知道，知觉的对象是外部事物，内省的对象是内部心理状态，那么直觉的对象是命题 / 判断。^② 直觉可以相信的命题可以包含：一个东西不能既是红色又是绿色，3+2=5，如果 A 比 B 高、B 比 C 高，那么 A 比 C 高，没有圆的方，P 并且 Q 蕴含 Q，等等。直觉的对象不仅仅包括命题 / 判断，也可以包括一些非形式化的思想实验。当你读完一则虚构故事，你对故事的第一反应称为直觉反应，这个故事就是直觉反应的宽泛意义上的对象。进一步，根据这个故事会引申出一些命题或判断，你会迅速认定某个命题为真或为假。在这个意义上，你的直觉就为这个命题的真或假提供了一种辩护。

　　知觉辩护信念为基础辩护提供了一个范式：假设我有关一只狗在我面前的视觉经验，根据这个基础，我就相信我的面前有一只狗。我的视觉经验辩护了我的信念；既然我的视觉经验超越了是否需要辩护的要求，那么这个辩护就提供了基础。视觉状态可以为信念提供辩护，因为它是被动的，没有受到认知主体的理性控制，可以充当基础。再看直觉的基础辩护模式：例如，我相信 1+1=2，是因为我的理智表象接受（intellectually seeming to me that）1+1=2，这仅仅依赖于我对这个命题的理解，无需求助于推理、记忆等等。

① Bonjour, L., *In Defence of Pure Reason*,Cambridge: Cambridge University Press,1998; George, Bealer., "Intuition and the Autonomy of Philosophy", in Michael DePaul & William Ramsey (eds.), *Rethinking Intuition: The Psychology of Intuition and Its Role in Philosophical Inquiry*, Lanham: Rowman & Littlefield, 1998, pp. 201-240.
② 这并不是说直觉只能以命题和判断为对象，只是在当代分析哲学直觉作为证据的语境里，将直觉的对象限定为命题和判断。

　　索萨认为，这个辩护模式不适用于直觉。所谓的理智表象和知觉表象类似，索萨不否认理智表象，但认为理智表象需要辩护。我们可以受到吸引去相信这个命题，但知道这个命题是假的。甚至，我并不倾向于相信这个命题，但这个命题仍然吸引着我。考虑知觉经验，例如，视觉经验本身是免于认知评价的，所以提供了基础的辩护；而索萨认为理智表象可以进行认知评价，不能提供基础辩护。所谓基础的东西，一定是不能给出评价的东西。

　　索萨提出了一种直觉观，在他看来，直觉作为证据可以由以下几条理由来说明：第一，对命题 P 的直觉就是对 P 的一种理智表象，这包括仅仅通过理解命题 P，就受到 P 的吸引去断言 P。这里需要注意受到吸引断言和倾向断言的区别：筷子在水里看起来是弯曲的，你可以受到吸引断言筷子是弯曲的，但不能倾向于断言筷子是弯曲的。第二，直觉为命题提供一种基础性的并且是先天的辩护。如何理解这种先天性辩护呢？这依赖于索萨把理解引入到辩护中来。第三，关于 P 的直觉能够辩护信念 P 当且仅当信念的主体能够仅仅通过对 P 的理解就有能力分辨 P 是否是真的。在这个意义上，他反对直觉的基础论解释，认为直觉不可与知觉类比，而是提出了基于德性的辩护策略。

　　索萨坚持一种直觉的德性辩护策略，相当于扩大了直觉的内涵；博格森则坚持一种直觉的基础辩护策略，他认为直觉和知觉在作为知识基础的意义是类似的。因此他对索萨的立场进行了系统的反驳①：

————————

① Boghossian, P., "Intuitions and the Understanding", *Performance Epistemology: Foundations and Applications*, 2016, pp. 137-150.

第一，索萨的认知辩护的基础主义概念有问题。接受基础辩护，但并不需要用理解来刻画直觉。博格森认为直觉可以与理解分离，采取外在论的思路，将直觉判断的辩护和知觉判断的辩护做类比。直觉不能被还原为受到吸引去断定，它本身并不需要得到认知评价。综合起来，我们可以对索萨的认知基础辩护给出三种可能的回应：首先，直觉作为证据，不一定要采取基础主义的方式，反思平衡的整体主义方式也可以提供证据。其次，直觉和知觉都同样面临认知评价问题，例如知觉也有错觉，即便知道是错觉，知觉命题仍然吸引着认知主体。最后，如果做一个最强的回应，可以说直觉本身并不需要认知评价，因为它就是一种被动的、最初的材料，可以提供一种基础主义辩护。也就是说，如果坚持直觉与知觉类比的思路，那么二者"一荣俱荣，一辱俱辱。"既然现有的知觉的基础辩护是合理的，那么直觉的基础辩护也应该是合理的。

第二，索萨所依赖的可靠主义概念有问题。博格森不把可靠性作为辩护的标准。因为实际上并没有一个合理的机制可以使得直觉成为可靠的。以数学知识为例，根据柏拉图主义的理解，可以假设数学知识的主体是抽象的，但我们如何具有一种认识抽象事物的能力？我们如何在认知主体和抽象对象之间建立可靠的因果联系？这个困难也适用于逻辑、模态、认知理性等。当然更适用于直觉，直觉这种能力如何能够成为关于这些领域事实的可靠的导引？索萨求助于对概念的理解，只要操练我们的概念能力，就能可靠的认知相关的事实。但是索萨并没有解释为什么概念能力就是可靠的或者如何获得可靠的概念能力。我们需要重构一个认知主体和客观真理之间的故事：一方面需要对为什么我们拥有这些和判断相关的概念做一个科学说明；另一方面需要对为什么我们拥有这些概念并能作出相关判断的可靠性做一个科学说明。例如，我们可以借助演化论合理的假定拥有这些能力在演化上是具有优势的，我们基于直觉做出判断也是具有演化优势的。离开直觉，我们无法充分解释先天辩护，但直觉本身的辩护是基于自然演化而来的。

第三，索萨认为直觉提供了几乎所有的先天知识。按照索萨的理解，直觉是基于概念能力。但是有很多先天知识超出了概念能力的范围。例如，颜色排斥案例：我们设想红色和绿色不能同时同地存在。但如何用纯粹的概念解释说明？一个人可以拥有红色的概念而不需要拥有绿色的概念。例如电车难题案例：不管做出何种推论，都不能说这种推论完全来自对概念的理解。应该承认有一些概念是完全可以依据概念本身就可以做出推论，而有一些概念则需要求助于外部世界。关于形状的概念是不需要求助外部世界的。但是有关规范性的一些概念，则不能单纯根据概念理解获得。例如，堕胎是不对的，杀人是有罪的，撒谎是错的等等。

与索萨基于认知德性的刻画不同，博格森坚持薄版本的直觉论，直觉就是理智表象。但并不需要对直觉进行还原解释。直觉的辩护作用至少具有如下四个特征：1）直觉被当作来源/基础，自身不需要辩护，但可以为辩护其他事项。2）直觉提供了先天辩护。3）直觉被当作了提供了强烈的辩护使得它们能够推翻高度受到辩护的理论。4）直觉被当作可靠真理的来源。但是直觉也并不是不可错的，如果 p 对某人看起来是如此显然，但这不表示对于其他人都是显然的。如果 P 是如此显然的，也不能表明 p 就也不能被其他论证所支持。不管如何，直觉总是在表面上可以提供一些认知辩护。如果我们不能从直觉开始，就不能从任何地方开始。

总之，索萨和博格森都试图捍卫直觉作为证据这一观念。索萨采取内在主义路线，把直觉与理解相关的概念能力结合在一起，形成了一种基于认知德性的直觉作为证据的立场，如果说知觉的基础主义辩护源自可辩护的信念建基于认知主体超越辩护的心理状态之上，那么直觉以德性为基础的辩护本质上源自那个被辩护的命题态度就彰显了一种认知能力。索萨坚持一种直觉的德性辩护策略，相当于丰富了直觉的内涵；博格森则采取了外在主义路线，认为直觉不过就是理智表象，虽然有可能错，不可靠，但仍然可以作为知识的基础和起点，他把知觉辩护和直觉辩护看作是类似的。索萨给予内在德性的认知辩护策略和博格森基于外在经验的认知辩护策略，两种不同的立场为直觉作为证据提供了比较合理的论证。但博格森的直觉观更接近于实际情况，因此我将以博格森的立场为基础，为直觉和知觉的类比做出进一步的说明。

四 直觉与知觉的类比

博格森的直觉观是外在论的立场，强调了直觉与知觉的类比，直觉是一种理智表象。本格森（John Bengson）也强调直觉与知觉的类比，他认为直觉不是一种典型态度（如信念和判断），也不是一种形成态度的趋向，而是一种呈现（presentation）：一个意识状态或事件，就像知觉经验一样，以一种特定的方式直接而迅速地呈现出来。[①] 直觉认识论可以从知觉认识论中自然延伸出来。这就

---

① Bengson J., "The Intellectual Given", *Mind*, Vol. 124, No. 495, 2015, pp. 707-760.

是"核心准知觉主义论题"（The Core Quasi-perceptualist Thesis），在作为呈现这一层面，直觉和知觉是类似的。呈现包括以下主要特征：第一，呈现状态本身就是基础，它并不是由主体依据其他心理状态有意识形成的。例如，信念就是由其他状态汇聚而成的。在这一点，知觉和直觉是类似的：当我看到了那里有个苹果，我就具有视觉经验，不需要借助其他心理状态；当我阅读了思想实验，参与者就做出了直觉判断，不需要借助任何其他心理状态。第二，呈现状态是具有程度的，依赖于在不同情景中的出现方式（或清晰或模糊）。第三，呈现状态在根本上是非自愿的（属于被动接受）。与选择、决策、想象、猜测、假设、信念、判断不同，这些都或多或少带有主动成分。而呈现就是事物向我们展开。在这一点，知觉和直觉也是类似的：直觉或知觉向我们敞开。第四，呈现状态在某种意义上是被迫的，主体倾向于断言呈现给他们的内容。第五，呈现状态不仅是倾向于断言，主体还理性化他们的断言。[①] 拥有关于咖啡在桌子上的经验，使得桌子上有一杯咖啡这个信念是合理的。直觉到命题 p 或拥有关于形成 p 的知觉，从第一人称来讲都是理性的。

与其他心理状态做一对照，作为呈现的直觉和仅仅具有内容的状态不同。例如，理解、想象、设想这些心理活动都具有主动性，但直觉具有被动性。直觉和不具有内容的状态也不同。例如，猜测、假设、预感这些心理活动都不具有实质内容，但直觉

---

① 我们在前面讨论过断言的规范，在知识作为规范的说明中，会遇到一个反例。那就是认知者会做出一些错误的断言。而所谓错误的断言如果存在一个比知道更薄的规范，应该就是事物向我们呈现使得我们可以做出断言。如果事物根本就不向我们呈现，那么就无从谈起断言。

具有实质内容。直觉和具有表征的状态也不同，例如，信念、判断、观点这些心理活动都不足以构成直觉，直觉似乎要多一层东西。直觉是一种呈现，但倾向、受到吸引／诱惑却有过于主动的色彩。在呈现的维度上对直觉与知觉进行类比，具有以下优势：第一，可以说明当我们拥有一个直觉时，如何对所发生的一切进行描述；第二，可以解释直觉和其他心理状态的区别；第三，可以说明直觉的心理学作用；第四，可以对直觉的特征给出正面的界定；第五，可以解释为什么思考者具有相同的直觉但却具有不同的能力。

如何理解博格森和本格森二人的直觉立场的关系，博格森认为直觉是一种表象，表象的内容是针对某一认知主体的，这一点不难理解。在英文中，经常有这样的表达"it seems to me ……"。表象总是某人关于某些事项的表象，因此博格森的直觉观是将直觉和认知辩护联系起来了。但是本格森认为直觉是一种呈现，而呈现的内容并不需要是明确针对某一认知主体的，因此直觉作为呈现就不能承担认知辩护作用。我们已经看到，呈现要比表象更为具体更基础，本身不需要进一步辩护，例如不用还原为倾向于断定或受到吸引去断定。因此，应该在呈现的基础上修改直觉的定义，可以对呈现进行区分具有认知主体的呈现和非认知主体的呈现，前者是可以提供认知的基础辩护的。本格森本人并没做出这种区分，也许是因为他认为，呈现本身也蕴含了认知辩护的作用。综合本格森和博格森二人的立场，我们可以提出一种经验主义的直觉论：直觉就是一种理智表象，这种表象就是一种具有认知主体的呈现。在此基础之上，我们对知觉与直觉进一步做出如下类比：

1. 辩护模式

知觉辩护：知觉经验辩护了信念 p。当你在超市看到一个成熟的西红柿，你完全有理由相信那里有一个西红柿。既然你有意识地看到了红色，这就表明你具有一种知觉经验。你的经验看起来辩护了你的信念，因为你的经验使得你相信那里有一个西红柿的信念是合理的。

直觉辩护：直觉经验辩护了信念 p。当你直觉倾向于 p 时，在理智上看起来相信 p 是真的。这里你有一种直觉经验"看到"p是真的。你的直觉看起来辩护了你的信念，因为你的直觉使得你相信 p 是真的信念是合理的。

2. 知觉对象与直觉对象

知觉对象：物理对象（桌子、椅子、电脑）、声音；在认知主体和感知对象之间存在因果联系；直觉对象：数学命题、道德命题、思想实验片段等；在认知主体和直觉对象之间存在因果联系。知觉和知觉对象的关系是因果的，直觉和直觉对象的关系也是因果的。这一点需要解释，按照自然主义思路，直觉的对象可以通过实际写在纸上的数学符号串来指称数学命题，因此直觉对象包括写在纸上的数学符号串和"抽象的"的数学命题。可以通过这种避免柏拉图主义认识论造成的后果。①

3. 知觉是感觉表象，直觉是理智表象

知觉表象：我的椅子看起来很舒适；约翰看起来心情很不好；丽莎看起来玩得很嗨；

理智表象：似乎"看起来"超弦理论是对的；"看起来"在

---

① 叶峰："为什么相信自然主义及物理主义"，《哲学评论》2012 年 01 辑。

欧几里得空间两点之间直线最短;"看起来"并非所有未结婚的男人都是单身汉;

4. 知觉经验和直觉经验都是有意识的、具有表征内容的呈现

按照本格森的说法,第一,你感觉到某物,你直觉到某个命题,这都是认知主体意识 / 察觉的结果。第二,知觉和直觉都是有确定的内容状态,可以算作表征。希望、欲望、愿望、想象、拒斥都是非表征的,并不和某一客观的东西相对应。知觉经验、记忆、内省、信念、承受、直觉都是表征的:它们以一种特定的方式表征世界,如果他们中的内容是真的,世界就是如此这样的。但有一些内容状态并非如此,例如希望、渴求、愿望、想象、拒绝都仅仅是有内容的。事物不仅被我们以某种方式表征,而且向我们呈现。有的心理状态只表征(如信念)而不呈现;有的心理状态只呈现(如欲望)不表征。相信 p 未必拥有关于 p 的印象,但可以在某一种印象下相信 p。你可以因为自己的记忆 7 的平方根是 2.646,但这个答案并不呈现给你。

5. 知觉是可错的,直觉也是可错的

知觉是可错的。例如,你看到桌子上有一杯咖啡,但实际上并非如此。直觉是可错的。例如,你觉得对于任何一个谓词都有一个满足它的集,但实际上并非如此。

6. 幻觉现象

知觉的幻觉:例如缪勒莱尔错觉。直觉的幻觉:在理智幻觉中,例如叶峰教授是一个还原的物理主义者。他对于自己的物理主义立场非常有信心,大量的科学证据支持他的物理主义立场。然而让人扫兴的是,不管他在理性上如何认可物理主义。他仍然有一种非物理主义的直觉:僵尸是可能存在的。

7. 盲视现象

知觉盲视：在迫选法场景中，参与者相当可靠的给出了各种问题的答案，例如桌子上是否一个苹果，尽管回答者缺乏相关的视觉经验（苹果并未向他呈现）。

直觉盲视：在迫选法场景中，参与者相当可靠的给出了各种问题的答案，例如同一性是否传递，尽管参与者缺乏相关的理智呈现。

我们从七个方面总结了知觉与直觉的类比：作为辩护关系模式的类比、作为辩护对象的类比、作为表象的类比、作为呈现的类比，这前面四种是基本类比，后面三种关于可错性、幻觉和盲视，都是在具体情景中的拓展类比。可以说不管在基本类比层次上，还是在拓展类比层次上，知觉与直觉都是高度类似的。这种类似的基础其实就在于知觉模式是我们认识世界的基本模式，在关于内省这种心理状态上，也存在知觉和内省的类比，这就是自然主义者所坚持的内感觉理论。我们用知觉模式去理解内省、理解直觉，思路是一样的。

目前对类比的反驳主要是从辩护角度出发的。有一种反驳认为：知觉可以作为证据，但直觉不能作为证据。厄伦博和莫里纽认为我们可以基于自己的直觉形成信念，但是不能从他人的直觉形成信念。但我们的确可以从他人的知觉证据来形成自己的信念。例如有某人看到了外面下雨，然后告诉我外面下雨，我就相信了外面在下雨这个命题。[①] 这个反驳不能成立，因为我们也可以利用他人的直觉作为证据，例如逻辑学家基于他的直觉告诉我

① Earlenbaugh, J., & Molyneux, B., "Intuitions are inclinations to believe", *Philosophical studies*, Vol. 145, No. 1, 2009, pp. 89-109.

某个定理是对的，我就有根据相信这个定理。即便后来这个定理被证明是错误的，也不意味着我一开始根据逻辑学家的直觉相信就是完全荒谬的。毕竟，我最开始的信念也是具有一定的证据基础的。当然如我缺乏某个逻辑定理的直觉，我可以以任何具有这一直觉的认知主体的直觉作为证据，而不应定是诉诸专家直觉。因为，直觉和知觉并不是要提供一种绝对正确的辩护基础。此外，加纳德等人提出[①]，与知觉的证成相关的认识论特征之一是自我校正（self-correction），而直觉通常是抵制自我校正的。基于此点，我们不能通过类比来确定直觉的辩护功能。这个反驳也不能成立，因为直觉也能够实现自我校正。譬如，学科训练就能够帮助校正直觉。

除了上述两种从辩护角度提出的反驳之外，二者之间也存在很多差异。首先，知觉经验的状态是很丰富的，而直觉则比较贫乏。其次，认知对象的差异：知觉经验只涉及到具体的例子，如桌子上有一杯咖啡；但直觉可以是具体的例子，例如这个苹果是自我同一的。也可以是一般的例子，如所有的事物都是自身等同的。但我们聚焦的类比是辩护，这种类比的成立让我们对直觉有一个深入的认识。如果知觉可以作为认识世界的主要指南，那么直觉也可以成为认识世界的指南。只要我们不局限于概念分析思路下对知觉的可靠性做普遍必然的证明，而是在自然化思路下对知觉的可靠性做出可靠的演化说明。那么直觉也具有同样类型的认知地位，可以为认知提供一定的指引，也可以为理论提供一定的经验基础（证据）。从这个角度来讲，实验哲学本身并不反对

---

① Pourghannad, P., Hosseini, D., & Nabavi, L., "perception, self-correction and philosophical intuition", *Metaphysics*, Vol. 8, No. 22, 2016, pp. 47-60.

直觉作为哲学论证的证据，而是采用调查方法进一步去确认这一证据，是则是之，非则非之。作为实验哲学研究者，可以对直觉作为证据采取一种中立的态度。如果对直觉进行经验化的解释，那么概念分析哲学所诉诸的直觉就可以具有一种自然化的特征，从而可以为某一特定理论提供一定的辩护。

第六章

经验上的方法论反思

　　本章内容简介：上一章从概念上对当代分析哲学既有的方法论进行了系统梳理，从正反两面讨论了直觉作为证据的可能。本章将专门考查实验哲学如何利用心理学调查方法研究哲学。第一节结合实验哲学中的一些预设来介绍经验调查的基本步骤程序以及遇到的一些问题。第二节分析心理学研究方法面临的问题——重复危机。对重复危机从概念上予以分析，并重点分析实验哲学中是否存在重复危机的问题。第三节讨论将质性研究引入实验哲学的问题，在第三章关于指称测试的分析中，我们得出结论，在进行测试直觉时，需要受试者给出选择的理由，而这种理由才是实验哲学最需要关注的。沿着这个思路从直觉转向理由，从量化研究转向质性研究，是实验哲学的一个新趋势，在这基础上可以把实验哲学方法（量化研究和质性研究）和传统分析哲学方法（概念分析）有效结合起来，推进实验哲学的发展。

第一节　经验调查的基本步骤

实验哲学是用心理学的方法研究哲学领域中的问题。这个心理学方法简单来说就是调查统计的方法，大概有几个大的步骤：第一，根据哲学研究的需要设计合理的调查问卷；第二，选取合适的受试者全体（样本）展开测试；第三，将得到的数据进行进一步的数据分析。第四，得出与哲学理论相关的结果。本节将就这四个阶段进行讨论。

一　设计问卷

设计问卷主要包含以下几个要素：首先，让受试者阅读的故事情景要清晰明确不至于产生歧义。很多实验哲学的实验面临的一个主要批评就是，故事本身的讲述是含混的，甚至具有诱导性。其次，提供给受试者的问题要能准确引发受试者的相关直觉。例如哥德尔案例中的两个选择项，一个预设了因果历史直觉，另一个预设了描述论直觉。相关的批评认为这一预设并不成立。第三，理解性问题的目标是要检测受试者是否准确理解了故事（思想实验），同时又没有引入过于理论化的术语概念。第四，最重要的问题是如何选择控制变量。这是后续讨论的核心。在哥德尔案例中，文化是一个可预测的变量，但并不是我们可以加以控制的变量。麦希瑞设计的实验，通过从各个文化群体中选择样本来控制变量。这就很难消除其他可能的原因，例如两个受众群体的其他差异（非文化）的影响造成的数据差异。实验哲学的很多实验都是为了消除混杂共因而设计的。例如哥德尔案例中，有人指出很有可能是语言能力导致不同文化群体做出了不同的选择，如果都用英语问卷，那么英语说话者和非英语说话者会产生不同选择。因此有人提出，对母语说话者使用母语问卷，对英语说话者使用英语问卷，对日语说话者使用日语问卷。这种实验设计似乎消除了语言能力对所给答案的影响，但这种影响是不是完全消除了？很难判断。语言能力和文化背景之间的关系并非彼此独立的，而很可能有着复杂的交互的关系。在选取何种语言来调查受试者问题上，有一个基于目标的考虑：如果目标是检测某种直觉的普遍性或差异性，采用与受试者语言背景不同语言版本的问卷更佳。对于懂英语的中国人来说，应该选择英语作为调查问卷；对于懂汉语的外国人来说，应该选择汉语作为调查问卷。一个有中国思维方式的中国人在阅读英语时能保留下来的思维模式一定是比较稳健的。① 一个有西方思维方式的外国人在阅读汉语时能保留下来的思维模式也是比较稳健的。例如，当我在阅读中文故事的时候，由于对汉语的熟稔，在阅读故事的时候会产生很多由文字激发的联想：而当我在阅读英文故事的时候，会集中精力弄清楚故事本身的逻辑。而哲学上的直觉更多是和故事本身产生的效果相关，与读者望文而生义的联想关系不大。因此，使用受试的非母语语言这种办法相对排除了一些偶然因素对于受试者的影响；但这样操作也存在一定的难度，因为选择懂双语的受试者这件事情本身很可能就是一种样本选择的偏差。原则上来说，

---

① 例如我们在阅读或讲英语时，还是不自觉的使用了汉语的表达方式。或者外国人在讲中文或阅读中文的时候，会不自觉的使用英语的表达方式。这里说到的思维方式指和我们母语密切联系的一种思维方式，即便在我们离开母语，学习其他语言时，仍然不能摆脱的一种思维方式。当然，这种思维方式也不完全是语言造成的，而是和我们的文化传统、生活方式等等有着密切的联系。

选用相对受试者在语言上更为陌生化的样本，会让受试者集中于故事本身的逻辑和语义。有关指称的哥德尔案例测试问卷中，最初选择了中国香港的香港大学和美国新泽西罗格斯大学的学生。香港大学的学生阅读的是英文调查问卷，结果显示他们更倾向于描述论直觉。这个结果显然要比他们阅读中文调查问卷要可靠。这些受试者即使在英文故事中显示出一种和中国文化亲缘的描述论直觉。与此对照，罗格斯大学学生阅读的英文调查问卷，结果显示他们更倾向于因果历史直觉。这个结果显然要比他们选取中文调查问卷的效应要弱一些。因此进一步的实验可以考虑在西方国家选取母语为西方语言，但懂汉语的受试者用中文问卷来测试。

　　但是不同语言翻译之间的差异可能会出现一个更大的问题。例如，中文语境中"自我"是 self 这个英文单词的对应翻译，但二者所指的意思不完全相同。例子："自我"在不同语境中所指的意思不同，因此对自我的调查需要慎重。同理，英文中的 truth 和中文中的"真理"① 不同；英文中的 knowledge 和中文中的"知识"不完全相同。翻译出来，可能会加剧对故事的误解。翻译和不翻译都面临一种代价，具体如何操作需要看实验的具体设计。

---

① 例如陈寅恪在"清华大学王观堂先生纪念碑铭"中曰："士之读书治学，盖将以脱心志于俗谛之桎梏，真理因得以发扬。思想而不自由，毋宁死耳。"这里的真理是在追求真理的意义上理解的，而非单纯的真句子。清华王路教授曾有书《是与真：形而上学的基石》即是在后一意义上来谈论 truth 的。陈寅恪所理解的思想和大众所理解的一致，但绝非弗雷格意义上的思想，弗雷格的思想就是命题的内容，和真句子相匹配，以"思想"来翻译 thought，也会面临类似的问题，好在给定上下文的语境，读者不难体会语词的含义是哪一种。这里需要区分 truth 在哲学中的意义和一般理解的意义。哲学中的 truth 翻译成中文是专业术语"真句子"而非大众的"真理"。

二 选取样本

有一些对实验哲学的批评者说，实验哲学不过是找一群人做调查，得出 30% 的人赞成因果论，70% 的人赞成描述论。这样的调查似乎太容易了，并不能表明因果论和描述论孰对孰错。然而，事实上选取样本绝对不是简单找一群人做个调查而已。实验哲学是要找到真正代表总体（人群）的样本，也就是所选取的样本所具有的性质正是总体所具有的性质。例如，调查中国人的推理模式，你不能仅仅在北京大街上或者高校的课堂上选取一些样本。这样的样本不能代表当前中国人的一些特征。因此，从总体中选取合适的样本就是实验中非常关键的一环。每一种选取样本的方法都可能具有偏见，但是设计者如果能洞察到这种偏见，就可以通过进一步的实验消除既有实验的谬误。

早期实验哲学研究中的调查，相对来说是比较粗糙的。例如，MMNS（2004）的研究属于定点选取样本：其受试者选自罗格斯大学和香港大学。但由于实验之目的是想找到东、西方人的指称直觉差异，可以认为罗格斯大学生是能够代表西方人的样本的；香港大学生是能够代表东方人的样本的。我们也许会质疑罗格斯大学生不足以代表西方人，香港大学生不足以代表东方人；但由于我们要检测的是不同文化群体的指称直觉判断的差异。这种初期的粗糙假设是可以接受的。MMNS（2004）通过调查得到一般性的结论：东、西方人的指称直觉存在差异。后续的研究是在这个结论之上进行的进一步的补充实验。例如，研究者分别在西方的文化群体内调查是否存在指称性直觉差异；在同一文化群体内选择具有不同特征（地点、职业、性别等）的人来调查是否存在系统差异。早期的实验主要采取定点采样方法，随着实验哲学研究的发展，实验哲学家逐渐使用一些主要网络调查工具：如调查软件（Mechanical Turk 和 Qualtrics），这样就可以克服定点抽样产生的地域性偏见问题。由于网络是完全开放的，任何人都可以通过在网上注册账户来回答问题，这就一定程度上保证了样本是随机抽样的这一特征。但这种网络调查并非完全不存在问题。如果对哲学直觉的调查只是采用网络调查法，那么势必具有严重的认知偏向：具有充裕时间、具有在线工作和娱乐的、习惯于网络生活的人群才会主动参与到网络调查中来，因此大学教师、大学生、白领、青年人就成了主要的调查群体。根据这一群体得到的结论不能说没有价值，却是具有高度偏见的。但是这种网络调查也存在优势：有人指出大学生是最干净的数据源，即没有受到社会效应的污染，又因为拥有良好的教育背景所以能够准确理解问题。我们并不能够得到完全干净无污染的数据，但并不意味着不能从这些数据中找到真正有用的信息。蒯因曾经引用过纽拉特关于船的比喻，即我们不能把船停泊到港湾进行一次彻底的修补，我们只能在航行中在船上修船。实验哲学的研究方法暗合了蒯因的哲学观念。

三　搜集数据进行分析

数据分析需要统计学的一些概念和技术，例如要对所获数据进行显著性检验，需要考察 p 值，方差均值，要用到 t 检验、卡方检验等等，否则很难推论调查结果的确具有价值。这些方法不一一赘述，具体可以参看心理学中的统计推断教材。[①]

---

① 例如〔美〕罗伯特 R. 帕加诺，《心理统计：行为科学统计导论》，方平、姜媛译，机械工业出版社 2013 年版。

四 分析得出的结果、需要给出哲学解释

这一步的难点是如何将数据差异和哲学理论关联起来。在弱的意义上，可以说真实的数据差异可以帮助我们理清哲学直觉背后的心理机制，进而为哲学家为什么会接受这种直觉提供一个基础。在较强的意义上，这种数据就直接证实或者证伪某个哲学立场。这类似于演化论的经验证据就直接否定了上帝存在的本体论论证，生物学的经验证据直接否定了自然类词的本质主义观点。但依然有人会指出：物理学、化学、生物学是硬科学；心理学、社会学是软科学。二者之间还是存在巨大的差异。硬、软之别在于，前者的实验并没有把人当作实验对象，而后者的实验把人当作了实验对象。对人的认知实验很难得出像演化论、基因结构这种硬的解释。因此，心理学、实验哲学的数据和哲学论断之间的关系要弱于物理学、化学、生物学、神经科学的实验和哲学论断之间的关系。像物理学实验是可以完全精确重复的，而心理学实验则很难做到，这就是心理学领域中的重复危机，在下一节会详细讨论。对人的认知实验调查还存在一些因素使得我们无法进行彻底的实验：例如有的设计是违反伦理道德的（吸烟是否导致肺癌），有的设计在技术上无法实现（对小孩进行功能性核磁共振成像 fMRI 实验）。

如果我们把科学分成硬科学和软科学，那么自然主义也可以分为两个主要流派：第一种是把物理学作为科学范式的自然主义者，他们对哲学问题的任何解释都求助于科学发现；第二种是把认知科学作为科学范式之一的自然主义者，对哲学问题的解释求助于心理学调查发现。第一种自然主义者直接反对把直觉作为哲学证据。第二种自然主义者间接反对，如果通过调查发现直觉是

普遍的，那么这种直觉可以作为证据；如果通过调查发现直觉是有差异的，那么这种直觉就不能作为证据。

哲学家使用心理学调查方法和心理学家使用心理学调查方法之间有什么差异呢？诺布在 2016 年接受卡尼曼访谈时，非常尖锐地指出了这个差异。[1] 在卡尼曼看来，心理学家把直觉的差异性、不可靠性作为基本的前提。他不明白为什么哲学家要做心理学实验去证明这种在心理学界人所周知的事实。诺布指出因为哲学家普遍认为直觉是稳定的、普遍的；所以实验哲学家要质疑这个前提。如果这样来理解的话，不是说明哲学家对于事物的看法要比心理学家愚蠢吗？这里有必要区分一下哲学家对世界的看法和心理学家对世界的看法。传统哲学家对世界的看法是建立在规范基础上的，即人应该成为什么样的；而心理学家对世界的看法建立在描述基础上的，即人实际上是什么样的。哲学家的预设和心理学家的预设不是一个正确，另外一个错误的关系，而是完全不同的两种预设。规范和描述之间的关系应该如何理解？实验哲学家预设规范需要建立在描述之上，这就是为什么心理学会被引入哲学的重要原因。传统哲学家之所以不是心理学家所理解的愚蠢，是因为他们所理解的直觉并非实际人们所具有的直觉。所以，用心理学实验研究经济学催生的行为经济学和用心理学实验研究哲学产生的实验哲学在各自学科的内部都曾遭受到质疑。在诺布和卡尼曼对话的结尾，针对卡尼曼的质疑，诺布提出了这种类比：让我们考虑其他领域的类比。在行为经济学领域，人们试图表明有一些确定的效应是非常有趣的，因为他们想表明这些效

---

[1]　https://www.edge.org/conversation/joshua_knobe-daniel_kahneman-a-characteristic-difference 参考这个访谈。

应和你所从事的理性选择理论是不同的。但这看起来，仍然相当令人困惑，因为你会去想为什么人们要做这种研究。你可能会认为，为了做一些有趣的事情，就应该和以前的研究有所不同。你认为理性选择理论是承担了类似的作用吗？ 卡尼曼说：

> 我同意，这是一个很好的类比，我以前并没有想得很清楚。的确我们也是以同样的方式研究经济学。作为背景，我们把这作为零假设的来源，从中获得一些概念。最终，如果类比更精确一点。像"偏好"或"信念"在理性选择理论中有特定的含义。心理学对这些词项的一个正确答案就是，并不存在偏好、信念这样的东西，因为不管我们的心理状态是怎样的，都无法满足偏好或其它信念的逻辑条件。作为一个心理学家，我经常会跟经济学家辩论。我正在从事和你一模一样的工作。这是一个相当好的类比。

对于经济学来说，理性的预设并不是基于对人性的实际理解，而是出于解释、预测需求的理论预设。经济学中对"自私"的定义是：在局限条件下争取最大利益。自私的假设也就是理性的假设。在经济学研究中，经济人和理性人说的是一回事。在《经济解释》第二章《从自私说起》开篇，张五常说道：

> 任何辩论必然有一个起点，科学不例外。假若我们在起点上有争议，科学就难以成事了。所以在科学发展中，参与的人要遵守一个大家不言自明的规则：凡指明是基础假设或公理，大家都不在这基础上争论……科学辩证的规则是：

"且不要反对我在理论上必须有的起点，让我从这点以逻辑推出一套理论，有了可以用事实验证的含义，有了内容，到那时，你要反对才有所依凭的。事实上，假若可以验证的含义被事实无情地推翻了，那我就不能不考虑我的基础假设是错了的。[1]

张五常还举了一个案例来说明如何从经济行为来理解自私。假设白痴投资建立加油站，因为是白痴，所以有人把加油站建在海边，有人把加油站建在高山上，有人把加油站建在高速公路边上，有人把加油站建在荒郊野岭。最后只有建立在高速公路边上的加油站存活下来。"经济学者假设他们懂得怎样争取最大利益，显然是错了的，但留存下来的加油站，却刚刚与争取最大利益的假设不谋而合。假设白痴懂得怎样争取利益虽然是错了，但却准确地预测了白痴建油站在公路旁的行为，这些行为于是就被解释了。说他们不知所为，所以油站不会建在最有利可图的地方，是谬论。"[2] 张五常接着推论：只有经济行为才能存活下来，只有理性人的假设才能解释这种经济行为。因此自私的假设在经济解释中扮演相当重要的角色。

行为经济学和传统经济学不同，它要理解人们实际上如何做出经济选择的。传统经济学大概有几种办法：第一，基于实际搜集到的经济数据提出数理经济模型去解释和预测实际的经济行为，如主流经济学中的计量经济学等等。第二，观察搜集（历史的和当下的）真实的案例，通过对真实案例的分析，提出经济解

释。例如科斯、诺斯、张五常的制度经济学派。行为经济学是通过心理学实验，模拟人们在真实活动中的经济决策，以此来探测人们在进行经济活动中是否基于理性推理等等。行为经济学的一个重要后果是发现人们在实际的经济决策中的活动并非完全基于理性，因而产生错误的行为。与此对照，实验哲学的重要后果是发现人们持有的各种哲学立场并非完全基于普遍性直觉，而是受到各种因素的影响，因而作出了错误的推理。如果行为经济学不应该受到指责的话，实验哲学也不应该受到指责。卡尼曼在批评实验哲学的时候，是完全站在了心理学角度，而如果他考虑一下整个经济学的传统与行为经济学的关系，就不会认为实验哲学发现的那些直觉差异是不重要的。研究者做出的发现是否重要取决于其所属学科，而不可跨学科比较该发现的重要性。通常，在一个学科中特别重要的东西，可能在另外一个学科就变得比较边缘。

在实验调查中，还有一个特别重要的实际操作问题。大多数实验的数据收集在网上进行。但是有证据表明一些受试并不很严肃地对待调查问卷，随便填写敷衍了事。因此，调查数据本身就存在可靠性问题。心理学中把这种现象称之为 insufficient effort responding（IER）。这个现象使得心理学调查大打折扣。

实验哲学调查也面临同样的问题。在无法做到完全消除这种影响的情况下，只能采取一些办法以提高数据的可靠性。具体而言，针对 IER 这种现象，可以采取两个策略。第一个策略就是IER 防范策略：选取学生作为样本、简化调查、感谢受试者、选取网上有众筹资金的样本、缩短调查、给受试者足够的金额、告诉受试者调查的目的、意义、告诉受试者实验设计者的身份、警告、建立反馈、使用验证码、建立实际监督、签署真诚承诺书、建立虚拟监督等等。尽可能降低这种效应。第二个策略就是在无法完全消除影响的情况下，同时实施 IER 检查策略：使用打勾法、设立时间限制、对开放式问题的回答、对操作指南的回应、对操作指南打勾、设置独立打勾按钮、语义一致、对调查结果的自我报告、心理测量的一致等等。通过这种检测，可以对数据给出评估。针对这一问题博斯乐（Thomas Pölzler）做了进一步调查，考察已有的实验中，研究者是否有意识的注意到这一问题。这个调查选取的受试者都是实验哲学的实际研究者，他们的实验都在实验哲学重复计划（X-Phi Replicability project）中得到再次检验。有 53 名受试者参加实验，1 名被排除。针对受试者，告诉他们测试的目的是为了得到关于 IER 的解释，然后依次提出下面四个问题：

（1）你在设计实验时使用 IER 防范策略［1/2…］的频繁程度？

（2）你在设计实验时使用 IER 检查策略［1/2…］的频繁程度？

（3）你在设计实验时，是如何处理 IER 的？

（4）一些设计实验的一般性的问题：关于 IER 的背景知识、对 IER 效应的评估等等。

博斯乐调查结果显示：在防范策略上，绝大多数实验选取了学生作为受试者，有一半的实验采取了简化调查、感谢受试者、使用在线众筹资金、缩短调查、补偿受试者。监测策略要比防范策略的使用情况差一些，有一半的实验采取了理解打勾法，其他的监测策略用得比较少。统计分析数据表明，实验哲学家知道的 IER 防范策略越多，实验调查设计就越合理。由于实验本身的局限，我们无法完全消除 IER 这种影响，但是意识到这种影响，对其加以控制，会让我们对数据的可靠性有一种审慎的认知。

第二节 重复危机、概念分析与实验哲学

重复危机（Replication Crisis, Replicability Crisis, Reproducibility Crisis）可有两层含义：第一是大规模的重复失败本身的危机；第二是相关科学领域必须把大规模重复失败作为事实接受下来产生科学信任的危机。本节只关注第一种意义上的危机，尤其是这个意义上的重复失败。

科学要求重复，如果对某一现象的描述符合事实的话，那么只要在合适的情况下这一现象就应该发生。给定相同的条件，就会出现同样的事实。这就要求无论是观察还是实验都应该是可重复的。何兆武先生在"历史学是科学吗？"一文中有一段与重复实验有关的话：

> 历史是科学吗？回答是：历史学既是科学又不是科学，它比科学多了一点什么，又少了一点什么。我们所知道的历史，和自然科学所知道的历史有很大的不同。那就是自然科学所知道的事实，可以实验或实证，可是历史无法再做实验也无从实证。历史既然不能够重复，是一次性的，我们怎么样才能找到它的规律呢？我们普通所说的"规律"，都是在它重复了多次以后，我们才找到它的规律来。如果只是一次性的，那么我们怎么找规律？它有没有客观规律那种意义上的规律？如果没有的话，历史学家是凭什么理解历史的？自然科学家是凭借实验来理解自然现象，一次不对的话，可以再做。既然历史学家不能够做实验，那么他们怎么能够认识

历史的真相？作为一个历史学家，了解历史的真相，就只有凭借自己的理解和想象。[①]

　　在何先生看来，历史不能成为严格的科学，是因为无法接受重复性的检验。通常有两种可重复性，一种是针对自然世界的，一种是针对人类社会的。自然科学的可重复性是相当精确的，通过控制、理论和预测来刻画。所有与人相关的生命科学、医学、社会和行为科学建立在统计的基础上，这种可重复性是概率的。这种基于统计结论的科学，它具有内在的缺陷：缺乏准确的理论作为预测，缺乏普遍的"真"、缺乏完善的实验控制手段。这些缺陷似乎都是研究者无法解决的问题。此外，基于统计的科学还有外在的缺陷，统计推断的可靠性差、研究者往往摆脱不了发表偏见（总想推陈出新）。

　　在心理学、医学等依赖于样本测试的研究领域中，有很多原初实验无法为其他学者重复，成为孤例。实验哲学也是大规模依靠样本测试，如果重复验证失败对其他自然科学和社会科学是一个严重的挑战，那么对实验哲学也构成了一个严重挑战。反之亦然，如果实验重复失败对其他自然和社会科学不构成威胁，那么对实验哲学也就不构成挑战。本节首先引入在心理学、医学领域的重复危机，表明这个重复危机对于自然科学并不构成挑战；其次讨论重复危机对于实验哲学研究是否具有同样的意义，最后分析实验哲学中的重复失败案例。重复危机和重复失败是相互关联的，重复失败是重复危机的一种。通常出现重复危机的原因可能

[①]　何兆武：《可能与现实：对历史学的若干反思》，北京大学出版社 2017 年版，第 83 页。

源自：不恰当的操作、不愿意发布负面的实验结果、欺骗等等。伯德[1]试图表明即便重复失败频繁出现，那也不意味心理学、医学这些自然科学所使用的方法就应该遭到质疑。

科学研究试图表明存在一些特定的可重复效应，但一些重复实验却无法得出科学家所声称的效应或者只有很小的样本具有这种效应。有学者将这种情况归咎为实验者的科学实践存在问题，例如操作不当、实验设计存在缺陷、研究者发表时隐瞒了相反的实验结果等等的问题，这些可以称为重复危机的实践问题。从哲学观点来看，上述缺陷都在原则上可以消解。但有另一类问题可以称为真正的重复失败问题：我们甚至可以预期会出现重复失败，这些失败是由于实验本身引起的，而原则上找不到更好的实验来避免重复失败。为此也许可以采取更为积极的、开放的态度去看待重复失败：第一，接受当前社会科学研究无法避免重复失败的事实，相应调整对实验的评价；第二，在方法上，尽可能寻找合理的实验假设；第三，对实验的数据分析标准更加严格，如要求小于 0.05 的阿尔法值。

重复失败案例很多，例如在社会心理学研究中，有学者[2]通过实验表明，如果在实验情景中提供一张双眼看着受试者的图片，受试者就会提高她们的社会合作行为，受试者更愿意给无人看守的箱子投掷硬币或零钱用来购买咖啡。但一个更大规模的调查研究[3]否证了这一效应。

---

[1] Bird, A., "Understanding the Replication Crisis as a Base Rate Fallacy", *The British Journal for the Philosophy of Science*, Vol. 72, No. 4, 2018, pp. 965–993.

[2] Bateson, M., Nettle, D., Roberts, G., "Cues of Being Watched Enhance Cooperation in a Real-world Setting", Biology Letters, 2006, Vol. 2, pp. 412–414.

[3] Carbon, C., Hesslinger, V. M., "Cues-of-being-watched Paradigm Revisited", *Swiss Journal of Psychology*, 2011, No. 70, pp. 203–210.

一　基础比率错失

基础比率错失是重复失败的一个重要原因。关于一般现象的某个特殊例示所做的推论经常会出现这种错误。例如，推理者关注到现象发生时的那些明显的证据，而忽视了即使独立于这些证据该现象也会发生的比率。比如说感冒的证据之一是头疼，但是即使没有头疼你也依然算是感冒了。这个没有头疼而患感冒的几率就是基础比率，不容忽视。尤其当现象（如渐冻症、飞机失事）比较少见，而证据足够明显和每一次出现的现象之间的关联又不够紧密联系的时候。有一个广泛讨论的案例：在飞机场，利用侧写工具扫描乘客的外表和行为，以此来判断他/她是否是恐怖分子。这种侧写工具的精度是95%，对于100个非恐怖主义分子，侧写工具的判断为：95个是非恐怖分子，5个是恐怖分子。对于100个恐怖分子，侧写工具的判断为：95个是恐怖分子，5个是非恐怖分子。如果一个乘客没有通过侧写测试，机器判断他为恐怖分子，那么他真的是恐怖分子的概率是多少？可能有不少人认为他95%的概率是恐怖分子。并非如此，实际上这个乘客是恐怖分子的概率极低。大量的乘客作为统计的基数，恐怖分子是极少的。这个乘客更有可能是一个清白无辜的人，而非一个恐怖分子。

但人们经常基于已有的数据作出错误的推论。卡塞尔的著名案例[①] 就表现了基础比率错失：实验调查哈佛大学的医学院学生一个问题：如果有一个病人测试呈阳性（一种罕见的疾病）那

---

① Casscells, W., Schoenberger, A., Graboys, T. B., "Interpretation by Physicians of Clinical Laboratory Results", *New England Journal of Medicine*, 1978, Vol. 299, No. 18, pp. 999−1001.

么他实际上得病的概率是多少？ 学生同时被告知得病的几率为
0.1%，阳性测试的精确率为95%。问卷调查结果表明至少有一
半的医学院学生给出的答案是95%。而事实上这种得病概率不到
2%。要检测的疾病非常罕见，因此如果检测出病人成阳性，原
因可以分析为两个：1）病人没有得病，这个检测的精确率落在
错误的5%之中，所以呈阳性。2）病人得病，这个检测的精确
率落在正确的95%之中，所以呈阳性。实际上，1）而非2）才
是真实的情况。1）要比2）更有可能出现。我们经常基于个人
的经验作出推论而忽视某种现象在总体中发生的比例。例如，如
果问一个人坐飞机危险还是坐火车危险。一般都会认为坐飞机危
险。实际上飞机出事的概率要远远低于火车出事的概率。只是
空难更容易见诸报端，让大家觉得坐飞机更危险。假设你正在乘
坐飞机，突然发生剧烈的颠簸持续好几分钟，你甚至会涌现如下
念头：完了飞机要坠毁了。但是，如果调查大量的飞机颠簸，只
有在非常少的案例中飞机颠簸之后坠毁，大量的案例则是经过持
续颠簸又正常飞行。飞行越多的人，心理素质越好。因为他的个
人经验样本增大了，不会出现基础比率错失。通过持续的飞行经
验，他会逐渐认识到飞机整体的出事率是相当低的。

　　如果了解统计实验的原理，就会得到比较合理的预期。在
进行实验室，我们将样本分为两组：实验组和对照组。其中实
验组进行干预，对照组不做干预。检验假设通常使用随机对照实
验，用零假设检验来检测，其显著性水平在5%。零假设指对这
两组的实验结果进行比对，假设它们之间不存在任何差异。如果
统计检验结果 P 值小于0.05，就应该拒斥零假设。显著性水平为
0.050表明，如果零假设为真，那么就会有5%的错误率去拒斥

它。这种假设检验的方法有 95% 的准确率，接受错误率为 5%。卡塞尔案例是一种非典型情况，实验现象（实际病例）极为罕见，因此我们如果就这一病例提出假设，那么假设为真的概率只有 2%。这和测试恐怖分子案例和飞机坠毁案例是一样的道理，如果掌握总体，来对具体现象做估计，至少会区分出发病率极高和发病率极低两种情况。在日常生活中，我们更容易高估一些案例的发生率，例如空难、罕见的癌症等等。

还存在一种典型情况，实验现象（实际病例）比较普遍，假设为真的概率是 10%，测试方法的精确率为 95%。如果测试为真，实验假设为真的概率是多少呢？计算可以知道假设为真的概率为 68%。

非典型情况和典型情况二者都有可能发生重复失败情形，其根本原因在于基础比例的问题。这里有两种类型的准确：第一种是当 x 如此的时候，x 如此的准确率；第二种是当 x 并非如此的时候，x 并非如此的准确率。研究的置信水平，相应存在两种类型的不准确性：当 x 实际如此时，判断 x 并非如此，这称之为 ii 型错误（false negatives）；当 x 实际并非如此时，判断 x 如此这般，这称之为 i 型错误（false positives）。重复失败也许是因为本来有些现象的重复率就很低，这需要就具体问题加以分析。

由于统计方法多种多样，重复危机会导致我们对统计推断本身的反思，也许重复危机的根源在于使用了不当的统计方法——频率论统计学。如果我们换用贝叶斯统计学，就能避免重复危机。有一种解释重复危机的先天进路：对重复问题的分析依赖于效应量（effect sizes）大小，总体的效应量越大，实验重复的可能性就越大。效应量和重复危机密切相关的。另一方面，可以寻求不依赖于效应量的统计分析。在原初实验和重复实验中，样本均值完全对应于总体均值。如果研究者明确刻画了样本的精确度，那就有可能在搜集素材之前就能计算重复的概率，而不依赖总体的效应量或者期望总体的效应量。这种是否能够重复的先天路径也独立于是否需要知道总体均值、总体方差、样本均值样本方差。

二 重复危机不足为虑

菲斯特（Uljana Feest）认为重复危机对于实验研究来说并不是一个严重的问题。所有的实验都不可避免的引入个体判断。实验心理学研究通常是在调查这种判断的充分性，也许更重要的是在研究中所遇到的概念的、实质的问题。重复性并不如通常想象的那样重要。为什么百分之六十的研究不能被重复？统计分析中，有一个广泛存在的 p-hacking 现象：科研人员在分析数据时不断尝试统计数值，直到得出 p 值 <0.05 才会在研究中报道，这种操作是致使后继者很难重复实验的原因之一。熟悉零假设检验（Null Hypothesis Testing）的人都知道，研究人员总是在试图发表否定零假设研究，来证明自己假设的正确性。因此，为了达到费希尔（Ronald Fisher）人为设定的 p<0.05 的显著性标准，很多研究者可能夸大了研究中的效应值（effect size）。导致 p-hacking 的常见行为包括：1）因为 p<0.05 而放弃实验数据的收集；2）测量一大堆因变量，再根据 p 值选择性地报告因变量测试结果；3）根据 p 值删掉异常的原始数据（outlier）；4）根据 p 值决定如何定义试验组（Treatment Groups）；5）在实验进行过程中分析、篡改数据（Data-massaging）。上述行为，不管表述地有多么

专业，实质上都是一种学术造假，隐藏在一大堆数据背后的造假导致了后续重复试验失败。

实验设计与我们对概念和事实的理解不可分割。说得极端一点，我们对问题本身的预先理解会影响实验的结果。实验重复可以分为两种类型：直接重复和概念重复。直接重复是原样重复，概念重复是基于基本预设框架的重复，可能在细节上有所不同。如果我们去考察已有的实验，就会发现大部分既不是简单地照搬直接重复也不是完全的概念重复。重复指的是，原初的实验和重复的实验是同一个实验，但实际上并非同一个实验，最起码来说二者的时间参数就不一样。把时间参数考虑在内，那么重复实验就是原则上不可能的。如果套用个人同一问题中"数的同一"（Numerical）和"质的同一"（Qualitivately）的区分，大多数实验并不是追求"数量"的同一，而是追求"质"的同一。只要高度相似就可以了，所以真正的重复实验是不可能实现的，只存在尽可能高度接近原初实验的重复实验。这种实验重复可以称为直接重复（Direct Replication）。但是，在此"相似 / 接近"也是一个问题。在实验环境中，很多明确描述的实验条件已经预设了概念的、实质性的一些假定，但这些预设并未明确表述出来。因此，这些隐含的特征如何在另外一个实验中完全复制是一个问题。我们还是要从案例着手分析。假定研究者关心听莫扎特音乐是否能够促进小孩智力，他们就需要设计一个实验，把莫扎特的一段音乐作为自变量，把测试后来的智力分数作为因变量。研究得到的结果称之为莫扎特效应。研究者需要在自变量和因变量二者之间建立因果联系，而且一旦研究者认为实验的结果是关于智力的，那么就隐含预设了研究者的测试是测试智力的。这些判断都通过对自变量和因变量的选择而实质依赖于非经验的概念假设，而且还得实质地排除混杂共因（Confounder）对结果的影响。这实际上不单单是实验的设计和操作。研究者如果在特定的操作程序下进行实验去判断实验是否成功，就不能避免概念预设的问题。也许有人会回应说重复并不需要研究描述之下的因果关系，只需要单纯模仿重复即可，而不需要对干涉或操控做出特定的承诺。但即便如此，"个人判断"也会不可避免地进入到实验。有很多原初实验的辅助性假设并没有被完全明确地表述出来，但在新的实验里就很可能有意或无意地增加或者减少了相关未被明述出来的因素。如果一模一样的重复实验不可能的话，那么基于相似性的重复，就总是有可能错解相似性。例如，我在原初实验中隐含假定了实验室内的颜色和实验无关，那么就可能会在重复实验时也会忽视这一因素。但实际上很可能颜色在原初实验中是有作用的。这个实验者所做的个体化判断使得实验在认知上变的不太确定。在选择变元时，概念化范围的问题就出现了。例如，我如何来描述听莫扎特音乐这个刺激相关联的特征呢？是莫扎特这首曲子本身、调式，还是别的什么？这都依赖于如何描述、如何概念化。如果我把曲子作为相关特征，我就会把其它莫扎特曲子作为对照；如果我把曲调作为相关特征，我就会把情绪作为对照组。实际上，这种选取并没有严格正确性的标准。概念化问题不可能从实验研究中清除，概念与经验在实验设计中，共生共荣。

直接重复是尽最大可能复制原初实验，概念化重复则试图用不同的方法去解决同一个问题。概念化重复承认直接重复的优点，即达到复制原初实验之目的。概念化重复有其自身优点，即可以把实验的结果推广一般化。当实验的目的是一般化，概念化重复就是有用的。不妨对一般化做进一步区分：（1）针对这个实验可以做出什么类型的推论？（2）这个实验的结论也适用于实验室之外的情景吗？简单可以用内部推论和外部推论来简单概括。因为混杂共因的存在导致认知的不确定性，从而使得内部推论不成立。以莫扎特音乐实验为例，如果部分受试验群体早已经受过音乐教育，这就会影响测试智力的结果。而且由于不知道哪一种概念化（是选择莫扎特还是选择调性）是正确的，也会导致推理错误。这是寻找操控变元的错误，可以为概念化重复是不可能的这一问题提供一个最终的答案。因此可以说这种类型的重复失败几乎是无法避免的。假如我想对比两个实验的结果，这两个实验都是针对同一个问题设计了不同的方案，那么我实际上已经预先假设了这两种操作事实上具有相同的概念范围，但这恰恰是争议所在。

杜伊恩（Stéphane Doyen）等人指出，在没有直接重复的情况下，概念重复的问题变成了这样一个问题，即根本就不存在"概念上重复失败"这样的事情。[①] 原因在于，因为使用不同操作而没有找到相同"效果"可以归因为方法的差异而不是原初实验结果的不可靠性或不稳定性。一般只会发布成功的概念重复实验，而不成功的概念重复实验基本都被完全忽视了，但它所依赖的基础却没有受到质疑。诺布等人组织了实验哲学重复计划网站（Experimental Philosophy Replication Page）。在这网站上，重复

---

① Doyen, S., Klein, O., Simons, D., Cleere-mans, A., "On the other Side of the Mirror: Priming in Cognitive and Social Psychology", *Social Cognition*, No. 32, 2014, p. 28.

成功率为 57.6%。虽然这个重复成功率比预测的要高，但貌似说明实验哲学的结果并非完全可靠。不过这种对重复失败的考虑是有问题的，因为人们愿意去重复的实验大部分都是一些让人觉得新奇的、有趣的实验。而那些常识化结论的实验没有人愿意去重复。这背后存在着所谓的重复选择偏见，或者样本选择误差。

三　实验哲学中的重复危机问题

科瓦（Florian Cova）等人从 OSC 计划中建立了实验哲学重复计划[①]，包括 20 个实验重复团队的 40 位研究者，跨越 8 个国家，以评价实验哲学的重复率。计划中用三种方法检测重复成败与否：1）重复结果是否统计显著？通常统计显著指 p 值小于 0.05，但 p 值不应该是唯一的衡量标准。2）重复实验团队的主观评价。尽管这种评价不是非常可靠，但如果 p 值并非唯一衡量标准，那么加入一些研究者关于实验设计的思考，从更为宽广的视角来看待实验所涉及的问题，还是大有裨益。3）对比原始实验和重复实验的效应量（effect size）。效应理论的意义不仅仅是因为存在这种效应，也依赖于这种效应的大小。同一个重复实验，从 p 值

---

① Cova, Florian; Strickland, Brent; Abatista, Angela; Allard, Aurélien; Andow, James; Attie, Mario; Beebe, James; Berniūnas, Renatas; Boudesseul, Jordane; Colombo, Matteo; Cushman, Fiery; Diaz, Rodrigo; van Dongen, Noah N'Djaye Nikolai; Dranseika, Vilius; Earp, Brian D.; Torres, Antonio Gaitán; Hannikainen, Ivar; Hernández-Conde, José V.; Hu, Wenjia; Jaquet, François; Khalifa, Kareem; Kim, Hanna; Kneer, Markus; Knobe, Joshua; Kurthy, Miklos; Lantian, Anthony; Liao, Shen-yi; Machery, Edouard; Moerenhout, Tania; Mott, Christian; Phelan, Mark; Phillips, Jonathan; Rambharose, Navin; Reuter, Kevin; Romero, Felipe; Sousa, Paulo; Sprenger, Jan; Thalabard, Emile; Tobia, Kevin; Viciana, Hugo; Wilkenfeld, Daniel & Zhou, Xiang., "Estimating the Reproducibility of Experimental Philosophy", *Review of Philosophy and Psychology*, No. 1, 2018, pp. 1–36.

的标准来看是一个重复成功的实验，但从理论角度来看则未必。

科瓦的实验中，研究者选取从 2003 年到 2015 年间的 40 个实验哲学中的实验：行动理论 8 个，美学 1 个，因果 4 个，认识论 5 个，自由意志 8 个，道德心理学 8 个，语言哲学 1 个，心灵哲学 2 个，未分类 3 个。在挑选样本的时候，为了得到一个合理的样本，采取了两种办法：第一，抽取每年引用率最高的实验，第二，在每年的剩余实验中再随机抽取一些实验。重复结果对照如下：

实验者的主观评价：调查实验重复者对重复情况的判断。在 40 个实验中，有 31 个被认为重复成功，重复成功率为 77.5%。统计检验情况：原始实验的均值 M 是 215.1（SD = 542.3），重复实验的均值 M 是 206.3（SD=131.8）。[①] 当 p 值小于 0.05，实验就被认为是重复成功。其中有 3 个实验得出了零结果被排除在外。根据这个标准，重复成功率为 78.4%。比较效应量：撇开细节，结论显示原初实验与重复实验的效应量二者之间没有差别。总体的结论是实验的可重复性较高。与心理学重复相比，心理学的重复成功率在 36.1%—47.4% 之间，实验哲学的重复成功率大概要超过 70%。抛开一些偶然因素，实验哲学能够取得较高的重复主要归因于以下几个方面：

第一个原因：实验哲学的高重复率源于较大的效应量。OSC 报告的平均原始值 r 的效应量是（M=0.403，SD=0.188），这实际上要比我们平均原始值 r 的效应量要高（M=0.38，SD=0.16）。这种初期评价可能受到发表偏见、相对较小的样本以及其他因素

---

① Average 表示平均数，是算术平均；mean 表示平均数，但既可以是算术平均也可以是几何平均。在概率统计中，随机变量的期望值随着样本数的无限增加，样本均值去想机子红到一个极限值。

影响。

第二个原因：实验哲学要比心理学实验更容易获取大的样本，而且耗费较少。因为很多实验哲学的研究都选取了一些较为简单的调查。① 首先较为简单的研究可以很容易获取大的样本，从而得到比较可靠的结果。其次，实验哲学所设计的实验对于研究者来说，所耗费的时间和资源是相对较少的。研究者花费的精力越多，就越希望发表自己的成果。这可能产生了一些很成问题的实验研究。这也就可能增大类型错误。为了验证这一推测，科瓦等让研究者对 40 个实验哲学中的实验的难度进行评级：分数为从 0 到 2，得 1 分指所进行的实验不仅仅是网络调查，可能还需要一定的实验条件。再增加难度 1 分指：受试人群选取困难，例如要选不同文化传统中的群体。评级结果显示：没有实验被评价为 2，36 个实验的分数为 0，4 个为 1。这说明与心理学实验相比，实验哲学的实验设计是简单的，而且难度较大的实验重复率要明显低于难度较低的实验重复率。例如，高难度实验的重复成功为 50%，而低难度实验的重复成功率为 80.6%。当从心理学开放合作平台中抽取 99 个实验做对比，结果发现，12 个实验被评价为 2，17 个实验的分数为零，70 个实验的分数 1。这表明心理学实验的确要比实验哲学中的实验难。但在心理学实验中，难易程度本身并不影响实验的重复成功率。容易的（0）实验成功率为 43.8%，中等程度（1）的实验成功率为 38.2%，困难的（2）实验成功率

---

① 李金彩指出："心理学实验，单看实验材料，比实验哲学的素材都简单，比如哥德尔案例、盖提尔案例对一般人来说应该比心理学实验任务更具挑战性。"我所谓的简单，是实验的设计比较简单。也许这个实验背后的哲学理论是难的，受试者完成测试任务是相对比较困难的。但是对于实验哲学家来说，相对而言，设计实验并不算整个研究过程中最难的部分。

为 36.4%。这表明在心理学实验中，存在其他影响因素。

　　第三个原因：效应类别。研究者所选择的实验一般属于以下四类：1）搜集观察到的数据，如语料。2）基于内容的实验，如改变实验内容中的条件，看受试者如何反应。在诺布效应实验中，把"对环境有害"改为"对环境有益"，来考察受试者回答的差异。3）基于环境的实验。因为实验本身框架所引起的受试者回答的差异，如故事场景的人称差异（从第一人称改为第三人称）、给受试者以认知负荷等等。4）人口效应：参与者的文化差异、个性特征导致回答的差异。根据已有的观察，可以提出两个假设：其一，大部分实验都属于第二类，通过改变内容中的条件来获取受试者的数据差异。其二，第二类的实验结果要比第三、四类更稳定。例如，框架效应依赖于受试者的注意力以及是否察觉到框架的干预。而人口效应可能会被统一群体内的实验结果所弱化。譬如指称直觉测试中，所得结论是：东方人倾向描述直觉；西方人倾向因果历史直觉。这就是人口效应。但如果进行群体内差异检测，在东方人内部也发现系统差异，一部分人倾向描述直觉，另一部分倾向因果历史直觉。这一结果就弱化了人口效应的影响。为了验证这一猜想，科瓦对已有的 40 个实验进行分类：其中一个实验属于第一类；31 个实验属于第二类；4 个实验属于第三类；4 个实验属于第四类。这个分类结果表明实验哲学研究大多是基于内容研究的，主要关注在给定的故事里的内容变化（刺激）如何影响受试者的回答（反应）。统计结果表明，实验哲学研究中，基于内容研究的实验的重复率要高于基于框架和人口效应的实验重复率。然而，与心理学对照，在心理学实验中，基于内容研究实验的重要程度要低于实验哲学。

实验哲学和心理学重复成功的差异可能在于：实验哲学主要集中于一些非常稳健的效应，而传统心理学则更关注一些细微效应，尤其是受到外部环境影响的效应。简单来说，实验哲学更关注内部效应，而心理学更关注外部效应。在我看来，这恰恰可能是因为实验哲学处于早期阶段，而心理学处于成熟阶段所引起的后果。任何一门学科在开创之初都会聚焦于内部问题，但是随着研究的深入，内部问题研究的越来越系统，就不得不转向一些外部性问题。对照的结果实际上就是发展演进的实验哲学与成熟的心理学的对照。有一个对实验哲学的批评与此相关，即实验哲学得到的结果通过概念分析和内省反思也可以得到，因此实验哲学不过是重复了传统哲学的结论，了无新意。这个批评源于很多实验哲学的早期工作都深深植根于哲学传统，通过实验哲学所获得的那些结果，足够稳健，使得哲学家通常可以通过内省反思获得。但随着实验哲学的深入发展，实验研究所获得的结果，就有可能同通过内省反思得出的结论相反。原因在于，所谓通过内省反思获得，归根到底也是借由和世界打交道形成的经验所塑造出来的内省反思，但每个人的经验都是高度局限的，都是属于样本中的个例。高度个人化的思考不能反映人类认识世界的系统现象，作为认知者本人，反思不到认知产生的系统差异也是很正常的。

实验哲学的深入研究有利于纠正概念分析的片面与局限。实验哲学家对这种偏见也有自省。例如，存在实验哲学中的实验偏见问题：麦希瑞分析既有实验哲学材料是否具有证据价值（evidential value）①。实验哲学家认为这些研究为哲学问题提供了

---

① Edouard Machery et al., "Estimating the Reproducibility of Experimental Philosophy", *Review of Philosophy and Psychology* No. 1, 2018, pp. 1-36.

洞见，但另一些哲学家和心理学家认为这些研究缺乏证据价值。其中一个很重要的理由就是：实验存在选择性偏见，只选择那些具有统计显著的结果发表，并且存在 p-hacking（增加在显著水平以下的 p 值）。麦希瑞搜集了 365 篇文章进行 p- 曲线分析。结果表明这些文献结论都具有证据价值。P- 曲线指对于实验的全集统计显著性 p 值的一个分布。P 曲线偏离均匀分布显示了是否是因为选择偏差或 p-hacking。统计显著性要比通常理解重要性弱一些。研究者的自由度保证研究者较高概率找到具有价值的 p 值，即便效应为零并且数据全都是噪音。

心理学和实验哲学重复失败的差异还在于学术共同体文化。廖等人指出哲学家对于诸如什么可以作为论断的证据的方法论问题更为敏感，对重复实验也更为宽容。[①]与传统心理学家相比，实验哲学家对发表的压力要小于心理学家。发表有数据分析的论文不是哲学家唯一的出路，但发表有数据分析的论文是心理学家几乎唯一的选择。这种差异性给心理学家造成了收集、分析数据的压力，造成所谓的发表偏见。有人指责实验哲学不过是心理学，而且是坏的心理学。心理学所具有的问题实验哲学也有（重复危机），心理学没有的问题实验哲学亦有（如，结论无法推广），所以实验哲学被认为既是糟糕的哲学又是糟糕的心理学。但是，我们换一个角度来看，也许实验哲学不仅是好的心理学，也是好的哲学。因为实验哲学既具有心理学所缺乏的视角（概念分析），又具有哲学缺乏的视角（经验研究）。

总之，无论是直接重复还是概念重复，都会面临失败，而

---

① Cova, F., Garcia, A. & Liao, S., Experimental Philosophy of Aesthetics. *Philosophy Compass*, Vol. 10, No. 12, 2015, pp. 927-939.

且这种失败是可以事先预期的。或许我们不得不接受这样一个事实：重复失败是心理学研究的一个事实，而非心理学研究的错误所导致的。那接下来的问题就是，这种重复失败对心理学研究是一个威胁吗？菲斯特分了三步进行了论证：1）直接重复排除了随机误差，但是回避不了系统误差。如果接受在直接重复中不可避免的引入了个体化判断，那么系统误差就总是存在的。2）如果我们严肃对待心理学研究中的实验，就会发现相当多的研究结果都是不确定的，但这并不必然构成危机。例如，围绕莫扎特效应的一些实验研究，实际上很多都是概念工作，很多可能的错误都源自对概念范围划分的不明确。3）重复实验产生的问题描述为"重复危机"并不妥当。相反，我们在重复实验中看到的是这样一个情形，即科学家们在面对高度的认知不确定性和概念开放性时，探索一种假想效果的经验轮廓。我们可以说关于当代心理学研究存在"信心的危机"，但这并不是重复危机。

　　目前发表在心理学认知类杂志，如《实验心理学杂志：学习、记忆与认知》（Journal of Experimental Psychology: Learning, Memory, and Cognition），报告的实验可重复率为48%—53%，发表在社会认知类杂志，如《人格与社会心理学杂志》（Journal of Personality and Social Psychology），报告的实验重复率为23%—29%。实验哲学既关注认知心理问题，也关注社会心理问题。由此可以粗略猜测其实验重复率大概在二者之间，例如为35%。

　　最后讨论一个实验不能重复的原因，心理学实验和实验哲学的实验是关于人的，尤其是关于人的心理层面而非物理层面的。有句成语叫做"人心难测"，人在不同的环境下的心理状态在根本上的不同造成了每次的实验结果不同。似乎纯粹的物理学实验不会引起这种问题，因为物理学实验的对象本身不会影响实验者研究的。如果从实践和理论的区分来看，在实践层面操作者人为引进了一些干扰因素，造成重复失败；在理论层面，由于每次实验的时空非均质化造成了任何实验都面临失败的可能性。在普遍重复失败的基础上，心理与物理的区分也会造成心理学实验的失败率要高于物理学实验的失败率。但是，物理学实验亦需要区别对待。例如在微观领域，量子现象的存在，造成每次的实验都会出现差异，这种干扰现象也会导致重复失败。但心理学实验和物理学实验的不同在于，心理学的实验依赖于庞大的样本，而不是单个对象的实验。心理学实验中受试者个体的变化和微观层面的变化可能不会导致样本特征的整体改变。这是因为要造成样本整体的改变，就意味着每一个个体都在某一个方面发生同样的变化，以达到统计上的显著性。如果真的具有这样一个改变，那正是调查研究所需要发现的。通过多次重复实验，就能搞清楚这种系统改变。但一般来说个体的变化不会影响到总体。

综上，通过以上的讨论，我们得出以下几条关于重复实验的结论。第一，心理学实验重复失败的首要原因是基础比率错误；第二，我们可以预知重复失败；第三，重复失败并不重要，不会对实验研究造成威胁；第四，直接重复和概念重复都是不可能实现的；第五，实验哲学的重复成功率要高于心理学的重复成功率；第六，我们可以在具体的实验中消除实践引起的误差，为心理学实验重复失败找出一个合理的解释。

第三节 质性研究、苏格拉底知识与实验哲学

一 质性研究

质性研究兴起于 20 世纪五六十年代，在七八十年成为社会科学的主流方法，但是直到九十年代才引进心理学研究领域，研究方法包括以下几种：

第一，扎根理论（Grounded Theory）就是理论扎根于或奠基于数据的意思，我们可以通过系统化的整理和分析来构造一个理论。从数据中发现理论和利用逻辑演绎从一些先天预设中获得理论是不同的，这是经验主义路径。具有以下几个特征：数据的搜集和分析差不多同时进行；从数据中分类和编码，不使用已有的概念化；理论选样用于改善分类范畴；用归纳的办法抽象出范畴；在数据中发现社会过程；在记录标签代码和写作之间用分析化备忘录；将范畴整合到理论框架中等；这种处理方法不仅对于学者，对于大众来说也应该是可以理解的。

第二，话语分析：通过分析话语、词语、语法等等来理解背后的思想。与传统的语言学分析不同，话语分析不仅仅分析自然发生的语言用法，更倾向于揭示个体言语背后的社会心理学特征。受到罗兰巴特和福柯的影响，后结构主义提供了理解社会科学中的语词和意义的新方式。通过直接迅速给出描述来理解复杂的结构性的工作。后结构主义和对话分析、民族志、语言分析哲学、科学知识的社会科学互相影响，使得质性研究更关注描述而非解释，更关注行为如何被描述，而非行为如何被因果导致。

第三，主题分析：利用数据／资料来识别、分析和报告固定

范式的方法。分为六个步骤：1. 熟悉你所搜集到的数据。如果你得到的言语方面的数据，首先就是要整理文字录音稿。2. 生成初始数据代码信息。例如对某些文字稿的陈述做出标注。3. 寻找主题，对你分类的一些代码标注信息，进行整理，得到关于主题的集合。在此，可以用可视化的东西来整理分类。4. 重新审视自己的分类主题，也许有的主题可以合并，有的主题的次序可以颠倒等等。在此步骤中，可以使用主题图来可视化主题之间的关系，考察主题是否与原始数据有对应关系。5. 定义和命名主题。6. 在以上的基础上撰写研究报告，尽量为对每一个从数据中获取的主题都尽量提供充分的证据等等。

第四，民族志法：用于理解文化规则，观察是搜集数据的核心方法，观察者也是某种程度的参与者。

第五，现象学法：用于深入理解个体和群体的情绪等心理态度。这就可能包含了参与者的生活经验。

第六，行动研究法：在研究过程中，引起动态变化。使用变化和评价螺旋式上升的办法。

第七，女性主义研究法：让受试者和实验者的关系变的平等，更多从女性视角考虑实验。

第八，分类质性研究法（Generic Qualitative Analysis）：试图去发现和理解人们所产生的现象、过程或者人们的视角与世界观。

从搜集材料和分析材料两个阶段来看，面对面访谈、小组座谈（Focusing Group）等等属于搜集质性材料的办法，上面提到的八种方法中，扎根理论横跨这两个阶段。民族志法、现象学法、行动研究法、女性主义研究法都和搜集质性材料相关。话语分析、主题分析、解释现象学的分析都属于分析材料阶段。质性研究是研究人类现象的一个重要手段，不过量化研究是社会科学研究的主流范式，这是自然科学为模式带来的影响。

我们在各种社会科学看到量化，例如计量经济学、量化史学、政治学方法论等、社会学方法论的各个方面都把量化研究置于研究的首要位置。量化研究和质性研究二者之间存在明显的区别：第一，样本的大小。通常质性研究的样本小，量化研究的样本大。质性研究可能只需要一两个样本进行深度研究，量化则需要抽取大量的数据。但并非完全如此，有些样本量大的研究也可以被认为是定性研究，有样本量小的也使用统计学方法。第二，最重要的区分就是定性研究是个案内分析，需要对特定的案例有深入广泛之了解，而量化研究基本都是跨个案分析。一个实验需要对照组，实验组获得处理、干预；另一组作为对照组。第三，在推理方式上，通常质性研究利用逻辑和集合论，对搜集到的研究资料通过逻辑推理进行进一步分析；而量化研究要利用统计学，对数据之间的联系进行相关分析，甚至进行基于统计的因果推断。事实上，在进行质性研究时，人们通常没有意识到在使用逻辑推断，但我们对如下的词汇并不陌生："x 对于 y 来说是必要的"、"只要……就……"、"如果……那么……"、"必需"、"充分的"等等。实际上，正如格尔兹所述"如果不考虑必要性和充分性的观念，定性研究和方法论就不能得到充分的编码和理解。"[1] 质性研究与概念分析非常相似。概念分析也是为了找到某一概念的充分必要条件，如知识的三要件是可辩护、真和信念。第四，在因果推断的侧重点上不一样：质性研究先果后因，通过

---

① 加里·格尔茨、詹姆斯·马奥尼：《两种传承：社会科学中的定性研究与定量研究》，刘军译，上海人民出版社 2016 年版，第 12 页。

结果探测多种原因，我们经常看到很多社会科学家会根据既有的结果，对原因进行推测，然后给出解释，在历史学研究领域甚至也会出现这种趋势。量化研究则需要通过控制原因（对照实验）得出自变量对因变量的影响。这种方法适用于政治学、经济学、流行病等领域。

在实验哲学中引进质性研究还有一个重要的考虑，那就是严格说来质性研究和量化的研究的区分是有问题的。① 现象本身就是既具有定性特征又具有量化特征的。当我们搜集大众的信息时候这两方面的特征都会被搜集到，忽视任何一面都会忽视另一半的真理。大众的信息可贵，但什么是大众？大众并不是在大街上的人，并不是不爱思考哲学问题的人，也不是某一特定的阶级。而是不在某个特定行当的人。他对被问到的问题，没有一种明显的自我意识。他不会认为这是他必须给出专业解决。当然他有立场，有看法。这些是他日用而不知的常道。他们首先想到的不是捍卫自己的立场，而是说出自己的立场和自己立场的用处。需要捍卫辩护立场的冲动来自于学院而不是大众。对于大众，持之有故，行之有效即可。这里的故不是理由，而是指因缘巧合形成的。与此相对可以问一问，什么是专家？专家并不是在智力、天赋、地位上优越于大众的人，而是在某一特定领域受过较长时间训练的人。在一个领域是专家的人，同时也是另一个领域的大众。大众和专家的区分是根据问题领域来划分。大众经过训练可以成为专家，专家在思想受阻之时，可以从大众那里获得灵感和

① Allwood, C. M, "The distinction between qualitative and quantitative research methods is problematic", *Quality & Quantity*, Vol. 46, No. 5, 2012, pp. 1417–1429.

启发。①

引入质性研究可以回避对基于直觉考察的实验哲学方法的批评。安多②也提议将质性研究引入实验哲学。质性研究的一个主要特征是设置了开放式问答，受试者不是给出是或者否的选择，也不是对某一个承诺的认可进行评级，而是用自己的话去回答。面对面地访谈也是一个办法，不是去规定引导，而是去做一个倾听者。还可以组织一个小规模的群组的讨论，也许研究者是主持，但关键是要看参与者之间的交流。也可选用替代办法，在受试者填完调查后，要求他们清楚的回答选择答案的理由。质性数据的搜集，通过开放问题、访谈、组群讨论、录音、给量化答案提供理由；质性数据的分析：对扎根理论、解释性的现象进行分析、编码（coding）。使用质性方法可以获得参与者如何思考和讨论哲学问题的洞见。虽然量化研究也可以，但是质性方法为研究者提供更深入的洞见。有时候，我们并不清楚受试者是否理解了问题。有时候受试者想给出一个和既有答案不同的回答，这种回答很有可能为哲学所忽略。如果受试者使用自己的词汇去谈论哲学，我们就会发现常人如何哲学地使用词汇。

实验哲学家可能会反驳说，实验调查应该回避质性方法。一个主要的理由是实验哲学调查直觉。我们记得实验哲学的定义 I 是：对直觉的经验研究③。通常所理解的直觉都是指非推导的判断、无意识的推理过程。而质性方法关注更多的反思式判断和推

---

① 卡耐基梅农大学计算机系教授金出武雄出版了科普著作《像外行一样思考，像专家一样实践：科研成功之道》，对外行和专家之间做出了有趣的阐释。金出武雄指出为了取得科研的进展，有时候要学会像外行一样思考，才能突破专家的局限。

② Andow. J, "Qualitative tools and experimental philosophy", *Philosophical Psychology*, Vol. 29, No. 8, 2016, pp. 1128–1141.

③ Joshua, A., *Experimental Philosophy: An Introduction*, Polity Press, 2012.

理过程。也许有实验哲学研究者认为质性研究并不关注直觉式思维，在这个意义上质性研究对实验哲学也没什么用处。问题在于，虽然在面对一些具体的场景，人们常常运用直觉式思维。但面对哲学讨论而言，人们很难区分直觉和反思，有接近反思式的直觉，也有接近直觉式的反思。从不假思索到深思熟虑是渐变的过程，没有截然的二分。因此利用质性研究，把反思和理由纳入实验哲学的范畴之中是值得探索的一条路径。

对大众的深度访谈可以理解为一种大众的概念分析，不是为概念提供充分必要条件。而是在实际使用相关的概念去谈论、评价、理解相关问题。这样的数据可以称之为苏格拉底式知识。韦泽森（Brian Weatherson）指出："这是非常有趣的，通过引入一些当人们听到就认其为真的那些论断，我们可以扩大共识，至少扩大潜在的共识。这依赖于大众拥有我所称之的苏格拉底知识。"①

从量化分析到质性研究到概念分析，三者之间彼此具有关联，每一种方法都打开了我们理解问题的视角。尤其是基于访谈、讨论的质性研究给实验哲学打开了新的思路。

二 量化研究的困难：实验元伦理学

利用实验心理学的量化手段去研究元伦理学问题最大的挑战是理解性困难。这种调研主要针对没有受过哲学训练的外行，他们的回答显示了其元伦理学的立场。问题在于研究者难以确定受试者到底是否领会了测试问题。更加直接地说，不知道受试者是

---

① Weatherson, B., "Running risks morally", *Philosophical Studies*, Vol. 167, No. 1, 2014, pp. 141–163.

否了解研究者设计的意图。如果他们根本不懂测试问题，那么这种调查大有问题。如果我们不知道受试者的回应所想要表达的东西，那么统计分析就不会有任何价值。对元伦理学量化研究的第二个挑战是，每一个个人的伦理观念是极为复杂。实验调查仅仅使用了较少的问题，利用这些问题来表明受试者具有客观主义观点或者相对主义观点，显得过于简单。例如，同一个受试者可能对"人群中必定有一部分人持有错误的道德立场"这个客观主义回应表示支持，而同时对"关于这个问题存在一个正确答案"这个客观主义回应又表示反对。这两种回答看起来是彼此矛盾的，但一个人可以同时选择客观主义和相对主义两种对立的立场。原则上，可以通过设计更多的问题来得到更多的回应，但这种量化路径仍然是有局限的。人们的实际选择要比研究者给出的选择丰富的多。例如大部人更愿意接受以下这个判断："没有一个信念有真假（neither belief is true or false）"。但是，在统计中并没有把这个选择记入进去，所有的选择都是非此即彼，即是在"没有一个信念为真"这个选择支和"没有一个信念为假"这个选择支之间上进行选择、统计。

在对职业哲学家的调查中，涉及到关于认知主义和非认知主义的争论中，研究人员发现有 17.3% 选择了其他类型立场；在道德内在论和外在论的争论中有 35.3% 选择了其他类型立场。这种所谓的类型立场包括：问题本身不够清楚，不能回答；选择混合立场，同时接受二者；期待更好的立场等等。甚至有 14.5% 的职业哲学家表示他们并不熟悉关于道德内在论和外在论之争。[①] 如果连

---

① Bourget, D. & Chalmers D. J., "What do philosophers believe?", *Philosophical studies*, Vol. 170, No. 3, 2014, pp. 465-500.

专业学者都表示无法回答，那怎么能指望大众可以有一个准确的回答呢？受试者也许一方面认为杀人总是错误的，同时又认为任何事情没有唯一的对错，呈现了典型的二维特征（见自然类词讨论）。

针对这一量化研究的困难，莫斯（David Moss）提议引入质性研究方法（对日常道德讨论的分析、民族志或参与观察等）。具体而言，莫斯所提议的方法是针对大众进行深入的、具有导向性（semi-structure）的访谈。这必然要牵涉到和元伦理相关的一些问题，例如大众如何在日常生活中使用道德术语和道德判断等等。

导向型访谈，更准确的表述来自对 semi-structure interview 的翻译，即半结构访谈，为什么不是全结构呢？因为访谈本身可能会引发受试者的不同反应，只需要确定大致的方向，而不需要精确的结构，不然无法进行实质访谈。当然这个访谈也不是完全无结构的，研究者有自己关注的问题和议题，访谈的论题都是事先设定的。访谈者可以通过一些具体的问题，来检测被访谈者是否真实地理解了主题。如果受试者不能完全理解议题及其相关概念，访谈者需要通过尽量日常的介绍让受试者理解。结构化访谈要求访谈者在整个流程中严格遵循事先规定的程序，必须问事先拟定的问题，严格遵循问题的先后顺序。但实际上这种结构化访谈很难实际执行，因为必然存在受众的个体差异。使用严格的结构化访谈，可能会错失、甚至误解被访谈者对问题的真正看法。当然完全无结构的访谈也不值得采纳的。考皮宁（Antti Kauppinen）采用了对话与反思的办法，延续了苏格拉底式对话的方式。① 如访谈者回答某些问题时，访谈者会指出被访谈者存

---

① Kauppinen, A., "The Rise and Fall of Experimental Philosophy", *Philosophical Explorations*, Vol. 10, No. 2, 2007, pp. 95–118.

在的概念混淆。但这并非莫斯采纳的办法。在莫斯看来：如果研究者想弄清被访谈者实际上关于道德的看法，那么访谈者就要去挖出被访谈者当下的所思和所想，而不是他们将要形成的思考。通过哲学对话自然而然引出他们关于元伦理的思考和立场，而不是改变或者塑造他们的思想和立场。例如，访谈者并不会主动给被访谈者讲解一些经典的道德案例（电车难题等等），而是让被访谈者自己提出道德案例、提出关于道德的一些看法，然后提问被访谈者为什么会这样想？如果有人不同意，你该怎么反驳等？这个时候，访谈者可以提出一些基于常识的哲学反驳等等。这种访谈方法特别类似于苏格拉底访谈法，让被访谈者形成自己关于道德的看法。该访谈法最大的优点是，我们可以真正搞清楚被访谈者关于道德的真实想法。被访谈者运用自己的道德经验和观念来回应访谈者基于常识的问题、并捍卫自己的立场。可以说每一次访谈都是一次思想历险。虽然结果可能和最初的预测完全相反，但这种历险总是有方向的、有目标的。虽然结果可能是完全和最初的预测相反。例如，我们总是在两种对立的理论框架中去寻求大众的看法，但实际上大众给出的完全有别于这种二元对立的看法，这些看法可以增进我们对道德伦理的理解。

相信量化分析的学者，可能会认为半结构化访谈是不必要的，调查大众的量化分析已经足够；也许存在受试者部分的混淆，也许部分受试者没有理解问题，也许他们的回答受到其他不相干因素的影响，但量化分析已经对群体的立场有了足够的接近，因此不应该苛责量化研究。但是，这种想法过于简单。调查显示，理解问题的失败是大量存在的。而且调查者只是在对是或否的数据进行分析，完全忽视了这种二元对立的回答之外的第三种可能性。此外，很多看似与实验不相关的因素会为受试者的立场产生重要影响。量化研究，过于简单地假设了控制变元和结果之间的关系，而因果关系应该用更系统的办法来探索。质性研究可以执果索因，通过受试者的系统阐释来推测更有可能的原因。

量化研究的设计方式本身决定可以通过改变问卷的措辞和提问方式来回避问题的模糊性，但这种改变并不能排除元伦理学直觉调查中的出现的混淆。受试者可能模模糊糊有个相对一致的立场。如果他们认为所谓的客观主义就是关于是否存在有一个合理的道德分歧的话，那么他们就会全部一致地选择某种回答，而这并不是我们想要的理由。在哥德尔测试中，受试者倾向于选择符合因果历史论的结果，认为"哥德尔"指称哥德尔，但也很可能是因为他们有一个错误理由，即因为哥德尔是权威，而施密特不是权威。也许量化论者指出，通过更多的量化研究，就能消除掉外部事实对结果的影响。但实际上这是做不到的，每一次的设计都是对可能的影响因素的一种遮蔽。这种只管输入和输出的黑箱式操作的问题就在于，每一次的新实验，都很有可能离真实情景越来越远。

三 非此即彼量化统计的缺陷

2011 年布尔热（David Bourget）和查尔莫斯合作发表了一篇"哲学家相信什么"的文章，对哲学家的立场进行了系统的调查统计。[①] 结果表明，像年龄、性别和种族等因素和哲学家的立场高度相关，而且哲学家和常人一样经常会有一些互相矛盾的观

① Bourget, D. & Chalmers, D. J., "What do philosophers believe", philosophical studies, Vol 170, 2014, pp. 465-500. 2020 年他们又合作进行了新一轮调查。Bourget, D & Chalmers, D. J., "philosophers on philosophy: The 2020 philosophers survey", unpublished manusuript, 2021.

念。如果哲学家认为立场 A 是默认的立场，那么与此相反的立场就需要通过解释才能接受，虽然事实上二者在论证时具有同样的效力。如果大家认为物理主义是一种默认的立场，那么哲学家就会认为二元论需要更多的论证。布尔热和查尔莫斯对三十多种哲学立场进行了调查，结果如下：

1. 是否有先天知识：是 71.1%；否 18.4%；其他立场 10.5%（问题不清楚不能回答 4.6%）

2. 抽象对象：柏拉图主义 39.3%；唯名论 37.7%；其他 23.0%（不确定的为 5.0%，接受其他立场为 4.9%，拒绝前面两种立场为 3.7%，不熟悉话题为 2.8%，接受混合观点为 2.3%）

3. 美学价值：客观的 41%；主观的 34.5%；其他 24.5（接受混合观点为 6.6%，问题不清楚不能回答为 4.5%，不确定为 3.2%，不熟悉问题为 3.1%，接受其他观点为 2.6%，接受混合观点为 2.6%）

4. 分析与综合区分：是 64.9%；否 27.1%；其他 8.1%（问题不清楚不能回答为 2.5%）

5. 认知辩护：外在论 42.7%；内在论 26.4%；其他 30.8%（接受居间观点为 6.9%，不确定为 6%，不熟悉问题为 4.7%，两者都可为 4.6%，问题不清楚不能回答为 3.0%，接受其他观点为 2.1%）

6. 外部世界：非怀疑的实在论 81.6%；怀疑论 4.8%；唯心论 4.3%；其他 9.2%

7. 自由意志：相容论 59.1%；自由意志论 13.7%；无自由意志 12.2%；其他 14.9%

8. 上帝：无神论 72.8% 有神论 14.6%；其他 12.6%（不确定为 5.5%）

9. 知识宣称：语境主义 40.1%；不变论 31.%；相对 2.9%；其他 25.9%（不熟悉话题为 9.0%，不确定为 5.7%，问题不清楚不能回答为 2.5%）

10. 知识：经验主义 35.0%；理性主义 27.8%；其他 37.2%（接受居间观点为 11.4%，问题不清楚不能回答为 6.3%；二者均错为 3.5%，接受其他立场为 2.7%）

11. 自然律：非休谟主义 57.1%；休谟主义 24.7%；其他 18.2%（不确定为 6.4%，不熟悉话题为 5.5%）

12. 逻辑：经典 51.6%；非经典 15.4%；其他 28.9%（不熟悉话题为 12.0%，不确定为 5.6%，二者均可为 5.2%，问题不清楚不能回答为 3.4%，根本没有标准答案为 3.2%）

13. 心理内容：外在论 51.1%；内在论 20.0%；其他 28.9%（不熟悉话题为 5.7%，不确定为 5.6%，接受居间观点为 4.4%，二者均可为 3.9%，问题不清楚不能回答为 3.0%，接受其他方案为 2.3%）

14. 元伦理学：道德实在论 56.4%；道德反实在论 27.7%；其他 15.9%（问题不清楚不能回答为 2.9%，接受其他方案为 2.7%，不确定为 2.6%，接受居间观点为 2.5%，问题不清楚不能回答为 2.5%）

15. 元哲学：自然主义 49.8%；非自然主义 25.9%；其他 24.3%（问题不清楚不能回答为 9.7%，不熟悉话题为 6.8%，不确定为 2.7%）

16. 心灵：物理主义 56.5%；非物理主义 271.%；其他 24.3%（问题不清楚不能回答为 6.3%，不确定为 2.5%，接受居间立场为 2.4%）

17. 道德判断：认知主义 65.7%；非认知主义 17.0%；其他 17.3%（不熟悉问题 4.7%，接受居间观点 4.0%，不确定 2.1%）

18. 道德动机：内在论 34.9%；外在论 19.8%；其他 35.3%（不熟悉问题 14.8%，不确定 6.0%，问题不清楚不能回答为 4.8%，接受居间观点 3.5%，忽略了 2.1%）

19. 纽科姆悖论问题：两个盒子 31.4%、一个盒子 21.3%；其他 47.4%（不熟悉问题为 23.5%，不确定为 13.3%，忽略了 4.7%，问题不清楚不能回答为 2.0%）

20. 规范伦理学：道义论 25.9%；后果论 23.6%；德性伦理学 18.2%；其他 32.3%（可以接受多种观点 8.4%，不确定 5.2%，接受居间观点 4.0%，接受其他方案 3.5%，不熟悉问题 3.3%，拒绝所有立场 2.7%）

21. 知觉经验：表征论 31.5%；感受质理论 12.2%；析取论 11.0%；感觉材料理论 3.1%；其他 42.2%（不熟悉话题为 16.2%，不确定为 8.4%，接受其他观点为 3.9%，拒绝所有立场为 3.3%，问题不清楚不能回答为 2.6%，拒绝其中一个或两个，忽略立场 2.3%）

22. 个人同一：心理观念 33.6%；生物学观念 16.9%；更多的事实观念 12.2%；其他 37.3%（不确定为 8.5%，不熟悉话题为 6.2%，不存在这样的问题 4.2%，接受几种立场为 4.0%，接受其他方案为 3.9%，问题不清楚不能回答为 2.8%，接受居间立场为 2.7%，拒绝所有立场为 2.6%）

23. 政治学：精英主义 34.8%；社群主义 14.3%；自由主义 9.9%；其他 41.%

24. 专名：穆勒主义 34.5%；弗雷格主义 28.7%；其他 36.8%

（不熟悉话题为 13.7%，不确定为 6.3%，接受居间观点为 4.2%，接受其他方案为 3.4%，问题不清楚不能回答喂 2.6%，拒绝所有立场为 2.4%）

25. 科学：科学实在论 75.1%；科学反实在论 11.6%，其他 13.3%（接受居间观点为 3.2%，问题不清楚不能回答为 2.5%，不熟悉话题为 2.0%）

26. 传递（teletransporter）：存活 36.2%，死亡 31.1%；其他 32.7%（不熟悉话题为 9.2%，不确定为 8.6%，没有这个事实为 6.0%，问题不清楚不能回答为 3.7%，忽略为 2.0%）

27. 时间：B—理论 26.3%，A—理论 15.5%；其他 58.2%（不熟悉话题为 30.8%，不确定为 10.5%，忽略为 5.7%，二者均可为 3.1%，问题不清楚不能回答为 2.0%）

28. 电车难题：扳动道岔 68.2%；不扳动 7.6%；其他 24.2%（不确定为 6.4%，不熟悉话题为 4.5%，没有这个问题为 3.7%，问题不清楚不能回答为 2.9%）

29. 真：符合论 50.8%；冗余论 24.8%；认知的 6.9%；其他 17.5%（不确定为 3.4%，不熟悉话题为 3.0%，拒绝所有立场为 2.5%，接受其他方案为 2.1%）

30. 僵尸：可设想但形而上学不可能 35.6%；形而上学不可能 23.3%；不可设想 16.0%；其他 25.1%（不熟悉话题为 9.0%，不确定为 6.6% 问题不清楚不能回答为 4.3%）

一共有 931 位受试者，来自英美澳加欧洲大学哲学系。其中有 77.2% 的受试者为男性，17.4% 的受试者为女性；5.3% 没有给出性别。在所有的回答中，接近 70% 的受试者倾向以下观点：相信存在先天知识，接受分析与综合的区分、非怀疑的实在论、自由意志的相容论、无神论、关于自然律的非休谟主义、关乎道德判断的认知主义、逻辑的经典论、心理内容的外在论、科学实在论、电车难题要扳道岔。自从启蒙运动以来，这些立场大都是比较合乎常识的观点，没有特别之处。例如，我们不相信上帝的存在，认为科学要发现真理，存在一些必然的知识等等。在众多的统计中，有五个最主要的选择：自然主义与非自然主义的对立、客观主义与主观主义的对立、理性主义和经验主义的对立、实在论与反实在论的对立、内在论与外在论的对立。关于这五个问题的观点影响了受试者对其他哲学问题的看法。但是对统计数据的深入分析表明哲学家们自己就是拥有一些非常矛盾的哲学信念。

不过最值得注意的一点是，受试者经常会选择两种对立立场之外的第三种答案，即选择"其他"，这种选择的比例相当之高。其中，关于时间的看法上，选择"其他"的比例高达 58.2%，远远超过选择对立的两个理论的比例。如果实验哲学的量化研究是在两种对立立场中作出选择，那么无疑错过了沉默的大多数。在这些沉默的大多数中，有着各种各样的非主流立场：

第一，居间立场或者混合立场。受试者看到对立的两个立场各有优缺点，希望找到一个各取其长，而去其短的理论。例如在专名理论中，名字的描述理论无法解释克里普克提出模态直觉（尼克松可以不是 1972 年的美国总统，但尼克松不能不是尼克松本人），但克里普克的直接指称论（名字的意义就是对象）对于命题态度问题、空名问题的解决存在困难。因此，新的理论发展是整合了二者的思路，如二维语义学把认识论维度和形而上学维度结合起来，或者把语义学和语用学结合起来，在语义学层面坚持克里普克的因果历史理论，承认名字的语义学内容是其指称对象；而在语用学层面坚持描述理论，认为名字的语用学意义就是与名字相关联的描述。尽管很多学者都持有这种混合立场，但是这种立场为既有的量化研究所忽视。后续的实验研究中，可以考虑作为问卷调查的第三种选择。

第二，不熟悉话题、不确定。如此回答的受试者，对给定的话题报以一种谨慎的态度。也许重要的不是泛泛给出一种立场或者解释，重要的是首先要理解话题，理解问题之为问题的根源。这样一种看法并不是无立场的，只是这种立场并非单纯的贴标签（物理主义还是二元论，相容论还是不相容论），而是从问题本身出发，深入理解与问题相关的周边情况。这种立场也同样为量化研究所忽视。质性研究有助于在截然两分的立场缝隙中之中，找到更多的思考和看法，避免了对问题的简单化。

最后一种选择是受试者拒绝所有理论化立场。但是这种选择并不仅仅是选择答案的问题，而是反映了不同哲学家的哲学观的差异。我将比较系统的讨论这种立场背后的哲学动机及其解释效力。在有些哲学家看来，哲学不是提出理论而是论理。例如，在《哲学是什么》一文中，陈嘉映教授提出"哲学是讲道理的科学"[①]。在这一基本理路下，陈嘉映提出"哲学是讲道理的学问"、"哲学是论理的学问"、"哲学是穷理之学"[②]。最终，我们不是用语词之争和事实之争来处理各种各样的哲学问题，真正的考量是道理之争，但这个道理并不是先天存在的，而是依托于历史、文化以及复杂的周边环境。我们对哲学的研究是一个一个（case by

---

① 陈嘉映："哲学是什么"，《读书》2000 年第 1 期。
② 陈嘉映："哲学之为穷理"，《中山大学学报社会科学版》2008 年第 6 期。

case）的研究，因此原则上不能提出一个统一的理论来解释"一个或者所有哲学问题"。

哲学旨在论理而不是构建理论。当代哲学尤其是分析哲学在这一点上可说是背道而驰。分析哲学的一个基本特点从蒯因得以彰显，蒯因把科学与哲学看成是连续的，哲学是前科学阶段（更为极端的说法是"哲学是科学的一种形式"）。既然物理学有牛顿的力学理论、爱因斯坦的相对论、生物学有达尔文的演化论、心理学有格式塔学说、地理学中有板块构造学说等等，那么哲学也可以有各种各样的理论：语言哲学中有指称论（描述论、因果论）；心智哲学中有物理主义、二元论；形而上学有唯名论、实在论；知识论中有融贯论、基础主义；道德哲学中有功利主义、义务论；数学哲学中有柏拉图主义、自然主义。哲学为什么必须采取理论形态呢？分析哲学家通常都为自己的工作方式和目标做如下辩护：为什么科学家有自己的理论，哲学家就不可以有自己的理论？哲学家当然可以堂而皇之地提出自己的理论，而这些理论也都和科学理论一样具有下面两个基本特征：简单性、有解释力。前者就是所谓的"奥卡姆剃刀原则"，后者则强调哲学理论解决问题的效力。如果两个理论的解释功能差不多，显然简单的理论会更占优势。如果一个理论比另一个理论更有解释力，那么它就更有可能是一个正确的理论。[①] 在此基本思路下，分析哲学这个大旗下山头林立、主义丛生。可是这些主义都面临一个根本问题：任何一个特定的理论总是无法解决与它相关的所有或者大

---

① 仔细考察会发现二者可能冲突的地方，即一个解释力强的理论具有复杂性特征和一个解释力弱的理论具有简单性特征，该如何评价？从实际考虑当然是前者，是理论的解释力决定了理论的取舍。

部分问题，它只能解决与它相关的部分甚至小部分问题。于是后起的哲学家开始修修补补，不断加入各种限制和假设进行调整，甚至修改问题本身使得问题更加符合答案，一百年来都在这个圈子里打转。各种例子俯拾即得：直接指称论者无法解决空名问题和内涵语句代换的同一性问题；数学哲学中的柏拉图主义无法解决如何认识数学对象的问题；功利主义无法说明纯粹利他行为现象等等。后起的哲学家发明各种修改版的理论来应对各种各样的困难。在陈嘉映看来，有些路向从一开始就错了，他们预设了虚假的前提，错解了哲学的本性，忽视了科学和哲学的区别。南辕北辙，缘木求鱼，结果不是解决哲学问题，而是搁置了真正的哲学问题，制造了属于他们学术共同体的问题。问题本来活生生的在那里，现在却被分拆成无数的子问题和子答案，以满足有"职业兴趣"的同行，哲学与生活完完全全脱离了关系。

　　众所周知，关于人性问题，古今中外，说法层出不穷。中国哲学传统中关于人性的讨论占有相当的分量①：孟子的性善论、荀子的性恶论、董仲舒的性三品说、性善恶混说、性无善无恶说、性善情恶说、一直到宋明理学中的天命之性和气质之性的区分、天理人欲的差异等等。中国古代哲人不是想用一个简单的理论去解释行为，他们追求的是用一质朴通达的道理去规范、引导行为。西方哲学中"近代政治哲学的鼻祖马基雅弗利、霍布斯都以'人皆自私自利'为起点来建立政治学。"而道金斯的名著《自私的基因》则是要用自私来解释人类社会的进化。"《自私的基因》这本书的根本目的就是探讨'自私与利他的生物学本质'，解释

---

① 张岱年先生在《中国哲学大纲》一书中辟了专章加以论述。见张岱年：《中国哲学大纲》，中国社会科学出版社 1982 年版。

为什么尽管成功的基因都是自私的，而我们却会看到'有些基因为了更有效地达到其自私的目的，在某些特殊情况下也会滋生出一种有限的利他主义'。"

在消除理论、追求论理的思路之下，自私的假设无法解释生活中的大部分道德行为（纯粹利他行为和纯粹不利任何人的行为）。自私也许可以解决某些利他行为，通过一系列功利主义的计算，最终可以达到利己的效果。但是如何用自私解释纯粹利他行为呢？比如在海难中，像著名的《泰坦尼克号》所演绎的那样，部分船员选择与船同沉，而把机会留给妇女和儿童。空难中，空姐把生存的机会留给了乘客。同样，自私也解释不了纯粹的不利己行为，如人体炸弹，以生命为代价。若有人用功利主义来解释这种行为，我们相信他对"功利"这个词的理解和我们不同，我们之间的争论仅仅是字词之争而已。有人会用美德来解释这些现象，但显然美德可以解释上述行为又不能解释其他行为，比如：武侠作品《绝代双娇》中十大恶人之一的"损人不利己"白开心，库布里克导演的《发条橙》中四个无恶不作的少年等、《老无所依》中那个杀人无情、辣手摧花的齐格。道德的理论论者会面临这样一个麻烦，他不得不在一些案例中假设 A 理论，同时又不得不在另一些案例中假设 B 理论，而 A 理论和 B 理论是冲突的。"人的仁慈大度很难用自利来解释，人的贪婪、残暴、阴险又何尝能用自利解释清楚。"[①] 实际上，人的大部分行为都很难用自私这样一个简单的概念来解释清楚。问题不在于我们对自私的概念把握不准确，也不在于我们所提出的自私的理论不够

---

① 陈嘉映:《价值与理由》，上海文艺出版社 2021 年版，第 32 页。

全面和系统，而在于我们不能用理论来解释人的行为。我们可以用理论来解释、预测天地之间的各种变化：月食、黑子、潮汐等等。但我们无法把人当作纯粹的物理对象用经济学、心理学、人类学、政治科学等学说来一一分割研究。不把人当作一个丰富的意义主体，而变成纯粹的物理对象，我们就可以用理论来裁割他了。但人不是动物，更不是简单的物理对象。人有心，此心盈天地之间、变化莫测。他有可能做出纯粹自利的行为（比如：抢劫犯）、也有可能做出完全利他的行为（比如：雷锋）、更有可能做出既不利他也不利己的行为（比如：白开心）。你可以尝试去猜猜他的心，但是你无法像 20 世纪上半期盛极一时的行为主义者那样去猜测他的心。除非你对他的历史、信仰、文化、品味、兴趣、秉性等等有相当的了解，否则你根本不知道此心何在、此心何为。

当哲学家问"人是自私的么？"这个问题也许就问错了，我们总是像在瓶子里寻找出路的苍蝇，而问题的关键在于打破瓶子本身的束缚。换句话说，问题关键不在于人是否实际上是自私的，也不在于我们是否可以计算人的自私，而在于需要从一个新的角度考察人的行为。伦理学上有所谓的功利主义和义务论之争，二者都分享了共同的框架：用"人性自私"或者"人是有道德的"作为前提来建构一套理论。心智哲学中存在物理主义和二元论都分享了世界的构成假设：世界由物质或者更多的非物质东西组成。语言哲学中各种学说都共享了世界和语言具有表征（Representation）关系等等。这都是当代分析哲学所预设的基本框架。依循论理进路，我们可以做出以下回应：对于伦理学问题来说，问题不在于人性是否自私，而在于我们在具体场景中对道德的理解；对于心智哲学问题来说，不在于人究竟是纯粹的物理对象还是具有超出物理维度的心理事项，而在于对心智现象的理解依托的并非基于还原论的科学方法，哲学问题所关涉的东西非心亦非物，而是生活中的人、人的行为。对于语言哲学问题来说，名字既不是用来确定指称的装置也不是用来给出意义的符号，名字是我们用来谈事儿的，是我们语言游戏中的一个部分。语言不是一个完全的表征系统，语言是自治的。你无法把火车上的一个手柄单独拆下来，问它的功能，手柄的功能在使用中。人的行为以及与之绵绵相连的生活才是重要的。而要解释这种种关联，要紧的是论理，是讲述道理，而不是提出理论。考虑到上述立场，我们会发现实验哲学的量化研究忽视了这种论理思路。

第七章

实验语言哲学与哲学方法论

本章从语言哲学角度考察哲学争论的实质和哲学方法论的改进问题。第一节讨论查尔莫斯的语词之争，我们在语词中区分基底（bedrock）概念和非基底概念，只有对基底概念所涉及的哲学问题的解决才能促成实质的哲学进步。但已有实验哲学的工作表明，基底概念和非基底概念之间的区分是存在问题。第二节提出实验哲学方法论应该整合概念分析和经验探索两个维度，整合哲学史和当代哲学两个维度，整合哲学和其他社会科学的两个维度，整合量化研究和质性研究两个维度，从而推进实验哲学的研究。第三节借用冯友兰先生对历史的评论，指出实验哲学应该从质疑和批评的阶段进入到解释和理解的阶段。

第一节　语词之争与事实之争

哲学不同立场的争论是语词之争还是实质之争？实质之争的解决带来通常理解的哲学进步。通过考察几种不同的哲学进步观点，我意在指出查尔莫斯对基底概念的承诺假设了概念的多元主义。概念多元主义才是查尔莫斯语词之争的核心，但概念多元主义没有对各种概念的解释效力加以说明。若要讨论哲学进步，需要对概念的解释效力给出一个原则性的说明。在这一思路下，实验哲学对直觉的考察并非是一种单纯的语词之争，因为我们考察的直觉大多都是关于一些基底概念的直觉，例如意识等。在这个意义上实验哲学推动了哲学进步。

一 哲学进步

查尔莫斯认为有两种所谓的哲学进步。其一，如果我们能够澄清概念，区分出什么是事实问题、什么是语言问题，则可以说这是哲学进步。其二，如果我们对事实问题有所解决，则可以说这是哲学进步。比如，当我们通过梳理分析发现意识问题是实质问题，而关于物理主义的争论只是语言问题，则我们取得了弱哲学进步；若我们对此种意识问题加以清理提出可能的解释方案，回应各种的反驳和挑战，则取得了强哲学进步。

维特根斯坦认为"形而上学的根本之处：没弄清楚事实研究和概念研究的区别。形而上学问题总带有事实问题的外表，尽管那原本是概念问题"。"对形而上学来说具有本质性的是：它抹杀了事实研究与概念研究之间的区别"①。这里的事实研究是什么？应该是关于物理事实的探究，从而是一种科学研究。查尔莫斯也谈论关于事实问题和语词问题之间的区别，他所谓的事实问题其实就是维特根斯坦所谓的概念问题。如果这样的话，则我们可以

———————

① 陈嘉映主编主译：《维特根斯坦读本》，新世界出版社，2010年第1版，第10页。

如下方式看待这个分类:

事实问题(科学问题)——概念问题(哲学问题或者事实问题)——语词问题(语言事实问题)

维特根斯坦认为形而上学的谬误在于前两个问题的混淆,查尔莫斯认为哲学进步就意味着要对后两个问题加以区别。不过在关于究竟什么是所谓的事实问题(科学问题),什么是所谓概念问题(哲学问题或者事实问题)上,他们之间似乎存在很大的差异。维特根斯坦说"我们的问题不是因果问题而是概念问题"[①]。维特根斯坦所理解的事实问题/科学问题并不是我们通常所理解的科学问题。而事实问题(科学问题)在查尔莫斯的意义上就是我们通常所理解的科学问题。在关于何谓事实问题和语言问题的划界上,这两位哲学家存在着不同的划界标准。因此,有可能维特根斯坦所断言的没有哲学进步的论题在查尔莫斯那里变成了哲学进步的论题,若果真如此则他们之间关于哲学进步的争论只是无聊的语词之争而已。

维特根斯坦反对哲学进步这个说法:"你总是听到人说,哲学没有进步,希腊人曾已经为之殚心竭力的那些哲学问题今天仍然让我们烦恼。但说这话的人不懂得事情为什么必然是这样。原因在于,我们的语言仍然是一样的,它总是把我们引向同样的问题。只要有"是"这样的动词用起来和"吃""喝"一样;只要有"同一的"、"真的"、"假的"、"可能的"这样的形容词;只要人们在说到时间滑过和空间大小,等等;只要这一切还在发生,人们就总会撞上那些同样的撩人困难,总会瞪眼看着那似乎

[①]〔奥〕路德维希·维特根斯坦:《哲学研究》,陈嘉映译,商务印书馆2016年版,第221页。

没有任何解释能够移开的东西"①。"人们关于哲学事项所写出的大部分命题和问题并不是假的，而是没有任何意义的。因而，我们根本就不能回答这类问题，而只能确定它们的毫无意义的性质。哲学家们的大部分问题和命题都是因我们不理解我们的语言的逻辑而引起的。（它们和如下问题是同属一类的：善与美相比是在更大程度上同一，还是在更小程度上同一的。）如下事实并不令人吃惊：最深刻的问题真正来说根本不是问题"② 如果接受这个说法，则维特根斯坦关于语言分析的基本观点与弱哲学进步观点相容。

维特根斯坦反对的主要是强哲学进步观点，而他关于语言批判等等的想法相容于弱哲学进步观点。如果查尔莫斯主张强哲学进步观点，则他们之间的争论就不是简单的语词之争；如果查尔莫斯主张弱哲学进步观点，则他们之间的争论就只是简单的语词之争。

二 基底概念

究竟哪种概念是基底概念？查尔莫斯用"语词测试法"来进行检验。比如物理主义，我们关于物理主义产生很多争论，但通过讨论发现我们所理解的物理主义其实各不相同。你在物理主义 A 的意义上理解，我在物理主义 B 的意义上理解。如果我们事先对物理主义进行统一的定义，那么就不会产生争论。这里涉及两

---

① 〔奥〕路德维希·维特根斯坦：《哲学研究》，陈嘉映译，商务印书馆 2016 年版，第 17 页。
② 〔奥〕维特根斯坦：《逻辑哲学论》（《维特根斯坦文集》第 2 卷），韩林合译，商务印书馆 2019 年版，第 27—28 页。

个问题：

问题一：究竟哪一种物理主义的定义是合适的？也许我们可以就定义本身展开争论，通过论证宣称其实我们都应该同意物理主义 A。查尔莫斯也许会说其实物理主义本身就包罗万象，其名号下有形形色色的物理主义，它们共用一个名称，并不存在唯一的物理主义的定义，不同类型的物理主义可以解释不同的问题。物理主义名号下有形形色色的物理主义，它们共用一个名称。如果我们承认问题一是有意义的，那么我们关于物理主义的争论就不是简单的语词之争。查尔莫斯认为物理主义争论仅仅是语词之争，背后的论证不在于他的"语词测试法"，而在于他对一些概念的功能主义解释所导致的概念多元论。只有假设了概念多元论，才能谈论他所谓的语词之争。因此"语词测试法"并不是一个中立的测试。如果我不赞成概念多元论，则我们就不能够用"语词测试法"来进行检测。通过语词测试法，查尔莫斯区分了两种概念：基底概念和非基底概念。对于基底概念，他持有概念一元论；对于非基底概念上，他持有概念多元论。为什么会有概念多元论？比如弗雷格意义，在查尔莫斯看来就不能追问说意义究竟是心理的还是语义的或者是有认知作用的。对意义的认知解释可以解决认知问题，对意义的心理解释为何我们可以理解意义，而对意义的语义解释可以很好地解决一些语义学问题。因此我们可以说弗雷格意义在不同的情况下有着不同的功能，从而回避究竟意义本身为何的问题。概念多元论背后的概念的功能主义解释是查尔莫斯这个观点的一个基本假设。放弃这个假设他就很难有意义地谈论"语词测试"和有意义的语词之争。当然，基底概念和非基底概念之间的区分并不意味着重要哲学概念和非重要哲学概念之间的区分，实际上很多非基底概念都是重要的哲学概念。

问题二：查尔莫斯回避了问题一。事实上现在大部分哲学论证都采用了条件句式论证的模式：如果 A，那么 B。如果物理主义 A 解释为真，则现象 B 得到解释。至于物理主义 A 本身是否为真则变成了另外一个问题。这样的论证貌似绕过了前提是否为真的争论，实际上还是预设了前提的哲学立场，因此批评者多半都根据不同的前提做出批评。比如，我认为物理主义 A 不能解释现象 B，为什么不能解释呢？因为我关于解释的标准是根据物理主义 B 的假设定下来的，而提出此论证者则是依据他所假设的前提 A 来规定解释力的。这样我们争论说，物理主义 A 是否具有解释效力实际上就变成了语词之争，因为我们关心的是不同的解释效力。这种条件句的哲学论证方式几乎占据了大部分研究，即使貌似中立 的论证，实质上也都逃不脱特定的哲学立场。查尔莫斯对意识的系统解释导致他认为意识就是基底概念。但为什么最后只剩下一些同源表达式来谈论呢？在我看来，其原因在于：关于意识的争论还是一个比较新的哲学话题，尚未形成一些成熟的概念，而物理主义、自由意志这些论题里头已经有一些成熟的概念了，可以用不同的概念来阐述问题。如果同意哲学进步的话，则有一天我们也会把意识这样的概念从基底概念集中剔除出去。基底概念就是一些利用现有概念集合还无法完全定义的概念，因此有可能有些基底概念在哲学上也许并不重要。

三 语词之争与实验测试

在语词之争中可以区分琐碎语词之争与有意义语词之争。通常语词之争有两种。第一种是说，我们对同一个事实、问题或

现象采用了不同的语言描述：比如玫瑰花，中文叫玫瑰，英文叫
Rose，农人叫傻花（假设叫这一名）。在关于是傻花还是玫瑰的
争论中，我们倾向于说这只是说法不同，其实所指的是一回事。
我们用不同的词谈论同一个东西，这种做法也适用于关于鲸鱼是
否是鱼的争论之中。

　　另外一种争论是一些高阶的事实问题，比如你和我争论玫
瑰是否存在，你认为玫瑰花在你心中存在，我认为玫瑰花是否存
在这个事实独立于我们的个人经验。最后发现对存在这个概念我
们有不同的理解。第一种争论应该就是查尔莫斯所说的无聊的语
词之争论，而第二种就是有意义的语词之争。注意到这样一个现
象：有意义的哲学争论所涉及的是哲学概念而非日常概念，确切
来说是哲学中的非日常概念。

　　譬如，通常来说持有不同政见的人会认为关于使用城市名字
首尔/汉城并非简单的语词之争，这正如我们中国人在关于"中
国"还是"中华人民共和国"这两个用法中产生争议并非简单的
语词之争一样，这背后有着不同的道理。但这样的争论在哲学上
并不是很有意义，只是一个政治问题而已，其中也许暗含一些道
理，但此道理并非哲学道理，也应该不是论理之理。我这样说其
实这就是不同哲学主张之间的争论了，但至少，我认为哲学不是
在这个意义上和现实挂上钩的。

　　我们关于基底概念的争论不是语词之争——既不是有意义
的语词之争也不是无聊的语词之争，对于基底概念的分析和解释
可以导致实质哲学进步。概言之：非语词之争的概念之争才能促
使哲学进步。但究竟什么是基底概念，什么是非基底概念，仍然
难以界定。我们可以大体接受查尔莫斯关于哲学进步的观点，换

一个角度来看哲学进步的问题。刘闯教授在《时空哲学导论》[①]一书的前言中也谈到了哲学进步的观点。在该书中，作者并非遵循当代分析哲学家的固定模式按问题对时空哲学进行讨论，而是参照哲学史的脉络来讨论时空哲学问题。根据作者的想法，这样布局谋篇的一个重要理由便是不存在所谓的哲学进步。古代的哲学问题到现在依然是重要的问题，只是我们有了新的视角和新的方法。大致来说历史上存在两种哲学问题：一种是所谓的纯粹哲学史问题，如关于柏拉图或者老子的解释问题（记为 A 问题）；另外一种是在哲学史中的哲学问题，如时空哲学问题（记为 B 问题）。因此，如果断言不存在哲学进步，就需要对这两种问题进行解释。我想在 A 问题上，我们很难谈论实质的哲学进步问题（当然我们可以说我们对"理念"、"道"有了不同于柏拉图和老子的理解，但这并不能说是哲学进步。如果是哲学进步，我们该把这类问题归如到 B 问题类型中）。但对于 B 问题呢？我们似乎确实可以有意义地谈论所谓的哲学进步。当然这也部分的取决于我们对哲学进步的理解。刘闯认为任何关于时空的哲学观点都在哲学历史上出现过，如果在这个意义上理解所谓哲学进步的话，那么我们没有分歧。但哲学进步说的并不完全是上述这个意义上的吧？　我们需要对哲学进步有一般的理解，这个理解能够覆盖查尔莫斯的定义。刘闯在回应中谈到了真，"So, what I want to say is that no major views or ideas in philosophy, no matter how ancient, can be regarded as less likely to true now than major views and ideas in contemporary philosophy." 的确在哲学上很难

---

① 刘闯：《时空哲学导论》（即将出版）。

说一个理论比另外一个理论更真。我们似乎无法去讨论哲学理论的真假问题。我的意思是，对于同一个哲学问题提出了两种不同的理论，比如关于数学哲学中的实在论和虚构主义的争论（排除哲学论证中出现的实质性逻辑错误），我们所争论的其实是关于哲学理论的解释力问题，而非真假问题；而关于解释力，不同的理论都会有不同的标准，因此我们可以说谁也不比谁更真一些。

　　总结一下，有关哲学进步的讨论，有以下几点结论。首先，哲学史上出现的问题，有很多最后变成了科学问题，那么在科学史上来讲就存在科学进步的问题。但是像意识问题是哲学问题还是科学问题仍然有待讨论。其次，如果哲学历史上出现的理论现在依然出现在哲学讨论范围之内，那么这样的一些哲学理论之间就没有谁比谁更正确的问题。但是否存在一个理论比另外一个理论更为精确、全面呢？从简单初级的理论到复杂高级的理论发展应该归为哲学进步，比如我们现在虽然也在笛卡儿的框架内讨论身心问题，但谁也不会再拿松果腺作为一个重要的解释根据，我们对身心关系的理解要比笛卡儿时代进步多了，这算不算哲学进步呢？最后，在哲学领域不存在谁比谁更真，谁比谁更对的问题，因此原则上所有的哲学理论，无论是先起的还是后继的都没有这样意义上的优先性，或者说所有理论都是"平等"的。但这就能推出不存在哲学进步的结论么？刘闯所说的在真假和对错意义上的平等，是大家都接受的。但诸种理论在解释力上是不平等的，而我觉得哲学进步与否关注的是解释效力而非真假。

　　我们可以接着总结一下对哲学进步的不同观点。第一种，区分事实问题和语言问题，对事实问题进行解决是为哲学进步。第二种，所有哲学理论在真假对错的意义上都是平等的，无所谓哲学进步。第三种，所有哲学理论在真假对错的意义上都是平等的，但是在解释效力上是不平等的因此有所谓哲学进步。也许我的总结有误读的可能，不过至少应该是清楚的，我所坚持的哲学进步观念要比查尔莫斯的宽泛，可以容纳关于一些有意义的语词之争。这样的语词争论，同样可以导致哲学进步。如果这样，我们就不会在究竟何为基底概念上发展出一系列复杂含混的讨论了。

现在让我们转入到如果从实验哲学角度来理解语词之争与哲学进步。针对概念的直觉调查是一项重要的工作，包括对非基底概念的直觉调查和基底概念的直觉调查。我们可以通过一种语词测试来区分基底概念和非基底概念。这种语词测试的工作可以和直觉调查相结合。如果对物理主义的定义不同，有一些哲学家认为物理主义是针对心智现象的（意识、意向性、心理因果），而另外一些哲学家认为物理主义不仅包括上述心智现象，还应该包括对抽象对象（例如数学）的解释。那么这两类哲学家关于物理主义的看法就是语词之争。但似乎仍然不止于此，因为很可能后一类哲学家认为解释一切的物理主义才是真正的物理主义。物理主义到底应该解释哪些现象并非不同物理主义之间的争论，而是真假物理主义的争论。这种说法并非强词夺理。不妨先假设这是两种物理主义，针对心智的物理主义和针对一切对象的物理主义不同。如果考虑心智的物理主义，我们会发现这种真假争论依然存在，例如还原的物理主义认为所有心智现象都可以被还原为物理现象，而非还原的物理主义认为有些心智现象无法还原为物理现象。不能说还原的物理主义和非还原的物理主义属于不同的理解，因为双方都声称对同一个现象意识提出了解释。在解释意识这里存在确定的标准。问题在于对意识问题的实验哲学调查表明，并不存在一个唯一的意识问题。

撇开物理主义和反物理主义之间的争论（僵尸论证、知识论证等）不谈，不同背景的人对意识问题的态度各有不同。调查研究表明，受到物理学、神经科学等科学训练越多的人接受物理主义的比例愈高，接受人文主义教育越多的人接受反物理主义的比例愈高。因此什么是基底概念不是一个纯粹的语义学问题，而是需要通过调查来做进一步的确定。这就产生了意识的元问题①。意识问题指为什么大脑的物理过程能够产生意识经验。意识的元问题指为什么我们会认为意识问题是一个很难解释的问题。认为存在这样一个意识问题可以称之为一个问题直觉。存在有着关于意识元问题的直觉，其中最核心的是解释直觉（explanatory intuition）：意识很难得到解释。解释直觉包括：鸿沟直觉，在物理过程和意识之间存在解释鸿沟；反功能主义直觉，解释行为的功能不足以解释意识。与此相关的还有形而上学直觉：二元论直觉，意识是非物理的；基础直觉，意识是最基础的。知识直觉：第一人称知识直觉，意识提供了第一人称视角的知识；第三人称知识直觉，很难知道她人的意识。以及模态直觉：什么是可能的，什么是可设想的（包括僵尸直觉）。查尔莫斯认为解释直觉、形而上学直觉、知识直觉、模态直觉应该是广泛为人们所分享的。但普遍的范围有多大是一个完全经验的问题。西斯马②调

---

① Chalmers, D., "The meta-problem of consciousness." *Journal of Consciousness Studies*, Vol. 25, 2018.

② Machery, E., & Stich, S., "Semantic intuitions: Reply to Lam", *Cognition*, Vol. 117, No. 3, 2010, pp. 363-366.

查发现，一般的受试者更愿意认同机器人能够看到红色，而不愿意认同机器人能够感受到疼痛，由此他们认为大众并没有一个现象意识的统一范畴。实验调查应该能够表明为什么查尔莫斯理解的直觉是／否普遍分享的。因此如果意识是一个基底概念，那是否意味着查尔莫斯理解的四个直觉是普遍为人们分享的呢？这一点可以通过经验来检测。已有的研究表明查尔莫斯的论断存在问题。关于基底概念和非基底概念的区分并不是一个很好的区分。因此在这个立场上考察哲学进步也是存在问题的。

第二节　概念分析哲学与实验哲学的互动

在分析哲学领域，概念分析哲学与实验哲学之间的争论可以看作非自然主义和自然主义之间的争论。这里的自然主义采取一种比较窄的定义，指在本体论上只接受自然的事物，在方法论上接受自然科学方法优先的一种哲学立场。像麦克道威尔把第二自然包括在内的自然主义不在此列。概念分析哲学并不排斥自然科学的内容和方法，也需要寻求和自然科学立场的兼容。但是和实验哲学有所不同，概念分析哲学主张概念分析方法作为优先的立场，主张直觉作为哲学证据的优先立场。自然主义框架下的实验哲学，希望哲学论证的前提接受经验科学的检验，哲学论证的方法将概念方法和经验方法相结合，在能使用经验方法的地方尽量使用经验方法，将哲学知识的基础锚定在经验的基础之上。在这个意义上，实验哲学属于经验主义传统，和概念分析哲学的争论可以视作当代理性主义和经验主义的一场关于哲学方法的争论。毋庸讳言，实验哲学代表了一种哲学的科学化的趋向，有人把这种哲学称之为科学化的哲学（Philosophy Informed by Scientific Common Sense），这种科学化的哲学还包括科学哲学的各个门类，例如物理学哲学、生物学哲学等等；甚至形而上学也可以被理解为科学化的哲学。在第一章提到纽约大学哲学系的莫德林教授的专著即《物理学之内的形而上学》，他所理解的形而上学就是一种科学化的形而上学。但实验哲学不仅仅是一种科学化的哲学，甚至是一种哲学化的科学（Philosophical Science）。随着人类认识的深入，科学的边界在不断扩张，有一些尚未有定论的问题，如意识问题，哲学化的思考承担着核心作用。但有一些问题处在传统的知识论和心理学之间或者语言哲学和语言学之间的，尚未得到充分的重视，这样的研究可以称之为哲学化的科学。例如，加拿大滑铁卢大学的图里，他给自己的工作定位就是哲学化的科学。他在介绍自己的研究工作时讲到哲学并没有独特的方法论。哲学家通过从其它领域借用的结果和方法来获得实质的哲学进步，而且始终关注哲学争论中存在的张力和不够明朗的假设，经常关注哲学争论的大格局。当然，哲学家推理、反思、质疑、争辩、澄清。但是这些并不为哲学研究所独有，在其他大部分研究领域也具有这些基本特征。除了阅读、写作和计算之外，哲学和其它领域之间的区别不大。我把哲学当作和科学连续的一种探索形式。我的研究工作一方面受到哲学史的充实，另一方面受到来自认知科学、社会科学、符号逻辑和生命科学的结论和概念的充实，同时我也会使用很多被认为是非哲学的方法，如行为实验、反应时间、文化比较、数据科学、社会观察、形式逻辑、心智控制等等。图里的这番夫子自道，很好的表述了当代实验哲学家对自己研究工作的评估。诺布也曾经撰文提出实验哲学就是认知科学。在认知科学领域包括语言学、神经科学、哲学、人类学、心理学、人工智能六大学科。实验哲学是这六者的综合研究，哲学的实验化，使得实验哲学变成了一门哲学化的科学。

目前关于如何理解实验哲学对于哲学的贡献存在一些分歧，至少存在三种不同的立场：第一，实验哲学不是哲学，与哲学无关。具体而言就是，根据这种观点，经验结果与哲学无关、实验结果与哲学无关、实验哲学方法论也存在问题。这是对实验哲学完全否定。第二，有所保留地承认实验哲学的价值，实验哲学对已有的哲学方法论提出了批评，获得了如何做哲学、如何理解哲学本性的高阶知识。第三，实验哲学不仅仅能够发现高阶真理／知识，还能够发现关于意识、知识、自由意志、实在的一阶知识。这是如何看待实验哲学的三种立场。一名实验哲学研究者则可能会对实验哲学的工作形成以下不同的看法：1. 虚无论，根本就没有关于哲学的一阶真理要发现。2. 冷漠论，根本就不关心有没有一阶真理，实验哲学只关心高阶真理。3. 科学论，用经验方法代替概念分析方法，推进哲学研究。4. 帝国论，实验哲学就是唯一发现真理的办法。5. 修正论，实验哲学可以修正、限制、扩张概念分析办法，使其变得更为有效。实验哲学不是唯一的哲学方法，而是可以帮助限制、修正和改进概念分析方法。

根据上述的意见分歧，实验哲学大体包括三个分支：1）否定的实验哲学主要研究直觉的变动和差异，削弱概念分析，例如知识论和语言哲学中的案例。2）肯定的实验哲学运用调查统计办法研究重要哲学概念如何应用的模式，扩充了概念分析。例如意图行动、自由意志、基因、道德判断。3）心理学哲学（Psychology of Philosophy）研究哲学判断所牵涉的认知过程，澄清概念分析。使用实验手段研究大众和专家进行哲学判断时的认知过程，例如诺布，格林等人的工作。大部分肯定的或否定的实验哲学也可以被视作对心理学哲学有所贡献。接下来，我们对实验哲学的三个分支依次论述。

一　否定的实验哲学

否定的实验哲学主要探究与哲学相关的直觉和判断中的差异[①]，这潜在地削弱了传统哲学的某些方面，有可能削弱了某种哲学观点，比如道德实在论；有时候削弱了某种哲学方法，比如受直觉驱动的认识论和指称论。对此，传统哲学家可以做出多种回应。第一种回应是质疑实验数据，认为实验数据是不可靠的。这种回应其实已经对实验哲学方法有了某种承诺，只需要通过更合理的办法得到实验数据就可以了。整个社会科学都可能面临数据不可靠的问题，因此这一批评不会对实验哲学造成根本威胁。第二种回应是求助理想化。认为真正的哲学必须找到概念的充分必要条件而非现实性条件。区分表面判断和理想化（最大反思）判断，认为后者是更有哲学价值的。尽管有时候表面判断发挥更大作用，尽管理想化判断可能更意味着哲学家引入了理论的败坏，但我们能对理想化推理做经验测试吗？例如认知反思测试（Cognitive Reflection Test）。如果跨文化差异持续存在于更多的理想道德主体中，那么理想化的分析就会被弱化，否定的实验哲学的证据就会更强；如果跨文化差异在理想主体那里消失了，那么理想化回应就被强化了，而否定实验哲学的证据就会变

---

① Machery, E., Mallon, R., Nichols, S. & Stich, S., "Semantics, Cross-Cultural Style", *Cognition,* Vol. 92, No. 3, 2004, pp. 1–12.

弱了。也许在理想化和实际化之间才是哲学的真相。第三个回应是求助语词区分、概念的区分。受试者在使用不同的概念时，产生了差异。因此也许受试者的判断差异并非真正的差异，某种意义上双方都对，这相当于承认了概念多元论的立场。例如，针对知识、善好、因果等概念，不同哲学家都有不同的理解。但是这会造成一个问题，如果承诺概念多元论，就没有真正的哲学争论，所有的哲学论证变成了自说自话。这似乎是违反了我们对哲学的理解。有人会认为关于什么算作"椅子"是合理的争论，但是关于什么算作"权利"就不太合理。因为我们对"椅子"有一个共同的标准，而对"权利"则没有。但通常的争论都是发生在关于"权利"这样的概念上。对于狭义的概念分析的争论是合理的，例如否定的实验哲学并不追求狭义的概念分析。承认概念多元论也就是包容相对论和地方性知识。实验哲学并不必然导致立场的相对论和地方性知识，如果调查的结果是普遍的，那么实验就确认这种立场；如果得到的结论是地方性的，那么实验哲学也坚持这种立场。椅验哲学似乎并不像实验哲学一开始所主张的那样完全依赖直觉；至少并不比经验哲学更依赖直觉。即便那些的确和直觉有关的哲学，直觉只是开始，而非最终的裁判，论证、代价、理论的功用等等都扮演着核心的作用。

否定的实验哲学作为一个有用的工具修正并且限制椅验哲学，帮助区分那些直觉有用的案例和直觉无用的案例，就各种具体的争论获得一些地方性知识。但要获得一些实质的结果必须与椅验哲学相结合。双方都要解释实验数据的相关性。有一种观点认为，实验哲学削弱了椅验哲学并且取代之。但是这并非持平之论，实验哲学是有价值的，但也需要椅验哲学。要弥补经验数据和哲学结论二者之间的鸿沟，实验哲学论证通常需要椅验哲学的前提。没有椅验哲学，实验哲学无法存活。实验哲学作为有用的工具增强塑造了哲学方法，如形式认识论、语义学分析。实验哲学和椅验哲学如何彼此联手获得实质的哲学结论，可以有以下一些发展：对哲学直觉的实验检测，对哲学家经验宣称的实验研究，对实验数据的椅验阐释，对直觉数据的理想化评估和系统化，椅验哲学尤其在设计实验测试时发挥重要作用。

二 肯定的实验哲学与概念分析

诺布效应研究 [①] 属于典型的肯定的实验哲学，实验让我们考虑如下场景：小安是一个哲学家，他经常思考这样一个问题：一个清楚知道破坏或改善环境的公司老总是否在有意破坏或者改善环境上存在着负面效应。他认为公司老总有意为恶，无意为善。因此他进一步认为道德与意图行动的概念密切相关。那么小安是在做实验哲学还是在做概念分析呢？显然小安是在做概念分析，因为他没有用到调查统计的手段。让我们考虑另外一个场景：小安是一个哲学家，他到王府井大街问路边的一个行人：一个清楚知道破坏或改善环境的公司老总是否在有意破坏或者改善环境上存在着负面效应。路人认为，公司老总有意为恶，无意为善。小安因此进一步认为道德与意图行动的概念密切相关。那么小安是在做实验哲学还是在做概念分析呢？好像小安并没有在做概念分析，而是在验证概念分析的结论，但这种方式似乎介于概念分析和经验调查之间。一方面如果是概念分析，那小安并没有提供充

---

① Knobe, J., "Intentional Action and Side Effects in Ordinary Language", *Analysis*, Vol. 63, 2003, pp. 190-193.

分析；另一方面，如果是经验调查，那小安没有提供足够的样本来进行调查。现在考虑第三种情况：小安是一个哲学家，他利用网络调查软件调查如下问题：一个清楚知道破坏或改善环境的公司老总是否在有意破坏或者改善环境上存在着负面效应。将近100人的结论显示：公司老总有意为恶，无意为善。因此小安进一步认为道德与意图行动的概念密切相关。那么小安是在做实验哲学还是在做概念分析呢？好像在这里小安是在做实验哲学而不是概念分析。

仔细考察这三种情况，调查的人数从一人变成多人，调查的个体从第一人称转向第三人称，但其它概念内容并没有发生变化。因此，有人指出肯定的实验哲学计划不过是从一个哲学家的概念分析转向多数大众的概念分析而已；如果哲学家和大众的看法没有差异，何须调查大众的看法？早有哲学家卡姆（Frances Kamm）就预言了诺布效应。因此有人指出，如果实验哲学的贡献仅仅是验证了哲学家已经有的正确结论，那么实验哲学不过是锦上添花而已，并没有触及实质问题。在批评者看来只有一些非常反直觉的实验才有价值。其实，为什么人们期待一些具有新闻效应、反直觉、不寻常的结论，这也是一个非常值得实验哲学和认知科学研究的问题。如果概念分析和经验探索达到了一致的结论，这不是非常好的事情吗？一些悬空的思辨得到了经验的证实，就如同爱因斯坦从相对论出发作出的预言得到了证实，反过来佐证了相对论的真。概念分析和经验考察并不是同一个层次的东西，经验考察是对概念分析的一种还原证实。不管是证实还是证伪概念分析的结论，这一步骤都是必不可少的。

当然概念分析本身也存在问题。如概念分析和词典学分析之间的区别比较模糊。有很多概念分析论者，在分析概念分析之时，或者在一开始就搬出词典学上关于这个概念的定义，或者在最后搬出词典学上关于这个概念的定义，用来证实自己的概念分析和词典学暗合。但是概念分析给出我们使用语词的意义和概念的内容，这些分析出来的内容也许对语言哲学家有用，但对其他哲学可能无用。这个顾虑也适用于实验哲学，因为实验哲学首先是实验语言哲学调查。在研究语词和研究世界之间存在着极其微妙又极其重要的关系，我们在指称论一节，曾借用斯蒂奇和杰克逊之间的争论来说过这一问题，即我们是否能通过对语言的理解来认识世界。在这一节，我们换用一种方式，借助卡尔纳普的一个区分：形式的说话方式与实质的说话方式来引展开讨论。例如，我们说 5 是一个数，这是实质的说话方式，在本体论上认为 5 在某种意义上存在。当我们说"5"是一个数词，这是形式的说话方式，没有本体论的蕴含。从这个区分来看概念分析，我们可以得到形式的概念分析，即用形式模式得到关于应用条件的结论，"单身汉"指称未结婚的男人；也可以得到实质的概念分析，即用实质模式得到关于应用条件的结论，某个对象是单身汉当且仅当其是未结婚的男人。我们可以说形式的概念分析是经验的；实质的概念分析是先天的。为什么？因为语词如何指称是一个经验问题，而概念是否具有蕴含关系是一个先天问题／逻辑问题。不管世界中有没有"单身汉"、"未婚男人"这些语词，"单身汉"这个概念都蕴含"未婚男人"。所以椅验概念分析①（Armchair conceptual analysis）通常用实质方式分析关于意图行动的结论。

---

① "Armchair conceptual analysis"翻译为"椅验概念分析"，"Armchair philosophy"翻译为"椅验哲学"，这是王文方教授的翻译，椅验正好和实验相对。

当然，我们也可以用形式方式去做椅验概念分析，但通常来说我们用形式的方式来进行经验的概念分析，用实质的方式来进行椅验的概念分析。问题在于，我们能用实质方式进行经验概念分析吗？这就是语义上行的问题，即可否从对语词的研究过渡到本体论结论。我们能够运用实验调查手段不仅仅表明道德判断与大众关于一个行动是否有意图的判断是相关的，也能表明道德与一个行动是否有意图也是相关的。但要得出后面这个实质的结论，就需要增加一些辅助条件：1）大众的判断是正确的，2）他们使用的概念和哲学家使用的概念是一样的。在大多数情况下，1）和2）都是可以接受的。我们从而可以获得从实验哲学而来的一阶真理。关键问题在第一个条件中，什么叫"正确的判断"？这个表述已经潜在蕴含了判断和事实的符合关系。在一些分析语句中，例如发现单身汉是未婚男人并不比发现"单身汉"意味着未婚男人更实质，因为分析语句根据意义为真，所以形式的说法方式和实质的说话方式基本上是重叠的。

如果我理解的自由意志的意思是甲，我的评论者理解的自由意志的意思是乙，那么我们之间的仅仅是语词之争。实验哲学给出的实质结论不过是：道德考量与意图行动相关。但这种结论是没有什么意义的，因为它仅仅反映了我们实际上是如何挑出"意图行动"的。如果有人对这一案例有不同的直觉，那我们不过是语词之争而已。我们可以说这个意图行动的案例具有重要的解释作用。如果从实质方面理解，可以说，意图行动的重要特征会因为人的道德考量而发生变化，这个重要特征是在真实世界的客观特征。我们可以区分狭义的概念分析和广义的概念分析。前者指分析完全奠基于概念能力的应用情况；后者指分析部分奠基于实质推理和判断的应用性情况。规范分析指分析善好、权利、理性这些规范性概念的应用条件，也包括模态的、逻辑的和心理的分析。考察实质的推理和判断是有意义的工作，肯定的实验哲学以及其它正面的广义的分析能够帮助发现第一阶真理。肯定的实验哲学与传统的概念分析是连续的；椅验哲学也可以得到同样的结论。

总结一下，肯定的实验哲学有什么优势？实验哲学能够提供给我们传统概念分析不能提供的东西吗？还是意味着规模更大的研究？避免理论对数据的污染？发现奇怪的规则？聚焦于心理机制？与社会心理学连续等等。传统概念分析有什么优势？更多严格的反思？更多对判断的批判性审视？更迅速更小代价？更实质方式而非形式方式？二者之间的差异并没有想象的那么大。肯定的实验哲学本身就是概念分析的一种形式：不过这种分析不是通过第一人称，而是通过第三人称。调查人数从少数专家变成多数大众，采取了形式化方式；更多采取量化和系统的研究方式，而非主观的研究方式。因此，概念分析和肯定的实验哲学是两条不同的研究路径，但对于哲学的探索都是同等重要的。

三　心理学哲学与概念分析

心理学哲学（psychology of philosophy）主要研究哲学判断所牵涉的认知过程，澄清概念分析。认知心理学、社会心理学以及发展心理学中包含对因果推理、因果判断、心灵理论、对象、数字、虚构、道德推理、反事实推理的研究。从更大范围来看，哲学家曾经触及社会学、人类学、语言学、哲学的神经科学，这些学问的部分，但直到最近哲学家开始经验的、系统的和严格的研究。心理学计划应该是目前最重要的、也是对实验哲学最明确的贡献。哲学心理学对心理学和哲学都有促进作用，但是这似乎依然只是获得了哲学推理的高阶真理而非一阶真理。问题在于哲学心理学如何帮助我们获得一阶真理？以实质的方式运用肯定的实验哲学，考察在何种情况下哲学判断是可靠的；从经验上检测哲学家所做出的心理宣称，例如在解释或者取消哲学判断时的一些宣称。哲学心理学并非是一个统一的领域，而是存在大量由问题定义的子领域，例如存在关于道德、因果、心灵、存在的、语言的地方性知识。如何评价哲学心理学的工作？1）对于发现高阶真理而言，本身就足够有趣；2）对于发现一阶真理而言，不能提供直接的指引；3）但对传统的哲学分析提供了一种简洁的限制。可以说哲学心理学是一种对概念分析的补充、修正和限制。

实验哲学如何有助于发现一阶哲学真理？通过限制和拓展传统哲学方法，具体而言，不是要烧掉扶手椅（burning the armchair），而是使用三种被修改的扶手椅：第一是拓展的扶手椅，积极的实验哲学；第二是用限制的扶手椅，否定的实验哲学；第三是用被检测过的扶手椅，心理学哲学。实验哲学没有椅验哲学是空洞的，椅验哲学没有实验哲学是短视的。实验哲学是一种方法，方法必须有内容，内容需要椅验哲学提供。方法需要椅验哲学引导。但椅验哲学必须经受实验哲学的检测。

四 专家直觉与概念分析

从考察大众直觉到完全的概念分析之间存在着漫长的中间地带。接下来，我们将从实验哲学和概念分析互相补充的角度重新考察专家直觉的问题。实际上从柏拉图时期到 21 世纪，诉诸直觉在哲学中起着相当核心的作用。在一个典范的场景里，哲学家描述一个真实的或想象的场景，问是否情景中的人、对象和事件展示了一些哲学上有趣的性质或关系。例如，这个行为是道德上错误的吗？故事中的主角不能赢得彩票吗？孪生地球上的说话者使用语词"水"指称 H_2O 吗，等等。《理想国》里有一个经典的案例：

> "你说得完全对，"我说，"克法洛斯！然而，这同一东西，正义，我们能否简单地把它称作是说实话和偿还某人从他那里拿的某种东西：或，这同样的事情，有时可能做的合理，有时不合理？我指的是如下这类事情：人人都会同意，如果某人从一位头脑健全的朋友那里拿了武器，之后，这朋友疯了，要索回武器，他不应该归还，倘若他归还，他就做的不合乎正义，再说，对一个头脑处于如此状态的人，没有人愿意告诉他全部实话。""你说得正确，"他说。①

哲学直觉是迅速作出的判断反应和倾向。引文中的"人人都会同意"、"没有人愿意"就是诉诸一种直觉。像语言学直觉这样的哲学直觉很少涉及到有意识的推理。所以直觉判断和反思判断是两种类型的判断。当前对直觉的理解主要是把"直觉"限制在心理学的或认知的特点上，但是具有这种特点的直觉不能解释其在哲学中所承担的作用。从古代开始，对一些重要的哲学概念

---

① 〔古希腊〕柏拉图:《理想国》，王扬译注，华夏出版社 2012 年第 1 版，第 8 页。

进行分析就是哲学的重要工作。在 20 世纪中叶，受到逻辑实证主义的影响，有一些哲学家甚至认为概念分析是唯一合法的哲学研究。因为关于世界的真理交给了科学去发现，哲学仅仅是概念研究，是一种对各种概念（科学概念、日常概念）进行澄清的活动，不管是维特根斯坦还是逻辑实证主义都大致承诺了事实研究和概念研究的区分。直觉能够作为运用概念的证据，也是因为它预设了哲学这些直觉提供了概念应用的相当精确的信息，古德曼就指出"这是概念本性的一部分……主体拥有一个概念就倾向于产生和这个概念的内容一致的信念和直觉。如果某一概念 F 的内容蕴含了 F 蕴含或者不蕴含 X，那么这个人就倾向于直觉到 F 应用到（不能应用到）x，当他想到这个问题时。"① 从古德曼的这种观点可以进一步推论说，直觉可以作为理论关于世界客观特征的证据而并不依赖于某一个特定的人去设想它。

"通常认为分析哲学在概念分析中诉诸椅验直觉"，但这是极具误导性的，因为在哲学中直觉的使用不应该仅仅限制于概念分析。我们可以来考虑一些主要的争论：伦理学中的功利主义和道义论之间的争论；认识论中的外在论与内在论之争。这里头没有实质的概念分歧争议，直觉与真实世界中的事实更加相关而不仅仅是与对事实的判断相关。当然，对于诸如关系到权利、正义或认知辩护等这些争论，也可以合理利用假想案例以及案例引发的直觉来考虑。这些关乎伦理和认知的主题并非仅仅具有相应的概念而已，而是关乎客观世界中的特征。② 索萨非常正确地指出，

① Goldman, A., "Philosophical Intuitions: Their Target, Their Source, and Their Epistemic Status", *Grazer Philosophische Studien*, Vol. 74, No. 1, 2007, pp. 14-15.
② Sosa, E. *A Virtue Epistemology: Apt Belief and Reflective Knowledge*, Oxford: Oxford University Press, 2007, p. 100.

古往今来的哲学家使用直觉作为那些能够刻画世界客观特征理论的依据。在形而上学领域中，哲学家的目的是要给出究竟何谓因果的说明，而不仅仅是某些人关于因果概念的说明。在知识论领域中，要给出究竟何谓知识的说明，而不仅仅是关于某一群体对关于知识概念的说明。在伦理学领域中，要给出究竟何谓道德上允许的说明，而不仅仅是给出某一群体关于什么是道德上允许的概念的说明。在政治哲学领域中，要给出究竟何谓正义的说明，而不仅仅是给出某一个群体关于正义概念的说明。

前面已经论述过实验哲学对传统的挑战：例如直觉具有人口差异（Demographic Difference）：年龄、性别、文化、职业、阶级、性格、语言等因素均可造成直觉上的差异。直觉也受到顺序效应、框架效应、环境因素的影响。

但也有概念分析论者提出了专家辩护，即职业哲学家的直觉要更少地受到像文化、顺序、框架的影响。专家辩护是一个应对实验挑战的策略，受过训练的哲学家具有专业知识和技巧帮助他们消除干扰因素的影响。[①] 对于追求"客观的现象"计划的哲学家来说，哲学家直觉的内容更有可能是真的。对于从事概念分析哲学家来说，哲学家的直觉可以更准确地反映世界的真实状况。但已有的实验研究表明专家直觉存在问题。韦曾发现，哲学家的母语影响了他们关于信念是知识的例示的直觉。[②] 在这个实验中，所有的参与者都是职业哲学家，他们都非常熟练地使用英语。但

① Nado, J., "Philosophical Expertise", *Philosophy Compass*, Vol. 9, No. 9, 2014, pp. 631-641.

② Vaesen, K. & Peterson, M., "The Reliability of Armchair Intuitions", *Metaphilosophy*, Vol. 44, No. 5, 2013, pp. 559-578.

是结果发现那些母语是德语、荷兰语和瑞典语的哲学家的直觉非
常不同于那些母语是英语的哲学家的直觉。另有研究发现，哲学
家和非哲学家在电车难题的判断中表现出相似的顺序效应。[1] 而
且当被问到是否他们支持双面效应时，哲学家表现出更大的顺序
效应，而大众并没有。与非哲学的学术研究者相比，哲学家同样
表现出顺序和框架效应；而且抽检的那些熟悉思想实验和对测试
问题有专业研究的哲学家的数据，发现他们就是造成顺序效应和
框架效应的主力军。哲学家也发现了人口效应[2]，语言学家和语言
哲学的背景造成语言直觉的差异[3]。除此之外，托比亚等人还聚焦
于社会心理学家关注的"参与者/旁观者偏见"[4]。研究者让受试
者阅读了如下故事[5]：

> 您发现自己位于南美小镇的中心广场。绑在墙上的是
> 二十名当地人，大部分人害怕极了，少数人有些挑衅。在他
> 们面前站着几名穿制服的武装人员。身穿汗渍的卡其布衬衫
> 的粗壮汉子是负责的船长。他们经过对你大量的质询，确定
> 你在植物探险时偶然来这里。他们解释说当地人是一群随意

[1] Schwitzgebel, E. & Cushman, F., "Expertise in Moral Reasoning? Order Effects on Moral Judgment in Professional Philosophers and Non-Philosophers", *Mind & Language*, Vol. 27, 2012, pp. 135-153.

[2] Schwitzgebel, E. & Fiery C., "Philosophers' biased judgments persist despite training, expertise and reflection.", *Cognition*, Vol. 141, 2015, pp. 127-137.

[3] Machery, Edouard, et al. "If folk intuitions vary, then what?." *Philosophy and Phenomenological Research*, 2013, pp. 618-635.

[4] Tobia, K., Buckwalter, W. & Stich, S., "Moral intuitions: Are philosophers experts?", *Philosophical Psychology*, 2012, pp. 629-638.

[5] Smart & Williams., "Moral intuitions: Are philosophers experts?", *Philosophical Psychology*, Vol. 26, No. 5, 2012, pp. 629-638.

的居民，在最近抗议政府的行为之后，他们即将被杀，以警告其他可能的抗议者不要抗议。然而，由于您是来自其他地方的贵宾，船长很高兴为您提供杀死一名当地人的特权。如果您接受，那么作为场合的特殊纪念，其他本地人将被释放。当然，如果你拒绝，那么就没有特殊的场合，佩德罗在这里会做你到达时要做的事情，然后全部杀掉他们。你绝望的回忆起童年读过的那些虚构小说，你想知道如果你拿着枪，你可以立刻干掉船长、佩德罗和其他士兵。但是可以清楚地知道这种情况不会发生。任何对这种事情的尝试都意味着你也会和所有当地人一起被杀。所有人都明白当下的形势。显然是在乞求你接受这个建议。你该怎么办？

其中一半的受试者被问及你是否认为在这种情况下你有道德义务射杀一个本地人以拯救其他人？另外一半的受试者所阅读的故事里面，所有涉及到"你"的地方都系统性的用"约翰"代替。调查显示，把第一人称换成第三人称或者相反，造成了道德判断的极大的差异。

专家也是常人，也会受到一些认知因素的影响。如果把专家和大众的角度与质性研究和量化研究的思路结合起来，我们可以得到以下一些研究思路：第一，哲学家从事传统概念分析，并和观点不同的哲学家进行论辩，这可以看作一种专家的质性研究；第二，实验哲学的思路是把专家的反思拓展到专家的直觉，调查专家直觉是否可靠，这可以看作一种专家的量化研究；第三，最为重要的是对大众展开质性研究，即对大众进行深度访谈讨论，类似苏格拉底在大街上和世人交谈，讨论什么是正义等等。这是当前实验哲学研究比较缺乏的角度，应该大力引进。第四，针对大众的量化研究。这是目前主要的研究方式，也是被传统概念分析批评最多的。这四种方式应该结合起来对某一议题展开研究，在实验哲学范围内的质性研究和量化研究的结合，也是概念分析和经验探索的结合。一旦通过这种经验手段获得关于哲学的结论。那么就可以在大范围内结合传统概念分析进行进一步的讨论。如果哲学是人间之学，是反映真实人类生活的哲学，那么将大众的视角纳入哲学就是非常必要的。如果传统概念分析依赖的证据和所处理的议题过于精英化，那么实验哲学的分析依赖的证据和所处理的议题更加趋向于大众化。将传统哲学视野之外的议题也包容在研究范围之内，这是一种非常可贵的尝试。

第三节 经验探索与概念分析：
实验哲学的二重证据法

一 无知的立场

从哲学传统来看，实验哲学是经验主义、自然主义传统之中的哲学，其根本的哲学立场是为考察人类在认识实际世界产生的哲学问题，而认识实际世界只能借助我们所能使用的经验科学方法。麦希瑞作为实验哲学的主要代表人物，在其最新研究著作为《适当范围之内的哲学》，在前言中他指出：

> 我认为解决许多传统的、当代的哲学问题超出了我们的认知范围；我们不能知道二元论是否是真的（假定实际世界中的心理事件恰恰等同于物理事件），疼痛是否等同于某

些复杂的神经状态（假定实际世界中的疼痛等同于神经状态），知识究竟是什么，什么条件使得一个行为在道德上是被允许的，因果是否就仅仅是事件之间的一种反事实依赖关系，是否随着自我的持续我依然是同一个人，是否如果我能有所选择我的行为就是自由的。我认为这些哲学议题都应该消除……我们不能通过科学去获得关于可能和必然的模态事实。本书的主旨是模态怀疑论（Modal Skepticism）：或许有这样的事实，但我将表明我们并不知道这些事实。①

我们不能探索到哲学家所理解的终极真理，但是我们可以处在不断加深理解认识世界的路上。麦希瑞在该书第六章"模态无知与哲学的局限"中系统讨论了这种立场，其中他区分了三种模态怀疑论立场：第一，强硬的模态怀疑论，我们缺乏所有必然性和可能性的知识。第二，形而上学模态怀疑论，我们缺少形而上学必然性知识和严格意义上的形而上学可能性的知识。针对具有哲学价值的形而上学模态怀疑论，我们缺少许多具有哲学价值的形而上学必然性知识。麦希瑞认为我们的确可能知道一些必然性的知识（比如数学的、逻辑的），但是那些具有哲学价值的形而上学必然性知识完全超越了我们的认知把握能力，我们最好回避对于这种哲学知识的追索。这就是第三种意义上的模态怀疑论。在承认人类认知局限的前提下去研究哲学问题，以研究物理主义著称的斯图加（Daniel Stoljar）大致分享了这种模态怀疑论的立

① Machery, E., *Philosophy within its proper bounds*, Oxford University Press, 2017, p. 1.

场，在《无知与想象》①这本专著中，他回应二元论者对物理主义的批评，就是建立在认知能力局限的前提上。斯图加提出，二元论的反驳物理主义的论证都是建立在对无知基础之上的想象，应该承认存在着我们人类无法认知的物理真理。自然主义者麦希瑞和概念分析论者斯图加从不同的角度提出了模态怀疑论，可谓殊途同归。

二　二重证据法

传统哲学注重概念分析，实验哲学注重经验探索，将两种方法结合起来研究哲学十分类似于 20 世纪中国古代史学研究的二重证据法。1925 年 9 月，王国维先生在清华国学研究院讲授古史新证，提出二重证据法：考古学与历史学的结合，出土文献与传世文献的结合，打开了中国古代历史研究的新思路。在《古史新证》讲义中，王国维先生讲道：

> 吾辈生于今日，幸于纸上之材料外，更得地下之新材料。由此种材料，我辈固得据以补正纸上之材料，亦得证明古书之某部分全为实录，即百家不雅驯之言，亦不无表示一面之事实。此二重证据法，惟在今日始得为之。虽古树之未得证明者，不能加以否定，而其已得证明者，不能不加以肯定：可断言也。②

饶宗颐先生提出了"三重证据法"，把考古材料又分为两部

---

① Stoljar, Daniel., *Ignorance and imagination: The epistemic origin of the problem of consciousness*, Oxford University Press, 2006.

② 王国维：《古史新证》，湖南人民出版社 2010 年版，第 2 页。

分。第三重证据就是考古发现的古文字资料。考古学的发现基本分为两种：有字的材料和无字的材料。有字的材料，负载的信息更为丰富，可以作为专门的一类。[①]如何了解真实的历史，我们只能通过古书去还原古代的历史世界。古书经过历代传递到今天，有错漏、有修正、有扭曲。但是考古提供了第二条途径，我们可以直接看到古代的遗存，可以直接看到古代的书，辨伪将不再是历史研究的一个核心工作。"二重证据法"把"纸上之材料"与"地下之新材料"相互结合、相互发明、相互印证，是对古史研究中历史学与考古学关系的一种全面表述。在未有出土材料之时，对传世文献的整理、辨别、诠释、建构是历史学的主要工作；这十分类似于在实验哲学方法没有引进之时，对已有哲学文本、哲学问题的诠释、重构、批评和反驳是哲学的主要工作。当出土文献出现的时候，历史学就不能忽略出土文献中的记录，如何将出土文献和传世文献中的说法统一起来，就变得非常重要。如果二者之间的立场面临冲突，就需要判断哪一种说法是正确的，通过鉴别后整合进新的历史叙述中。与此类似，当实验哲学方法出现后，传统分析哲学就不能回避实验哲学方法对哲学论证建构的质疑，如何将实验哲学提供的证据和传统分析哲学的立场整合起来就变得非常重要。

从实验哲学角度来看，地上材料和地下材料这种说法也可以是一种隐喻：地上材料可以指人们业已形成的直觉和反思，地下材料可以指人们的直觉和反思背后所隐藏的心理机制。通过揭示潜藏的心理机制来指出人们直觉和反思的局限，就是以地下材料

---

① 李学勤:《走出疑古时代》，辽宁大学出版社1997年版，第3页。

纠正地上材料之偏见。如果我们进一步引申饶宗颐先生的"三重证据法"，地下材料分为有字材料和无字材料，那么对心理机制的研究也可以分为两类，一类是通过问卷调查去理解人们的认知趋向；第二类是通过直接检测大脑的生理机制去理解人们的认知趋向。第一种好比无字材料，需要研究者来设计理解；第二种好比有字材料，通过仪器直接观察大脑中发生了什么。很长时间以来，在考古领域，大家都重视地下的有字材料，有字的材料可以告诉我们直接的信息。在认知科学研究领域，大家更看重神经科学中核磁扫描技术而轻视问卷调查，因为前者在某种意义上是直接"看到"，而后者更多是通过控制变量进行推理。而要从出土的无字的古物上推测出信息，难度相对高一些，需要结合多中途径来进行推测。实验哲学需要将地下的两重材料结合起来探索。进一步将"地下的"经验调查和"地上的"概念分析结合起来，构成实验哲学的二重证据法，推动哲学研究。

三 哲学研究中的信古、疑古、释古

在中国古代的学问中，尤其清代以来，古书辨伪是学术界的一项基本工作，梁启超在《中国近三百年学术史》中说得非常清楚：

> 无论做哪门学问，总须以别伪求真为基本工作。因为所凭借的资料若属虚伪，则研究出来的结果当然也随而虚伪，研究的工作便算白费了。中国旧学，十有九是书本上学问，而中国伪书又极大，所以辨伪书为整理旧学里头很重要的一件事。①

---

① 梁启超:《梁启超论清学史二种》，复旦大学出版社 1985 年版，第 61 页。

　　这些辨伪工作大都借用和科学有关的方法。实验哲学也是一种辨伪的学问，旨在质疑哲学家认为理所当然的前提和方法，并运用经验的办法加以确证。但实验哲学并不是要全盘怀疑、甚至拒绝传统哲学，而是通过辨证以增进理解。不妨从冯友兰先生对古史辨派的评论谈起，在《古史辨》第六册序中，冯友兰先生认为学者对待历史的态度有三种：

　　　　我曾说过，中国现在之史学界有三种趋势，即信古、疑古及释古，就信古一派，与其说是一种趋势，毋宁说是一种抱残守缺的人的残余势力，大概不久就要消灭了；即不消灭，对于中国将来的史学也是没有什么影响的。真正的史学家，对于史料，没有不加以审查而即直信其表面价值的。疑古一派的人，所做的工作即是审查史料。释古一派的人所做的工作，即是将史料融会贯通。就整个的史学说，一个历史的完成，必须经过审查史料及融会贯通两阶段，而且必须到融会贯通的阶段，历史方能完成。但就一个历史家的工作说，他尽可作此两阶段中之任何阶段，或任何阶段中之任何部分。任何一种学问，对于一个人，都是太大了。一个人只能做任何事的一部分。分工合作在任何事都须如此。分工合作在任何事都须如此，由此观点者，无论疑古释古，都是中国史学所需要的，这其间无所谓孰轻孰重。①

　　冯先生的意思有两层。第一，他否定信古派，支持疑古派和释古派。第二，虽然他认为历史研究的最终融会贯通到释古的目

---

① 转引自李学勤：《走出疑古时代》，第 342 页。

的，但是历史学研究范围之大，一个人完全可以只做其中任何一个阶段的工作，因此从研究本身来说疑古和释古没有高低之分，只有重心的差异。我们可以把传统概念分析哲学理解为信古派、实验哲学理解为疑古派，与历史研究的古不同。不过，这里的"古"与历史研究的"古"。哲学中所理解的"古"指的是把直觉作为证据以及相关的论证方法。和冯先生有所不同，我们认为哲学中的信古派和疑古派各有优劣，但新的哲学应该整合信古和疑古的方法和资源达到释古的阶段。作为实验哲学的研究者和批评者，我们认为实验哲学应该从疑古的实验哲学推进到释古的实验哲学，把经验探索和概念分析作为实验哲学的二重证据法。在这个大背景下把量化分析与质性分析相结合、把当代哲学问题与哲学史相结合、把哲学与认知科学相结合推动实验哲学的新发展。在《走出疑古时代》这篇演讲稿的结尾，李学勤先生呼吁："我们要讲理论也要讲方法。我们把文献研究和考古研究结合起来，这是'疑古时代'所不能做到的。充分运用这样的方法，将能开拓出古代历史、文化研究的新局面，对整个中国古代文明作出重新估价。"[1] 这个立场也适合本著的立场：实验哲学要讲理论也要讲方法。把概念分析和经验调查结合起来，充分运用双重方法，将能开拓出哲学与认知科学的新局面，对哲学的发展作出重新估价。

---

[1] 转引自李学勤：《走出疑古时代》，第 19 页。

第八章

实验哲学的四重证据法

实验哲学兴起于 21 世纪初，它主张用经验科学的方法，尤其是用心理学的调查方法研究传统的哲学问题。实验哲学是继逻辑实证主义、自然主义之后，哲学科学化的又一次系统性尝试。用科学方法做哲学，毁誉参半。强调哲学和科学交叉融合的学者认可实验哲学；坚持哲学和科学严格区分的学者则批评之。实验哲学为什么会成为当代哲学争论的一个焦点？哲学家为什么要关心大众对哲学问题的直觉？实验哲学会不会成为一种代替传统哲学的新哲学？本章将从实验哲学方法论层面来回答这一系列问题：首先回答为什么会产生实验哲学的量化研究方法；其次回答实验哲学方法为什么要从单一的量化研究走向四重证据法，即量化分析方法、质性分析方法、苏格拉底对话方法和概念分析论证方法。

第一节　从二重证据法到四重证据法：
以实验语义学为例

实验哲学的四重证据法：第一重证据是直觉，方法为量化分析方法；第二重证据是描述性理由，方法为质性分析方法；第三重证据是规范性理由，方法为苏格拉底对话方法；第四重证据是哲学的论证和概念区分，或者可以直接称之为哲学文本和实验文本，方法是概念分析。严格来说，证据和方法之间有区别，但又有联系，有什么样的证据，相应就具有什么样的方法。[①] 在中国古史研究中，从二重证据法到四重证据法，可以说是从强调证据到强调方法。王国维的"地上之材料"和"地下之材料"就是强调的证据，相应的研究证据的方法也就有所不同，即阅读传世文献的方法明显不同于释读甲骨的方法。后来的学者提出三重证据法，认识到以往的研究材料局限于精英传统，还需要从民间大众中获得资源，这就需要采用社会调查方法。在我看来，证据法强调的是根据证据的不同，需要采取不同的方法。历史学者并未有意识的做出这一区分。而是不严格区分证据和方法，以证据法称之。但在实验哲学里面，证据与获得证据的方法之间的关系是更为清楚的。"四重证据法"关注证据和方法之间的内在联系。有什么样的现象，出现了什么样的证据，相应的就采纳与证据匹配的方法。

对四重证据法的讨论揭示了实验哲学本身的价值，也为实验哲学的未来开展提供一种可能性。实验哲学在领域中经常被划归

---

① 有学者建议将"四重证据法"改为"四重论证法"，因为"量化分析和质性分析是证据，但是苏格拉底对话法和概念分析法不是证据"。经过反复考虑，笔者还是坚持使用原有的证据法。除了正文所给出的理由之外，我想进一步强调证据和方法的内在关联：有什么样的证据就有什么样的方法。正是因为对大众规范性理由的重视，才有苏格拉底对话法将其发掘出来；正是因为对现有概念论证的重视，才有概念分析方法。在考古学领域中使用的"证据法"这一名称恰恰比较满足笔者提出的这一主张，而论证法只强调了方法，对证据重视不足。可以说，无证据则无方法，无方法则无证据。

为元哲学、哲学方法论的领域之中，实验哲学对哲学最大的贡献就是提供了一种不同于以往的哲学方法，因此方法论的讨论就是实验哲学的核心。本节将以实验语言哲学为主题，贯穿对方法论的探讨，回应学界对实验哲学的质疑。

一　实验哲学是一种新的批判哲学

讨论实验哲学的价值，需要回顾分析哲学的基本方法。当代分析哲学，尤其以弗雷格、罗素为代表的分析哲学，将当代数理逻辑分析技术引入到哲学论证之中。[①] 当我们要辩护某一哲学主张时，通常我们会将它用清晰明确的论证写出来，首先对使用的概念进行比较明确的界定，然后通过概念和逻辑构造一个形式化的论证。一个论证分为两个部分：前提和结论，前提和结论之间的关系是一种演绎推理，只要前提为真结论就为真。例如，前提：P1、P2、P3；结论：C。这样一种形式化的表达使争论双方立刻就能看到彼此的差异。通常来说，构造论证很少出现从前提到结论之间的逻辑推理错误，双方争论的核心是某一个或某一些前提是否为真。前提是一些大家觉得明显为真的命题。一般有以下几种使前提为真的根据：第一，根据科学证据为真。不过，我们很少直接把科学证据用作前提，有时候只是作为一种约束，只要命题不违反科学原则即可。第二，根据分析或逻辑而真。例如，我们不能使用逻辑上明显互相矛盾的前提。但仅仅逻辑上为真的东西，并不能帮助我们推出更多的东西。逻辑在某种意义来说也是作为一种约束。如果一个论证是演绎推理，那么结论就不

---

① 〔英〕罗素：《我们关于外在世界的知识》，陈启伟译，上海译文出版社 2006 年版，第 24—45 页。

会比前提更多，只是通过推理把前提中没有明确表述的东西表述出来。逻辑实证主义者接受上述两种证据，哲学变成了一种对概念的澄清活动。

但 20 世纪 50 年代以来，伴随形而上学的复兴，传统哲学的诸多问题重新回到分析哲学的讨论之中。哲学家寻找在科学证据和逻辑分析之外的证据，因此直觉被引入到哲学论证中来。我们可以考虑心灵哲学中的一个反物理主义论证。物理主义主张一切事物都是物理的或者都奠基于物理事物，因此意识活动经验不能脱离物理而独立存在。查尔莫斯的僵尸论证要论证现象意识可能独立于物理事物而存在，心灵和物理之间的关系不是必然的，进而物理主义是错误的。[①] 论证如下：

P1. 我可以设想一个僵尸世界，也即一个物理上和我们完全等同但没有（现象）意识的世界。

P2. 如果一个僵尸世界是可以设想的，那么它就是形而上学可能的。

C1. 僵尸世界是形而上学可能的。（分离规则，P1，P2）

P3. 如果一个僵尸世界是形而上学可能的，那么存在超越了物理事实的意识事实。

C2. 存在超越了物理事实的意识事实。（分离规则，C1，P3）

P4. 如果物理主义为真，那么就没有超越了物理事实的意识事实。

C3. 物理主义是错误的。（分离规则，C2, P4）[②]

---

① Chalmers, D. *The Conscious Mind.* Oxford: Oxford University Press, 1996.

② Bruce, Michael & Barbone, Steven (eds.), *Just the Arguments: 100 of the Most Important Arguments in Western philosophy*, Blackwell Publishing Ltd, 2011.

批评集中在 P1—P3，P4 只是陈述了物理主义的基本主张。有人质疑 P1，认为僵尸世界是不可设想的。有人质疑 P2，认为可设想性不蕴含可能性。有人质疑 P3，认为即便僵尸世界是形而上学可能的也和物理主义没有什么关系。可以清楚看到，前提 P1："我可以设想一个僵尸世界"这一论断既不是根据逻辑为真的，也缺乏科学证据为真，只能根据直觉为真。①P2 和 P3 是建立在 P1 基础之上的一种概念推论。僵尸论证中，P1 是争论的关键，P1 把直觉作为证据，哲学家主张直觉上认为某个命题或主张是必然为真或普遍的，这一说法对命题为真具有辩护作用。②毫不夸张地说，直觉在当代分析哲学讨论中占有非常核心的地

---

① 朱锐教授指出："文章对直觉和思想实验的表述过于简单，特别是对查尔莫斯的僵尸思想实验，查尔莫斯基于二元语义学所提出的可设想性这个概念并不是作者所说的模模糊糊的直觉，根据查尔默斯本人的说法，它是更接近于康德的先验演绎。"这其实点到了概念分析哲学和实验哲学争论的一个关键点，就是直觉本身是否可靠。按照传统说法，直觉类似于理性直观，是非常可靠的。但是当代认知科学研究想要表明，这种直觉可能是靠不住的。因此，实验哲学学者可以不去断言直觉是模糊的还是可靠的，而是采取实验调查大众直觉的方式来检测这直觉本身的可靠性。研究表明，即便专家直觉也是受到很多外在因素的影响，从而发生变化。相关讨论参见梅剑华：《洞见抑或偏见：实验哲学中的专家辩护问题》，载《哲学研究》，2018 年第 5 期。

② 当代概念分析哲学广为接受的一个想法就是，哲学论证的前提应该不同于科学，哲学论证的方法应该不同于科学。例如就前提而言，科学命题根据经验为真，哲学命题根据直觉而真；就推论而言，科学论证是一种归纳推理，而哲学论证是一种演绎推理。我认为科学和哲学的相似之处在于，前提都需要根据经验或逻辑为真；推理可以包容归纳推理和演绎推理。二者的区别不在方法上，不在真的标准上，而在研究对象上。休谟从经验论的立场对传统哲学进行批判，他说道："我们如果相信这些原则，那我们在巡行各个图书馆时，将有如何大的破坏呢？我们如果在手里拿起一本书来，例如神学书或经院哲学书，那我们就可以问，其中包含着数和量方面的任何抽象推论么？没有。其中包含着关于事实和存在的任何经验的推论么？没有。那么我们就可以把它投在烈火里，因为它所包含的没有别的，只有诡辩和幻想。"见〔英〕休谟：《人类理解研究》，商务印书馆 2022 年版，第 163 页。

位。何谓直觉？一般认为，直觉就是人们在面对某个说法、某个
思想实验或某个问题、现象时一种直接的、非推理的反应或倾向
等等。哲学家不再进一步去论证这种直觉本身的可靠，而是把直
觉作为立论基础，进一步构造论证，阐述主张等等。①

　　更多的哲学家不会直接诉诸"一般人都会认为如何如何……"
这种说法，而是会设计一个思想实验，通过阅读者对思想实验的
反应，表明某种直觉是人类所普遍具有的。当你读完了某个虚构
的思想实验，你会认为这个思想实验得到的结论是明显为真的。
因此思想实验成为哲学直觉的助推器。例如，心灵哲学中的著名
思想实验黑白玛丽。大多数哲学家在给出思想实验之后，希望把
思想实验所引出的直觉作为证据进行进一步的论证，从而为某种
理论提供辩护。例如研究自由意志的学者凯恩（Robert Kane）指
出，一般人们都会有不相容论直觉，只要一个人的行为被决定，
他就是不自由的。他认为不相容论具有深厚的群众基础，因此他
的工作就致力于辩护不相容论的主张。在这里有必要交代，为不
相容论辩护，并非仅仅通过一个论证就可以完成。不相容论和其
他哲学主张是否一致、不相容论的解释效力本身都为这一主张形
成了某种程度的辩护。

　　但无论如何，我们可以看到，作者一开始提出的"一般人

---

① "我们让哲学直觉——我们会说点什么或事物对我们而言似乎是怎么样的——为
我们做很多事情。我们提出一些理论，其依据就是它们解释我们的直觉的能力，
我们为这些理论的真辩护，其依据就是它们与我们的哲学直觉的总体一致；我
们为我们的哲学信念辩护，其依据就是它们符合我们的哲学直觉。也许这并不
是我们所做的全部事情，也许并不是我们所有人都这样做。但是，在我们当中
已有足够的人这样做了，而且经常人数众多，以至于至少在某些圈子中思考哲
学的这种方式已经成为了思考哲学的特定方式。"见〔美〕约书亚·亚历山大：
《实验哲学导论》，上海译文出版社 2013 年版。

都会认为如何如何……"这个说法对于他捍卫的理论具有支持作用。然而，实际情况是否如此？此时，实验哲学家就会设计实验去调查常人实际上是否会如哲学家所主张的那样认为如何如何。因此，实验哲学兴起的一个核心动机就是，认为哲学家通常所理解的"人们普遍相信……"或思想实验引出的"普遍直觉"实际上是不可靠的、不普遍的，要对真实的人类哲学直觉进行系统调查，进一步确证或证伪既有哲学论证所依赖的直觉。

早期实验哲学的主要研究对象是大众的直觉。人们在实践生活中跟各种各样的事务打交道形成了不同的哲学直觉，例如伦理的、语言的、美学的、知识论的直觉等等。在这个意义上实验哲学就是一种方法论，用经验调查的办法去研究传统哲学问题，质疑传统哲学论证的前提。这种对实验哲学的捍卫可以称为实验哲学的主论证（Master Argument）。可以把思想实验和论证的关系作出如下总结：思想实验是非形式化的论证，论证是形式化的思想实验，二者共同依赖的前提就是直觉。实验哲学通过对直觉的经验调查进入到当代哲学讨论中来。当然，这种否定的实验哲学并非实验哲学的唯一形态，还包括肯定的实验哲学、哲学心理学等，有学者甚至提出实验哲学就是认知科学。本节主要聚焦于实验哲学对传统哲学的批判，质疑传统哲学论证中所谓不言而明的前提及其所依赖的直觉。正是在这一方面，实验哲学是一种新型的批判哲学，拒绝接受没有被人类的理性能力和经验证据所确认的前提（直觉）。

二　实验哲学的第一重证据法：量化方法

实验哲学的主要方法是量化方法，包括两种：第一种是社会心理学常用的问卷调查，利用既有的思想实验或者故事设计问题，邀请受试者回答，对获得的大量答案进行统计分析。这种方法的难点在于如何取得可靠的样本。线下实地调查会受到地域限制，线上网络调查会受到阶层限制，都会出现样本不足以代表总体的情况。但心理学、社会学的调查面临同样问题，不宜以此苛责实验哲学。我们可以通过多种方式的采样获得足够的信息，把定点和顶层的调查相结合，同时要认识到不可能通过某种方法一劳永逸获得绝对真理。第二种类似于认知神经科学的脑电测试方法，主要用于伦理学领域，测试受试者在某个道德情景中进行选择时所作出的反应，通过脑电发现参与者大脑中的实际变化。这种方法不是单纯的测试直觉，而是测试大脑神经元层次的信息。例如约书亚·格林用功能核磁共振成像技术研究人们的伦理反应，提出了道德的"双进程"理论。[①] 就此而言，心理学和神经科学中广泛采用的量化分析构成实验哲学的第一重证据法。

实验哲学并不独立于传统哲学，而是对传统哲学中所依赖的直觉进行量化分析。讨论实验哲学的方法需要和实验哲学的基本议题相结合，才能理解实验哲学方法本身的价值。接下来我们以实验语言哲学中的一个问题为核心来展开方法论的讨论。

语言哲学中的核心领域是指称理论，是一个对名字和其所指称的对象做出理论化说明的语言哲学理论。名字包括专名、自然类词、索引词等。我们只讨论专名的指称。关于专名的指称有两

---

① 伦理学研究与实验哲学交叉的有好几个名字，如实验伦理学、神经伦理学、道德心理学。但各自有所侧重，实验伦理学和神经伦理学的研究针对的是伦理学，前者包括心理学调查和脑电测试，而后者则是以脑电为主的研究。不妨说神经伦理学从属于实验伦理学。道德心理学所使用的方法可以包括多种，调查、脑电乃至一般的心理学方法都可以，但其重点不在哲学层面。

种基本的理论或进路，以弗雷格、罗素、赛尔为代表的名字的描述理论认为，名字的意义由与名字相关联的描述所表达，并且意义决定指称。以克里普克、普特南等为代表的名字的因果历史理论认为，名字的意义就是名字所指称的对象本身，通过历史因果链条，名字指向对象。描述论是传统的主流看法，1971 年克里普克发表《命名与必然性》演讲，有力地论证了描述论的错误，使得名字的因果历史理论成为一个竞争性的理论。在论证中，克里普克选取哥德尔案例做了一个思想实验，通过这个思想实验说明因果历史直觉是普遍存在的，因此建立在这种直觉基础之上的因果历史理论是正确的。克里普克相信直觉是最有说服力的证据：

> 有些哲学家认为，某些事物具有直观内容这一点对支持这个事物来说并不是某种具有说服力的证据。而我自己却认为直观内容是有利于任何事物的重要证据。归根结底，我确实不知道对于任何事情来说，究竟还能有什么比这更有说服力的证据了。[①]

既然克里普克如此看重直觉的证据性，那么对直觉进行考察就是很自然的一个选择。我们在第三章已经比较细致地讨论过哥德尔案例，实验表明东方人和西方人并没有共享的语义学直觉，因果历史直觉并非普遍存在，因此克里普克所做的反驳描述主义的论证是要被削弱的。他不能诉诸直觉内容为自己的理论主张辩护。实验语义学的主要工作就是围绕上述研究展开。不难看出，量化

---

① 〔德〕索尔·阿伦·克里普克:《命名与必然性》，梅文译，上海译文出版社2005 年版，第 22 页。

分析对论证前提和思想实验所依赖的直觉进行的检测有力地表明了直觉是不可靠的，建立在此直觉基础上的哲学理论是沙中之塔。正是在这种思路下，基于量化分析的实验哲学对传统诸多问题，例如意识、因果、自由意志等问题一一进行了调查，产生了不同的影响。这种方法让哲学家在形成哲学理论时，需要进一步寻找直觉之外的其他基础，从而对传统哲学理论构成了挑战。20年过去了，量化分析仍然是实验哲学最为重要的方法，没有量化分析就谈不上实验哲学方法。

但是，在对实验语言哲学的探究中，会发现量化分析的缺陷。第一，实际的哲学主张并非完全非此即彼的立场。受试者选择居间立场或者混合立场。受试者看到对立的两个立场各有优缺点，希望找到一个各取其长而去其短的理论。实际上，现在的语言哲学研究者有不少接受一种混合思路，在语义学层面坚持克里普克理论的直接指称理论，承认名字的语义学内容是其指称对象；而在语用学层面坚持描述理论，名字的语用学意义就是与名字相关联的描述。这种居间或混合理论本身是合理的。① 但哥德尔案例并没有包含这种混合选项，认为人们要么具有描述论直觉，要么具有因果历史直觉，忽略了指称论中本来存在的三种选项。第二，人们在回答非此即彼的哲学问题时，所依赖的并非完全是直觉，而是有其理由的。在实际的问卷调查过程中，并不能测到那些调查者的直觉，我们说直觉是直接的、即时的、非

---

① Nichols, S., et al., "Ambiguous Reference" ., *Mind*, Vol. 125,No. 497, 2016, pp. 145–175 ; Andow,J., "Intuitions, Disagreement and Referential Pluralism" , *Review of Philosophy and Psychology*, 2014, Vol. 5,No. 2, pp. 223–239; Genone, J and Lombrozo, T., "Concept Possession, Experimental Semantics, and Hybrid Theories of Reference" , *Philosophical Psychology*, Vol. 25, No. 5, 2012, pp. 717–742.

推理的。可是当受试者在接受心理学调查时，在阅读问卷的时候，已经启动了推理和反思的机制，而非单纯的直觉反应。威廉姆森在批评实验哲学时指出了这一点。他区分了直觉判断和反思性判断，当受试者给出"哥德尔就是那个实际窃取手稿的人"这一判断时，这是一个反思性判断，因为受试者被告知要阅读一个故事，故事通常都是采取了这样的叙述模式："假设……"或者"在故事中"，这实际上已经启动了条件化的或反事实的推理，在受试者阅读整个故事时，同时产生了有意识控制的推理，在他作出判断之前，他需要对整个故事进行理解，这要求工作记忆等。因此，选择答案的受试者并非基于直觉进行判断，而是基于推理和理由进行判断。

　　实验哲学家也许会采取如下策略回应，实验哲学并非要对直觉进行测试，也可以对判断进行测试，这样就减少了双方的争议。如果判断是被普遍认同的，那就表明与判断相联系的理论是有"群众"基础的。这是对指称测试做了新的解释。但是这种维持量化分析的解释仍然是有问题的。原因在于，存在如下几种可能性：其一，受试者想选择第三种立场，但没有提供选项，只好选择最不坏的一个答案。① 其二，受试者选择放弃回答，例如受试者不熟悉话题、不理解问题。对给定的话题持有一种谨慎的态度。也许重要的不是坚持一种立场，首先要理解问题。有一些哲学问题相对容易理解，但也存在相当多的哲学问题理解的难度很

① 　最近已经有研究者注意到这一问题，开始采用三种选项的问卷，参见 Domaneschi, F., "Testing the Causil Theory of Reference", Coynition, Vol. 161, 2017, pp. 1–9; Domaneschi, F. & Vignolo, M., "Reference and the Ambiguity of Truth-Value Judgements", *Mind & Langage*, Vol. 35, No. 4, 2020, pp. 440–455。感谢李金彩指出这一点。

大，需要解释。① 因此这种拒绝二选一的回答并非毫无立场，而是拒绝了单纯贴标签深入理解与问题相关的周边情况。其三，受试者可能基于完全不同的理由选择同一个答案。在哥德尔案例中，受试者选择答案 B，可能会基于几种完全不同的理由。有人可能会认为"哥德尔"这个名字当然指实际上是哥德尔的这个人，因为现实生活就是这样。这种想法拒斥了故事的叙述逻辑，不接受反事实推理。有人可能会如设计者所想的那样具有因果历史直觉。有人可能会对 A 不满意，但没有替代选项，所以选择了 B。这里面只有第二种选择才是符合测试意图的，但是调查数据中无法进行区分。

基于量化方法的实验哲学遗漏了沉默的大多数。要想得到真实的结果，需要进一步引进质性分析。实验哲学应从对直觉的研究走向对理由的研究。而要研究理由，首先要引入质性分析方法。质性研究有助于在截然两分的立场缝隙之中，找到更多的思考和看法，避免对问题的简单化。退一步来说，即便是对于两分立场的质性研究也会进一步拓展研究思路，加深对二元对立理论的理解。②

三 实验哲学的第二重证据法：质性分析

从实验哲学的质性分析方法来看，它主要采取面对面 2—3

---

① 范恩说像自由意志、意识问题、怀疑论问题都可以比较明确的向常人讲清楚其问题乃至其意义。但是对于模糊性这样的问题，大家仍然会觉得莫名其妙，不知道这是一个什么样的问题，为何值得研究。参见 Fine K., *Vagueness: Aglobal Approacu*, Oxford: Oxford University Press, 2020.

② 梅剑华："从直觉到理由：实验哲学的一个可能的新开展"，《社会科学》2015 年第 10 期。

人访谈和小组座谈等小范围的讨论的形式。目前实验哲学开始逐渐关注到质性研究方法了。[①] 但主要集中在伦理学、医学哲学、语言哲学、心智哲学等领域，尚未成为一种系统的研究方法。

实验哲学的质性分析方法可以表现为针对大众进行的深入、具有导向性的访谈，例如大众如何在日常生活中使用指称/道德术语和指称/道德判断等等。导向性访谈属于半结构访谈，与全结构化访谈不同。它只需要确定大致的访谈方向，而不需要精确的结构，不然无法进行实质访谈。访谈是半结构的，议题是事先设定的。访谈者可以通过一些具体的问题，来检测被访谈者是否真实地理解了主题。如果受试者不能完全理解议题及其相关概念，访谈者需要通过尽量日常的介绍让受试者理解。[②] 相反，全结构化访谈要求访谈者在整个流程中严格遵循事先规定的程序。必须问事先拟定的问题，严格遵循问题的先后顺序。但实际上这种全结构化访谈很难实际执行，因为必然存在受众的个体差异。使用严格的全结构化访谈，可能会错失、甚至误解被访谈者对问题的真正看法。针对质性方法，量化分析论者也许会做出以下回应。

---

① Andow, J., "Qualitative tools and experimental philosophy", *Philosophical Psychology*, Vol. 29, No. 8, 2016, pp. 1128-1141.

② 用通俗明白的语言向大众讲清楚某个具体的哲学问题，应该是可以达到的。例如，《界限》一书开头尼克尔斯就指出，我们完全可以在五分钟内将自由意志这个问题向一个外行简单地陈述清楚。这一看法背后涉及到一个哲学观的问题：第二次世界大战后，高等教育的普及极大影响了哲学，尤其是分析哲学。当今的哲学虽然还顶着局外人眼里的晦涩、抽象、无用的名声，但它已经不再是传统的样式了。在哲学这个行当里的人智商并不高于或者低于任何其他行当的从业人员，哲学是每一个具有大学教育背景、经历过一段专业训练，都能读懂的，都能研究的学问，没有神秘之处。Nichols, S., *Bound: Essays on Free Will and Responsibility*, Oxford: Oxford University Press, 2015.

第一，针对实验中的因果预设问题，调查大众的量化相关性分析已经足够；也许存在受试者部分的混淆，也许他们的回答受到其他不相干因素的影响，但量化相关分析已经对群体的立场有了足够的近似掌握，不应该苛责量化研究。但是，分析起来，这种回应过于简单。实际上，很多看似与实验无关的因素会对受试者的立场产生重要影响。量化研究过于简单地假设了控制变元和结果之间的关系，应该用更系统的办法来探索因果关系。而质性研究可以执果索因，通过受试者的系统阐释来推测更可能的原因。

第二，针对问题的模糊性，可以通过改变问卷的措辞和提问方式来加以优化和改善。但这种回应并不能排除直觉调查中存在的混淆情形，例如，受试者可能只是模模糊糊有个相对一致的立场，就会一致地选择某种回答，而这并不是我们想要的理由。在哥德尔案例中，受试者倾向于选择因果历史论的选项，也许是因为他们基于一个错误理由而认为"哥德尔"指称哥德尔，即，因为哥德尔是真实存在的一个大数学家，而施密特不过是籍籍无名的虚构之人。

第三，针对外部事实对结果的影响，可以通过进行更多的量化研究来加以消除，因此不需要质性研究。但这一回应有可能忽略了，实际上每一次的设计都是对可能的影响因素的一种遮蔽。这种只管输入和输出的黑箱式操作的问题在于，每一次新的实验都有可能离真实情景越来越远。

质性研究和量化研究的区分本身也是有问题的。① 任何认知

---

① Allwood, C. M., "The distinction between qualitative and quantitative research methods is problematic", *Quality & Quantity*, Vol. 46, No. 5, 2012, pp. 1417-1429.

现象本身既具有定性特征又具有量化特征。当我们搜集大众的认知信息时，这两方面的特征都会被搜集到，忽视任何一面都会忽视另一半的真理。我们在研究意识问题的时候也会发现，意识既有定量的特征，也有定性的特征，其中定量的特征可以由神经科学来探究。定性的特征则是意识问题留给哲学的一个难题。在指称测试案例中，让受试者阅读完故事和答案之后，请受试者谈谈自己选择某个答案的理由，记录下来，这种理由和答案之间具有内在关联。我们可以进一步把那些和语言无关的理由排除，进一步聚焦于语言上的理由和答案之间的关联，从而为指称论找到更真实的经验基础。

引入质性研究可以回避针对基于直觉考察的实验哲学方法的批评。质性研究设置了开放式问答，受试者无需给出"是"或者"否"的选择，也无需对某一个观点陈述进行评级，而是需要用自己的话去回答问题或面对面的访谈。使用质性方法可以获得参与者如何思考和讨论哲学问题的理由。尽管量化研究也行，但是质性方法可为研究者提供更为深入丰富的理由。原因在于，如前所述，我们并不清楚受试者是否理解了问题。有时候受试者想给出一个和既有答案不符的回答，但这种回答很有可能为主流哲学所忽略。如果受试者使用自己的词汇去谈论哲学，我们就会发现常人的哪些概念是和哲学上使用的概念是相同的。

实验哲学家可能会反驳说，实验调查应该回避质性方法，因为实验哲学调查直觉，而实验哲学的其中一种定义就是对直觉的经验研究，通常所理解的直觉都是指非推导的判断、无意识的推理过程，而质性方法关注更多的是反思式判断和推理过程，它并不关注直觉式思维，因此对实验哲学没什么用处。但是，这一反驳的问题在于，虽然在面对一些具体的场景时，人们常常运用直觉式思维，但面对哲学讨论，人们很难区分直觉和反思，有接近反思式的直觉，也有接近直觉式的反思。从不假思索到深思熟虑是渐变的过程，没有截然的二分。利用质性研究，把反思和理由纳入实验哲学的范畴之中，是值得探索的一条路径。

四　实验哲学的第三重证据法：苏格拉底对话方法

量化研究和质性研究是两种比较典型的科学方法，在自然科学中主要是量化研究，在社会科学中则是以量化研究和质性研究相结合，不同领域的权重有所不同。在实验哲学领域，目前的主流研究是在心理学和神经科学中广泛采用量化分析方法，但是，逐渐地开始有学者提出应该将社会科学中、主要是社会学和人类学中广泛采用的质性研究方法和上述量化分析方法结合起来。与量化研究相比，质性研究更强调和受试者之间的互动，通过受试者本身的讲述来搜集受试者对某一问题的看法。质性研究不仅重视一对一的访谈、也重视小组讨论，这种方式很自然地让人想起古希腊哲学传统中的苏格拉底对话方法。

考皮宁在实验伦理学的研究中运用了苏格拉底对话方法，通过对话与反思来调查大众对哲学问题的看法。当被访谈者回答某些问题时，访谈者会指出被访谈者存在的概念混淆，让被访谈者通过面对质疑进行反思，进一步形成自己关于道德的较为系统成熟的看法。这样，我们就可以搞清楚被访谈者关于某个哲学问题的真实想法。被访谈者运用自己的经验和观念来回应访谈者基于常识的问题，并捍卫自己的立场。每一次访谈都是一次思想历险，虽然访谈对话的结果可能和最初的预测完全相反，但这种历险总是有方向的、有目标的。例如我们总是在两种对立理论的框架中去寻求大众的看法，但实际上大众给出完全抛开这种二元对立的看法，从而增进我们对问题本身的理解。对大众的深度访谈可以理解为一种大众的概念分析，不是为概念提供充分必要条件，而是在实际地使用相关的概念去谈论、评价、理解相关问题。由此所获的数据可以称之为苏格拉底式知识，获得数据的方法也就是苏格拉底对话方法。

苏格拉底对话方法和质性方法似乎非常接近，但又有实质的差异。倡导质性方法的莫斯便不认可考皮宁倡导的苏格拉底对话方法。在他看来，如果研究者想弄清被访谈者实际上关于道德的看法，研究者就要去挖掘被访谈者当下的所思和所想，而不是他们将要形成的思考。通过哲学对话，访谈者自然而然引出被访谈者关于元伦理的思考和立场，而不是改变或者塑造他们的思想和立场。例如，访谈者并不会主动给被访谈者讲解一些经典的道德案例（电车难题等等），而是让被访谈者自己提出道德案例，然后询问被访谈者关于道德的一些看法，最后去询问被访谈者为什么会这样想？但是，正是在这一点上，莫斯以及其他质性方法的倡导者和量化分析方法的倡导者之间没有实质区别。因为，他们想要得到的数据（直觉或理由）都是没有被规范引导的，没有被既有的理论"污染"，对大众关于哲学问题的反应的量化和质性研究，一定是客观的、描述的。我认同这种研究方法，但是对哲学理论来说这还不够。如果能够让大众不仅对自己想法做系统总结描述，而且也在面临质疑并且了解到其他不同选择的可能性时，再给出回答、理由，那么这种大众的数据更为真实、更为可靠。而这种数据是不能完全通过质性方法获得的，而是需要通过苏格拉底对话方法，这就是要从一种描述性研究转向规范研究。

"苏格拉底的方法也就是所谓的'苏格拉底问答法'……这个方法的基本特点就是：苏格拉底通过一种巧妙的情景设计将某人引入到一种探讨的语境，在此基础上，他针对某人讲话的一些关键词，通常是一些与德性有关的词，提出自己的问题。问题的一般模式是：'什么是 X'。""苏格拉底则通过他的问答法具体地展示了我们如何逐渐扬弃我们关于事物的有限经验认识，通过理性对经验的分析和综合达到对事物本质的认识。""正是在一往一复的回答中，在对经验认识的内在局限性和矛盾性的揭露中，超越了经验的主观性和片面性，达到了认识在理性层面的相对扩展。"① 这几段话非常精准地刻画了苏格拉底对话方法。质性分析和苏格拉底对话方法的根本区别就是：质性分析虽然可以帮助研究者拿到比量化分析更准确的数据，但也只是反映了大众经验的主观性和片面性。从量化分析到质性分析，就是从主观、片面的直觉性经验到主观、片面的反思性经验，要达到理性认识，需要接受苏格拉底式诘问，最终确立自己的想法。这个时候获得的想法就是客观的、可靠的，是真正值得重视的数据，而不仅仅是实际的数据。可以说从质性研究到苏格拉底对话，就是从经验主义到理性主义的飞跃。

在哲学讨论中进行基本的概念解说，举例子，找反例，进行辩驳，最后形成对问题较为深入的理解，可以视为一种苏格拉底对话方法。在和学生进行的课堂讨论中，经常会运用到这种

---

① 聂敏里：《西方思想的起源——古希腊哲学史论》，中国人民大学出版社 2017 年版，第 99—103 页。

方法。

　　例如，当我们问到什么是指称时，向学生解释所谓的指称就是一个名字指称一个对象，然后学生进一步追问，哪些是名字？"太阳"是吗？"9"是吗？"快"是吗？"恐怖"是吗？回答则是具体个体的标签，如"太阳"、"北京"、"苏格拉底"都是名字，名字所指即是对象。学生就会明白名字和对象之间的指称关系。然后进一步向学生提出问题：是否所有的语词都可以指称对象。如果学生回答是，则可以指出关系词、代词都是没有指称的。进一步让学生明白名字的指称功能。继续追问学生，如果专名和对象具有一种关系。那么专名的意义是什么？这里就需要对意义进行解释，通过意义让学生明白名字所指的对象是什么。这时可以考虑引入哥德尔的思想实验，让学生进行选择，谈一谈自己的理由。通过学生给出的理由，看学生是否坚持某种前理论直觉，再提出这种理论遇到的困难，请学生考虑是否坚持既有的看法。经过给出简单定义、举例、进行反驳，让学生对问题的领会更深。这里面可以进行反复的辩驳，不断抛出反例，训练学生对自己的看法进行修改。苏格拉底对话是让真理在对话辩驳中呈现，从个人的、主观的、片面的经验认识走向共识的、客观的、全面的理性认识认识。

五　实验哲学的第四重证据法：概念分析

　　哲学研究者在通过苏格拉底式的讨论辩难之后，需要更进一步，对重要的概念进行严格的定义、区分，构建论证，得到结论，这是当代分析哲学所提倡的概念分析方法。有学者将当代分析哲学的这种风格概括为以下两条："第一条，我们要用清晰的概念将思想清晰地表达出来，我们要用字面的意思（literal meaning）而不是修辞的方式说话；第二，我们的思想要经得起推敲和论证，而不是愿望式的、跳跃式的、故弄玄虚的。"[1]苏格拉底对话方法和概念分析方法，都符合上述两个基本特征。

当代分析哲学和传统哲学的最大不同就是经历了一次语言转向，主张一切哲学问题都是语言问题，语言哲学是第一哲学。这实际上就是把概念分析作为研究哲学的基本方法，逻辑分析、语言分析都可以概括到概念分析方法之中。所有的哲学问题都要从对基本概念的辨析和澄清入手。这种概念分析风格的哲学也被称之为扶手椅哲学，即指不需要去实地调查和实验就可以进行哲学研究。实验哲学则是主张离开扶手椅，去进行实验，了解人类的实际的认知活动。因此很多人认为扶手椅哲学与实验哲学二者之间势同水火，不可共存。但我们认为实验哲学应该吸收扶手椅哲学的概念分析方法作为实验哲学的第四重证据法，推进实验哲学研究。

在第四重证据法的视野下，可以说实验哲学是一种"跳出概念分析的概念分析"。首先，通过概念分析建立的论证和结论为实验哲学提供基本的研究对象；其次，在设计实验调查问卷时，需要从概念分析方法出发，设计一份完全消除哲学概念的问卷。最后，在对实验方法、数据和结论之间关系进行讨论时，需要运用概念分析方法，回应批评和寻找新的实验方向。显然，概念分析方法的运用贯穿实验过程始终，但它作为实验对受试者的呈现却是避免运用哲学概念的，正是在这个意义上我们说

---

[1] 程炼：《思想与论证》，北京大学出版社 2005 年版，第 1 页。

实验哲学是"跳出概念分析的概念分析"。以下我们依次对这三个层次加以说明。

第一，概念分析为实验哲学提供基本的框架和素材。否定的实验哲学主要批评论证前提或定义所依赖的直觉。例如在僵尸论证中，我们质疑前提1所依赖的直觉。例如在知识的三要件中，我们设计实验表明，很多人的直觉并不满足知识的标准定义。不管是僵尸论证还是知识的定义，都是概念分析的产物，因此可以说没有概念分析就没有实验哲学的素材。而且了解这样的概念分析，对于我们聚焦某一命题进行实验测试具有重要的作用。没有概念分析论证，就没有量化分析实施的前提依据。当然这里的概念分析方法，并不像量化分析一样，是实验哲学的内在方法，而是在间接的意义上构成实验哲学的方法。即，实验哲学研究者必须具有概念分析能力，才能有效利用量化分析去研究，否则就不知道量化分析的对象。

第二，概念分析方法有助于研究者设计出更为合理的调查问卷。语言文字表述构成了调查问卷的核心：故事陈述、问题设计等。设计问卷就需要敏锐的语言分析、概念分析和对实验思路的论证重构。例如在哥德尔案例中的问题是"那么，当约翰使用'哥德尔'这个名字的时候，他是在谈论"，这里使用的是"谈论"而不是"指称"，二者功能相同，但"谈论"是日常使用的语词，"指称"则是哲学术语，使用前者是为了避免受试者在面对"指称"一词时所产生的不必要的理论联想。在一个关于"机器能否思考"的调查测试中，研究者没有简单的选择 Can machine think 作为唯一的问题，而是把和 machine 具有大致相同功能的词纳入问卷之中，如 computer，Robot，据此设计了三组问题，希望在三组问题中找到共同的倾向。[①] 问卷是用文字写成的，但研究者是想通过语言调查来测试受试者的世界观的差异，而不是测试受试者关于语言使用的差异。因此，在设计实验时需要概念分析。

然而，按照实验哲学的要求，为了尽可能测出大众关于某一哲学问题的直觉，就不能在问卷中使用特定的理论术语以及可能影响真实选择的语言表达或叙述模式。这就需要通过概念分析清除可能的概念障碍，也就说通过概念分析达到问卷去概念化之目的。具体而言，在设计思想实验、编纂故事时，不能运用任何既有的哲学术语；在设计问题时，不能变成如下模式：你是否相信决定论、个人同一等等。而是尽可能地避免类似的哲学术语在问卷中出现；当问卷中出现故事的角色时，要注意到叙述的视角，人物角色的选取尽可能的客观。哥德尔案例的一个缺陷就是选取了一个著名的数学家作为案例，可能会增加不必要的干扰。因此，大部分实验哲学的案例都相当平淡无奇，故事的主人公都是随机设置的，尽可能减少各种特质带来的干扰。概念分析不仅仅在设计问卷时有用，在对结果的阐释中也具有实质的作用。没有对实验的概念分析，实验的数据就仅仅是数据，而不具备理论的含义。例如，在指称测试中，研究者会明确说明选择某一答案和某一直觉具有内在联系，如果选择某一答案，就表明具有某一直觉。但为什么会预设答案和直觉二者之间具有内在联系，就需要进行概念分析和说明。

---

① Livengood, J. & Sytsma, J., "Empirical Investigations: Reflecting on Turing and Wittgenstein on Thinking Machines", *Turing and Wittgenstein on Mind and Mathematics*, edited by Proudfoot, Oxford: Oxford University Press, forthcoming.

第三，概念分析方法有助于研究者展开与概念分析风格的哲学学者的实质对话，并在基本的共识之下，进行新的实验调查。应该说，实验哲学研究是在面对概念分析风格哲学学者的批评中发展起来的。这些批评大致分为两种：第一种批评是发生在概念分析层次。批评者认为直觉并非重要的哲学证据，由此，否定的实验哲学的攻击目标就成为稻草人了。比如，开普勒通过大量哲学文本分析表明，实际上直觉并没有起到实验哲学所认为那样的作用①；多伊奇通过解读《命名与必然性》文本，表明克里普克本人实际上并不支持直觉在哥德尔案例中的作用。②

显然，实验哲学家很难通过实验调查来回应这一质疑，更有效的方式恰恰是诉诸概念分析、语言分析。具体来说，实验哲学家可以接受这一批评，但是认为对实验哲学的研究没有实质影响，因为我们重视的是判断，而非直觉。只要人们普遍接受某一个判断，那么判断所支持的理论就是有认知基础的。当威廉姆森指出实验测试出来的不是直觉而是理由时，实验哲学家同样可以回应说，我们重视的是判断是否普遍接受，不管这种判断的根据来自直觉还是理由。因此，实验哲学也从强调对直觉的批评过渡到对判断或命题的接受度的批评，这是一个争论双方能够共同接受的框架。

总的来看，实验哲学家可以通过概念分析表明对大众直觉的调查实际上就是对判断的调查，以此回应批评者对直觉的质疑。实验哲学还可以进一步补充引入质性分析和苏格拉底对话方法来

---

① Cappelen, H., *Philosophy without Intuitions*, Oxford:Oxford University Press, 2012.

② Deutsch, M. E., *The myth of the intuitive: Experimental philosophy and philosophical method,* Cambridge, MA: Mit Press, 2015.

研究受试者给出的纯粹描述的理由，以及通过对话反思之后的理由，把三种数据放在一起比对，通过概念分析形成比较客观的判断。在这个意义上，四重证据法是一种方法的多元论。

第二种批评发生在如何理解概念分析和经验检测的关系上。实验数据和结论如果要对哲学本身有价值，就要表明这些数据和结论是与概念有关的，而不是纯粹经验的。由于实验哲学是针对概念所进行的经验检测，一些批评者便可以通过指出实验哲学家找错了概念来对实验哲学提出批评。对此，实验哲学家可以有两种回应策略。首先，对找错概念的批评进行反驳。例如，在语言哲学中存在说话者指称与语义学指称的概念区分，有人认为直接指称论主要关心的是语义学指称，但实验测试出来的是说话者指称，所以实验和指称论没有关系。对此，实验哲学家的回应是，在实际案例中测试的就是语义学指称。因为在他们设计的思想实验里，并不存在一个具体的说话者场景，而仅仅是针对使用的名字"哥德尔"进行提问。需要注意的是，这种回应既不是立场之争也无法通过经验测试，而只能诉诸概念澄清和分析。其次是表明实验哲学的现有研究也许存在概念混淆问题，但可以接受进一步的概念区分，并在此基础上就相关概念所反映的直觉进行经验检测。例如在实验语言哲学的发展中，来自概念分析的批评一直伴随其理论的发展，我们依次讨论三种类型的批评：个体直觉的差异、语言直觉的差异、叙述模式的差异。

第一，批评者认为实验测试没有区分大众直觉和专家直觉，哲学论证依赖的是专家直觉，而非大众直觉，因为专家直觉是稳定的，而大众直觉是不稳定的，所以大众直觉不稳定的结论不影响哲学论证。实验哲学家承认在概念上存在专家直觉和大众直觉的区别，然后对专家直觉进行测试，调查发现专家直觉同样不可靠。以此表明专家直觉和大众直觉的概念区分在经验层面没有区别。这是通过经验测试回应，虽然概念上存在两类直觉的差异，但是不同受试者的直觉之间不存在经验差异。

第二，批评者认为实验测试没有区分语言学直觉与元语言学直觉：语言学直觉是关个体的判断，例如"哥德尔不应该偷窃手稿"。元语言学直觉指如何为实际语言给出规则的直觉，例如"哥德尔"指称哥德尔而非苏格拉底。只有语言学直觉才能确定实际指称，但案例的设计则是使用了元语言学直觉。因此元语言学直觉的变化不足以影响语言学直觉的变化。实验哲学家接受上述区别，在此基础上对语言学直觉进行进一步的经验测试，表明二者在概念上尽管存在差异，但在经验层面上没有区别。这是通过经验测试，表明虽然语句本身反映的关于语言的直觉有差异，但二者在经验后果上是等价的。如果经验测试显示二者结果有差异，那么就需要修改立场，在这一点上，实验哲学并没有立场在先，而是用数据来说话。

第三，批评者认为实验测试没有区分故事中第一人称视角和第三人称视角：在哥德尔案例中，受试者可能面临视角的混淆。我们并不清楚 A 或 B 答案是应该从叙述者角度来理解（叙述者知道说话者并不知道的事实），还是应该从约翰的认知角度理解（作为说话者使用"哥德尔"这个名字）。如果从叙述者视角看，那么"实际上发现哥德尔不完全性定理的人"就是指称"施密特"。"获得手稿并宣称自己发现不完全性定理的人"就是指称哥德尔；如果从约翰的视角看，"实际上发现哥德尔不完全性定理的人"指的就是哥德尔，而约翰并不知道施密特。如果实验的参与者回答 A，并非因为他们有不同于克里普克的语义学直觉，而是因为他们接受了约翰的认知视角而不是叙述者的认知视角。同样，实验哲学家接受上述概念区分，在此基础上，进一步测试受试者实际是否具有视角差异。这是通过经验测试，表明在整个故事中反映的差异应该在实际测试中得到呈现。实际上，在设计关于人称的问卷调查中，都开始使用不同人称进行随机试验，以排除人称视角所造成的影响。

从个体到语句再到故事的讨论，都是建立在概念分析方法基础之上的回应，每一个子问题都需要概念分析和经验证实的互相修正。实验哲学的发展也表现了分析哲学本身的一种特征：批评和回应占据了哲学研究的核心部分。没有来自概念分析风格哲学学者的批评，实验哲学也就无法深入发展。掌握概念分析论证，才使得实验哲学家能够有效应对挑战，作出概念区分，进一步细化问题。

概念分析方法内植于实验哲学研究。实际上，上述针对实验哲学的批评，并非都出自实验哲学的外部批评者如扶手椅哲学学者，很多出自实验哲学内部，甚至是实验设计者本人。他们通过反思实验哲学可能招致的批评，区分概念，找到概念和经验的关联，进一步改进实验，使得实验哲学的结论也能为非实验哲学的研究者有作用。因为在根本的意义上，实验哲学是用新的方法对哲学本身做出贡献。概念分析对实验哲学的深入研究具有实质作用，引导了实验研究的方向。概念上的考虑应该获得经验的确证，实验数据和实验结论的关系需要概念澄清。这样的哲学论断才具有价值。概念分析不仅可以是哲学性质的，而且不拒绝哲学性质的概念分析的运用。这就有效地驳斥了那些认为实验哲学由于诉诸实验因而不是哲学的人的观点。因为，正是概念分析本身凸显了实验哲学的哲学性质，表明它和传统哲学的概念分析、甚至概念思辨并非是不相容的。

六 小结

实验哲学产生之初，在以概念分析为代表的传统哲学和以量化分析为代表的实验哲学之间产生了激烈的争论。实验哲学家提出要烧掉扶手椅，让哲学家效仿科学进行实验调查研究；概念分析风格的哲学家则提出实验哲学不是哲学。互相之间的批评非常尖锐。回顾 20 年发展历史，实验哲学就是在与以概念分析为代表的传统哲学的批评和对话的过程中形成的一个新的哲学研究范式，由此对于彼此双方都产生了积极的影响。一方面，以概念分析为代表的传统哲学开始引入实验哲学的研究，为自己的论证和立场提供更多证据；另一方面，实验哲学吸收来自概念分析风格的哲学学者的批评，从实验框架、实验方法、实验结论等多个方面运用概念分析方法不断予以调整和优化。

总的来看，实验哲学之新在于其方法，其中争议最激烈的也是如何看待量化分析方法和哲学的关系。实验哲学学者逐渐意识到，量化分析不能完全获取大众关于哲学问题的实际数据，因此引入质性研究，通过访谈、讨论的方法获得更为全面的数据。但是，这种数据虽然是实际的数据，并非稳定真实的数据，受试者在经受诘问反驳之后形成的数据要比纯粹访谈所记录的数据更为可靠，这就是苏格拉底对话方法，但目前还未被实验哲学学者广泛采纳。针对同一个问题，研究者可以采用量化分析、质性分析和苏格拉底对话三种方法进行深入探究，但概念分析方法与上述三种方法有所不同。可以说概念分析方法存在于运用三种方法的研究过程之中，存在于实验哲学的整体研究过程之中。选取哲学论证作为批评对象、设计实验调查问卷、对实验结果进行阐释讨论、回应批评以及确定新的研究方向，在这五个阶段，都需要概念分析方法。概念分析方法是实验哲学的一种未曾明述的"潜规则"，正是在这个意义上，实验哲学是一种"跳出概念分析的概念分析"。传统哲学家提出概念分析，但并未经过量化分析、质性分析和苏格拉底对话方法的系统批判，只是根据自己的经验提出了可能形式上正确而前提可疑的论证，因此需要接受实验哲学的质疑和追问。然而，实验哲学得出的结论也需要接受概念分析的检验。将质性研究、苏格拉底对话和概念分析方法纳入实验哲学方法论中，这使得实验哲学本身更具有系统性，其研究结论更为可靠，更容易为不同风格的哲学所接受。对同一个问题选取多种不同的方法进行研究，这生动地说明了实验哲学的方法论是一种多元的方法论。

对实验哲学方法论的反思也让我们重新看待科学方法和哲学方法之间的关系：哲学虽然在研究主题上和科学也许有所不同，但二者在方法上存在相似性。逻辑经验主义追随科学，以逻辑方法、科学方法为确证标准，一方面获得了客观性的标准，另一方面却因为这一标准而取消了传统的形而上学。实验哲学可以看作是一种新阶段的逻辑经验主义，在传统形而上学重新回到哲学中之后，对形而上学论证所依赖的直觉进行经验检测，既承认传统哲学的地位，又运用科学方法对其基础进行了批判，这使得哲学可以建立在稳固的基础之上。在这个意义上，实验哲学又是一种批判哲学，是对哲学本身的批判。

目前的实验哲学和哲学方法论研究领域，并未有学者明确提出四重证据法。有人开始关注质性研究，甚至引入苏格拉底对话方法，但对二者没有作出清晰的区分。有人意识到实验哲学研究中概念分析论证的作用，但没有说明概念分析本身对于实验哲学方法的作用。本书首次系统提出实验哲学研究的四重证据法，一方面对于实验哲学研究的深入研究提供了新的可能性，另一方面也丰富了现有的哲学方法论。实验哲学从哲学家的专家论证转向大众立场，更为贴近真实的人类生活。实验哲学和传统哲学互为补充，互相校正，对于推进哲学发展具有重要的作用。

第二节　实验哲学与历史学–考古学的方法论之对话与反思

实验哲学是一种新型的自然主义哲学，主张运用实验方法研究传统的哲学问题。和主流基于量化分析的实验方法有所区别，我们将实验哲学方法扩张为量化分析、质性分析、苏格拉底对话和概念论证相结合的四重证据法，这就和中国考古学研究中所提倡的四重证据法遥相呼应。一方面，从实验哲学方法来看，考古学方法实际上只具有三重证据，而非所声称的四重证据。另一方面，反思考古学和历史学的关系也为重新看待实验哲学与传统哲学之间的关系开辟了一条新的思路。

从极为粗糙的视角回顾从 20 世纪初一直到今天的分析哲学，可以说主要存在三种风格的分析哲学：概念分析哲学、自然主义哲学和实践哲学。概念分析哲学的典型代表是克里普克、刘易斯、威廉姆森等；自然主义哲学的典型代表是逻辑实证主义、蒯

因、丹尼特等；实践哲学的典型代表是匹兹堡学派、安斯康姆
等。概念分析哲学主张哲学是一个和科学不同的独立领域，采用
逻辑分析、概念分析方法进行哲学研究；自然主义哲学主张不区
分科学和哲学，采用与科学相类似的方法进行研究。实践传统哲
学和概念分析哲学一样，认为科学和哲学是不同的领域，主张采
用非科学方法研究哲学。但这种方法不是逻辑分析、概念分析，
而是从语言的日常用法、人类的生活、社会规范等方面入手进行
研究。这三种风格的哲学在当代分析哲学的发展可以称之为分析
哲学内部的三国演义。需要说明的是，一般而言，分析哲学既重
视逻辑分析、概念分析、语言分析也重视自然科学、重视日常经
验。只是不同风格的分析哲学的侧重点不同而已。例如威廉姆
斯就认为哲学和科学具有类似之处，他强调二者的共性。总的来
说，这种区分是大致成立的。因此，我们会看到在针对同一个问
题也会存在这样三种不同的研究进路。例如意识问题，概念分析
学者会运用同一、随附、奠基去理解心理和物理的关系；自然主
义者则借用脑科学的资源解释意识；实践传统的学者会从心理、
物理的日常语言用法来消解心身问题。细致刻画三种进路的异同
不是本文的任务。引进这三种进路是为了说明本文所讨论的实验
哲学在当代分析哲学中所处的位置。大致来说，实验哲学属于自
然主义哲学阵营。

按照逻辑经验主义的基本论断，一切命题要么根据意义为
真，例如数学和逻辑、语法命题；要么根据经验观察为真，例如
日常命题和科学命题。因此关于伦理的、价值的、美的、形而上
学的命题就毫无意义了，传统哲学的江山丢失了大半。20 世纪
五十年代以来，在斯特劳森、克里普克、刘易斯、罗尔斯等人的

努力下，传统哲学又恢复了大半江山。我们可以合法的谈论本质、世界、正义。形而上学，政治哲学重新回到哲学的核心领域。作为逻辑经验主义者后裔的自然主义者并没放弃当年的企图，而是明确提出，即便恢复传统哲学，也需要以科学方法来研究传统的哲学问题。形而上学得以恢复的一个关键就是恢复了常识和直觉作为哲学证据的地位。这就是说，在逻辑分析为真、经验证实为真之外找到了第三种证据：直觉。那么常识和直觉能否作为哲学论证的证据呢？这个问题是新的。以往的哲学研究主要集中在论证的推理缺陷或者论证的解释效力等方面，而没有考察哲学论证前提所依赖的直觉。如何理解直觉，直觉能否作为哲学论证的证据，就成了后来哲学所面临的一个核心问题。

一　实验哲学的四重证据法

近二十年来，自然主义哲学中的一只劲旅异军突起，他们主张哲学要真正的科学化，就得像科学家一样动手实验，让哲学的论断接受实验的检验，这样的哲学才无愧于自然主义之名号。他们借用实验科学的名号，提出了实验哲学，主张在哲学研究中将实验方法进行到底。可以说实验哲学是自然主义的一种新形式。实验哲学聚焦于哲学论证前提所依赖的直觉，对直觉进行心理学调查，或证实或证伪。将形而上学、伦理学等具体论证置于科学方法的审视之下。甚至进一步扩展，不仅研究哲学直觉，而是用经验方法研究各种各样的哲学问题。因此，实验哲学在当代分析哲学内部形成了严重的方法论挑战，对概念分析哲学、自然主义内部其它流派的哲学和实践领域哲学都构成了威胁。但实验哲学本身所遭遇的批评乃至误解也是空前的：实验哲学不是哲学、实验方法不是哲学方法、哲学不关心大众怎么想，等等。本节不想澄清误解和回应批评，而是要从实验哲学方法本身入手，探究实验哲学和历史学–考古学方法的某种有趣的呼应。

当前实验哲学方法，其中最为主流的是心理学的问卷调查方法，通过问卷搜集大众关于某个问题的直觉，然后进行统计分析。量化分析还包括脑电技术发现大众关于某个问题的脑区反应；虚拟现实技术探测人对自我的理解；语料分析、计算机模拟技术，统计分析技术等等，不一一列举。[①] 最近几年，实验哲学方法已经从基本的心理学调查方法扩张为结合多种技术手段的多元方法，这可以说是在哲学领域最为彻底的使用科学方法的一种尝试。我将实验哲学目前的研究方式总结为四种：量化分析、质性分析、苏格拉底对话法和概念论证，并将其称为实验哲学的四重证据法。提出实验哲学的四重证据法乃是受到考古学证据法的影响。在阅读考古学同行的文献时，我发现实验哲学方法和考古学方法具有类似之处，针对实验哲学方法的批评，也适合考古学方法；对考古学方法的反思也有助于澄清实验哲学的价值。

第一种证据法为量化分析。针对伦理学中"伦理学者是否更有道德"或者"研修伦理学是否有助于研修者德行提升"这个问题。史维茨格勒尔通过调查 25 所大学图书馆中伦理学图书的丢失率和非伦理学书的丢失率的差异来检测这一实际判断，因为我们一般预设伦理学书的借阅者基本上都是准备学习或研究伦理学的学生和研究者。如果伦理学书的丢失率低，就表明研修伦理有助于提高研修者的道德品质。如果伦理学书的丢失率高，则表明

① Fischer, E., & Curtis, M. (eds.), *Methodological advances in experimental philosophy*, London: Bloomsbury Publishing, 2019.

研修伦理学反而会降低研修者的道德品质。量化统计分析的结果表明伦理学书的丢失率不高于也不低于其他图书的丢失率。这一量化分析就表明我们不能断言研修伦理学和研修者本人的道德品质之间具有确定的因果联系。① 另外一种量化分析，是通过调查大众对某个思想实验或某个哲学论证前提的直觉，来验证是否这个思想实验所得到的哲学结论普遍为真。设计故事，进行问卷调查，对结果进行分析。这两种分析都是建立在表面上有迹可循的基础之上的量化分析，例如存在既有丢失的数据、存在大众问卷的统计数据。第二种分析是依赖于神经科学技术，例如检测人们在做某个道德判断时，大脑某一脑区电信号的变化来证实或证伪某一种哲学理论。② 格林在实验中，让受试者针对三种情景做出判断：切身的道德情景，例如天桥困境；非切身的道德情景，例如电车困境；第三种是与道德无关的情景。研究发现，当受试者在切身的道德情景中做出判断时，与情绪相关的大脑区域明显更加活跃；在非切身情景，则推理等高级思维活动区域明显更为活跃。人们在进行道德判断时，大脑的情绪区和推理区都可能会被激活。但是，情感反应强烈的情景，人们更加容易做出符合道义论的道德判断。而情感反应不强烈的区域，人们更容易做出符合后果论的道德判断。也就是说，格林的实验表明，人们做出符合道义论的道德判断通常由情绪驱动的，而康德式道义论强调理性

① 梅剑华："反思与道德行为的两个面向"，《伦理学研究》2021 年第 1 期。

② Greene, J. D., Sommerville, R. B., Nystrom, L. E., Darley, J. M., & Cohen, J. D., "An fMRI investigation of emotional engagement in moral judgment", *Science*, Vol. 293, No. 5537, 2001, pp. 2105-2108. 2. 朱菁："认知科学的实验研究表明道义论哲学是错误的吗？——评加西华·格林对康德伦理学的攻击"，《学术月刊》2013 年第 1 期。

和推理的作用。理性的理论背后具有情绪的生理基础，看起来理论和实验之间存在张力。本节不讨论格林论证的问题，而是表明第二种量化分析是要从不会说话的大脑区域中的电信号来解读其所蕴含的哲学价值。我们可以把基于问卷调查的量化分析和基于脑电的量化分析类比于考古学中对有文字古物的研究和对无文字古物的研究。前者是就发掘出的古籍善本（例如马王堆帛书）或者碑刻等等，从文字中寻找古人的生活世界；后者针对的是古人所使用的器物，它们虽非文字，但对古人的生活世界提供了直接的物证。就此而言，量化分析构成了实验哲学的第一重证据法，目前的实验哲学方法主流就是各种各样的量化分析方法。

但是，笔者在研究中发现，仅仅用量化分析研究问题是不够的，就如同在社会科学探究中一样，需要结合质性研究的维度。任何现象都包含质的和量的两个维度，对于哲学来说尤其如此。质性研究就是要采取访谈记录的方式，获得大众关于某一个问题的真正的看法。尤其是在伦理学研究中。我们说有人的地方就有社会，就会产生道德。大众虽然不是道德理论家，但他们是道德实践者，可以对相关的道德问题发表自己的看法。哲学家可以对大众进行一种道德采风，从而能够对道德生活有更充分的领悟。通过探寻大众关于某个道德理论的真实理由，我们发现不仅需要引入质性研究，还需要引入第三重证据法：苏格拉底对谈法。大家都知道苏格拉底在街上与青年人辩论什么是正义、什么是勇敢，从而帮助青年人更系统的认识世界。如果说质性研究，是一种被动式的访谈；那么苏格拉底对谈法就是一种主动性的干预。这里涉及到如何认识大众关于某个道德理论的真实理由。何谓真实的理由？有人会认为，让大众不受干扰的说出自己的想法，这种描述性的理由才是真正的理由。我的看法不同，我认为在接受苏格拉底式的诘问之后给出自己的理由更为真实。如果我们认为一个理论具有群众基础，那么我们希望这个群众基础是比较牢固的，经得起质疑的。如果把质性研究所探究的理由称之为描述性的理由，那么苏格拉底对话所探究的理由可以称之为规范性的理由。在既有实验哲学方法的探究中，我认为应该把苏格拉底对话法和质性研究区别开来，更有助于拓展实验哲学的方法。实验哲学的第四重证据法是长期存在但被忽视的一种方法，那就是实验哲学和概念分析哲学一样重视概念分析，实验哲学是跳出了概念分析的概念分析。在如何设计实验、如何解释实验的结论，如何回应对实验哲学批评都需要进行概念分析，而不能仅仅进行实验。因为针对不同意实验哲学方法的人来说，他并不关心实验哲学的证据，而是关心哲学理论本身是否依赖实验证据这个问题，二者的关系不是一个通过实验可以回答的问题，而是要分析哲学论证在何种意义上能够进行经验验证，这是一个概念问题，不是事实问题。

二　历史学研究的四重证据法

按照最为一般的理解，哲学和历史学都不是严格的科学，但都有一定的科学性，其论断应该获得证据支持，不能违背科学的基本原则。历史研究对真相的揭示，如同实验哲学对论证前提的揭示。历史学最基本或者最核心的就是史料的真实性。辛德勇教授在《制造汉武帝》附录中谈了自己理解的历史学，他强调历史学是一门科学。[①] 既然是科学，研究结论就要经得起检验。科学

---

① 辛德勇：《制造汉武帝》（增订本），三联书店 2018 年版。

可以运用重复实验来验证，历史研究不能起古人于地下，亦不能重复实验，但还是可以通过史料进行验证，这种验证就需要展示验证的细节，每一个说法都要得到史料的确证，史料本身的真伪也需要得到进一步核实。如果说哲学是一种概念论证，历史学可以说是一种经验论证。历史的证据链不能残缺，缺失的地方可以通过想象来补，但不能偏离基本的链条，亦能为后续的证据所进一步修正。时人常津津乐道于历史的人文性、精神性。历史当然不止于科学，但绕开基本的证据，那就没有历史可言。

辛德勇教授在《制造汉武帝》一书中通过对史料的确证解决一个历史学的关键问题，即通过《资治通鉴》中对汉武帝形象塑造来探测《资治通鉴》历史建构的可信度。如果《资治通鉴》不足为信史，则以此为基础的历史研究，就变成了沙中之塔了。辛德勇发现在关于汉武帝的论述上，司马光借用了神仙家言《汉武帝的故事》，但是《汉武帝的故事》这个文本经不起推敲，多属胡编乱造。因此运用《资治通鉴》汉武帝叙述历史的研究，就要打上一个问号。田余庆先生的《论轮台诏》阐述的汉武帝晚年政治路线的改变，是以《资治通鉴》取自《汉武帝故事》的材料作为论证基础的。如果《汉武帝故事》的真实性有问题，田先生的论证当然需要重新考虑。这一论证策略，类似于实验哲学对传统哲学的批评，传统哲学的某些论证前提诉诸直觉，提出论证的哲学家认为这一直觉是普遍存在的，"人同此心，心同此理"。实验哲学家不去质疑建立在直觉之上的主张，例如在自由意志问题上，到底是承认决定论和自由意志相容的相容论正确还是不相容论正确，这都不重要。重要的是质疑某一哲学直觉的普遍性这一说法，通过调查大众的直觉，发现某一直觉并非普遍，因此基于

直觉的哲学主张自然受到质疑。例如有哲学家认为不相容论直觉
具有相当广泛的群众基础，是普遍存在的，因此为不相容论辩
护，但实际调查情况并非如此。做一个简单类比，司马光对汉武
帝的政治形象塑造类似于哲学家对某一哲学直觉的认定，二者可
能都缺乏真实基础：在历史研究中，一旦细究文本，就会发现文
本是有问题的。在哲学研究中，一旦细究常人直觉，就会发现所
谓的普遍直觉也是有问题的。因此，建立在虚假文本或虚假直觉
之上的立场就是需要重新审视的，在这个意义上，历史学、哲学
都有一定的科学性。①

---

① 我的学生杜昱臻读了文章后，提了下述意见："您谈到辛德勇教授借助史料来探
测《资治通鉴》的可信度，以质疑田余庆先生的《论轮台诏》的论证时，把这
种论证策略和实验哲学论证策略相类比。这个质疑的是依据的史料，实验哲学
质疑的是传统哲学家依据的直觉。但我觉得直觉和史料还是有很大的不同的。
史料的真伪性是客观的，能够得到普遍承认。就某一史料是否为真，我们是
可以有一个标准的，比如比较不同文本中的叙事是否一致，是否互相矛盾，甚
至结合考古发现。而直觉，似乎有很大的主观性。可以有'虚假文本'，但我
甚至不知道'虚假直觉'这种称谓是否合适。没有一个客观标准能评判哪种直
觉对，哪种直觉不对，关于直觉我们没法获得一致同意。在这里诉诸主体间性
好像不那么有效。任何一种观点基于的直觉总会遇到反对的声音。理论上讲，
谁都不能证明谁的直觉是对的，所以我们即使指出某一哲学主张所基于的直觉
有待商榷，持有该直觉的人可能也不会在意，只会认为是你有你的直觉我有我
的直觉，谁都说服不了谁。这种时候，总不能遵循少数服从多数原则吧；所以，
我一直对调查直觉的这种做法有些困惑，我觉得他没有解决问题，反而制造了
很多问题。但是像您前面说的，把实验哲学看成认知科学好像就'柳暗花明又
一村'了。"我的回应如下：在关于直觉的理解中，需要区分对错和真假两组概
念，直觉本身无所谓对错，那就是一个认知主体自己拥有的关于世界的初步反
应或看法。直觉没有对错，理论才有对错。但是我们在测试直觉的时候，是想
测试认知主体真正具有的直觉，因此我们要通过各种方式去发掘受试者的真实
的直觉，这里的真实不是相对于研究者的评价，而是就受试者本人而言，需要
获得他们的真实数据。在这个意义上，历史学家也是要获得真实的史料。并进
一步对史料进行组织和解释。如果没有真实的史料，后面的解释就一定是错误
的。如果没有真实的直觉，后面的理论构造也一定是错误的。因此我把史料和
直觉都当作证据，证据本身无所谓对错，但有真假。我们也可能从真实的数据

　　哲学（包括认知科学）和历史学（包括考古学）在探究世界真相之时具有一定的相似性，其主张建立在证据的基础之上，因此如何获得证据的方法就变得非常重要。正如在历史学领域，从王国维的二重证据法发展到叶舒宪的四重证据法。在实验哲学乃至一般哲学领域，也应该从二重证据法发展到四重证据法。从方法论的角度看，二者之间具有内在的相似关系。徐良高教授在最近关于二重证据法的反思中，对通过证据重建古代历史这一方法提出了质疑。应该承认，这是一个值得严肃对待的批评，这种批评也适用于实验哲学。我在总结概述证据法的基础上，讲考古学与实验哲学做一类比，并回应徐氏之批评。

　　王国维的《殷卜辞中所见先公先王考》和《殷卜辞中所见先公先王续考》发表后，被认为是"研究商代历史最有贡献的著作"。[①] 王国维自称他的考证方法为"二重证据法"，即以"地下之新材料"补正"纸上之材料"。"二重证据法"指地下出土文字资料与传世文献记载之间的互证，后来地下文字资料被扩展到地下一切出土实物资料。饶宗颐在王国维的"二重证据法"基础

（接上页）中作出错误的推理，但这个时候，只要运用理性，就能发现这个推理错误。而没有真实的数据，即便推理是正确的，结论也是错误的。在这个意义上，实验哲学和历史学都具有科学性，必须获得第一手真实的材料，才能在这个基础上进行进一步的研究。虽然表面看来，史料的真实和直觉的真实差别很大，前者是存在于客观世界之中的历史事件，后者是存在于人类心灵中的主观看法。但二者具有类似的地位：第一、在真实性上，具有类似之处，即只要世界上的确发生了这一事件，这个史料就是真实的；只要在认知主体上的确真实的持有这一直觉，那么这个直觉就是真实的。第二、在证据和理论之间的关系上：真实的史料会帮助历史学者作出正确的推论，例如知道《资治通鉴》中汉武帝的叙述是虚假的，就不会把这作为历史研究的根据。真实的直觉也会帮助哲学学者选择正确的前提，例如知道大众普遍具有自由意志的相容论。

① 徐良高："以考古学构建中国上古史"，《中国社会科学》2021 年第 9 期。

上，将考古出土文物与考古的文字资料相分离，提出了三重证据法。运用出土文物的文字记录，作为第三重证据的主要依据。这里，纸上之材料或传世文献可以类比为既有的哲学论证；地下之新材料可以类比为经验材料。进一步，饶氏所指考古的文字资料可以类比为量化分析的问卷调查；考古出土的无字文物、图像量化分析的脑电测试。二者很难说孰轻孰重，文字资料固然主要，很可能具有高度选择性，例如会保留经典著作，而遗失民间文字。反而是保留下来的没有文字的古物更为客观。但另一方面，考虑到能保留的下来的古物，也可能具有选择性，例如墓葬的随葬品等，因为主人的身份而又不同，保存下来的多为贵族，如妇好墓。因此，地下的材料彼此之间也需要互相校证，然后进一步和地上材料印证。

王煦华认为顾颉刚先生用的是"三重论证"："所以顾先生的疑古辨伪用的是三重论证：历来相传的古书上的记载，考古发掘的实物材料和民俗学的材料，比王国维又多了一重。"如果把古书记载类比为概念论证，地下材料类比为量化分析，那么民俗学的材料就是质性分析。对此稍作解释，我曾经提出过实验哲学的二重证据法，认为哲学研究应该结合概念论证和经验数据，通过两种方法推进哲学研究。这和在历史学研究中的二重证据法具有类似之处，历史学研究结合传世文献和地下文物进行历史研究。在本文，我扩充为四重证据法。古书记载文本是史家的史事叙述和建构，概念论证文本是哲学家的立场和论证，这都是出自个人对相关问题的系统反思；实际上构成了我们认识历史和哲学的起点。对既有史学文本、哲学文本的分析就是传统史学和传统哲学的主要工作。地下材料类比量化分析，指的是考古学家研究地下出土的文物，但文物不会自己说话，需要考古学家的研究分析；量化分析，指的是用认科学的方法研究大众关于某个哲学调查问卷的直觉，直觉自己不会说话，需要哲学通过问卷系统总结。地下文物和人类直觉都属于传统史学和传统哲学所忽略的东西，都需要借助科学手段去发掘这些真实的数据。民俗学的材料就是质性分析，这是指我们不仅需要从精英传统中寻找历史的真相，还需要从草根、民间传统寻找历史的真相，要考虑到历史的正史和"民间史"的互补。

哲学亦是如此，需要考虑大众对哲学问题的看法，因为哲学来自于生活，通过对大众进行访谈、采风式调查会获得对某一哲学立场最为有力的支持。我在这里做的是一种类比，并非完全精确的在方法和研究对象上具有特别匹配的精确性。历史文本和哲学文本都属于精英传统的作品，都属于个人或某一群体的系统反思，使用的人文历史反思论证方法；考古证据和哲学直觉都属于人类生活普遍存在的数据，但需要通过科学手段发掘。对历史事实和观念进行民俗学调查和对大众的看法和观念进行质性访谈都是要把非主流的、草根的思想吸收到哲学和历史学的研究之中。因此在二者之间的类比时，我关注的是，一个真实的哲学理论应该需要通过哪些方法获得哪些思想来源。显然，专家的立场和反思，人类的直觉，大众的理由是一个哲学理论的三重证据，因为证据不同，采用的方法也不同。在概念论证中，证据是既有的哲学家的论证文本，方法是概念分析；在量化分析中，证据或对象是人类的哲学直觉，方法是量化分析；在证据法质性分析中，证据或对象是人民群众朴素的哲学看法和理由，方法是访谈法。在苏格拉底对谈法中，证据或对象是人民群众经过诘难反思后的哲学看法和理由。专家的立场需要概念论证，人类的直觉需要问卷调查，大众的理由需要质性访谈，三者缺一不可。在史学三重证据法中，传世文献和地下文物的一个维度上的区别，我理解为地上和地下的区别；在哲学中概念论证和直觉调查的区分，我把有意识思考的论证称之为地上；而把无推理的直觉反应称之为地下：我们要通过问卷去发现大脑内部的真实反应就像我们通过发掘古物发现过去历史的真实活动一样。以上是我对类比的一种基本说明。

徐中舒说："我研究古文字和先秦史，常以考古资料与文献相结合，再参以边地后进民族的历史和现况进行互证。由于观察思考方面较广，易得其实。"徐中舒的第三重证据包括："运用边裔的少数民族，包括民族史、民族学、民俗学、人类学史料"研究史料。[①]毛佩琦在历史研究中的"三重证据法"一文中的第三重证据指社会调查。这种方法广泛运用于社会学、人口学、人类学、经济学等等学科中，但一直很少作为史学研究的一种方法。苏秉琦更为广泛的倡导三学科结合："实现考古、历史与民族三学科的结合，定将大大提高认识过去和预见未来的能力。这无疑是三个学科的共同责任。"杨向奎说：文献不足则取决于考古学材料，再不足则取决于民族学方面的研究。上述种种三重证据法，第三重证据和前两重证据有所不同，注重底层的、大众的、草根的资料来源。实验哲学从概念论证转到调查大众的直觉、理由上来。在这一点上和历史研究的第三重证据法是相合的。

叶舒宪提出了四重证据法："这些文字以外的文化符号包括

---

① 徐良高："由文献记载与考古发现关系再审视看二里头文化研究"，《中原文化研究》2020 年第 5 期。

田野作业观察到的民间口头传播的活态文化，称为'口碑'材料或者联合国教科文组织新命名的'口传与非物质文化遗产'；还有实物和图像材料，包括考古新发现的和传世的古代艺术品、文物和一切古物。笔者将口碑材料称为'第三重证据'，将文物和图像称为'第四重证据'。①叶舒宪的四重证据法，在第三重和第四重证据法上和前面的三种证据法有所不同。"口碑材料"大概类似于社会调查、民俗学的东西；其第四重证据文物和图像，在古史研究中，被概括为第二重广义的证据；也可以概括为笔者所提出的分析中的第二种即脑电测试。

实验哲学的方法论探索中，四种证据法是彼此嵌套的：量化研究与质性研究的结合，质性研究与苏格拉底对话的结合；苏格拉底对话与哲学论证的结合；哲学论证又与量化研究的结合。如果与叶舒宪的四重证据法相对照，那么可以这样总结历史学和实验哲学的四重证据法的对照关系：

四重证据法	第一重证据法	第二重证据法	第三重证据法	第四重证据法
历史学-考古学	1.1 地下有字文献 1.2 地下无字文物	民俗学方法 社会调查	无	传世文献
实验哲学-认知科学	量化分析 1.1 问卷调查 1.2 脑电测试	质性分析	苏格拉底对话法	概念论证

第一，传世文献和哲学论证相对照；第二，地下文献和量化分析的问卷调查相对照；第三，民俗学、采风调查与质性分析、苏格拉底访谈法相对照；第四，地下文物、图像和量化分析的脑电测试相对照。这种对照是把量化分析分成了两重证据，而把质

① 杨骊、叶舒宪：《四重证据法研究》，复旦大学出版社 2019 年版；叶舒宪："四重证据法：符号学视野重建中国文化观"，《光明日报》2010 年 7 月第 6 版。

性分析和苏格拉底对谈法合并为一重证据了，没有反映出实验哲学方法论的特点。应该这样区分：传世文献与哲学论证对比；量化分析与地下材料对比；质性分析与基于科学范式的社会学、民俗研究类比；至于苏格拉底对话方法，这种和质性分析类似但又有所不同的方法该如何与历史学研究中的方法类比呢？刘宗迪在《唯有大地上歌声如风》①一文中阐述的民俗和风俗的区别业已意识到了笔者所提出的对比。在质性研究和民俗研究中，是一种完全科学式的态度，所见的一切是科学化之对象；而苏格拉底式对话和风俗研究，则是建立在彼此呼应，互有所感的基础之上。虽然都是访谈，但一个有自己的主张，对研究对象的精神世界有所理解和这完全用录音机进行访谈的研究方式是完全不同的。苏格拉底对话是助产术，对话者并不预知真理，也没有一种完全独立于对话者的真理，而是需要双方共同的探索和发掘，有待于彼此对对方世界观的基本理解才有可能。正是从这个角度，我们看到叶舒宪的四重证据法和既有的三重证据法都缺乏苏格拉底对话方法的维度。在社会科学研究中，我们要经尽可能的获得客观性。但应该指出，科学方法不是获得客观性的唯一路径。②如果从哲学的角度看古史研究的证据法，实际上只有三重证据法。

三　徐良高先生对二重证据法的批评

回顾陈寅恪对王国维的总结。他说王氏之学是"三重证据法"为"一曰取地下之实物与纸上之异文相互释证，二曰取异族之故书与吾国之旧籍相互补正，三曰取外来之观念与国有之资料

---

① 刘宗迪："唯有大地上歌声如风"，《读书》2004 年第 2 期。
② 梅剑华："如何理解客观性：对象、意义和世界"，《学术研究》2022 年第 1 期。

相互参正"。① 陈氏的总结超过了王国维和饶宗颐的证据法。陈氏并没有特意强调草根传统，但他的研究领域中大量涵盖了为主流精英传统所忽视的人物和作品，例如他研究元白、柳如是、陈端生，关注戏曲、小说、话本等，这使得他的研究结合了政治与社会、精英与草根等，形成了健全的历史观念。用哲学来做类比，不妨说，第一重证据讲的是哲学论证和经验证据相互释证。第二重证据则是不同哲学家之间针对同一问题论证的相互补正；第三重证据可以解读为注重跨文化思想的观念的影响，既可以不同哲学传统的论证，也可以是对大众直觉、理由的调查数据。例如实验语义学研究发现东方人倾向于描述直觉，西方人倾向于因果历史直觉，从而对克里普克的因果历史理论提出了质疑。不管是实验哲学的研究方法还是古史研究的方法，都强调运用不同的方法对同一个主题进行探索，正应了陈氏提出"相互释证"、"相互补正"、"相互参正"。对同一个研究对象采取不同的研究方法获得更为全面系统的真理，这似乎是一个最基本历史学和哲学方法论的基本预设。徐良高教授对这一基本预设，尤其是二重证据法提出了根本的批评。他认为我们应该重新看待文献记载与考古文献之间的关系：

> 首先，我们应该明确地将考古发现同文献记载严格区分开来，考古的归考古，文献的归文献，以避免互相影响。对于所谓的三代考古来说，先建立从公元前三千纪到秦统一之间的考古学文化的时空框架体系，如二里头文化、二里岗文化、殷墟文化、丰镐文化等，然后，学者们根据自己的研

---

① 陈寅恪：《金明馆丛稿二稿》，上海古籍出版社1980年版，第219页。

究来处理考古学文化时空框架体系与文献记载的夏商周王朝体系的关系，做出自己的解读，构建自己的关于这一时期的历史叙述体系。其次，要认识到文献记载与来自人类学等学科的理论模式一样，均是解读考古现象、构建古代历史叙述的理论模式，而不是为考古发现定性的唯一依据。从逻辑上看，文献记载与考古发现之间不是互证关系，而是解读模式与被解读对象的关系，考古学家借用文献的相关记载作为模式来解释其所发现的古代遗存的性质与意义，比如借用文献中有关夏王朝的记载来推测二里头遗址的性质，但我们不能以此解读结论又去反证相关文献记载的真实性、准确性。最后，要想书写不同于传统文献历史体系的古史叙述，即以考古学重写先秦史，必须先要认清束缚我们的传统史学思维，解放我们的思想观念，突破传统历史叙述体系。我们既要受益于古代文献，但又不能受限于古代文献记载和传统的历史叙述。不能局限于文献记载，受文献的左右，应该持开放的心态，广泛吸收各种学科的理论和视角来解读考古发现。如果过于坚持文献史学方向和传统的"证经补史"思维方式，只会限制我们的思路和视野，进而损害对考古发现解读的多样性和深度。[①]

徐良高教授坚持传世文献与地下文献文物彼此的独立性，或者说传统史学和考古学的独立性，最终能做到以考古学重建上古史。[②]

---

① 徐良高："由文献记载与考古发现关系再审视看二里头文化研究"，《中原文化研究》2020 年第 5 期。
② 徐良高："以考古学构建中国上古史"，《中国社会科学》2021 第 9 期。

如果把实验哲学类比为考古学的话，那么不妨说与其让实验哲学承担批评传统哲学的功能，不如坚持传统哲学和实验哲学彼此的独立性，进一步通过实验哲学重建哲学。这种看法是极有洞见的，实验哲学的发展大致分为了两个阶段：早期的实验哲学以批评传统哲学论证所依赖的直觉为主。后期的实验哲学展开了独立的研究，比较有意识的承认实验哲学是关于某个问题的常识理论或者认为实验哲学就是认知科学。例如研究个人同一性，在进行量化研究时，我们发现所设计的问卷具有根本的缺陷，只能针对质的同一进行提问，而不能针对量的同一调查，因此我们最终研究的是大众关于个人同一性的看法。同一性问题源自传统形而上学的主题，但是实验哲学的探究在这个基础上开拓了新的维度。虽然道德特征对于形而上学的个人同一并不产生影响，但人们对个人同一的看法却和道德特征难分难解。通常一个人发生了残疾或者其他变化，我们对这个人不会产生新的看法。但是当一个人的道德品质发生了变化，我们会说这个人变了。我们对他人的看法主要源自他人的道德品质，一些来自医院和精神病治疗机构的资料支持了这一看法。斯多明戈（Nina Strohminger）就认为道德特征要比其他心理能力在个人同一个和自我问题中更根本，记忆特征仅次于道德特征。[1]

因此，我们可以研究大众哲学（folk philosophy）而不一定要和传统哲学严丝合缝。诺布早就指出，探究人类的认知现象，借用主流哲学忽视之方法，探究主流科学忽视之对象，实验哲学就是认知科学。就像我们是否要把考古学归为历史学中一样，需

---

[1] Strohminger, N. & Nichols, S., "The essential moral self.", *Cognition*, 2014, pp. 159-171.

要看我们怎么理解历史学；是否把实验哲学归为哲学，也需要看我们怎么理解哲学。

　　徐良高教授认为传世文献和考古器物的互证犯了循环论证的错误："通过以上的讨论，可以看出考古发现与文献记载的关系，本质是考古学家利用了文献记载来解读其发现的意义和价值，文献记载是考古学家解读考古发现的模式之一，但我们往往将这种关系定义为考古发现证明了文献记载的真实性，由此陷入以后世文献记载来解读考古发现，又以考古发现来证明文献记载可信性的循环论证的怪圈。比如考古学界关于夏王朝与二里头遗址关系的争论，基本上都是首先以文献记载中的'夏'来解读二里头遗址的性质，将二里头遗址定性为夏都城，然后又反过来，以这种解读结果——夏都二里头遗址的存在来证明历史文献中关于'夏王朝'的记载的真实可信性，进而认为要从'疑古'走向'释古'、'信古'。有学者将这一现象视为'考古材料与文献材料之间是一种互相验证的关系'，是原史时期历史研究方法之一。笔者不敢苟同，笔者认为这一思路的本质是循环论证，并影响到考古学文化阐释的科学性。它们看起来像是论证，但实际上却是把要论证的结论当成了前提。"[①]

　　从徐良高教授的批评，来看实验哲学和概念分析哲学之间的关系似乎也面临同样的问题。[②]把通过实验方法否证或确证某一

---

① 徐良高："由文献记载与考古发现关系再审视看二里头文化研究"，《中原文化研究》2020年第5期。

② 就循环论证这个问题，杜昱臻提出了质疑："您说，徐良高先生说文献和考古发现互证是循环论证。我不觉得这是循环论证。循环论证里应该是 a 证明 b，b 又证明了 a。而我认为解读只是一种假设、猜想，远远达不到证明的程度。我觉得历史学 / 考古学学者们在说二者相互验证的时候，并不是我们逻辑上说得那

哲学论证前提所依赖的直觉作为主要工作方向，就类似于用考古发现证明文献记载，反过来又用文献记载来辅助考古发现。应该说哲学论证所包含的直觉、前提和结论是自成一体的；实验哲学对大众的直觉、心理过程的研究也是自成一体的。二者之间不能互相验证。但应该认识到，这一批评的作用比较有限，即哲学论证的有效性不仅取决于某些前提的可靠，还取决选择什么样的前提，选择什么样的论证，以及其结论和其他哲学主张的关系。哲学理论彼此之间的关系和发展，就像陈寅恪总结的第二、三重证据法，还是需要传世的不同文献之间的互证。我以为陈寅恪的总结可以回避徐氏批评，他用的是"释证"、"补正"和"参正"，考古文献只占了三重证据法之一重。[①]

实验哲学要走出徐氏所谓的"循环论证"，取决于两个方面：第一个是哲学观的改变，不把哲学限制在非科学层面、不把哲学限定为精英之学、专家之学，承认有大众哲学，进而把大众哲学看成是具有独立地位的一个哲学门类。第二个是哲学方法论的改变：采用四重证据法来探究传统的哲学问题和新兴的哲学问题。

（接上页）种非常严格意义上的相互证明。证明和解读是不一样的。基本上坚持的还是考古发现证明文献记载可信性，而文献记载并不证明考古发现，可能只是一种反映？"杜煜臻的疑问是针对徐良高教授对传统史学研究的批评，这种质疑和对史料和直觉类比的质疑属于同一个思路。的确，文献解读和逻辑证明差别很大。但徐氏强调的是，把证论的结论当成了前提。因为史料和考古证据是具有高度选择性的，如果采用互相印证的思路，就会出现挑选出符合历史叙述的考古材料，来证明历史叙述的真实，而忽略了不利于历史叙述真实性的材料。同时又会挑选出符合考古材料的历史叙述来反证考古材料的真实。循环论证的说法不够准确，但也足以传达其基本立场。徐氏坚持历史的归历史，考古的归考古。他担忧的是，考古学研究会陷入根据既有的历史观念去寻找有利于历史叙述的考古材料的错误道路上。循环论证是一个比喻性说法，并无大错。

第三节　小结

总结实验哲学的四重证据法：第一，实验哲学注重科学方法对哲学的贡献，如同历史研究要运用考古学的证据从而对重建古史做出贡献；第二，实验哲学从哲学家的专家论证转向大众立场，如同历史研究要关注草根传统、民间社会等；第三，实验哲学可以和传统哲学互不相悖，甚至可以各行其是。这类似于徐良高教授所理解的传统史学和考古学之间的关系。第四，如果能以考古学重建历史学，那么实验哲学的正面价值亦可以得到稍微积极的评估。

虽然实验哲学的四重证据法不同于历史研究的四重证据法，但哲学也是人间之学，古往今来的哲学家都是人。他们的思想深刻揭示了人类生存的普遍境况。当然，他们的思想也不可避免地具有各自的局限，这种局限性也许是因为时代的限制、也许是因为地域文化的限制、也许是因为思想方式的限制。哲学家的著作是个人化的、地域化的、历史化的，但不是神话的。虽然他们的看法一度为大众所忽视，但能够留在哲学史上，就说明这些看法是其他人可以理解的。重视哲学家以外的他人，就是重视哲学本身。从对大众的量化分析到质性研究和苏格拉底对话是理解人类心智的重要方法。就像英雄虽然也创造历史，但正是人民群众才使得英雄的行为成为可能，真正的历史是英雄史观和人民史观的结合。哲学应该反映哲学家和大众——人类的命运。

结论：从实验语言哲学到哲学方法论反思

　　查尔莫斯建立的在线哲学论文数据库网站（https://philpapers.org）是迄今为止网络上最大的免费哲学论文数据库。在这个网站上，实验哲学被归在元哲学范畴之内，元哲学包括哲学认识论、元哲学立场（经验主义、自然主义、实用主义、理性主义）、哲学方法论（论证、概念分析、概念工程、计算哲学、实验哲学等）。其中，收集的哲学认识论的文章为330篇，元哲学立场收集的文章为1835篇，哲学方法论收集的文章为1511篇。在哲学方法论中，属于实验哲学的文章为1477篇，实验哲学占据了方法论讨论的绝大篇幅。在元哲学立场中，经验主义和自然主义的讨论亦与实验哲学相关。因此，可以说近一些年来实验哲学引导了元哲学立场和哲学方法论的讨论。具体而言，在实验哲学里包含的文献大概可以分为：实验行动哲学（259篇）、实验语言哲学（143篇）、实验心灵哲学（133篇）、实验伦理学（333篇）、实验认识论（163篇）实验形而上学（92篇）、实验哲学的基础（217篇）、其他（138篇）。从这个数据来看，实验语言哲学研究文献数量仅仅高于实验心灵哲学和实验形而上学，落后于其他研究领域，这表明实验语言哲学还具有较大的研究前景。

目前已有的研究基本上属于我们在前言指出的实验语言哲学的第一个部分，即关于名字指称的实验研究。还有相当多传统语言哲学的论题没有得到充分的经验研究，例如：隐喻、约定、语境、理解、条件句等等，这些议题属于实验语言哲学的第二部分。但最重要的是，实验哲学从最基础的意义上来说就是实验语言哲学，主要通过考察受试者（大众和专家）对一些论断的认同与否来解释传统中的哲学问题。如果运用一阶真理和二阶真理的区分，二阶真理是关于语言的（判断），一阶真理是关于世界的（事实），那么实验哲学就是通过发现二阶真理去发现一阶真理。在这个意义上，实验哲学和第三部分的实验语言哲学是等同的。但这只是部分真理。在本书讲到实验哲学方法时，我们还提到两种：一种是主流的心理学调查统计方法（这是本著所主要关心的），还有一种是神经科学研究方法。如果利用一些大脑探测仪器，那就不仅仅限于语言分析了。实际的研究中，可以根据研究性质的不同，采取相应的研究方法。

从哲学史上看，研究哲学的方法大致可以分为理性主义和经验主义两条路径，理性主义传统的方法包括：诉诸内省、诉诸直觉、概念分析、逻辑分析等等；经验主义传统的方法包括：观察、实验、模仿自然科学方法、模仿社会科学方法等等。在分析哲学传统中理性主义的后裔可以称之为概念分析学派，经验主义的后裔可以称之为自然主义学派。二者之间的方法论之争构成了当代分析哲学传统的元哲学研究主题。早在《谈谈方法》一书中，笛卡尔就意识到了仅仅通过书本学习哲学的缺陷：

我下定决心，除了那种可以在自己心里或者在世界这本

452   结论：从实验语言哲学到哲学方法论反思

大书里找到的学问以外，不再研究别的学问。于是乘年纪还
轻的时候就去游历，访问各国的宫廷和军队，与气质不同、
身份不同的人交往，搜集各种经验，在碰到的各种局面里考
验自己，随时随地思考面前的事物，以便从中取得教益。因
为在我看来，普通人的推理所包含的真理要比读书人的推理
所包含的多得多：普通人是对切身的事情进行推理，如果判
断错了，它的结果马上就会来惩罚他；读书人是关在书屋里
对思辨的道理进行推理，思辨是不产生任何实效的，仅仅在
他身上造成一种后果，就是思辨离常识越远，他由此产生的
虚荣心大概就越大，因为一定要花费比较多的心思，想出比
较多的门道，才能设法把那些道理弄得好像是真理。①

在转向内省方法之前，笛卡尔看到了玄思的错误，主张观察
普通人的实际推理。因为普通人的推理是有实际后果的，其推理
总会包含一些真理，而读书人的思辨可能因为不造成实际后果，
而离真理越来越远。现在，哲学家也拥有了对大众的推理进行经
验调查统计和实验科学测试的办法，仅根据自身的观察很难就大
众的推理进行系统的研究不再仅根据自身的观察。

但即便赞同经验方法探究哲学，仍然有人会说，研究个别
人的直觉、看法没有什么研究价值。哈佛大学的德雷本（Burton
Dreben）曾说：垃圾不过就是垃圾而已，但是垃圾史却是学术。
关于实验哲学，我们也可以同样说：个体的直觉不过就是个体的
直觉，但对个体的直觉的统计却是科学。每个人的直觉并没什么

---

① 〔法〕笛卡尔：《谈谈方法》，王太庆译，商务印书馆 2000 年版，第 9 页。

价值，但是对直觉进行统计调查可以得出有意义的结论。不仅仅是对直觉进行统计调查，还可以对理由、原因展开质性研究，进而丰富加深哲学研究。通过本著，我们可以得到以下结论：

第一，实验哲学的核心部分是实验语言哲学，实验语言哲学是第一实验哲学，这是语言转向在实验哲学中的具体体现。语言哲学中的诸多争论，如模态逻辑的争论（蒯因和克里普克）、语义学指称和形而上学指称的争论（叶闯与江怡）、语义上行的争论（斯蒂奇与杰克逊）、语词之争和事实之争（查尔莫斯与陈嘉映）等等，都可以通过实验哲学的讨论回到传统语言哲学的重大争论上来，即哲学家如何看待语言和世界的关系，可以说实验语言哲学为语言哲学研究提供了一个新的视角。

第二，对专名指称的经验研究表明，描述理论和因果历史论都缺乏足够的辩护基础，各自都受到诸如文化、语言等人口效应的影响，呈现出地方性色彩。这些研究同时还揭示了人们在认识事物时具有二维特征。一方面，人们愿意认识事物的表面特征从而接受描述论；另一方面，人们又希望认识事物的深层因果特征从而接受因果历史论和本质主义。对传统语言哲学的其它议题研究表明，分析性不再是一个问题，对于把认识世界置于优先地位的自然主义哲学家来说，获取尽管包含错误但的确有用的综合知识，要比理解分析知识的性质更具有哲学价值。分析与综合的区分不再成为核心的哲学问题，如何认识较为可靠的综合知识才是哲学的首要旨趣。蒯因通过翻译不确定论题对意义实体论的反驳，需要加入实验哲学对人们有关意义实在的直觉调查的维度。一方面，这种经验调查可以解释人们为什么会具有这种直觉；另一方面，这可以借助当代认知科学来升级行为主义意义理论。从自然主义哲学视野看待信念之谜中的理性原则，人们实际上持有的是弱理性原则：非逻辑的但是理性的。这是人类心智实际运作的认知原则。在这个意义上，利用信念之谜对克里普克的批评是错误的，克里普克的辩护也是错误的，因为争论的双方假设了实际上并不存在的强理性原则。

第三，一方面，实验语言哲学的研究中不能仅仅局限于心理学的量化调查，需要把社会科学中的质性研究方法、神经科学、脑科学的探测技术整合进量化研究之中。这个维度属于实验哲学的经验探索方法。另一方面，实验语言哲学应该高度重视概念分析，从对哲学问题的经验化处理（构造思想实验、设计调查问卷）到具体的实验问题（重复危机、量化研究）等等，都要重视反思的维度。其中推动质性研究和概念分析的合流是一项极为重要的工作。这属于实验哲学的概念分析方法。基于经验探索和概念分析的二重证据法是对哲学方法论的一次革新。更具有特色的是，笔者在研究中将二重证据法改造升级为四重证据法，即量化分析、质性分析、苏格拉底对话和概念分析论证相结合的四重方法。就像中国的古史研究从二重证据法发展到四重证据法一样，哲学的探究也具有类似的发展。应该说，四重证据法为核心的方法多元论为未来实验哲学方法论的探讨提供了一种新的视角。

如果说实验哲学也是一次重要的转向——实验转向——的话。那么实验语言哲学就是语言转向与实验转向的结合，这一结合昭示了实验语言哲学的两个基本特征：即实验（经验探索）和语言（概念分析）。对实验语言哲学的批判性研究既是对哲学方法论的一次系统反思，又是对传统语言哲学所论的语言和世界关系的一次系统反思。

参考文献

中文文献

A. 中文著作

陈波、韩林合编：《逻辑与语言：分析哲学经典文选》，东方出版社 2005 年版。

陈嘉映：《价值的理由》，上海文艺出版社，2021 年版。

陈嘉映：《哲学 科学 常识》，中信出版社 2018 年版。

陈嘉映：《说理》，华夏出版社 2011 年版。

陈嘉映：《语言哲学简明教程》，中国人民大学出版社 2015 年版。

陈敬坤：《二维语义学研究》（书稿）

陈亚军：《匹兹堡问学录：围绕〈使之清晰〉与布兰顿的对谈》，复旦大学出版社 2017 年版。

陈寅恪：《金明馆丛稿二稿》，上海古籍出版社 1980 年版。

陈志武主编：《量化历史研究》，科学出版社 2018 年版。

程广云主编：《多元分析哲学卷》，上海三联书店 2011 年版。

程炼：《思想与论证》，北京大学出版社 2005 年版。

韩林合：《维特根斯坦〈哲学研究〉解读》，商务印书馆 2010 年版。

韩林合：《〈逻辑哲学论〉研究》，商务印书馆 2007 年版。

何兆武：《可能与现实：对历史学的若干反思》，北京大学出版社 2017 年版。

洪谦：《论逻辑经验主义》，商务印书馆 2005 年版。

江怡：《分析哲学教程》，北京大学出版社 2009 年版。

李学勤：《走出疑古时代》，辽宁大学出版社 1997 年版。

梁启超：《梁启超论清学史二种》，复旦大学出版社 1985 年版。

聂敏里：《西方思想的起源——古希腊哲学史论》，中国人民大学出版社 2017
  年版。

汪丁丁：《行为社会科学的基本问题》，上海人民出版社 2017 年版。

汪丁丁：《行为经济学要义》，上海人民出版社 2015 年版。

王国维：《古史新证》，湖南人民出版社 2010 年版。

辛德勇：《制造汉武帝》（增订本），三联书店 2018 年版。

叶闯：《语言 意义 指称》，北京大学出版社 2011 年版。

叶峰：《20 世纪数学哲学：一个自然主义者的评述》，北京大学出版社 2010
  年版。

叶峰：《从数学哲学到物理主义》，华夏出版社 2016 年版。

张文江：《中国古典学术讲要》，华东师范大学出版社 2005 年版。

张五常：《经济解释》，中信出版社 2014 年版。

张岱年：《中国哲学大纲》，中国社会科学出版社 1982 年版。

B. 中文译作

〔英〕约翰·奥斯汀：《感觉与可感物》，陈嘉映译，华夏出版社 2010 年版。

〔古希腊〕柏拉图：《理想国》，王扬译注，华夏出版社 2012 年版。

〔英〕玛格丽特·博登编：《人工智能哲学》，刘西瑞、王汉琦译，上海译文出
  版社 2001 年版。

〔美〕唐纳德·戴维森：《真理、意义与方法——戴维森哲学文选》，牟博编
  译，商务印书馆 2008 年版。

〔美〕约翰·杜威：《杜威全集（中期著作（1899—1924））》第十卷，王成
  兵、林建武译，华东师范大学出版社 2012 年版。

〔法〕笛卡尔：《谈谈方法》，王太庆译，商务印书馆 2000 年版。

〔英〕达米特：《弗雷格：语言哲学》，黄敏译，商务印书馆 2018 年版。

〔美〕丹尼尔·丹尼特：《心灵与认知文库 意向立场》，刘占峰，陈丽译，商
  务印书馆 2015 年版。

〔美〕布瑞·格特勒：《自我知识》，徐竹译，华夏出版社 2013 年版。

〔美〕加里·格尔茨、詹姆斯·马奥尼：《两种传承：社会科学中的定性研究
  与定量研究》，刘军译，上海人民出版社 2016 年版。

〔奥〕鲁道夫·哈勒:《新实证主义》,韩林合译,商务印书馆 1998 年版。

〔德〕威廉·冯·洪堡特:《论人类语言结构的差异及其对人类精神发展的影响》,钱敏汝译,陕西人民出版社 2006 年版。

〔美〕约翰·海尔:《当代心灵哲学导论》,高新民、殷筱译,中国人民大学出版社 2006 年版。

〔美〕斯蒂芬·霍金、列纳德·蒙洛迪诺:《大设计》,吴忠超译,湖南科学技术出版社 2011 年版。

〔澳〕弗兰克·杰克逊、戴维·布拉登-米切尔:《心灵与认知哲学导论》,魏屹东译,科学出版社 2018 年版。

〔德〕鲁道夫·卡尔纳普:"通过语言的逻辑分析清除形而上学",载于《逻辑语言:分析哲学经典文选》,商务印书馆 2005 年版。

〔德〕鲁道夫·卡尔纳普:《世界的逻辑构造》,陈启伟译,上海译文出版社 1998 年版。

〔德〕伊曼努尔·康德:《纯粹理性批判》,李秋零译,中国人民大学出版社 2011 年版。

〔德〕伊曼努尔·康德:《任何一种能够作为科学出现的未来形而上学导论》,庞景仁译,商务印书馆 1982 年版。

〔美〕索尔·阿伦·克里普克:《命名与必然性》,梅文译,上海译文出版社 2005 年版。

〔美〕赫尔曼·开普兰、厄尼·利珀尔:《自足的语义学:为语义最简论和言语行为多元论辩护》,周允程译,译林出版社 2009 年版。

〔美〕威拉德·范·奥曼·蒯因:"自然化认识论",《本体论的相对性》,《蒯因著作集》第 2 卷,涂继亮、陈波编,中国人民大学出版社 2010 年版。

〔美〕威拉德·范·奥曼·蒯因:《语词与对象》,陈启伟等译,中国人民大学出版社 2008 年版。

〔美〕威拉德·范·奥曼·蒯因:《真之追求》,王路译,中国人民大学出版社 2008 年版。

〔美〕威拉德·范·奥曼·蒯因:《从逻辑的观点看》,陈启伟译,中国人民大学出版社 1988 年版。

〔美〕丹尼尔·卡尼曼:《思考快与慢》,胡晓姣、李爱民、何梦莹译,中信出版社 2012 年版。

〔英〕罗素:《哲学问题》,何兆武译,商务印书馆 2007 年版。

〔英〕罗素:《我们关于外在世界的知识》,陈启伟译,上海译文出版社 2006
年版。

〔美〕罗蒂:《哲学、文学和政治——罗蒂自选集》,黄宗英译,上海译文出版
社 2009 年版。

〔芬兰〕冯·莱特:"分析哲学:一个历史性批判的概述",载于《逻辑语言:
分析哲学经典文选》,商务印书馆 2005 年版。

〔美〕威廉·莱肯:《当代语言哲学导论》,陈波、冯艳译,中国人民大学出版
社 2011 年版。

〔英〕约翰·洛克:《教育漫话》,傅任敢译,教育科学出版社 2014 年版。

〔美〕马蒂尼奇编:《语言哲学》,牟博等译,商务印书馆 2004 年版。

〔奥〕马赫:《感觉的分析》,洪谦等译,商务印书馆 1986 年版。

〔英〕约翰·麦肯道维尔:《心灵与世界》,韩林合译,中国人民大学出版社
2014 年版。

〔美〕约书亚·诺布、肖恩·尼科尔斯:《实验哲学》,厦门大学知识论与认知
科学研究中心翻译,上海译文出版社 2013 年版。

〔美〕罗伯特 R. 帕加诺:《心理统计:行为科学统计导论》方平、姜媛译,机
械工业出版社,2013 年第 1 版。

〔美〕希拉里·怀特哈尔·普特南:《重建哲学》,杨玉圣译,上海译文出版社
2008 年版。

〔美〕希拉里·怀特哈尔·普特南:《理性、真理与历史》,童世俊、李光程
译,上海译文出版社 2005 年版。

〔奥〕莫里茨·石里克:《自然哲学》,陈维杭译,商务印书馆 2011 年版。

〔奥〕莫里茨·石里克:《普通认识论》,李步楼译,商务印书馆 2005 年版。

〔奥〕莫里茨·石里克等,《逻辑经验主义》,洪谦主编,商务印书馆 1989 年版。

〔美〕威尔弗里德·塞拉斯:《经验主义与心灵哲学》,王玮译,复旦大学出版
社 2017 年版。

〔美〕理查德·塞勒:《错误的行为》,王晋译,中信出版社 2018 年版。

〔法〕阿历克西·德·托克维尔:《论美国的民主》,董果良译,商务印书馆
1988 年版。

〔奥〕路德维希·维特根斯坦:《蓝皮书与棕皮书》,楼巍译,上海人民出版社
2021 年版。

〔奥〕路德维希·维特根斯坦:《维特根斯坦文集》,韩林合主编,商务印书馆

2019 年版。

〔奥〕路德维希·维特根斯坦:《哲学研究》,韩林合译,商务印书馆 2013
年版。

〔奥〕路德维希·维特根斯坦:《维特根斯坦读本》,陈嘉映译,新世界出版社
2010 年版。

〔奥〕路德维希·维特根斯坦:《哲学研究》,陈嘉映译,上海世纪集团出版社
2003 年版。

〔英〕休谟:《人类理解研究》,关文运译,商务印书馆 2022 年版。

〔古希腊〕亚里士多德:《尼各马可伦理学》,廖申白译,商务印书馆 2006 年版。

〔美〕约书亚·亚历山大:《实验哲学导论》,楼巍译,上海译文出版社 2013 年版。

C. 中文文章

陈波:"社会历史的因果描述论——一种语言观和由它派生的一种新名称理
论",《哲学分析》2011 年第 1 期。

陈波:"存在'先验偶然命题'和'后验必然命题'吗——对克里普克知识论
的批评",《学术月刊》2010 第 8 期。

陈晓平:"论名称的语境与功能——兼评克里普克和陈波的名称理论",《2011:
中国分析哲学》,浙江大学出版社 2011 年版。

陈晓平:"先验偶然命题与后验必然命题——兼评蒯因和克里普克的意义和命
名理论",《哲学研究》2001 年第 2 期。

陈嘉映:"关于查尔默斯'语词之争'的评论",《世界哲学》2009 年第 03 期。

陈嘉映:"哲学之为穷理",《中山大学学报社会科学版》2008 第 6 期。

陈嘉映:"哲学是什么",《读书》2000 年第 1 期。

江怡:"什么是形而上学指称?——与叶闯教授商榷",《学术月刊》2011 年 01 期。

李红、韩东晖:"今日英国分析哲学掠影——访英国哲学家达米特和珍·希
尔",《哲学动态》2007 第 3 期。

李金彩:"基于跨文化视角的专名指称实证研究",上海交通大学外国语学院
博士论文,2018。

刘宗迪:"唯有大地上歌声如风",《读书》2004 年第 2 期。

梅剑华:"直觉、知觉与辩护",《社会科学》2023 年第 2 期。

梅剑华:"实验哲学的四重证据法",《中国人民大学学报》2023 年第 2 期。

梅剑华："自然类词双特征解释的经验基础"，《中国分析哲学 2022》，浙江大学出版社。

梅剑华："如何理解客观性：对象、意义和世界"，《学术研究》2022 年第 1 期。

梅剑华："实验哲学与历史学-考古学的方法论之对话与反思"，《新文科教育》2022 年第 3 期。

梅剑华："越界：诺布的实验哲学之路"，《科学 经济与社会》2021 年第 3 期。

梅剑华："反思与道德行为的两个面向"，《伦理学研究》2021 年第 1 期。

梅剑华："重复危机与实验哲学"，《自然辩证法通讯》2020 年第 9 期。

梅剑华："概念分析与经验探索：实验哲学的二重证据法"，《社会科学》2020 年第 5 期。

梅剑华："因果归责与疫情叙事"，《广州大学学报》2020 年第 4 期。

梅剑华："实验哲学、跨界研究与哲学传统"，《社会科学》2018 年第 12 期。

梅剑华："洞见抑或偏见：实验哲学的专家辩护问题"，《哲学研究》2018 年第 05 期。

梅剑华："真实的自我：规范性的经验研究"，《自然辩证法通讯》2017 年第 6 期。

梅剑华："测试直觉：作为方法的实验哲学"，《中国社会科学报》2015 年 5 月 11 日 A06 版。

梅剑华："从直觉到理由：实验哲学的一个可能的新开展"，《社会科学》2015 年第 10 期。

梅剑华："分析性、必然性和逻辑真理"，《哲学分析》2014 年第 1 期。

梅剑华："理由的缺席：实验语义学的一个根本性谬误"，《世界哲学》2013 年第 3 期。

梅剑华："理解信念之谜：弗雷格、克里普克、索萨"，《江海学刊》2013 年第 5 期。

梅剑华："对奎因翻译不确定性论题再思考"，《哲学动态》2011 年第 12 期。

梅剑华："实验哲学、语义学直觉与文化风格"，《哲学研究》2011 年第 12 期。

梅剑华："异端的理论与合理的解释"，《世界哲学》2011 年第 1 期。

梅剑华："语词之争背后的哲学进步"，《世界哲学》2009 年 6 月第 3 期。

彭凯平、喻丰："实验伦理学：研究、贡献与挑战"，《中国社会科学》2011 年 06 期。

徐良高："以考古学构建中国上古史"，《中国社会科学》2021 第 9 期。

徐良高："由文献记载与考古发现关系再审视看二里头文化研究"，《中原文化研究》2020 年第 5 期。

徐良高:"文化理论视野下的考古学文化及其阐释"（上、下）,《南方文物》
　　2019 年第 2、3 期。

徐良高:"考古学研究中的解读与建构——关于考古学本体理论的一些思考",
　　《李下蹊华——庆祝李伯谦先生八十华诞论文集》,科学出版社 2017 年版。

徐良高:"中国三代时期的文化大传统与小传统:以神人像类文物所反映的长
　　江流域早期宗教信仰传统为例",《考古》2014 年第 9 期。

杨骊、叶舒宪:《四重证据法研究》,复旦大学出版社 2019 年版。

叶闯:"语言哲学传统与形而上学指称观念——答江怡教授的质疑",《学术月
　　刊》2011 年第 01 期。

叶闯:"站在近端与站在远端的两个蒯因",《外国哲学》2004 年第 16 辑。

叶峰:"为什么相信自然主义及物理主义",《哲学评论》2012 年第 01 辑。

叶舒宪:"四重证据法:符号学视野重建中国文化观",《光明日报》2010 年 7
　　月第 6 版。

朱菁:"认知科学的实验研究表明道义论哲学是错误的吗?——评加西华·格
　　林对康德伦理学的攻击",《学术月刊》2013 年第 1 期。

外文文献

D. 外文著作

Albert, David Z., *Quantum Mechanics and Experience*, Cambridge, MA: Harvard University Press, 1992.

Alexander, J., *Experimental Philosophy: An Introduction*, Polity Press, 2012.

Appiah, K. A., *Experiments in ethics,* Harvard University Press, 2008.

Armstrong, D., *A Materialist Theory of the Mind.* London: Routledge Press, 1968.

Aydede, M., *Is Introspection Inferential?* , Aldershot: Ashgate Publishing, 2003.

Bach, K., & Harnish, R. M., *Linguistic Communication and Speech Acts*, Cambridge: MIT Press, 1979.

Bonjour, L., *In Defence of Pure Reason*, Cambridge: Cambridge University Press, 1998.

Brandom, R., *Making It Explicit*, Cambridge, Mass: Harvard University Press,

1994.

Bridgman, P., *The Logic of Modern Physics,* New York: Macmillan Press, 1927.

Bruce, M. & Barbone, S. (eds.), *Just the Arguments: 100 of the Most Important Arguments in Western Philosophy*, Blackwell Publishing Ltd, 2011.

Buckwalter, W. & Sytsma, J. (eds.), *A Companion to Experimental Philosophy*, Chichester: John Wiley & Sons, 2016.

Cappelen, H., *Philosophy without Intuitions*, Oxford: Oxford University Press, 2012.

Chalmers, D. *The Conscious Mind.* Oxford: Oxford University Press, 1996.

Churchland, P. M. (ed.), *Matter and Consciousness: A Contemporary Introduction to the Philosophy of Mind*, Cambridge, Massachusetts: MIT Press, 1984.

David, L., *Philosophical Papers Volume I*, New York: Oxford University Press, 1983.

DePaul, M. and Ramsey, W. (eds.), *Rethinking Intuition: The Psychology of Intuition and Its Role in Philosophical Inquiry,* Lanham, Maryland: Rowman and Littelfield Press, 1998.

Deutsch, M. E., *The Myth of the Intuitive: Experimental Philosophy and Philosophical Method,* Cambridge, MA: Mit Press, 2015.

Devitt, M. & Sterelny, K., *Language and Reality,* Cambridge, MA: MIT Press, 2000.

Fine. K., *Vagueness: A global Approach,* Oxford: Oxford University Press, 2020.

Fischer, E., & Curtis, M. (eds.), *Methodological Advances in Experimental Philosophy*, London: Bloomsbury Publishing, 2019.

Gertler, B. (ed.), *Self-Knowledge*, London: Routledge Press, 2011.

——, *Privileged Access: Philosophical Accounts of Self-Knowledge*, Aldershot, UK: Ashgate Press, 2003.

Goldman, A., *Simulating Minds.* New York: Oxford University Press, 2016.

Hales, S., *Relativism and the Foundations of Philosophy,* Cambridge, MA: MIT Press, 2006.

Hawthorne, J., *Knowledge and Lotteries*, Oxford: Oxford University Press, 2004.

Herman, C., *Philosophy without Intuitions*. Oxford: Oxford University Press, 2012.

Humphreys, P. & Fetzer, J. H., *The New Theory of Reference: Kripke, Marcus, and Its Origins*, Dordrecht: Kluwer, 1998.

Jackson F., *From Metaphysics to Ethics: A Defence of Conceptual Analysis*, Oxford: Oxford University Press, 1998.

Jenkins, C., *Grounding Concepts: An Empirical Basis for Arithmetical Knowledge*, Oxford: Oxford University Press, 2008.

Katz, J,. *Sense Reference and Philosophy*, New York: Oxford University Press, 2004.

Kitcher, P., *The Advancement of Science: Science without Legend, Objectivity without Illusions*, Oxford: Oxford University Press, 1993.

Knobe, J. & Nichols, S. (eds.), *Experimental Philosophy*, Oxford: Oxford University Press, 2008.

Kripke, S., *Naming and Necessity*, Cambridge, MA: Harvard University Press, 1980.

——, *Reference and Existence*, Oxford: Oxford University Press, 2013.

Krista, L., *Assurance: An Austinian View of Knowledge and Knowledge Claims*, Oxford University Press, 2013.

Kvanvig, J. L., *The Value of Knowledge and the Pursuit of Understanding*, Cambridge University Press, 2003.

Locke, J., *An Essay Concerning Human Understanding*, State College: The Pennsylvania State University Press, 1999.

Lycan, W., *Consciousness and Experience,* Cambridge, MA: MIT Press, 1996.

——, *Judgement and Justification,* Cambridge: Cambridge University Press, 1988.

Machery, E., *Philosophy within Its Proper Bounds*, Oxford University Press, 2017.

McDowell, J., *Mind, Value, and Reality*, Harvard University Press, 1998.

Maudlin, T., *The Metaphysics within Physics*, Oxford: Oxford University Press, 2010.

Nichols, S. & Stich, S., *Mindreading*, Oxford: Oxford University Press, 2003.

Nichols, S., *Bound: Essays on Free Will and Responsibility*, Oxford: Oxford University Press, 2015.

Noonan, H., *Frege: a Critical Introduction*, Cambridge: Polity Press, 2001.

Pust, J. Intaitions as Evidemce, New York: Garland/Routledge, 2000.

Quine, W., *From a Logical Point of View*, Cambridge, Mass: Harvard University Press, 1980.

——, *Word and Object*, Cambridge, Mass: MIT Press, 1960.

Russell, G., *Truth in Virtue of Meaning: A Defence of the Analytic/Synthetic Distinction*, Oxford: Oxford University Press, 2011.

Sainsbury, M., *Reference without Referents*, Oxford: Oxford University Press, 2005.

Salmon, N., *Reference and Essence*, New Jersey: Princeton University Press, 1981.

——, *Frege's Puzzle*, Ridgeview, 1986.

Sider, T., *Writing the Book of the World*, Oxford: Oxford University Press, 2011.

Soames, S., *Beyond Rigidity,* Oxford: Oxford University Press, 2002.

Sosa, E., *A Virtue Epistemology: Apt Belief and Reflective Knowledge,* Vol. 1. OUP Oxford, 2007.

Stich, S., *Collected Papers, Volume 1: Mind and Language, 1972–2010*, Oxford: Oxford University Press, 2011.

——, *From Folk Psychology to Cognitive Science*, Cambridge, MA: MIT Press, 1983.

——, *The Fragmentation of Reason: Preface to a Pragmatic Theory of Cognitive Evaluation*, Cambridge, MA: MIT Press, 1990.

——, *Deconstructing the Mind.* Oxford: Oxford University Press, 1996.

Stoljar, D., *Ignorance and Imagination* , Oxford: Oxford University Press, 2006.

Sytsma, J. & Buckwalter, W. (eds), *A Companion to Experimental Philosophy.* Malden, MA: Wiley Blackwell, 2016.

Turri, J., *Knowledge and the Norm of Assertion: An Essay in Philosophical Science,* Cambridge: Open Book Publishers, 2016b.

Unger, Peter, *Ignorance: The Case for Skepticism*, Oxford: Clarendon Press, 1975. Reissued 2002.

Watanabe, M., *Styles of reasoning in Japan and the United States: Logic of education in two cultures*, Unpublished Ph. D. thesis, Columbia University, 1999.

Williamson, T., *Knowledge and Its Limits*, Oxford: Oxford University Press, 2000.

——, *The Philosophy of Philosophy*, Malden, MA: Wiley Blackwell Press, 2007.

Wittgenstein, L., *Philosophical Remarks*, Oxford, England: University of Chicago Press, 1975.

Wittgenstein, L., *On Certainty*. Vol. 174. Oxford: Blackwell, 1969.

E. 外文文章

Alexander, B., "Understanding the Replication Crisis as a Base Rate Fallacy", *The British Journal for the Philosophy of Science*, 2018.

Allen, K, et al., "What is it like to be colour-blind? A case study in experimental philosophy of experience", *Mind & Language,* Vol. 37, No. 5, 2022, pp. 814−839.

Allwood, C. M, "The distinction between qualitative and quantitative research methods is problematic", *Quality & Quantity*, Vol. 46, No. 5, 2012, pp. 1417−1429.

Andow, J., "Qualitative tools and experimental philosophy", *Philosophical Psychology*, Vol. 29, No. 8, 2016, pp. 1128−1141.

——, "Intuitions, Disagreement and Referential Pluralism", *Review of Philosophy and Psychology*, 2014, Vol. 5, No. 2, pp. 223−239.

Bach, K., "Applying Pragmatics to Epistemology", *Philosophical Issues*, Vol. 18, 2008, pp. 68−88.

Baker, M. & Penny, D., "Is there a reproducibility crisis?", *Nature*, Vol. 533, 2016, pp. 452−454.

Bateson, M., Nettle, D., "Cues of being watched enhance cooperation in a real-world setting.", *Biology Letters*, 2006, pp. 412−414.

Bealer, G., "A priori knowledge and the scope of philosophy", *Philosophical Studies,* Vol. 81, No. 2−3, 1996, pp. 121−142.

——, "Modal Epistemology and the Rationalist Renaissance", In Hawthorne. J and Gendler. T (eds.), *Conceivability and Possibility,* Oxford: Oxford University Press, 2002, pp. 71−125.

Bengson, J., "A Noetic Theory of Understanding and Intuition as Sense-Maker", *Inquiry: An Interdisciplinary Journal of Philosophy*, Vol. 58, No. 7−8, 2015, pp. 633−668.

——, "The Intellectual Given", *Mind*, Vol. 124, No. 495, 2015, pp. 707−760.

Benjamin, D., et al., "Redefine statistical significance.", *Nature Human Behaviour*, Vol. 2, No. 1, 2018, pp. 6−10.

Benton, M. A., & Turri, J., "Iffy predictions and proper expectations", *Synthese*, Vol. 191, No. 8, 2014, pp. 1857−1866.

Benton, M. A., "Knowledge norms", *Internet Encyclopedia of Philosophy*, 2014.

——, "Two More for the Knowledge Account of Assertion", *Analysis*, Vol. 71, 2011, pp. 684−687.

Bird, A., "Understanding the Replication Crisis as a Base Rate Fallacy", *The British Journal for the Philosophy of Science*, 2018, pp. 965−993.

Bishop, M. & Stich, S., "The flight to reference, or how not to make progress in the philosophy of science", *Philosophy of Science*, 1998, pp. 33−49.

Block, N., "Why do Mirrors Reverse Right/Left but not Up/Down?", *The Journal of Philosophy*, Vol. 71, No. 9, 1974, pp. 259−77.

Boghossian, P., "The transparency of mental content.", *Philosophical Perspectives,* Vol. 8, 1994, pp. 33−50.

——, "Analyticity Reconsidered", *Noûs*, Vol. 30, 1996, pp. 360−391.

——, "Analyticity", in Hale, B. And Wright, C. (eds.), *A Companion to the Philosophy of Language*, Oxford: Blackwell, 1997, pp. 331−68.

——, "Virtuous Intuitions: comments on Ernest Sosa's A Virtue Epistemology", *Philosophical Studies*, Vol. 144, 2009, pp. 111−119.

——, "Philosophy Without Intuitions? A Reply to Cappelen", *Analytic Philosophy*, Vol. 55, 2014, 368−381.

——, "Intuitions and the Understanding", *Performance Epistemology: Foundations and Applications*, 2016, pp. 137−150.

Boghossian, Paul A., "The status of content revisited", *Pacific Philosophical Quarterly*, Vol. 71 (December), 1990, pp. 264–278.

Bourget, D., & Chalmers, D. J., "What do philosophers believe?", *Philosophical Studies*, Vol. 170, 2014, pp. 465–500.

——, "Philosophers on philosophy: The 2020 philpapers survey", *unpublished manuscript,* 2021.

Boyd, R. Scientific Realism. The Stanford Encyclopedia of Philosophy (Summer 2002 Edition), Zalta, E. (ed.), 2002, URL = <http: //plato. stanford. edu/archives/sum2002/entries/scientific-realism/>.

Braisby, Nick; Franks, Bradley & Hampton, James, "Essentialism, word use, and concepts", *Cognition*, Vol. 59, No. 3, 1996, pp. 247–274.

Brandom, R., "Reason, Expression, and the Philosophical Enterprise", *What Is Philosophy?,* edited by Ragland, C. and Heidt, S., New Haven, Yale University Press, 2001, pp. 74–95.

Braun, D., "Illogical, But Rational", *Noûs*, Vol. 40, No. 2, 2006, pp. 376–379.

Burge, T., "Sinning against Frege", *Philosophical Review,* Vol. 88, No. 3, 1979, pp. 398–432.

Carbon, C., Hesslinger, V. M., "Cues-of-being-watched Paradigm Revisited", *Swiss Journal of Psychology*, 2011, No. 70, pp. 203–210.

Casscells, W., Schoenberger, A., Graboys, T. B., "Interpretation by Physicians of Clinical Laboratory Results", *New England Journal of Medicine*, 1978, Vol. 299, No. 18, pp. 999–1001.

Chalmers, D., "The meta-problem of consciousness. " *Journal of Consciousness Studies*, Vol. 25, 2018.

——, "The Content and Epistemology of Phenomenal Belief", *Consciousness: New Philosophical Perspectives*, edited by Smith, Q. and Jokic, A., Oxford: Oxford University Press, 2003, pp. 220–272.

——, "The foundations of two-dimensional semantics." *Two-Dimensional Semantics* , 2006, pp. 55–140.

——, "Consciousness and its place in nature." *Blackwell Guide to the Philosophy of Mind* , 2003, pp. 102–142.

Chisholm, R. M., "Philosophers and ordinary language", *The Philosophical*

Review, 1951, Vol. 60, No. 3, pp. 317–328.

Chomsky, N., "Quine's empirical assumptions", *Synthese*, Vol. 19, No. 1, 1968, pp. 53–68.

——, "Linguistics and philosophy", In Sidney Hook (ed.), *Language and Philosophy*, New York University Press, 1969.

Colling, L. & Szűcs, D., "Statistical Inference and the Replication Crisis", *Review of Philosophy and Psychology*, Vol. 12, No. 1, 2021, pp. 121–147.

Cova F., Strickl B., and Abatista A., et al., "Estimating the reproducibility of experimental philosophy", *Review of Philosophy and Psychology*, Vol. 12, No. 1, 2021, pp. 9–44.

Cova, F. Garcia, A. & Liao, Shen-yi., "Experimental Philosophy of Aesthetics", *Philosophy Compass*, Vol. 10, No. 12, 2015, pp. 927–939.

Cova, Florian, et al., "Estimating the reproducibility of experimental philosophy", *Review of Philosophy and Psychology*, No. 1, 2018, pp. 1–36.

Culbertson, J. & Gross, S., "Are linguists better subjects?", *British Journal for the Philosophy of Science*, Vol. 60, No. 4, 2009, pp. 712–736.

Curran, P., "Methods for the detection of carelessly invalid responses in survey data", *Journal of Experimental Social Psychology*, Vol. 66, 2016, pp. 4–19.

David, P., "Against representationalism", *International Journal of Philosophical Studies*, Vol. 24, No. 3, 2016, pp. 324–347.

David, S., "The Import of the Puzzle About Belief", *The Philosophical Review*, Vol. 10, No. 53, 1996. pp. 373–402.

De Block, A., & Hens, K., "A plea for an experimental philosophy of medicine", *Theoretical Medicine and Bioethics*, Vol. 42, No. 3, 2021, pp. 81–89.

Deutsch, M., "Experimental philosophy and the theory of reference", *Mind and Language*, Vol. 24, No. 4, 2009, pp. 445–466.

Devitt, M., "Experimental Semantics", *Philosophy and Phenomenological Research*, Vol. 82, No. 2, 2011, pp. 418–435.

——, "Intuitions in linguistics", *British Journal for the Philosophy of Science*, Vol. 57, No. 3, 2006, pp. 481–513.

Domaneschi, F. and Vignolo, M., "Reference and The Ambiguity Of Truth-Value Judgments", *Mind & Language*, Vol. 35, No. 4, 2020, pp. 440–455.

Domaneschi, F. et al., "Testing The Causal Theory Of Reference", *Cognition*, Vol. 161, 2017, pp. 1−9.

Doyen, S., Klein, O., Simons, D., Cleere-mans, A., "On the other Side of the Mirror: Priming in Cognitive and Social Psychology", *Social Cognition*, No. 32, 2014, pp. 12−32.

Dretske, F., "Introspection", *Proceedings of the Aristotelian Society*, Vol. 94, 1994, pp. 263−278.

Earlenbaugh, J., & Molyneux, B., "Intuitions are inclinations to believe", *Philosophical Studies*, Vol. 145, No. 1, 2009, pp. 89−109.

Feest, U., "Why Replication is Overrated", *Philosophy of Science*, Vol. 86, No. 5, 2019, pp. 895−905.

Feng Ye., "Naturalized Truth and Plantinga's Argument Against Naturalism", *International Journal for Philosophy of Religion,* Vol. 70, No. 1, 2011, pp. 27−46.

Fiona, F. & John, W., "Reproducibility of Scientific Results", *The Stanford Encyclopedia of Philosophy*, Winter 2018 Edition. Zalta, E. ed., URL=<https: // plato. stanford. edu/archives/win2018/entries/scientific-reproducibility/>.

Forbes, G., "Indexical and intensionality: a Fregan perspective", *Philosophical Review*, Vol. 96, No. 1, 1987, pp. 3−31.

Frances, B., "Defending Millian Theories", *Mind*, Vol. 107, 1998, pp. 703−728.

Frege G, "Sense and reference (Black M., Trans.)", *The Philosophical Review*, Vol. 57, No. 3, 1948, pp. 209−230.

Gelman, Susan A. & Hirschfeld, Lawrence A., "How biological is essentialism", *Folkbiology*, edited by D. Medin & S. Atran, Cambridge, MA: MIT Press, 1999, pp. 403−446.

Genone, J and Lombrozo, T., "Concept Possession, Experimental Semantics, and Hybrid Theories of Reference", *Philosophical Psychology*, Vol. 25, No. 5, 2012, pp. 717−742.

George, Bealer., "Intuition and the Autonomy of Philosophy", in Michael DePaul & William Ramsey (eds.), *Rethinking Intuition: The Psychology of Intuition and Its Role in Philosophical Inquiry*, Lanham: Rowman & Littlefield, 1998, pp. 201–240.

Goff, P., "Real acquaintance and physicalism", *Phenomenal Qualities: Sense, Perception and Consciousness*, edited by Paul Coates & Sam Coleman, Oxford: Oxford University Press, 2015, pp. 121–146.

——, "A Posteriori Physicalists Get Our Phenomenal Concepts Wrong", *Australasian Journal of Philosophy*, Vol. 89, 2011, pp. 191–209.

Goldman, A. and Pust, J., "Philosophical Theory and Intuitional Evidence", *Rethinking Intuition: The Psychology of Intuition and Its Role in Philosophical Inquiry*, edited by Depaul M. & Ramsey W., Lanham, Maryland: Rowman and Littelfield Press, 1998, pp. 179–197.

Goldman, A., "Philosophical Intuitions: Their Target, Their Source, and Their Epistemic Status", *Grazer Philosophische Studien,* Vol. 74, No. 1, 2007, pp. 1–26.

Gopnik, A. & Schwitzgebel, E., "Whose concepts are they, anyway? The role of philosophical intuition in empirical psychology", *Rethinking Intuition*, edited by M. R. DePaul & William Ramsey, Lanham: Rowman and Littlefield, 1998, pp. 75–91.

Greene, J. D., Sommerville, R. B., Nystrom, L. E., Darley, J. M., & Cohen, J. D., "An fMRI investigation of emotional engagement in moral judgment", *Science*, Vol. 293, No. 5537, 2001, pp. 2105–2108.

Hartry, F., "Recent Debates about the a Priori", *Oxford Studies in Epistemology Volume 1*, edited by Tamar Gendler and John Hawthorne, Oxford: Oxford University Press, 2005, pp. 69–88.

Hempel, Carl G., "Comments on Goodman's ways of worldmaking", *Synthese*, Vol. 45, No. 2, 1980, pp. 193–199.

Hill, C. S., & Schechter, J., "Hawthorne's lottery puzzle and the nature of belief", *Philosophical Issues*, Vol. 17, 2007, pp. 102–122.

Hintikka, J., "The Emperor's New Intuitions", *The Journal of Philosophy*, Vol. 96, No. 3, 1999, pp. 127–147.

Huang, J., Curran, P., Keeney, J., Poposki, E., DeShon, R., "Detecting and deterring insufficient effort responding to surveys", *Journal of Business and Psychology,* Vol. 27, No. 1, 2012, pp. 99–114.

Hull, David L., "On Human Nature", *PSA: Proceedings of the Biennial Meeting of the Philosophy of Science Association*, Vol. 2, 1986, pp. 3–13.

Izumi, Y., Kasaki, M., Zhou, Y. & Oda S., "Definite descriptions and the alleged east-west variation in judgments about reference", *Philosophical Studies*, Vol. 175, 2017, pp. 1183–1205.

Jackman H., "Semantic Intuitions, Conceptual Analysis, and Cross-Cultural Variation", *Philosophical Studies*, Vol. 146, No. 2, 2009, pp. 159–177.

Jackson, F., "Eliminativism and the theory of reference", *Stich and His Critics*, edited by Dominic Murphy & Michael A. Bishop, Wiley-Blackwell, 2009, pp. 62–73.

Jenkins, C., "A Priori Knowledge: The Conceptual Approach", *The Continuum Companion to Epistemology,* edited by Cullison A., London: Continuum Press, 2012, pp. 207–228.

——, "A Priori Knowledge: Debates and Developments", *Philosophy Compass,* Vol. 3, 2008, pp. 436–450.

Jylkkä, J., Railo, H. & Haukioja, J., "Psychological essentialism and semantic externalism: Evidence for externalism in lay speakers' language use", *Philosophical Psychology*, Vol. 22, No. 1, 2009, pp. 37–60.

Kaplan, D., "Demonstratives: An Essay on the Semantics, Logic, Metaphysics and Epistemology of Demonstratives and other Indexicals", *Themes from Kaplan*, edited by Almog, J., Perry, J. & Wettstein H., New York: Oxford University Press, 1989, pp. 481–563.

Kauppinen, A., "The Rise and Fall of Experimental Philosophy", *Philosophical Explorations*, Vol. 10, No. 2, 2007, pp. 95–118.

Kind, A., "Shoemaker, Self-Blindness, and Moore's Paradox", *Philosophical Quarterly,* Vol. 53, 2003, pp. 39–48.

Knobe, J. & Samuels, R., "Thinking Like a Scientist: Innateness as a Case Study", *Cognition*, Vol. 126, 2013, pp. 72–86.

Knobe, J., "Intentional Action and Side Effects in Ordinary Language", *Analysis*, Vol. 63, 2003, pp. 190–193.

——, "Experimental Philosophy is Cognitive Science", *A Companion to Experimental Philosophy*, edited by Sytsma, J. & Buckwalter, W., Malden,

MA: Wiley Blackwell, 2016, pp. 37-52.

Knobe, J., Prasada, S., & Newman, G. E., "Dual character concepts and the normative dimension of conceptual representation", *Cognition*, Vol. 127, No. 2, 2013, pp. 242-257.

Kripke, S., "A puzzle about belief", *Meaning and Use*, edited by Margalit, A., Dordrecht: Springer, 1979, pp. 239-283.

Kripke, Saul A., "Identity and necessity". In Milton Karl Munitz (ed.), *Identity and Individuation*, New York: New York University Press., 1971, pp. 135-164.

Kuntz, J. R. & Kuntz, J. R. C., "Surveying philosophers about philosophical intuition", *Review of Philosophy and Psychology*, Vol. 2, No. 4, 2011, pp. 643-665.

Kvanvig, J. L., "Assertions, Knowledge, and Lotteries", *Williamson on Knowledge*, edited by Patrick Greenough and Duncan Pritchard, Oxford: Oxford University Press, 2009.

Lackey, J., "Norms of Assertion", *Noûs*, Vol. 41, 2007, pp. 594-626.

Lam, B., "Are Cantonese Speakers Really Descriptivists? Revisiting Cross-Cultural Semantics", *Cognition*, Vol. 115, No. 2, 2010, pp. 320-332.

Laudan, L., "Realism without the real", *Philosophy of Science*, Vol. 51, No. 1, 1984, pp. 156-162.

Leslie, Sarah-Jane, "Essence and natural kinds: When science meets preschooler intuition", *Oxford Studies in Epistemology*, Vol. 4, 2013, pp. 108-166.

Lewis, D., "How to define theoretical terms", *Journal of Philosophy*, Vol. 67, 1970, pp. 427-446.

———, "Psychophysical and theoretical identifications", *Australasian Journal of Philosophy*, Vol. 50, No. 3, 1972, pp. 249-258.

Livengood, J. & Sytsma, J., "Empirical Investigations: Reflecting on Turing and Wittgenstein on Thinking Machines", *Turing and Wittgenstein on Mind and Mathematics*, edited by Proudfoot, Oxford: Oxford University Press, forthcoming.

Locke, D., "Through the Looking Glass", *Philosophical Review*, Vol. 86, 1977, pp. 3-19.

Lormand, E., "Inner sense until Proven Guilty", *www-personal. umich. edu/~ lormand/phil/cons/inner_sense. htm*, Draft, 1996.

Ludwig, K., "The Epistemology of Thought Experiments: First Person vs. Third Person Approaches", *Midwest Studies in Philosophy,* Malden, MA: Wiley Blackwell, 2007, pp. 128−159.

Machery E., "Thought experiments and philosophical knowledge", *Metaphilosophy*, Vol. 42, No. 3, 2011, pp. 191−214.

——, "Expertise and intuitions about reference", *Theoria: An International Journal for Theory, History and Foundations of Science,* Vol. 27, No. 1, 2012, pp. 37−54.

Machery, E., & Seppälä, S., "Against hybrid theories of concepts", *Anthropology and Philosophy*, Vol. 10, 2011, pp. 99−126.

Machery, E., Deutsch, M., Mallon, R., Nichols, S., Sytsma, J., & Stich, S., "Semantic intuitions: Reply to Lam", *Cognition,* Vol. 117, No. 3, 2010, pp. 363−366.

Machery, E., Mallon, R., Nichols, S. & Stich, S., "Semantics, Cross-Cultural Style", *Cognition,* Vol. 92, No. 3, 2004, pp. 1−12.

Machery, E., Olivola, C. & Blanc, M., "Linguistic and Metalinguistic Intuitions in the Philosophy of Language", *Analysis,* Vol. 69, No. 4, 2009, pp. 689−694.

Machery, Edouard, et al., "If folk intuitions vary, then what?. " *Philosophy and Phenomenological Research* , 2013, pp. 618−635.

Mallon, R., Machery, E., Nichols, S., & Stich, S., "Against arguments from reference", *Philosophy and Phenomenological Research*, Vol. 79, No. 2, 2009, pp. 332−356.

Malt, B. C., "Water is not H_2O", *Cognitive Psychology*, Vol. 27, No. 1, 1994, pp. 41−70.

Martí, G., "Against Semantic Multi-Culturalism", *Analysis*, Vol. 69, No. 1, 2009, pp. 42−48.

May, R., "The Invariance of sense", *The Journal of Philosophy*, Vol. 103, No. 3, 2005, pp. 111−144.

Meade, A., Craig, S, "Identifying careless responses in survey data", *Psychological Methods*, Vol. 17, No. 3, 2012, pp. 437−455.

Mei, J., "Intuitions or Reasons: The Empirical Evidence for Theory of Reference", *Philosophy of Language, Chinese Language, Chinese Philosophy*: *Constructive Engagement*, edited by Bo Mou, Leiden: Koninklijke Brill NV, 2018, pp. 187‒198.

Miłkowski, M., Hensel, W. & Hohol, M., "Replicability or Reproducibility? On the Replication Crisis in Computational Neuroscience and Sharing Only Relevant Detail", *Journal of Computational Neuroscience*, Vol. 3, No. 45, 2018, pp. 163‒172.

Moss, D., "Experimental Philosophy, Folk Metaethics and Qualitative Methods", *Teorema*, Vol. 36, 2017, pp. 185‒203.

Nado, J., "Philosophical expertise." *Philosophy Compass*, 2014, pp. 631‒641.

Nagel, J., "Epistemic Intuitions", *Philosophy Compass*, Vol. 2, No. 6, 2007, pp. 792‒819.

Nathan, S., "Modal Paradox: Parts and Counterparts, Points and Counterpoints", *Midwest Studies in Philosophy*, Vol. 11, No. 1, 1986, pp. 75‒120.

Nichols, S., "The Folk Psychology of Free Will: Fits and Starts", *Mind and Language*, 2004, pp. 473‒502.

Nichols, S., et al., "Ambiguous Reference", *Mind*, Vol. 125, No. 497, 2016, pp. 145‒175.

Nida-Rümelin, M., "Grasping Phenomenal Properties", *Phenomenal Concepts and Phenomenal Knowledge*, New York: Oxford University Press, 2007, pp. 307‒336.

Nisbett, R., Peng K., Choi, I. & Norenzayan, A., "Culture and systems thought: holistic vs analytic cognition", *Psychological Review*, Vol. 108, No. 2, 2001, pp. 291‒310.

Norenzayan, A., Smith, E., & Kim, B. "Cultural Preferences for Formal versus Intuitive Reasoning", *Cognitive Science*, Vol. 26, 2002, pp. 653‒684.

Open Science Collaboration, "Estimating the reproducibility of psychological science", *Science*, Vol. 349, No. 6251, 2015.

Papineau, D., "Theory-Dependent Terms", *Philosophy of Science*, Vol. 63, 1996, pp. 1‒20.

——, "The Poverty of Armchair Analysis", In Haug, M. (ed.), *Philosophical*

Methodology. London: Routledge Press, 2013, pp. 66–94.

——, "A Priori Intuitions: Analytic or Synthetic?", In *Experimental Philosophy, Rationalism, and Naturalism Rethinking Philosophical Method*, London: Routledge Press, 2015.

Paul B., "Transparent of Mental Content Philosophical Perspectives", *Logic and Language*, Vol. 8, 1990, pp. 33–50.

Percy, W., Kostere, K. & Kostere, S., "Generic qualitative research in psychology", *The Qualitative Report*, Vol. 20, No. 2, 2015, pp. 76–85. Retrieved from http: //www.nova.edu/ssss/QR/QR20/2/percy5.pdf.

Perry, J., "Frege on demonstratives", *Philosophical Review*, Vol. 86, 1977, pp. 474–497.

Pourghannad, P., Hosseini, D., & Nabavi, L., "perception, self-correction and philosophical intuition", *Metaphysics*, Vol. 8, No. 22, 2016, pp. 47–60.

Pust, J., Intuition. Stanford Encyclopedia of Philosophy , 2012, http: //plato. stanford.edu/entries/intuition/.

Putnam, H., "The meaning of 'meaning' ", *Philosophical papers*, Vol. 2, 1975, pp. 131–193.

——, "Two dogmas' revisited appeared in *Realism and Reason*", *Philosophical Papers,* vol. 3, Cambridge: Cambridge University Press, 1983, pp. 87–97.

Quine, W., "Two Dogmas of Empiricism", *The Philosophical Review*, Vol. 60, 1951, pp. 20–43. Reprinted with revisions in his *From a Logical Point of View*. Cambridge, Mass: Harvard University Press, pp. 20–46.

——, "Carnap and Logical Truth", *Synthese*, Vol. 12, No. 4, 1960, pp. 350–374.

——, "Three Grades of Modal Involvement", reprinted in Quine's *The Ways of Paradox and other Essays*, 2nd edn. Cambridge, MA: Harvard University Press, 1976.

——, "Indeterminacy of Translation Again", *Journal of Philosophy*, Vol. 84, No. 1, 1987, pp. 5–10.

Ramsey, W., Stich, S., & Garon, J., "Connectionism, Eliminativism and the Future of Folk Psychology", *Philosophical Perspectives*, Vol. 4, 1990, pp. 499–533.

Reuter, K., "Dual Character Concepts", *Philosophy Compass*, Vol. 14, No. 1,

2019.

Rey, Georges, "Concepts and conceptions: A reply to Smith, Medin and Rips", *Cognition*, Vol. 19 No. 3, 1985, pp. 297–303.

Roberts, P. & Knobe, J., "Interview on Experimental Philosophy with Joshua Knobe", Exchanges: *The Warwick Research Journal*, Vol. 4, No. 1, 2016, pp. 14–28.

Rorty, R., "Indeterminacy of translation and of truth", *Synthese*, Vol. 23, 1972, pp. 443–462.

Rose, D. & Danks, D., "In defense of a broad conception of experimental philosophy", *Metaphilosophy,* Vol. 44, 2013, pp. 512–532.

Sainsbury, Mark, "The Same Name", *Erkenntnis*, Vol. 80, No. S2, 2015, pp. 195–214.

Salmon, N, "Analyticity and Apriority", *Philosophical Perspectives,* Vol. 7, Language and Logic, 1993, pp. 125–133.

——, "The Resilience of Illogical Belief", *Noûs,* Vol. 40, 2006, pp. 369–375.

Samland, J. et al., "The Role of Prescriptive Norms and Knowledge in Children's and Adults' Causal Selection", *Journal of Experimental Psychology: General,* Vol. 145, No. 2, 2016, pp. 125–130.

Sandis, C., "The Experimental Turn and Ordinary Language", *Philosophy*, Vol. 11, 2010, pp. 181–196.

Schiffer, S. "A problem for a direct-Reference Theory of Belief Reports", *Noûs*, Vol. 40, 2006, pp. 361–368.

Schaffer, J, "Knowledge in the Image of Assertion", *Philosophical Issues*, Vol. 18, 2008, pp. 1–19.

Schulz, E., Cokely, E. & Feltz, A., "Persistent bias in expert judgments about free will and moral responsibility: A test of the Expertise Defense", *Consciousness and Cognition*, Vol. 20, 2011, pp. 1722–1731.

Schwitzgebel, E. & Cushman, F., "Expertise in Moral Reasoning? Order Effects on Moral Judgment in Professional Philosophers and Non-Philosophers", *Mind & Language*, Vol. 27, 2012, pp. 135–153.

Schwitzgebel, E. & Rust, J., "The Moral Behavior of Ethicists: Peer Opinion", *Mind*, Vol. 118, 2009, pp. 1043–1059.

Schwitzgebel, E., "The unreliability of naive introspection", *Philosophical Review*, Vol. 117, 2008, pp. 245−273.

Schwitzgebel, Eric, and Fiery Cushman., "Philosophers' biased judgments persist despite training, expertise and reflection.", *Cognition*, Vol. 141, 2015, pp. 127−137.

Searle, J., "Proper Name", *Mind*, Vol. 67, No. 266, 1958, pp. 166−173.

——, "Indeteriminacy, Empiricism, and the First Person", *The Journal of Philosophy*, Vol. 84, 1987, pp. 123−146.

Sellars, W., "Philosophy and the Scientific Image of Man", *Frontiers of Science and Philosophy*, edited by Robert Colodny (Pittsburgh: University of Pittsburgh Press), 1962, pp. 35−78.

Shanteau, J., "Competence in experts: The role of task characteristics", *Organizational Behavior and Human Decision Processes*, Vol. 53, 1992, pp. 252−266.

Shoemaker, S., "Self-knowledge and 'inner sense'. Lecture II: The broad perceptual model", *Philosophy and Phenomenological Research*, Vol. 54, 1994, pp. 271−290.

Siewert, C., "Self-Knowledge and Rationality: Shoemaker on Self-Blindness", *Privileged Access: Philosophical Accounts of Self-knowledge*, 2003.

Silberzahn, R. & Uhlmann, E., "Many hands make tight work", *Nature*, Vol. 526, 2015, pp. 189−191.

Smart & Williams., "Moral intuitions: Are philosophers experts?", *Philosophical Psychology*, Vol. 26, No. 5, 2012, pp. 629−638.

Sosa, David., "Getting clear on the concept", *Philosophical Issues*, Vol. 9, 1998, pp. 317−322.

Sosa, E., "Experimental Philosophy and Philosophical Intuition", *Philosophical Studies*, Vol. 132, 2007, pp. 99−107.

——, "Minimal Intuition", *Rethinking Intuition: The Psychology of Intuition and Its Role in Philosophical Inquiry*, Michael DePaul & William Ramsey (eds.), Lanham: Rowman & Littlefield, 1998, pp. 257−269.

——, "Intuitions: Their Nature and Epistemic Efficacy", *Grazer Philosophische Studien*, Vol. 74, No. 1, 2007, pp. 51−67.

Speaks, Jeff, "Is mental content prior to linguistic meaning?: Stalnaker on intentionality", *Noûs*, Vol. 40, No. 3, 2006, pp. 428-467.

Speaks, J., "Millian descriptivism defended. " *Philosophical Studies*, 2010, pp. 201-208.

Stanley, J., "Knowledge and Certainty", *Philosophical Issues*, Vol. 18, 2008, pp. 35-57.

Strohminger, Nina, and Shaun Nichols., "The essential moral self.", *Cognition*, 2014, pp. 159-171.

Sytsma J. & Livengood J., "A New Perspective Concerning Experiments on Semantic Intuitions", *Australasian Journal of Philosophy*, 2010, pp. 1-18.

Sytsma, J. & Livengood, J., "A New Perspective Concerning Experiments on Semantic Intuitions", *Australasian Journal of Philosophy,* 89(2), 2011, pp. 315-332.

Sytsma, J. & Machery, E., "Two Conceptions of Subjective Experience", *Philosophical Studies*, Vol. 151, No. 2, 2010, pp. 299-327.

Sytsma, J., Livengood, J., Sato, R. & Oguchi, M., "Reference in the land of the rising sun: A crosscultural study on the reference of proper names", *Review of Philosophy and Psychology*, Vol. 6, No. 2, 2015, pp. 212-230.

Sytsma, J., "Two Origin Stories for Experimental Philosophy", *Teorema: Revista Internacional de Filosofía*, Vol. 36, No. 3, 2017, pp. 23-43.

Taschek, W, "Would a Fregean Be Puzzled by Pierre?", *Mind*, Vol. 96, 1987, pp. 101-104.

Tobia, K. P., Newman, G. E., & Knobe, J., "Water is and is not H$_2$O", *Mind & Language*, Vol. 35, No. 2, 2020, pp. 183-208.

Tobia, K., Buckwalter, W. & Stich, S. (forthcoming)., "Moral intuitions: Are philosophers experts?", *Philosophical Psychology*, 2012, pp. 629-638.

Trafimow, D., "An a Priori Solution to the Replication Crisis", *Philosophical Psychology*, Vol. 31, No. 8, 2018, pp. 1188-1214.

Turri, A., & Turri, J. "The Truth About Lying" *Cognition*, Vol. 138, 2015, pp. 161-168.

Turri, J., "The Express Knowledge Account of Assertion", *Australasian Journal of Philosophy,* Vol. 89, No. 1, 2011, pp. 37-45.

——, "The Test of Truth: An Experimental Investigation of the Norm of Assertion", *Cognition*, Vol. 129, No. 2, 2013, pp. 279−291.

——, "Knowledge and the Norm of Assertion: A Simple Test", *Synthese*, Vol. 192, No. 2, 2015a, pp. 385−392.

——, "Assertion and Assurance: Some Empirical Evidence" *Philosophy and Phenomenological Research,* Vol. 90, No. 1, 2015b, pp. 214−222.

——, "Knowledge, Certainty, and Assertion", *Philosophical Psychology,* Vol. 29, No. 2, 2016, pp. 293−299.

——, "The point of assertion is to transmit knowledge", *Analysis*, Vol. 76, No. 2, 2016a, pp. 130−136.

——, "Experimental Work on the Norms of Assertion", *Philosophy Compass*, Vol. 12, No. 7, 2017.

Tyler, B., "Content Preservation", *Philosophical Review*, Vol. 102, 1993, pp. 457−88.

Vaesen, K. & Peterson, M., "The Reliability of Armchair Intuitions", *Metaphilosophy*, Vol. 44, No. 5, 2013, pp. 559−578.

Vrij, A., Fisher, R., Mann, S., & Leal, S., "A cognitive load approach to lie detection", *Journal of Investigative Psychology and Offender Profiling*, Vol. 5, No. 1−2, 2008, pp. 39−43.

Watanabe, M., "Styles of reasoning in Japan and the United States: Logic of Education in two cultures", Paper presented at the American Sociological Association Annual Meeting, San Francisco, August, 1998.

Weatherson, B., "Running risks morally", *Philosophical Studies*, Vol. 167, No. 1, 2014, pp. 141−163.

Weinberg, J., Gonnerman, C., Buckner, C. & Alexander, J. "Are philosophers expert intuiters?", *Philosophical Psychology*, 2010, Vol. 23, No. 3, pp. 331−355.

Weinberg, J., Nichols, S. & Stich, S. "Normativity and epistemic intuitions", *Philosophical Topics*, Vol. 29, No. 1&2, 2001, pp. 429−460.

Weiner, M., "Must we know what we say?", *Philosophical Review*, Vol. 114, No. 2, 2005, pp. 227−251.

Williamson, T., "Philosophical Expertise and the Burden of Proof ", *Metaphilosophy*, Vol. 42, 2011, pp. 215−229.

——, "Philosophical Criticisms Of Experimental Philosophy" , in Justin Sytsma and Wesley Buckwalter (eds.), *A Companion to Experimental Philosophy*, Oxford: Wiley Blackwell, 2016, pp. 22−36.

Zalta, E., "Logical and Analytic Truths That Are Not Necessary" , *Journal of Philosophy*, Vol. 85, No. 2, 1988, pp. 57−74.

后记：我是怎么开始研究实验哲学的

我最早对实验哲学有所了解大概在 2008 年前后，朱菁老师在"哲学合作社"网络论坛发布了一个帖子介绍"实验哲学的三个源头"。我真正开始着手去看文献，是偶然的机缘。2010 年，我在北大哲学系读博士的第一年秋季，选修了叶峰老师的"数学哲学专题"课程，结课写论文时，叶老师非常宽厚地说，不一定要写数学哲学方面的论文，任何主题的分析哲学论文都可以。在这之前，我的兴趣是语言哲学，在蒯因、戴维森和克里普克的哲学里打转转。一旦关注实验哲学，我很自然关注到 2004 年麦希瑞等合作发表的实验语义学的文章，除了实验调查比较陌生之外，对这篇文章所涉及的相关语言哲学背景都很熟悉。从 2004 年到 2010 年的后续跟进论文大概 20 多篇，我都读了一遍，然后写了课程论文。当时，我认为实验的问卷调查应该进一步丰富提问的语境，在不同的语境下受试者给出的答案应该是不同的。2010 年的年底，我写出了《实验哲学、语义学与文化风格》的期末论文，交给了叶峰老师，叶老师给了不错的成绩。后来深入交流，我才知道叶老师并不赞同实验哲学方法。虽然实验哲学也被划为自然主义阵营，但是叶老师认为真正的自然主义者，是要让哲学完全以科学方法为方法，乃至"以科学为师"，而不是用科学方法去调查这些"说不清楚"的直觉。叶老师认为与其调查人类的模模糊糊的直觉还不如学习神经科学，去研究大脑背后的认知机制、神经机制，这才是哲学应该做的。我的想法不同，语言学直觉来自于生活，来自于人类的使用和实践，因此语言学义学直觉和语义学理论应该具有内在的辩护关系。后来这篇课程论文几经修改发表在《哲学研究》2011 年第 12 期，这很可能是国内发表的第一篇实验哲学论文①。

　　2011 年开始，当我给同学们开设实验哲学专题课程，和同行们聊起实验哲学才发现大家一致地反对实验哲学。其中最简单的一种批评是把实验哲学视为一种简单的投票，多数人说了算，根本不能算作哲学。这些反对声音中，让我受益的是刘畅老师的意见。回想起来，大概是 2011 年前后，钟磊老师回北大做博士后，也许是因为他和刘畅、陆丁老师都是北大读书时的同学，他提议组织了一个论文工作坊，参加者主要就是我们这几个人。最开始在他的蔚秀园寓所，后来转到了首师大北一区的 806 会议室。我就在钟磊张罗的工作坊报告过三次，其中一次就是我写的这篇论文。我记得钟磊有一个疑问，问卷调查为什么不直接用 refer 而是用 talking about，可以考虑换个说法检测一下。刘畅的批评是激烈的，他完全不分享实验设计者所预设的哲学直觉。以研究维特根斯坦见长，注重实践传统的刘畅根本不承认有所谓的反事实直觉，他讲了很多理由。后来，成了我们这十年在一起聊实验哲学最多的朋友。我也在学生中做了一些调查，这种调查，

---

① 梅剑华："实验哲学、语义学直觉与文化风格"，《哲学研究》2011 年第 12 期。

除了给出选项，还让学生给出一点理由。仔细阅读学生的问卷，让我受益匪浅，他们选择答案的理由千奇百怪，有不少溢出了设计者的考虑范围。正是在和刘畅的持续交流中，我逐渐意识到应该从考察直觉转向考察理由，应该从单纯的量化方法，扩展到多重方法，尤其是苏格拉底对话法。本书名为《直觉与理由》，这个"理由"应该就出自我和刘畅的无数次讨论。当时我也读到威廉姆斯撰写的对实验哲学的批评文章，他很早就介入实验哲学，展开了批评，他区分了直觉判断和反思性判断，认为实际上调查出来的不是直觉判断而是反思性判断，这个提法很有启发性。我后来的研究思路开始关注理由对于哲学论证前提的影响，而不仅仅是思想实验和论证所依赖的直觉，这也和威廉姆森的批评密切相关。

　　2013 年，我申请并获批了"实验语言哲学的批判性研究"国家社科基金青年项目，这也许是国内第一次以实验哲学为题目申请获批的国家社科基金项目。江怡老师和叶闯老师为我的项目做了推荐，韩东晖老师对我的项目有诸多建议。在这前后，纽约城市大学的戴维特教授访问人大哲学院，他是属于从主流语言哲学插进来关注实验语义学最多的学者，与那些明确表示反对的学者不同，他认为语义学理论的确需要经验证据，不过并非直觉，而是实际中语言使用的证据。很多年以来，他一直开设实验语义学的课程。从他每年发布的课程描述中，我也了解到不少动向。国家社科基金项目中有一个出国访学的计划。我想找一位实验哲学研究领域的学者一起合作交流，初步计划 2015—2016 年出访，联系的过程中，我咨询了很多老师。刘闯老师建议去大城市和年轻学者交流，于是我联系了纽约城市大学的萨基珊（Hagop

Sarkissian），他很年轻，从事道德心理学、实验哲学和中国哲学
的跨文化、跨学科的研究，但没有回音。我联系了斯蒂奇教授，
他欢迎我去，但是那一年他游学去了，见我等不及，他给我推荐
了几个学者。我问了朱菁老师，他推荐诺布，去信月余，他回信
说，如果有问题可以讨论，但他不愿意接待访问学者。后来我读
到残疾哲学家访谈录，有他在其中，我才明白，原来他的双手打
字比较困难，难以处理文案工作。因为这一交流，我开始持续关
注他的工作，他在实验哲学中，善于与人合作，做了很多开创性
的工作。后来，我给麦希瑞写信，他比我略长，早已是实验哲学
的明星。他很快就回信，走完了程序，在这期间，刘闯老师给予
不少帮助。他从匹兹堡毕业，对那里的情况很熟悉。到了匹兹
堡，和麦希瑞第一次见面的时候，我就和他聊了关于实验哲学的
一个想法：不应该仅仅调查直觉，也需要调查理由。他很同意，
而且他早已提出了进一步的修改思路：第一、不再强调考查的是
直觉，而是聚焦于受试者是否赞成或否定某个给定的陈述，这个
陈述对某个理论有支持作用等等。第二、在进行调查的时候，也
让受试者来做简单陈述一些理由，做一些原因排查。当我们见面
时，实验哲学还在不断地扩大研究的范围，做外延式的扩大，攻
城略地。我曾和他计划一个研究自我的项目，但几经周折也没有
做下来。但是，慢慢地我开始对实验哲学本身的方法有一些反
思，例如要从量化研究走向质性研究等等，思路发展下来，就是
从实验哲学的单纯量化方法，发展为二重证据法乃至四重证据
法。在匹兹堡期间，我还和当时在哈佛大学心理学系访学的李金
彩博士有过交流，她从事语言学和实验语义学研究，我们都很关
注哥德尔案例，算是最小的同行了。金彩研究发现了儿童阶段的

语义学直觉就存在东西方的差异，在《认知》上发表了文章，最近还撰写了一本英文专著。我的这本不太成熟的书，请金彩专门读过，提过很多中肯的意见。

2016年秋天回国之后，除了在语义学方面继续关注，我更加关注实验哲学方法，先后就实验哲学方法、重复危机、因果、自我等问题发表了一些文章。国内举办了几次实验哲学会议，第一次是在厦门大学，在2014年举办的"心灵与机器会议"之后，有一个半天的实验哲学工作坊，这是朱菁老师组织的。后来东南大学张学义组织了实验哲学双年工作坊，我基本都参加了。张学义邀请了斯蒂奇到南京大学访问，北京一站我负责接待。那是我第一次见斯蒂奇教授，他是一个很健谈，有点爱憎分明，乐意帮助学生的学者。

他抱怨说，罗格斯大学本来是自然主义者的大本营，但不知道最近一些年来了很多形而上学家。说起他自己在普林斯顿读博士，完全是因为一次偶然得到乔姆斯基演讲的门票，去听了，开始决定做认知研究。按理，他根本没有资格获得那张门票，人生有很多偶然。他还开玩笑地聊起了塞拉斯，说塞拉斯在普林斯顿教课，有个同学去听课。第一年，这个同学什么都没听懂；第二年，这个同学什么都听得懂，但是说出来的话，其他同学都听不懂了。他很重视两场讲座，在首师大那次，西装革履，发言铿锵有力，夹杂着手势和跺脚，非常系统地介绍了专家直觉的相关讨论。他是坦率的、强硬的自然主义者，对于形而上学和匹兹堡学派都不太感冒，我其实对后面两派都很喜欢。吃饭的时候，老头子点了干锅肥肠，我说，很多人认为吃肥肠对身体不好。他马上说，有没有做双盲实验？他说自己可以吃活的龙虾，不介意吃任何食物。在后海，他和我的一个学生一起吃了羊眼睛之类的烧烤。离开北京的那天，我带他去吃了首师大利桥顺的驴肉火烧，并打包了没吃完的驴三宝上了高铁。这是一个"知行合一"的自然主义者。这种私下的交流，可能对了解实验哲学乃至一般的哲学还是有些帮助的。

在北京，对实验哲学关注最多的是中国人民大学，丹尼尔·李（Dan Lim）开设过实验哲学课程，组织过实验哲学的短期工作坊，我都参加过；刘晓力老师成立了哲学与认知科学跨学科交叉平台，把实验哲学列为六个方向之一，我曾在成立大会做过报告。周濂老师组织的当代西方哲学系列课程讲座，我曾以"哲学与科学的分合"为主题做过报告，就哲学与科学的关系进行过交流。聂敏里老师约请我做了一次实验哲学报告："概念分析与经验探索：实验哲学的二重证据法。"因为这一机缘，聂老师成了分析哲学圈外对实验哲学最为支持的学者。我在田洁老师的 PPE 项目课程上和大家讨论过实验哲学，有一些本科生和研究生也做过实验哲学的论文。可以说，在实验哲学方面我和人大的师友交流最为充分深入。

此外，李忠伟老师在华侨大学时，王球老师在上海交大时，我分别到两个学校做了"实验哲学与跨界研究"的报告。郁锋老师在华师大，我去做了"直觉、知觉与理解"的报告。在任会明老师的青岛心智哲学研究所成立会议上，我做了"直觉与知觉的类比"的报告。在北大陈波老师组织的"如何做哲学：哲学方法论"会议上我做了一次"指称论与实验哲学"的报告。那次会议，正值冬天，晚饭后进入酒店大堂，遇到岭南大学的郑宇健老师，我们在大堂聊了一个多小时，直到宇健老师冻得受不了才回到房间，很多年后，郑老师都记得这一幕。最近的一次，是在北大外哲所，在李麒麟组织的青年分析哲学论坛上，我报告了"实验哲学的四重证据法"，宇健老师有进一步的质疑，刘畅基本同意我的立场。陆丁说，哲学论证根本不需要直觉，我在直觉与知觉的类比这一节回答过这个问题，但是要完全解决这个问题，需要更系统的探索。2022 年岁末王华平老师邀请，我到中山大学珠海校区做了"直觉、知觉与辩护"的报告，对这个问题有了进一步的思考。

王晓阳老师虽然和我一样从事心灵哲学研究，但对我做实验哲学一直是有批评的，在一次东南大学实验哲学会议中，他认为我是一个不做实验的实验哲学学者。我想到，维也纳学派时期，有人批评纽拉特就是一个不进行科学研究的科学方法论者。我觉得晓阳的批评是严肃的，所以我想做一个简单的回应：首先，实验哲学是一个研究领域，有不同门类的工作，分工合作、各司其职。当然做实验是主要的工作，但也有不少学者是对实验数据进行分析质疑，或者对实验方法进行反思，或者运用实验结论去做一些联结工作。不能说做实验哲学，必须做实验。当然，能做实验是最好的。其次，我自己对实验哲学的兴趣，首先是方法论上的，我更关注到底应该怎么做哲学。我并不是一个实验哲学的信奉者或反对者，而是通过实验哲学去重新认识哲学本身。

刘小涛老师从动物行为学切入实验哲学，可谓扩大了实验哲学的内涵，但我也有一些不同意见，这些都留待后续工作。武汉大学的刘晓飞老师，也研究实验哲学，我曾邀请他来山西大学做一次实验哲学的报告，他定的题目是"跳出概念分析的概念分析"，我很惊喜地发现，他的这种思路和我颇为相近。我在本书中提出实验哲学是一种"跳出概念分析的概念分析"，并非我的独创，晓飞亦有此见。

2019 年我的国家项目结题，历时六年。从 2010 年开始了解实验哲学，到本书付梓，已经过去 12 年了。这本书的内容反映了我在语言哲学、实验哲学、哲学方法论上的一些交叉工作。十余年来，我在学术期刊发表的一些实验哲学文章，基本上都经过修改，整合到此书的各个章节之中了。

商务印书馆是我心中的圣殿，能出版此书与有荣焉。我的博士导师韩林合老师于此帮助甚巨，是他建议我申请商务的"日新文库"。如果没有他的建议，我既不知道这个消息，也没有勇气申请。韩老师未必同意此书的观点，也未必赞同实验哲学的学术研究，但他支持我出版此书，是对我莫大的激励。我也鞭策自己，希望做得更好一点。本书出版也同时得到了韩老师和叶闯老师的推荐，特此致谢。

本书成稿之后，最早请我的朋友、同门沈洁老师通读了全稿，他是读我文章最多的人，我所有文章写完初稿后，基本上都要先请他读一遍，他哲学功底好，文字功夫也好，给我提出了很多建议，这才有了我的初稿。我的同事陈敬坤老师，细心地帮我调整书稿格式，对于全书结构多有建议。后来，我又请李金彩老师、江怡老师和我的学生杜昱臻通读了全稿，金彩是实验语义学和语言学方面的专家，批改的建议相当细致，很多意见相当有启发性；江怡老师是分析哲学的专家，研究领域相当开阔，敏锐地纠正了书中的一些错误，并提出了相当深入的看法；昱臻是我在山西大学研二的学生，从标点符号到布局谋篇都提出了不少实质性建议。分析哲学的前辈、同行和后辈都对我的书稿提出了非常专业的建议，特此致谢。当然，本书的错误属于我本人。

　　本书只是我实验哲学的一个初步的工作。接下来，我计划在实验的心智哲学、伦理学和形而上学方面做一些工作，同时也更加系统的反思实验哲学方法以及一般的哲学方法对于哲学研究的作用。我希望，通过研究这种过于极端的科学化哲学，对于我们理解哲学和科学之间的关系，给出更多可能性。实验哲学在国内还面临很多质疑，有批评、有质疑，才会促进学术的发展。

　　写文章、写书都需要花时间，当你选择了这个，你就不能干那个，人生不能两样都要。感谢我的家人，尤其是我的爱人明明，承担了繁重的家务和教育，让我能有充分的时间写作，这在当下是一件奢侈的事。最后感谢商务印书馆、感谢我的责编赵星宇老师，帮我编校如此不合时宜的书稿，这在当下也是一件奢侈的事。

梅剑华

2022/12/1

于京西

专家推荐信一

《直觉与理由：实验语言哲学的批判性研究》一书细致而准确地展示了以语言哲学问题为主题的实验哲学的全景，富有说服力地论证了一种合理的实验哲学需要具有的核心特征。实验哲学是目前分析哲学领域一个重要的研究方向，吸引国际哲学界一些顶级学者的参与，它对一些重要哲学难题，如信念之谜、直接指称的语义学论证、知识论的盖梯尔问题的解释或解决都有可能产生实质的影响。重要的是，实验哲学由于其跨学科的特点，也吸引了许多其他领域的学者参与，比如语言学家、计算机科学家、心理学家都有广泛的参与，其影响和作用也相应地辐射到这些领域。在国内，目前这方面还是一个亟需加强的弱项。作为国内第一部专门讨论这一问题的系统著作（即便在国外，着眼于此类全局性考察的论著也不多见），它的出版将极大地有利于国内相关研究的发展，提升学界对实验哲学之核心问题及解决方案的认知，因此具有重要的理论意义和现实意义。

不仅如此，该书在对他人已有结果的批判性考察的基础上，还提出了具有重要原创价值的独立论点，（1）真正的实验哲学需要有基于理由的论证，而不只是基于直觉和经验的分析，因此，必须有两种方法的结合才能产生真正有理论价值的结果;(2)实验的语言哲学处于整个实验哲学的基础地位,因为,许多问题或者本质上部分地归于语言问题,或者它的解决将依赖于语言问题的解决。这些论点在书中有系统的讨论和论证,区别于实验哲学的传统进路,给出的理由也具有强的说服力,完全可以视作对实验哲学本身的理论贡献。

作者本人多年来一直在语言哲学和心灵哲学领域中深耕,对完成该项研究工作,并使结果具有足够的可靠性和可读性起着相当重要的作用。比如,其中关于指称理论的描述,并不是简单地重述他人的理论,而是基于作者个人对于这个理论本身的独特的理解。故相关部分即便单独作为对指称理论的分析,也具有相当的启发性。总之,这是一本建立在作者的扎实的知识储备和深入思考上的力作,其分析和论证的展开有好的层次感和逻辑感,流畅耐读,因此,非常值得推荐。

北京大学哲学系教授

2022 年 1 月 30 日

专家推荐信二

梅剑华教授最近完成了《直觉与理由：实验语言哲学的批判性研究》书稿的撰写工作。他拟以此书稿中请商务印书馆"日新文库"出版项目。兹就该书稿的内容和重要贡献简单介绍如下。

实验哲学是本世纪初兴起的一种哲学思潮。从哲学传统上看，实验哲学属于经验主义传统，主张哲学研究不应该单纯依赖概念分析和理性构造方法，而是也要使用经验调查方法。实验哲学包括如下主要分支：实验语言哲学、实验心灵哲学、实验形而上学、实验认识论、实验伦理学、实验美学、实验行动哲学等等。哲学研究上的这一方法论革新在国内外哲学界引起了极为热烈的讨论。但是，迄今为止，国内哲学界的研究主要集中在一般的方法论（直觉作为证据）、实验知识论以及实验伦理学领域，而对实验语言哲学的研究则有待进一步的展开。

此书稿分为三个主要部分：第一部分扼要地介绍了实验哲学产生的背景。第二部分对实验语言哲学进行了系统的研究。第三部分则以实验语言哲学的方法论讨论为基础，对实验哲学乃至一般哲学的方法论进行了深入的探讨，提出了经验调查和概念分析并重的实验哲学二重证据法："概念分析无经验调查则空；经验调查无概念分析则盲。"一方面，概念分析需要得到具体的经验支持，不同的经验证据帮助我们修正、限制概念分析的结论；另一方面，经验调查也需要得到概念分析的引导，调查的数据需要得到合理的区分和解释。概念分析与经验调查是实验哲学研究的两个方面，二者缺一不可，合则双利，分则双失。作者指出，双重证据法是分析哲学的概念分析方法和自然科学的经验研究方法的一种新的结合尝试，整合了经验主义和理性主义的优势，使得自然主义的哲学立场在实验哲学的研究中得到了实质性的展开。

综合起来看，该书稿的主要学术贡献体现在如下方面：

第一，该书稿是国内第一部专门研究实验语言哲学的专著，填补了国内相关研究领域的空白。

第二，作者根据对实验语义学的研究，对实验哲学研究中人们动辄不加批判地使用直觉方法的做法做出了批评，认为实验哲学研究应该进行一次方法论的转向，即从单纯地依赖所谓直觉转而去考察相关的理由。这一观点颇为新颖，具有一定的前瞻性。

第三，经由对实验语言哲学方法论的考察，作者指出，在实验哲学研究中，除了要使用经验调查方法以外，我们同时也要关注概念分析方法。

第四，作者令人信服地论证了，实验语言哲学构成了整个实验哲学的基础。

基于以上考察，我强烈支持梅剑华教授的申请，希望其书稿能够列入"日新文库"出版，以飨读者。

韩林合

北京大学教授

2022 年 1 月 30 日

日新文库

第一辑

第二辑